演出家ピスカートアの仕事——ドキュメンタリー演劇の源流

[明治大学人文科学研究所叢書]

萩原 健

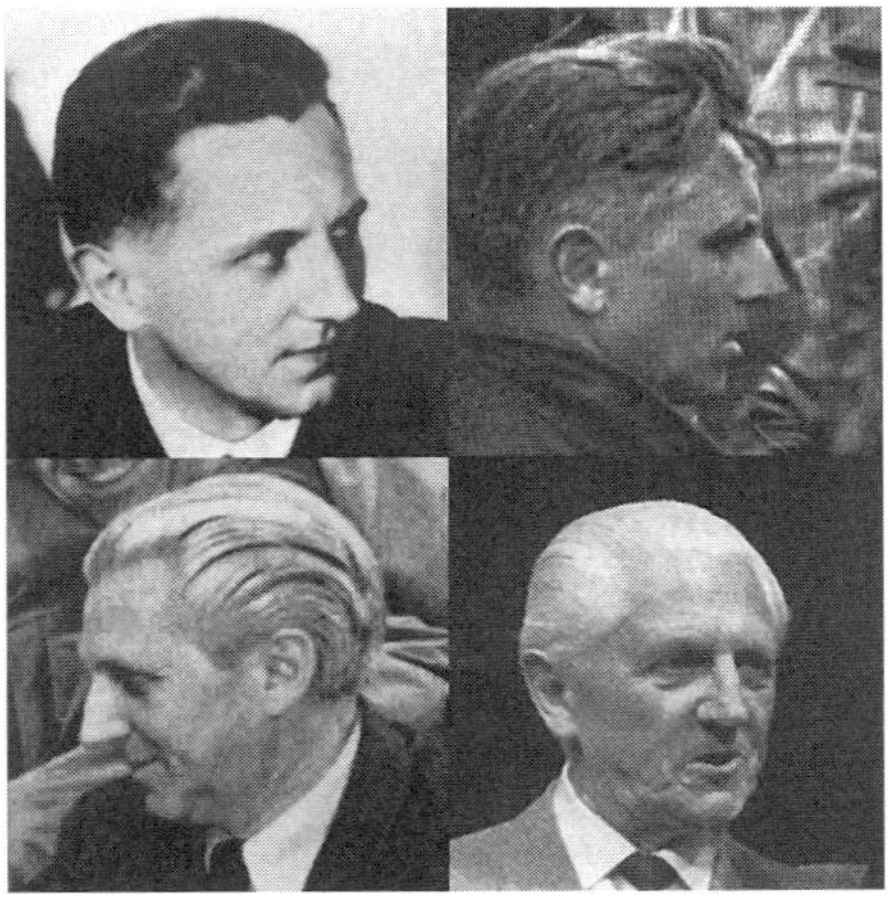

森話社

［カバー図版］『すべて王の臣下』(Boeser/Vatkova (1986), S. 93)

演出家ピスカートアの仕事——ドキュメンタリー演劇の源流　［目次］

ピスカートア関連地図

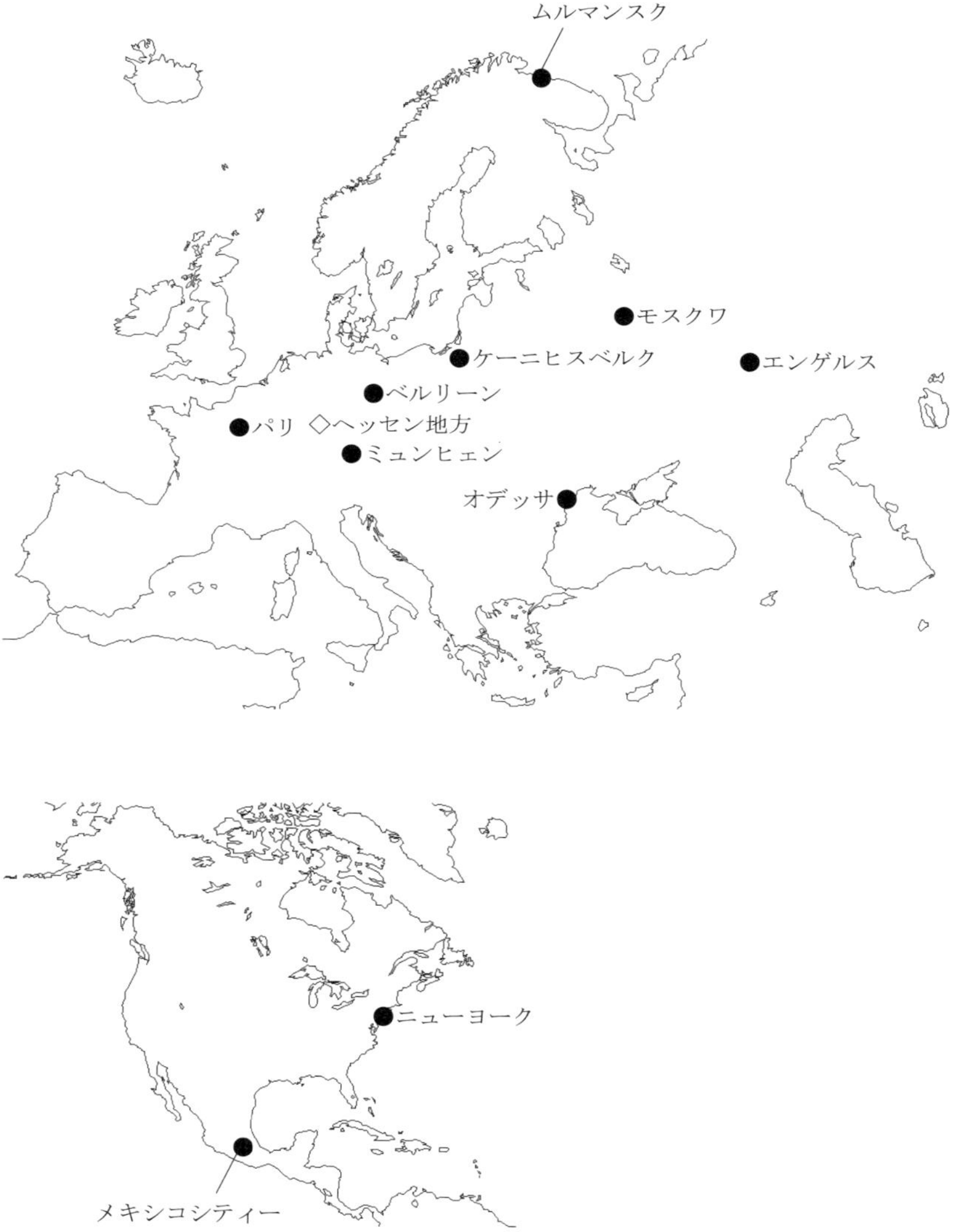

Source: CraftMAP

http://www.craftmap.box-i.net/

凡例

・書名、雑誌名、新聞名、舞台や映画の作品名などの場合は『』、記事、論考、論文の表題などの場合は「」を用いた。

・劇場名、劇団名、団体名などについては初出時に〈〉を用いた。

・引用文中の引用者による注記は［］を用いた。

序章　ピスカートアの仕事、あるいは書かれないままだった演劇史

ピスカートアの「ドキュメンタリー演劇」、その変転

エルヴィーン・ピスカートア（Erwin Piscator, 一八九三―一九六六）。一九二〇年代のドイツで演劇革命の一翼を担ったひとりとして、彼は知られる。舞台演出にスナップ写真や記録映画を大々的に導入した演出家として、あるいはベルトルト・ブレヒトの協働者としての彼が、その具体的なイメージだろう。

またあるいは、一九六〇年代の西ドイツで「記録演劇」を多く手掛けた演出家としても彼は知られる。記録演劇とは、新聞記事や裁判の議事録、特定の事件の当事者による手記といった資料に基づいて制作される演劇だが、いわゆるアウシュヴィッツ裁判を扱う『追究』（一九六五）やヴェトナム戦争をテーマとする『ヴェトナム討論』（一九六八）など、制作時に同時進行していた政治・社会問題と正面から関わろうとする作品が代表例として挙げられる。そしてこの両作を著した劇作家ペーター・ヴァイスは、一九六八年に次のように述べている。

> リアリスティックな同時代の演劇は、プロレトクリト運動やアジプロ、ピスカートアの実験やブレヒトの教育劇以来、数多くの形式を経て、こんにちさまざまな名を与えられている。たとえば政治演劇、ドキュメンタリー演劇、抵抗の演劇、反演劇である。(1)

ここで注目したいのは、右の引用文に挙げられた名称のうちの「ドキュメンタリー演劇」である。原語で

Dokumentarisches Theater と記されているこの語は一九六〇年代当時、日本では前出の「記録演劇」の邦訳で広く知られることになったが、「ドキュメンタリー演劇」とも訳しうる。そして、ヴァイスがドイツにおけるドキュメンタリー演劇の先駆者のひとりとしてその名を挙げ、また彼の代表作『追究』の初演で演出を手がけてもいる演出家というのが、ピスカートアである。

そもそもピスカートアは、両世界大戦間のいわゆるヴァイマル共和国期のドイツで演劇活動を開始した。彼は当時のドイツの観客に政治的な行動を起こさせることを目指し、彼ら観客に同時代社会の問題を意識させるため、演出でスナップ写真や記録映画を大々的に導入した。だがその後、こうしたアプローチは繰り返し変わらざるをえなかった。というのも、亡命を余儀なくされた結果、その試みは彼が身を置いた国々の、当時の政治的状況につねに条件づけられたからである。彼についての短い伝記を著したドイツのゲルツはその一生を要約して、「一〇歳でマールブルクのギムナジウムの生徒、二〇歳でミュンヒェンの宮廷劇場の俳優、まもなくフランドルの前線の兵士、三〇歳でベルリーンの劇団主宰者、四〇歳でソ連の映画監督、五〇歳でニューヨークの演劇学校の校長、六〇歳で西ドイツの招聘演出家、七〇歳で西ベルリーンの劇場監督――勝利と敗北に満ちた、これ以上ないほどの変転に見舞われた人生」(2)と記しているが、実際、ほぼ一〇年ごとにピスカートアは移住したか、あるいは移住を強いられた。いわば歴史が、彼の個人的・芸術的な活動の場を絶え間なく変え、彼は何度も自分の仕事をゼロから始めざるをえなかった。その一生は、おのおのの時代と演劇との文字通りの格闘だった。

先行研究

ピスカートアの活動は大きく四つの時期に分けられる。すなわち、(1)ヴァイマル共和国期のドイツでの仕事(一九一九~三一年)、(2)ナチス・ドイツから逃れた先のソヴィエト・ロシアでの仕事(一九三一~三六年)、(3)スターリンによる粛清から逃れた先のアメリカでの仕事(一九三六~五一年)、そして(4)第二次世界大戦後、マッカーシーの非米活動委員会によるいわゆる赤狩り《レッド・スケア》から逃れた先の西ドイツ（当時）での仕事（一九五一～六六年）である。

すでにピスカートアが演劇の仕事を始めた当時から、つまり第一期のヴァイマル・ドイツ期、その仕事は同時代の各国の演劇人によく知られていた。とりわけ一九二九年までの一〇年にわたる彼の仕事のデータおよび彼が書きつけたメモを集めた著書『政治演劇』（一九二九）は、刊行後まもなく日本語を含む各国語に翻訳された。

だがその後、ナチス・ドイツによる政権掌握を機にピスカートアは完全にドイツを離れた。それ以降の、主にソヴィエト・ロシアとアメリカで彼が亡命生活をしていた約二〇年のあいだの仕事は、第二次世界大戦中という時期のせいもあって、ヴァイマル・ドイツ期の仕事ほどに同時代の世界に知られることはなかった。

しかし一九六二年、ピスカートアは西ベルリーン（当時）の劇場〈フライエ・フォルクスビューネ〉（「自由民衆舞台」の意）の劇場監督に就任し、以後、主に第二次世界大戦中のドイツに端を発する政治・社会問題を扱った舞台を、すなわち前出のヴァイスの『追究』に代表される記録演劇（ドキュメンタリー演劇）を演出したことによって、再び世界的な注目を集めた。

そして一九六六年にピスカートアは他界するが、その前後から彼の仕事の回顧・再評価が始まった。存命中の六三年に『政治演劇』が再版され、没年の翌年である六七年には、彼のアメリカ亡命期の仕事を中心にした、妻のマリーア・レイ－ピスカートアによる回顧録『ピスカートアの実験』が出版された。翌六八年には（これは生誕七五周年でもある）『政治演劇』の再々版である『著作集1』[3]と、ピスカートアがそれまでに書きためていた論考の数々が集められた『著作集2』[4]が出版された。

一九七〇年代に入るとピスカートアの仕事を総括する試みが現れ始める。七一年秋にはベルリーンのドイツ芸術アカデミーで回顧展が開かれるとともに図録が出版され[5]、翌七二年には戦前から戦後にわたるピスカートアの仕事全体を対象にした初の研究書『エルヴィーン・ピスカートアの政治演劇』をイギリスのインネスが公にした[6]。その後は前出のゲルツによる新書版の伝記『エルヴィーン・ピスカートア』[7]（一九七四）、イギリスのウィレットによる研究書『エルヴィーン・ピスカートアの演劇』[8]（一九七八）、ドイツのグレーバーによる研究書『演劇と公衆――政治演劇の生産と受容の条件、一九二〇〜六六年のピスカートアを例に』[9]（一九七九）が続く。また一次資料の集成としてはこの時期、『著作集2』の翻刻権取得版である『討論の演劇』[10]（一九七七）、および増補版の『演劇・映画・政治』[11]（一九八〇）が出版された。

このような、ピスカートアの仕事を総括しようとする動きは一九八〇年代に入ると一旦収まるが、彼の仕事は繰り返し回顧された。一次資料集としては八四年、教育者・啓蒙家・モラリストとしてのピスカートアの功績に光を当て、『著作集2』からのテクストを撰集した『演劇のＡＢＣ』[12]が出版され、八六年には、『政治演劇』再版（一九六三）および前掲の一連の著作集からのテクスト、さらに未公刊のテクストも収めた『同時代の演劇』[13]が公にされた。またこの八六年はピスカートアの没後二〇年でもあり、彼が劇場監督を務めていた前出のフライエ・フォルクスビューネで展覧会が開かれ、これにあわせて二巻本の一次資料集[14]が刊行された。同書はピスカートアが一九一〇年代から六〇年代までのあいだに書き残したテクストのうち、書簡、日記の記載、作業メモ、演劇に関する書き付け、政治的対話の記録など、主要な資料を初めて包括的に公刊したものとして特筆される。

そして一九九〇年代に入ると、ドイツ再統一（一九九〇）とともに、かつての東西ドイツの芸術アカデミーが統合され、九三年、おのおののピスカートア・アーカイヴであるピスカートア・センター（Erwin-Piscator-Center）とピスカートア・コレクション（Erwin-Piscator-Sammlung）も同様に統合された。またこの九三年はピスカートアの生誕一〇〇年でもあり、生地に近いマールブルクで記念展が開かれ、複数の書き手がピスカートアの仕事を活動時期別に探った『「生きること――それはいつも始まりだ！」 エルヴィーン・ピスカートア』が編まれた[15]。

ただ、ピスカートアの仕事を包括的にとらえようとする試みはなおも不十分に見える。というのも、先述のインネスの研究はピスカートアの没後まもなくの発表ということもあって記述に不備が多い。ウィレットの研究は、それまでほとんど知られていなかったソ連とパリでのピスカートアの活動に関する章を設けて彼の仕事を概観し、グレーバーの研究は三部構成をとって、いずれも亡命の前後と最中のピスカートアの仕事を取り扱うが、両者とも記述の大半をヴァイマル・ドイツ期の彼の仕事に割いている。

一方、これらの研究が公にされた一九七〇年代から現在まで、すでに三〇年以上が過ぎ、その間にもピスカートアの亡命期や西ドイツ期についての研究は進んで、多くの事実が新たに明らかになっている。ソヴィエト・ロシア期の彼の仕事については、ソ連崩壊を受け、一九九〇年代以降、当地の過去の演劇に関する研究が進み、多くの研究書[16]や一次資料集[17]が刊行されたことで当時のピスカートアの活動の詳細がより明らかにされてきている。アメリカ期の彼の仕事に関しても、八〇年代半ばから多くの研究[18]が、また近年ではピスカートア本人を含む当事者による記録[19]が公にされ、あるいは戦後西ドイツ期の仕事についても一次資料集[20]や研究書[21]が刊行されている。さらに『政治演劇』の初の注釈版も出版された[22]。こうした成果をふまえれば、今あらためてピスカートアの全体像が示されてよい。

日本語による先行研究

さて、以上のようにピスカートア研究はこれまで着実に進んでいるのだが、一方で日本語によるそれとなると、その数は極めて少ない。

ヴァイマル・ドイツ期のピスカートアの仕事については前述の通り、同時代の各国の演劇人によく知られていたが、そのことは大正末期から昭和初期にかけての日本でも同様だった[23]。久保栄は一九二四（大正一三）年に設立された築地小劇場の機関誌を始めとする雑誌で彼の仕事を繰り返し紹介した。あるいは、ピスカートアの演劇の視察を目的のひとつとしてベルリーンに渡った俳優・演出家の千田是也は一九二八（昭和三）年、日本の雑誌『戦旗』のためにピスカートアの論文「プロレタリア劇場の基礎及び任務」（一九二〇）を邦訳した[24]。またピスカートアの著書『政治演劇』は原書の刊行後わずか二年の一九三一（昭和六）年、村山知義の監訳により『左翼劇場』の表題で邦訳された。

だがその後、共産主義に共鳴する演劇人に対する徹底的な弾圧のために、ピスカートアの仕事が日本でさらに知られる機会は潰えた。ピスカートアの仕事が日本で再び注目を集めるのは、戦後の一九六〇年代半ば、昭和四〇年前後になってからのことである。彼が演出した一連の記録演劇（ドキュメンタリー演劇）が、初演からほとんど間をおかずに、日本でも俳優座や民藝といった劇団によって上演された。彼が没する前年の一九六五（昭和四〇）年にはヴァイマル・ドイツ期の彼の仕事を総括した藤田の論文[25]が著され、七〇年代になると、各国でピスカートアの仕事全体を視野に収めた研究が進むなか、『政治演劇』の一部があらためて邦訳[26]されるとともに、小宮による論考[27]や笠原による論文[28]が発表された。あるいは千田是也は一九七五（昭和五〇）年、自分が見聞きしたピスカートアの戦前の仕事に関する記述を含む自伝[29]を出版した。だが一九八〇年代に入り、ワイマル友の会が公にした仕事[30]のあとは、ピスカートアの業績はごく散発的に振り返られるだけである[31]。

一方、『左翼劇場』がリプリントで近年（二〇一四）刊行されたことは目を引く[32]。あるいは日本映画の黎明期に展開されたいわゆる連鎖劇との関連で、スナップ写真や記録映画を活用したピスカートアの舞台演出に言及した研究もある[33]。とはいえ、このように概観してみると、これまでの日本語による一連の研究や刊行物はほとんどすべてヴァイマル・ドイツ期のピスカートアの仕事を扱うものである。彼の生涯にわたる仕事全体を視野に入れた研究となると、現在に至るまで笠原の仕事のみに限られる。ただしこれは英語で書かれた文献だけに依拠し、亡命期のピスカートアの仕事は注で手短に触れられる程度で、その時期の彼の経験が戦後の仕事にどう活かされたのかは追究されておらず、記述のバランスを欠いている。戦前・戦中・戦後の各時期のピスカートアの仕事に関する研究が世界各国で進んでいるにもかかわらず、日本語によるピスカートア研究は実のところ、ほとんどヴァイマル・ドイツ期の彼の仕事についてしかなされていないと言っていい。

演出家の仕事、外国（語）で計画・実現された演出家の仕事

なぜ日本語によるピスカートア研究は右記のような現状なのだろうか。この背景にはおそらく、日本における従来の演劇研究が、主に文学研究に依拠した戯曲研究を軸にして行われてきたことがあるのではないか。つまり研究対象は主として劇作家の仕事（戯曲作品）であり、演出家の仕事（演出作品）を扱った研究は少ない。あったとしても、研究の受け皿が言語文化圏別に縦割りにされているという事情に起因する不備がある。たとえばドイツ演劇研究ならば、おおむね、ドイツ人による、ドイツでの、ドイツ語による仕事が研究対象であり、ひとたびその人物がドイツの外へ出て、さらにドイツ語ではない言語で仕事をすれば、その仕事は――もはやドイツ演劇とは言い難いからだろうか――まず取り上げられず、その内容は広く知られないままになっている。その典型例がピスカートアの仕事、とりわけ彼がドイツを離れていたあいだのそれである。

また亡命していても、たとえばブレヒトのように劇作家・理論家としての仕事をし、戯曲作品や作業日誌といったテクストをほぼ一貫して書き残していれば、その仕事は後年の戯曲研究・演劇理論研究で取り上げられやすく、実際、これに関する研究が多くなされている。だがピスカートアのような、第一に演出家としての活動をしていた人物の亡命中の仕事に関しては、それがテクストという形では残らないために、戯曲研究・演劇理論研究を軸にした従来の演劇研究ではほとんど追究されていない。

以上のような背景から、ピスカートアがドイツの外で成し遂げた仕事、つまりドイツを離れて亡命し、しばしばドイツ語ではない言語で仕事をしていた時期の成果については、日本語による研究ではまったくと言っていいほど追究されていないのが実情である。

ここである記述に目を向けたい。一九六五（昭和四〇）年、ピスカートアの仕事に関する論考を戦後初めて日本語で公にした藤田は、ピスカートアの演劇と、戦前に一時期共同作業を行っていたブレヒトの演劇とを比較し

て、「ピスカートアの舞台技術上の手段が」「従来の閉ざされた舞台形式の枠をのりこえて、ピスカートアの意味における（政治的ドキュメンタリイとしての）《演劇の叙事化》に重要な役割を果したことは確かである」とする一方、ブレヒトの「叙事化の仕事が文学的形象を得ることができたのに対して、ピスカートアのそれは最後まで機械的な画面構成をつくるにとどまった」[34]と記し、ピスカートアの仕事をそれほど評価していない。だがこの見方は演劇を文学として、つまり演劇の柱は戯曲であるという観点に立った場合のものである。ピスカートアの仕事が「文学的形象を得」なかったからといって、決してそれは演劇としての不成功を意味するものではない。それに、そもそもピスカートアは演劇を文学としてではなく、目の前の観衆に働きかける政治的なプロパガンダの手段としてとらえていた。彼の仕事は始めから、「文学的形象を得」ようとするものなどではなかった。

かくして現在の日本においてピスカートアの仕事はほとんど知られておらず、いわゆるピスカートア像はいたっておぼろげなものである。あるいは知られていても、それはおおむねヴァイマル・ドイツ期の彼の仕事についてのことであり、しかも右の藤田の見解を大きく出ておらず、ともすれば「非文学的」であるがゆえに「演劇として高くは評価できないもの」としてとらえられているのではないだろうか。この現状を変え、これまで不幸にも日本ではほとんど「ドイツ」「文学」の枠組みのなかでしか論じられてこなかったピスカートアの仕事をより広い視野でとらえ、その全体像を示すこと、換言すれば、新しいピスカートア像を示すことがいま何より求められる。それが本書のまたひとつの目的である。

ピスカートアは身を置いたその場所ごとにどのような活動をし、それぞれの地で、演劇のつくり手としてどれだけ自由、あるいは不自由だったのだろうか。移り住んだ先の彼の活動がそれまでの彼の演劇を変化させたとすれば、どう変化したのだろうか。そして彼の活動が同時代およびその後の現地の演劇に影響を与えたとすれば、それはどのような影響だったのだろうか。本書では、日本におけるこれまでの演劇研究でまったくと言っていいほど顧みられてこなかった、こうした一連の問いを明らかにすることを試みる。

ピスカートアの仕事をどう記述するか——本書でのアプローチ

先行研究を整理するさいにすでに触れたが、ピスカートアの活動は彼が身を置いた場所ごとに大きく四つの時期に分けられ、これに即して本書は四部構成をとる。すなわち各部でヴァイマル共和国期のドイツ（一九一九～三一年／第Ⅰ部）、ソヴィエト・ロシア（一九三一～三六年／第Ⅱ部）、アメリカ（一九三六～五一年／第Ⅲ部）、そして西ドイツ（当時、一九五一～六六年／第Ⅳ部）での彼の仕事が扱われる。ヴァイマル・ドイツ期については同時代の芸術運動ダダや演劇人ブレヒト、またいわゆるロシア・アヴァンギャルドの人々との関連が、ソヴィエト・ロシア期についてはスターリニズム前後のソ連の文化政策の動きとの関わりが、アメリカ期については第二次世界大戦の開戦前後から冷戦初期にかけてのアメリカの演劇制作環境および同時代演劇人との関連が、西ドイツ期については冷戦期およびベルリーンの壁建設前後の西ドイツにおける演劇の動向との関連がそれぞれ追究される。これら四つの部で同時代の各文化圏におけるピスカートアの活動について考察したあと、結びの終章で総括をし、彼の仕事の演劇史的意義を明らかにする。

繰り返すが、ピスカートアの仕事は劇作家としてのそれではない。彼は演出家であり、その仕事は戯曲をひとりで書くことではなく、既成の戯曲や、そうではないテクストに集団で手を加え、さらにスナップ写真や記録映画など、言語以外の表現手段も使用するというものだった。そしてそれは、演劇を時代のコンテクストに応じたものにしようとする、つまりそのときどきの同時代社会に対して問題意識を共有する芸術家や支援者を集め、彼らと自分の意見を総合してひとつの上演にするという、組織者としての演劇人の仕事でもあった。すなわち彼の仕事を論じるには、彼とその周辺にいた当事者たちの言葉を手がかりにするとともに、当時の社会情勢や同時代の諸芸術の動向にまで目配りをする必要がある。そして上演をあくまで研究対象とするがゆえに、演出に用いられた戯曲やその他のテクストに加え、上演用台本や手記、劇評などの資料を手がかりに、上演がいつどのような場で、どう行われたのか、どんな反響があったのかを詳しく点検する必要がある。「「演劇」というテクストは、書かれたテクスト（戯曲＝ドラマ）からだけでなく、「上演というテクスト」、上演がおかれるトポスやコンテクストである「パフォーマンス・テクスト」という地平からも語られなければならない[35]」と谷川は主張するが、まさにピスカートアの演劇にはこのことが当てはまる。

さて日本でも二一世紀に入り、戯曲《ドラマ》に描かれた世界を再現するという姿勢をとらない「ポストドラマ演劇[36]」（レーマン）が、あるいは結果ではなく遂行の過程を、いわば作品の美学ではなく作用の美学を主眼にした、「行為遂行的なもの《パフォーマティヴ》[37]」（フィッシャー＝リヒテ）を前面に出す上演が注目され、しばしば研究対象となっている。そしてこうした一連の上演と、演劇という概念や制度につねに揺さぶりをかけていたピスカートアの仕事との関連が指摘されてもいる[38]。だがそれでもなお、彼の演劇がいまの日本で広く認知されているとは認めがたい。戯曲ではなく上演を論じる場が近年の日本における演劇研究の場で整い出していながら、ピスカートアの仕事はなお見過ごされている。今こそ、彼の演劇の実践の詳細を示すとともに、その営為の全体像を、現代演劇について考える人々や現代演劇のつくり手が顧みるべき里程標として、確かめる必要がある。

（1）Weiss, Peter: Das Material und die Modelle [In: *Theater heute*, Jg.9 (1968), H.3]. In: ders: Werke in sechs Bänden, 5. Bd., Dramen 2. Frankfurt a. M. (Suhrkamp), 1991, S. 464-472, hier S. 464.

（2）Goertz (1974), S. 8.

（3）Piscator (1968a).

（4）Piscator (1968b).

（5）Huder (1971). 一九五六年以来この芸術アカデミーの会員だったピスカートアは、六五年から舞台芸術部門の評議員を務めていた。彼の死の直後、それまで彼が暮らしていたディレンブルク（Dillenburg）とベルリーンにあった資料が芸術アカデミーへ寄贈されて、これをもとに回顧展が開催された。

（6）Innes (1972).

（7）Goertz (1974).

（8）Willett (1978).

（9）Gleber (1979).

（10）Piscator (1977).

（11）Piscator (1980).

（12）Piscator (1984).

（13）Piscator (1986).

（14）Boeser/Vatková (1986a, 1986b).

（15）Amlung (1993).

（16）Vgl. Haarmann (1991); ders. (2002); Diezel (2004); ders.(2006).

（17）Vgl. Piscator (2005, 2009a).

（18）Vgl. Kirfel-Lenk (1984); Krohn (1990); Probst G. (1991).

（19）Vgl. Piscator (2009b, 2009c), Malina (2012).

（20）Vgl. Piscator (2011a, 2011b, 2011c).

（21）Vgl. Wannemacher (2004).

（22）Piscator (2007).

（23）一九二〇・三〇年代の日本でのピスカートア受容については正木 (2014) に詳しい。

（24）Piscator, Erwin: Über Grundlagen und Aufgaben des proletarischen Theaters (1920). In: *Der Gegner* (Berlin), Jg.2 (1920-21), Nr. IV, S. 90-93. [Auch in: Piscator (1968b), S. 9-12]. ［エルウィン・ピスカトール (1928)、千田是也訳「プロレタリア劇場の基礎及び任務」『戦旗』昭和三（一九二八）年一〇月号、一五七～一七一頁］。

（25）藤田 (1965)。

（26）Piscator, Erwin: Entstehung der Piscator-Bühne. In: ders. (1929), S. 121-145. ［エルヴィン・ピスカートル、近藤公一訳「ピスカー

トル劇場の成立」『ドイツ表現主義3　表現主義の演劇・映画』河出書房新社、一九七一年、三〇五〜三一六頁」。
(27) 小宮 (1975)。
(28) 笠原 (1979)。
(29) 千田 (1975)。
(30) ワイマル友の会日本－DDRゲルマニスティク交流促進協会『研究報告』第九号、一九八四年 [森川進一郎 (1984a)「「ピスカートアの政治演劇――現実に対する演劇の先駆的実験」解題」(三〜八頁)、丸本隆 (1984)「ピスカートアとフォルクスビューネ」(九〜二五頁)、市川明 (1984)「ピスカートアとトラー――"Hoppla, wir leben!" の1927年上演をめぐって」(二六〜四四頁)、森川進一郎 (1984b)「1928年のピスカートア舞台における『シュヴェイク』上演」(四五〜六三頁)、松本ヒロ子 (1984)「ピスカートアとヴォルフ――『タイ・ヤンはめざめる』初演について」(六四〜七八頁)]。
(31) たとえば山口 (1988)、武次 (1992)、拙稿 (2002)、杉浦 (2010)。
(32) ピスカトール (2014)、村山知義訳『左翼劇場』叢書・近代日本のデザイン61、ゆまに書房。
(33) 岩本 (2007)。
(34) 藤田 (1965)、九頁以降。
(35) 谷川 (2002)、三五〇頁。
(36) Vgl. Lehmann (1999) [レーマン (2002)]。
(37) Vgl. Fischer-Lichte (2004) [フィッシャー－リヒテ (2009)]。
(38) たとえば新野はドイツの演出家フランク・カストルフ (Frank Castorf, 1951―) が演出したバージェス原作『時計じかけのオレンジ』(一九九三年初演) の一場面について、統一後のドイツを辛辣に告発したものだとし、これが、現実の社会情勢を反映させて同時代社会の動向と深く掛かり合おうとした、ピスカートアのヴァイマル共和国期の演出と類縁性を持つものだと指摘する (新野 (1998)、一八〇〜一八二頁、同 (2005)、一七三〜一七八頁参照)。

第I部　ヴァイマル・ドイツ期――平和の希求、共和国の社会矛盾に対する問題提起

一九二七年ごろのピスカートア（中央）。ハーシェク『実直な兵士シュヴェイクの冒険』の原翻案者ライマン（左）およびブロート（右）と（Willett (1978), p. 109）。

ピスカートアが演出家としての仕事を開始したのは、ヴァイマル共和国期（一九一九～三三年）のドイツだった。共和国が成立するよりも前、見習い俳優だった彼は第一次世界大戦に志願兵として従軍する。だが前線での過酷な体験を経て、虚構の世界を扱う演劇に疑問を抱くとともに、大戦終結の契機のひとつとなったロシア革命に共鳴した。そして戦争が終わると、特権階級の専断から起こる戦争や貧困のない社会の実現を目指す平和主義的共産主義の世界観を宣伝する「政治演劇」を構想・展開することになる。そこで行われた演出は、実際に起きた政治的・社会的事件の記録すなわちドキュメントであるスナップ写真や記録映画を取り入れ、これらを俳優が舞台上で展開する出来事と前後させて、あるいは同時並行させて示すことにより、観客に同時代社会の問題を直視させようとするものだった。

以下はヴァイマル・ドイツ期のピスカートアの活動について、拠点となった劇場・劇団ごとに四つの時期に分け、その展開を追う。すなわち、

(1)プロレタリア劇場期（一九二〇～二一年／第1章）
(2)フォルクスビューネ期（一九二一～二七年／第2章）
(3)第一次・第二次ピスカートア・ビューネ期（一九二七～二九年／第3章）
(4)第三次ピスカートア・ビューネ期（一九二九～三一年／第4章）

である。

第1章　「芸術から政治へ」——政治演劇の成立

ピスカートアは自分の三〇代半ばまでの演劇活動を著書『政治演劇』（一九二九）で詳細に記しているが、その第一章は「芸術から政治へ」と題されている。つまり当時の彼は、そもそも制作の姿勢として、芸術としての演劇ではなく政治としての演劇を念頭に置いていたと言っていい。なぜそのような姿勢をとるに至ったのか、以下その足取りを追おう。

1.1　第一次世界大戦とベルリーン・ダダ

原体験——従軍と前線での活動

一八九三年一二月一七日、ピスカートアはドイツ西部・ヘッセン地方ギーセン近郊のヴェッツラー郡に仕立屋の息子として生まれた[1]。少年時代を同じくヘッセン地方のマールブルク市で過ごすが、ここで観た〈ギーセン市立劇場〉の客演（シラー『マリーア・ステュアート』）に感銘を受け、俳優を志すに至った[2]。そして二〇歳になった一九一三年、敬愛していた俳優・演出家のアルバート・シュタインリュックが活動していた〈ミュンヒェン宮廷劇場〉の見習い俳優になる。また並行してミュンヒェン大学の演劇学ゼミナールに参加したが、ここにはアルトゥーア・クッチャー教授のもと、フランク・ヴェーデキントやエーリヒ・ミューザーム、クラブントといった劇作家の同輩がおり、四、五年後にはブレヒトも在籍した。このゼミナールのほか、美術史や哲学、独文学の講義も聴講した。

翌一九一四年、第一次世界大戦が勃発するとミュンヒェンでは愛国主義が叫ばれ、高揚した街の雰囲気にも促されて、翌年にピスカートアは志願兵として従軍、短期間の訓練後、ベルギー北西部のフランドル地方イーペルの戦線で二年間の塹壕生活を送る。この西部戦線での実戦は彼にとって決定的な体験で、なかでも彼を突き動かしたのは、前線での切迫した状況下、塹壕を掘る作業での出来事だった。要領の悪い仕事ぶりを上官にとがめられた彼は、職業を問われて俳優と答えたが、その瞬間、凄惨な現実とあまりにもかけ離れた職業を生業としていたことが実に滑稽で恥ずべきことのように思われた。(3) 以来、彼は従来のようなブルジョア演劇の俳優という自分の職業に大きな疑問を抱き、「当時ドイツでただひとり、戦争にお決まりの熱狂に反対していた」(4) フランツ・プフェムファートが編集していた総合文化誌『行動』に詩を投稿するなどした。(5) そして前線での毒ガス戦でイギリス人とドイツ人の死体の山を目にしつつ、炸裂する敵の手榴弾を避けながら塹壕に入るということを繰り返すなかで、彼は戦争の意義を疑うとともに、ますます俳優という自身の生業に、またそれまで慣れ親しんできた、劇場の外で現実に起こっている社会的事件と掛かり合おうとしない芝居――いわゆる芸術の世界――に疑問を抱くようになった。(6) 彼は「それまでただ文学の凹面鏡を通して人生を見てきた」、つまり文学を手掛かりに人生のあり方について考えてきたが、みずからが世界大戦の戦場に立ち、生死の過酷な現実を目の当たりにしたことで、それまでの考え方とは正反対に、「人生の凹面鏡を通して文学や芸術を見る」(7) ようになった。すなわち第一の関心を同時代の現実世界で進行する出来事に寄せるようになったのだった。

一方、彼はやがて、前線にいる兵士の慰安のために設立された〈前線劇場〉に参加するが、その活動の最中の一九一七年、ロシア革命の報を耳にする。民衆の力が世界大戦終結の契機のひとつをつくったと彼は感銘を受け、翌一八年に起きたドイツ革命への参加を決意し、労兵評議会に、また社民党左派からなるスパルタクス団に所属した。そして同年のうちに、スパルタクス団が再組織されて設立されたドイツ共産党（ＫＰＤ）の党員となり、このとき、芸術をプロレタリアート解放闘争の手段として役立てるべきだという信念を固めたのだった。

ベルリーン・ダダへの参加──制度としての芸術に対して宣言される拒絶

ピスカートアが舞台演出活動を始める前の出来事として特に注目すべきなのは、第一次世界大戦終結後の一九一九年、復員後の彼が左翼の芸術家やジャーナリストたちによる前衛芸術運動、ベルリーン・ダダの活動に一時期参加していることである。新しく成立したヴァイマル共和国の首都であり、政治・文化の中心地でもあったベルリーンへ赴いた彼は、かつての戦友でジャーナリスト・編集者のヴィーラント・ヘルツフェルデと接触し、このヘルツフェルデからの誘いを受けてベルリーン・ダダに参加した。ここにはヘルツフェルデの兄であるフォトモンタージュ作家ジョン・ハートフィールド、あるいは風刺画家のジョージ・グロッスがおり、ベルリーン・ダダの「夕べ」や展覧会の準備などを通じてピスカートアは多くのダダの人々と交流した。なかでもハートフィールドやグロッスとはのちに多くの演出で共同作業を行うことになる(8)。

さて、そのベルリーン・ダダの運動だが、ここにいた人々の多くもピスカートアと同様、さきの戦争の意義に疑問を抱いていた人々だった(たとえばハートフィールドは大戦を遂行するドイツ帝政に対する抗議の意味で自分の名を英語読みにあらためていた(9))。また彼らの多くが同じくロシア革命に共鳴し、平和主義的共産主義者としてドイツ共産党員になってもいた。そして同時代の現実を直視しようとする姿勢から、従来の芸術のあり方を否定し、その外にこそ表現の可能性を求めることを第一としていた。そのマニフェストには次のようにある。

ダダとは芸術の動向(Kunstrichtung)ではない。/ダダとは、わたしたちが生《せい》の内容(Lebensinhalt)として想像するものすべてに抗う、生そのもののひとつの動向(eine Richtung des Lebens selbst)である。[中略]ダダとはすべての文化的価値基準を最大限に拒否することである(10)。

この言葉からうかがえるように、ベルリーン・ダダの人々は先行するさまざまな芸術思潮のひとつひとつを批判するのではなく、それまで芸術が芸術として認められてきた、その基盤をこそ否定していた。

その姿勢の具現化された好例が、彼らが行ったなかで最大規模の催し「第一回国際ダダ見本市」（一九二〇年六〜七月、ベルリーン）である。これは従来の展覧会の展示方法そのものを問うとともに、芸術作品を展示する枠組みとしての「展覧会」という制度そのものをも問う催しだった。そこでは大きな平面作品を妨害するように、その前面に小さな作品が展示されたり、あるいは作品が展示される壁面の全体が無秩序に構成されていたりした。つまり彼らの試みは、芸術作品を制作するさいの手段を自由自在に使用することで、特定の時代の様式というものが形成される可能性を排除しようとするものだった（様式を生み出すことを志向しないというこの態度は、別のマニフェストの結びにある「このマニフェストに反対であるということはすなわちダダイストであるということである！」[11]という言葉にも象徴的である）。さらにベルリーン・ダダの人々は、芸術を到達すべき目標ではなく、目標に至るための手段としてとらえ、芸術を通じて社会批判を行う活動を展開した。すなわち制度としての芸術を否定し、それまで日常生活から隔離されていた芸術を日常生活での実践と結びつけることに努めていた。

このようにベルリーン・ダダは従来の芸術的伝統からのラディカルな断絶を志向し、表現は逆説的だがいわば破壊的な制作活動を展開して、芸術とはこういうものだ、という受容者の期待を根本から否定しようとした。メンバーたちはマニフェストによってその活動方針を公にし、一連の活動によって同時代の政治と社会を批判した。ここでは芸術に関する議論が「政治を念頭に置いてのみ」行われ、またこの芸術は「階級闘争における手段でしかなかった」[12]（ピスカートア）。

芸術・政治に対するベルリーン・ダダのこうした姿勢や、そこに掲げられた「反芸術」とも言うべきコンセプトはまさにピスカートアの見解と合致した。「芸術」としての旧来の自己目的的な演劇を離れ、芸術と政治との接点を探った先にこそ新しい芸術が生まれると考えていた彼は、まもなくベルリーン・ダダのコンセプトに呼応して、同時代の社会が抱える矛盾を示しながら反戦主義的・平和主義的行動へと観客を動機づけることを目的とした「政治演劇」を構想するに至る[13]。

また同時代の政治に対するピスカートアの関心の背景には、当時のベルリーンの社会的な環境もあった。同市は当時急激な都市化のさなかにあり、一八八〇年の人口は一〇〇万人だったが、一九二〇年代になると四〇〇万人をこえる勢いだった[14]。そして第一次世界大戦後の時点でロシアからの移住者が一〇万人以上おり、特にロシア革命後の数年間で市の西部に居を定めていた。彼らは主に革命を逃れてきた貴族やブルジョアではあったが、こうした人の流れを背景に、ベルリーンではドイツとロシアの文化的交流が盛んになっていた。レニングラードやモスクワと同様、ベルリーンへもロシア革命後の高揚した雰囲気がもたらされ、同市では政治に積極的に参加しようとする芸術家や知識層の人々を中心に、都市のプロレタリアートのために相応の文化と芸術を創造しようという気運が高まっていた。これを指してピスカートアは当時のベルリーンを「ボリシェヴィズムの牙城[15]」と言い表わしている。

ただしピスカートアがただちにベルリーンで演劇活動の場を見出すことは叶わず、彼はひとまずバルト海沿岸の町ケーニヒスベルク（現カリーニングラード）にある、演出家レーオポルト・イェスナーが劇場監督を務める〈ケーニヒスベルク室内劇場《カンマーシュピーレ》〉で活動を開始した。まもなくイェスナーがベルリーンの〈ジェンダルメンマルクト・プロイセン劇場〉へ移ると、ピスカートアはケーニヒスベルクに演劇集団〈法廷《ダス・トリブナール》〉を旗揚げするが、数ヶ月後にはあらためてベルリーンを目指す。

1.2　プロレタリア劇場

設立の経緯

ところで「第一回国際ダダ見本市」開催と同時期の一九二〇年夏、モスクワで開かれた共産党インターナショナル第二回会議では、労働者による文化活動を統括する組織であるプロレトクリト（一九一七年創設）の国際事務所が設立され、九月二三日からはドイツ共産党の機関紙『赤　旗《ローテ・ファーネ》』が刊行を開始した。追ってプロレトクリトの創設がすべての国々に呼び掛けられると、ピスカートアはこれに呼応して、一〇月一四日、青少年指導者のヘルマン・シュラーとともに〈プロレタリア劇場〉を旗揚げし、その活動を開始する。[16]

ただしプロレタリア劇場は「劇場」と銘打ってはいるものの、既存の劇場を拠点とした組織ではなかった。そうではなく、これは作家、造形作家、職業俳優、素人俳優からなる演劇制作集団であり、スローガンとして「大ベルリーン〔同市郊外までを含む全域〕の革命的労働者のプロパガンダ舞台」[17]を謳い、その上演は既存の劇場ではなく、ベルリーン各地区の集会場で行われた。またピスカートアの主張によれば、プロレタリア劇場はプロレタリアートに芸術を伝える（vermitteln）ためではなく、新しい社会をつくるための意識的なプロパガンダの手立てとして設立された。[18] つまり同劇場は始めから階級闘争の手段として構想され、芸術的な目的は革命的な目的に従属するものとされて、階級闘争を意識的に強調したプロパガンダが図られていた。

このように共産主義の宣伝と浸透を図るプロパガンダを使命としてプロレタリア劇場は設立された。その第一の目標は、「現実を無批判に模写することや、演劇を単に「その時代の鏡」としてとらえること」ではなく、「現実をその出発点とし、社会的矛盾を、告発と、革命と、そして新秩序の要素にまで高めること」だった。[19] そして演出家であるピスカートアは共産党員として、「舞台のブルジョア的な機構（Apparat）を粉砕」[20]し、プロレタリアートに共通の世界観に即した新しい演劇の形式をつくることをその課題とした。つまり活動の柱は、反資本主義的・プロレタリア的な芸術作品を既存の劇場で、あるいは劇場を新設して上演することではなく、同時代の現実の政治的状況に即した上演を形づくることだった。別の言い方をすれば、現実には実現されない要求を演劇によって満たすことではなく、要求が実現されていない現実の世界をさまざまな事例によって示し、観客を説得し奮い立たせ、現実の変革にとりかからせることをピスカートアは目指したのだった。

政治性は一九世紀末以来の自然主義演劇の場合もしばしば前面に出されてはいた(たとえばゲアハルト・ハウプトマンの『織工』)。そして実際、自然主義演劇はピスカートアにとって大きな手がかりだった。「歴史上のある時期、自然主義が劇場を政治的な演壇にした(21)」と彼は指摘し、自然主義演劇が、それまで喜劇的な役回りでしか示されなかった民衆に焦点を当て、プロレタリアを舞台上に登場させた点を評価する。そして同時代の推移を鋭敏に受け止めた自然主義演劇が、人々の目を登場人物個々人の心理からその周囲の世界へ、登場人物の性格よりもその人物の周りの環境へ、個々人の生活よりも実社会における人間関係へ向けさせたことにピスカートアは注目し、その方針を徹底しようとした(このことは、プロレタリア劇場の課題のひとつが、世界の変革過程の因果関係を社会的・経済的構造にまで立ち入って探り出し、舞台に示すことだったことからもうかがえる)。また彼は自然主義演劇を、「ただ感情的に観衆に働きかけるべきものではなく、観衆の情緒的な心構えをあてこむべきものでもない」と判断し、「まったく意識的に、観衆の理性に訴え」「昂揚や感激、心酔の状態だけでなく、解明や知、認識を仲介するもの(22)」としてとらえ、自分が目指す演劇との共通点を見てもいた。

しかしその一方、彼は自然主義演劇の限界を見て取っていた。なるほど自然主義演劇は、当時タブーとされていたプロレタリアの赤裸々な現状を舞台で示すことを敢行はした。だがそこで示される悲惨な状況は第三者の嘆きや同情を示す以上のものではなかった。つまりプロレタリアの悲惨な状況が示されて絶望感だけが残る場合があり、そのようなとき、これが政治的・革命的な演劇だとはピスカートアには認め難かった(23)。これに対して、彼の演劇ははっきりと、単に観客の同情を誘うのではなく、彼ら観客を実際の政治的行動へと促すことに努めるものだった。観客を実際の政治的行動へ動機づける、プロパガンダの機能を劇場に与えようとしていた姿勢の点で、ピスカートアの演劇は自然主義演劇とは明らかに一線を画していた。[24]

また自然主義演劇とあわせて、先述の、ピスカートアがケーニヒスベルクで関わった演出家イェスナーの演劇にも触れておく必要がある。同じく政治演劇の旗手として名を馳せたイェスナーは、「時代は政治的な顔を持っていた。〔中略〕だから演劇も時代と無関係であるまいとする以上、かの大いなる世界観的意味において政治的になる[25]」と言明し、同時代の政治状況を強く反映した古典の翻案を行った。彼の姿勢は古典作品に素材としての価値だけを認め、戯曲よりも上演を優位に立たせるものであり、この点でピスカートアの姿勢と共通していた。ただし、イェスナーの演劇が政治的に中立に時代精神を表現することを主眼としていたのに対し、ピスカートアのプロレタリア劇場は、共産党員である彼の立場を強く前面に出し、演劇によって共産主義の世界観を観客に宣伝し、観客を政治的行動に動員しようとしていた点で決定的に異なっていた。[26]

制度としての芸術の外で行われる演劇──ベルリーン・ダダとの類縁性

さてそのプロレタリア劇場の制作方針についてだが、ピスカートアの姿勢は前述の通り、ベルリーン・ダダの人々のそれと共通していた。つまり彼は自分の演劇を、旧来の、制度としての芸術という枠の外にあるものと位置づけた。そしてこれもベルリーン・ダダの場合と同様、ピスカートアは自分の演劇の理念をマニフェストの形にし、しばしば公演のプログラムに掲載した。このマニフェストの言葉は同時代の演劇観に揺さぶりをかけようとするものであり、劇評や新聞記事に引用され、広く知られることになった。なかでも、自分の演劇が旧来のそれとは別物だというピスカートアの態度が明らかにされているのが次の一節である。

わたしたちは芸術という言葉をラディカルに自分たちのプログラムから追放した。わたしたちの演し物

(Stücke) は呼びかけ (Aufrufe) であり、これによって、わたしたちはアクチュアルな出来事に介入し (eingreifen)、政治を行うことを意図していた。(27)　［強調は原文のまま］

ここで彼の言う「政治を行う (Politik treiben)」ということは、演劇を核にしたプロレタリアートの総合的活動を促すという意味である。すなわち演劇を通じて機関誌や文学作品が刊行され、組合が設立され、集会場がつくられ、住宅地も発展するというのがピスカートアの描いた青写真だった。(28) つまり、芸術としての演劇をつくるという考えは彼になかったのだが、ベルリーン・ダダの場合と同様、ここで芸術そのものが否定されていたわけではなかった。そうではなく、演劇という芸術を手段として活用し、「政治を行う」ことが目指されていたのであって、芸術そのものではなく、それまでの演劇のありようが否定されていたのだった。

さらに、ピスカートアの演劇は——これもベルリーン・ダダと軌を一にするが——特定の時代様式を生み出すことを志向してもいなかった。「意識的にわたしたちは芸術の伝統的な概念から距離を置き、わたしたち自身に関わる事柄のための、最も強力な表現、また最も強度のある効果だけを追求する」と彼は宣言し、また自分の基本姿勢を説明して「なるほど、わたしたちはこれによって芸術のさらなる手助けをしているかもしれないし、そこからある様式 (Stil) が発展しているかもしれない。現時点ではそのことにわたしたちの関心はほとんどない。ボクサーがアッパーカットを放ったさいに、美的に満足のいく姿勢をとっているかどうかを考えないのと同じだ」(29)［強調は原文のまま］とたとえている。「強力な表現」や「強度のある効果」、あるいは「ボクサー」といった語句からは、このピスカートアの発言当時注目を浴びていたドイツ人ボクサー、マックス・シュメーリングが連想されるが、ボクサーの課題にも似て、目前の戦いに勝利すること、すなわち既存の演劇を敵としてこれに打ち勝つことこそがピスカートアの至上命題だった。

テクストの集団制作

では具体的に、ピスカートアの演劇はどのようなつくられ方をしていたのだろうか。

まず何よりも目を引くのはテクストの成立の仕方である。彼の演劇で使用されるテクストは、それまでのドイツの演劇制作で一般的だったものとはまったく異なっていた。テクストは、劇作家という一個人が戯曲作品として完成させるものとは見なされず、つねに演出家であるピスカートアを始め、多くの人間が関わる集団作業から成立した。ひとりの作者によって書かれたテクストはあくまで演劇制作のためのひとつの素材としてとらえられ、これに複数の人間の手が加わった。

こうした集団作業が行われたことの背景としては、二〇世紀初頭以来、社会情勢が複雑化・多様化するに従って、ただひとりの作者が自分の経験に基づいてある世界像を有機的に描き、それによって同時代社会を示すということが困難になっていたことがある。ただひとりの君主を頂点に戴く帝政という政治システムが同時代の多くの国々で立ち行かなくなっていたことを反映するように、演劇制作における、劇作家を頂点とするヒエラルキーも絶対的なものではなくなっていた。

また同じく、社会情勢の複雑化・多様化という背景から、このような集団制作に類した現象が当時、演劇だけでなく芸術全般にあった。たとえば造形美術の分野についてみると、ハートフィールドのフォトモンタージュはほかの写真家が撮影した写真を使用している。あるいは文学の分野では、アルフレート・デーブリーンの小説『ベルリーン・アレクサンダー広場』（一九二九）が新聞記事や広告、あるいはラジオ放送の引用といった、ほかの書き手によって書かれた文章を作品内に挿入している。一九二〇年代という時代は――さきのベルリーン・ダダのマニフェストにおいてまさに象徴的だが――、芸術的創造の主な担い手がただひとりの作者ではなく、集団になったという点で、芸術史におけるひとつの境目だった。

この集団制作という実践に、ピスカートアはどのようにして至ったのだろうか。注目したいのは、彼が演劇による共産主義プロパガンダを意図したさい、第一次世界大戦後の同時代では社会変革のための原動力が個人よりも集団にこそあると考えていたことである。彼は次のように述べている。

大産業のるつぼのなかへ注ぎ込まれ、戦争の煙道（Esse）のなかで鍛練され溶接されて、群衆が一九一八年と一九一九年、威嚇しつつ、要求しつつ、国家の門前に立っていたのだが、もはや群れ（Haufe）ではなく、無差別に寄せ集められた暴徒ではなく、新しい、生き生きとした生き物で、新しい固有の命を持っていた。その命はもはや個人の総和ではなかった。そうではなく、新しい、巨大な自我であり、その階級の不文律によって動かされ、定められていた。(30)

個々人が集まって群衆となったとき、そこに新しい自我、いわば集団の主体が現われるというこの考えの源は、ピスカートア自身の大戦中の体験に求められる。『政治演劇』の冒頭、大戦での戦死者の数を始めとする統計を引用し、彼は次のように記している。

わたしの年代計算は一九一四年八月四日［ドイツの越境侵攻開始、およびドイツに対するイギリスの宣戦布告の日］に始まる。
［中略］
一三〇〇万人の死者
一一〇〇万人の傷痍軍人
五〇〇〇万人の進軍した兵士
六〇億回の発砲

五〇〇億立方メートルの毒ガス

ここで「一個人としての発展（persönliche Entwicklung）」が何だというのか？ だれひとりそこでは「一個人として（persönlich）」発展はしない。そこでは何か別のものが発展を促すのだ。二〇歳の青年の目の前に戦争がそびえ立っていた。運命（Schicksal）。その前ではどんな師も余計なものだった。[31]

ミュンヒェン宮廷劇場の見習い俳優だったピスカートアは大戦に従軍し、戦車や戦闘機、機関銃など、当時最新鋭の技術的手段によって無差別かつ機械的に大量殺戮が繰り広げられていた前線の惨状を目の当たりにした。一方、ちょうどそのとき起きたロシア革命を、帝政を終わらせ戦争終結の契機のひとつとなった民衆蜂起ととらえ、これに共感し、集団の力こそが同時代の社会を動かす力だという考えに至った。世界の動きを決定する要因としての個人の力の小ささを彼は痛感し、それまで慣れ親しんできた、現実に展開している社会的事件と掛かり合おうとしないブルジョア教養主義的な演劇の内容に疑問を抱いて、「もはや、個人（Individuum）がその私的で（privat）個人的な（persönlich）運命をともなって、ということではなくて、時代、そして集団の運命が、新しい劇作の、主人公的要素なのである」[32]と考えるようになった。そして「この時代はもしかすると、その社会的・経済的条件によって個々人から「人間的なもの（Menschsein）」を奪い取り、個々人にまだ、ある新しい社会のより高貴な人間らしさを贈らないまま、自分自身が新しい主人公として、台座の上に高く上がった」[33]［強調は原文のまま］という認識を得た。この認識から、以後に彼が演出する作品はつねに、個人的・私的な運命よりも、集団ないし時代の運命をより重要なテーマとするものになった。

そして個人よりも集団を重視する彼の考えは、劇の内容だけでなく、劇作の方法にも反映された。つまり彼の演劇のつくり手には集団の視点が必要だとされた。テクストの制作時には一個人の劇作家がすべてを担うという考え方が否定され、劇作家の仕事は草稿を準備することでしかなくなり、テクストは必ず複数の人間の手によって制作・改編されるようになった。ピスカートアの言葉で言えば、彼の演劇における作者は「かつての専制的な個人（autokratische Person）であることをやめなければならず、群衆のものの考え方（Psyche der Massen）のなかに息づいているイメージ（Vorstellung）のことを、また誰にとっても明らかで分かりやすい、平凡な（trivial）形式のことを考えて、自分自身のイメージや独創性を考えることは後回しにしなければならない」[34]とされた。彼のこうした考えから、プロレタリア劇場における作者、すなわちテクストの書き手には、劇場の求めに応じて草稿を仕上げることに加え、内容が集団の政治的・美的考え方に合うよう、プロレタリアの俳優たちと議論することが要求された[35]。同劇場で活動していた当時のピスカートアは次のように主張している。

作者の傾向を第一とすることは必ずしも必要ではない。［中略］場合によっては、削除、特定の箇所の強調、時には全体を明確にするプロローグやエピローグをつけ加えるというように、作品が変えられることもある（それで芸術家の個性に傷がつくというなら、その崇拝は因習的なものだ）。このようにして世界文学の大部分は革命的プロレタリアの関わる事柄に役立つようにすることができる。ちょうど、世界史のすべてが階級闘争という考えの政治的宣伝に使われたのと同じように[36]。

つまり彼の演劇では、原作の戯曲というテクストの位置づけはまったく絶対的でなく、テクストには劇作家以外にほかの人間の手が加わり、そのことによって、テクストが持つ、プロパガンダとしての効果が高められなければならないとされていた。この原則はまさに、複数の芸術家が集団に組織され、合同で展覧会の構想が練られ、マニフェストがつくられていたベルリーン・ダダの実践を演劇の場に応用したものと言えた。そしてこの集団主義は以後、ピスカートアの演劇制作での大原則となった。

『ロシアの日』（一九二〇）――文学的価値よりも重視される、俳優・観客間の交流

上のような姿勢のもとに制作されたプロレタリア劇場の代表的な公演が『ロシアの日』（一九二〇）である[37]［図1］。これはソ連を支持するドイツ共産党のキャンペーン「白色テロに抗せよ、ソヴィエト・ロシアを支持せよ」に呼応して、ドイツによる白色テロ隊への武器供与をボイコットするための呼びかけを目的として制作された。原作者は当時ハンガリーの白色テロのために亡命中だったラーヨシュ・バルタだが、実際の制作過程は、バルタがピスカートアの依頼を受けて草稿を執筆し、そのあとにふたりが共同でこれを翻案するというもので、先述の集団制作の原則のもとに成立した作品だった[38]（ピスカートアとシュラー、さらにベルリーン・ダダのメンバーのひとりであるラウール・ハウスマンの三人が共同作業で作品を完成させたという説もある[39]）。内容はバルタ自身の体験をもとに、広範囲にわたる当時の政治的・社会的事件の関連を描きつつ、一九一九～二〇年の白色テロの本質を探ろうとするものだった。

テクストは「助けてくれ！」「白色テロだ！」という叫びで始まる。社民党の理論的指導者カール・カウツキーのような顔をした社会学の教授が階級間の和解を勧め、「世界資本」、外交官、士官、聖職者が現われて、大衆をやっつけろ、ロシアのプロレタリアを粉砕しろと叫ぶ一方、ハンガリーからの難民が現われる。ドイツの労働者は当惑して武器を引き渡す。世界大戦で世界資本に夫を殺された寡婦が姿を見せる。ロシアのプロレタリアの声が「万国の労働者、われわれの声を聞け」と叫ぶ。ハンガリーのプロレタリアが祖国の白色テロについて語り、赤色革命が倒されれば白色テロが猛威を振るい始めるからロシアを倒させるな、と言う。世界資本が「武器、武器、武器」「戦争、戦争、戦争」「プロレタリア全部をやっつけろ」と叫ぶ。最終場は次のように展開した。

ドイツの労働者　時は熟した。われわれは行動し、資本主義の柱を粉砕するだろう。
外交官　お前は誰だ？

ドイツの労働者　われわれは世界革命のてこだ。世界資本主義の土台を揺るがす力だ。今やプロレタリアートのすべての闘士の目が、われわれに注がれている。そして自由の微光が彼らのために道を照らしている。

世界資本　地獄、悪魔、ペスト。

図1　『ロシアの日』の一場面 (Piscator (1986[1929]), o. S.)。

ドイツの労働者　闘い、闘い、闘い。

世界資本　ソヴィエト・ロシアをやっつけろ！

ドイツの労働者　すべてをロシアのために。ソヴィエト・ロシア万歳！

声（鳴り響くコーラスが、叫びを繰り返す。群衆が舞台に現われる）

（外交官が世界資本とともに姿を消す）

（兄弟たち、同志、団結せよ。ドイツの労働者がインターナショナルの第一節を朗唱する。ファンファーレ奏者がロシアの制服で登場し、インターナショナルを吹奏する。舞台上のコーラスが唱和し、観衆も唱和する）(40)

『ロシアの日』では、作品の文学的な価値はまったく問われていなかった。というのも上演の目的が、革命を賛美し、一九一九年のドイツ革命から評議会《レーテ》共和国を樹立しようとして挫折した者たちとの団結を呼びかけることであり、軍国主義者や帝国主義者、階級和解政策をとる社民党右派に対抗する勢力をつくるための扇動を行うことだったからである。重視されていたのは文学的な価値よりも、俳優と、客席にいる観衆との直接的な交流だった[41]。

そのことは、ピスカートアが特筆する、別の公演『障害者』でのハートフィールドの舞台装置画をめぐるエピソードからもうかがえる。いわく、その初日、ハートフィールドの到着が遅れ、上演は装置なしで開始されたが、遅れて到着したハートフィールドは装置画を使って上演し直すように求めて譲らず、そのまま上演を続行するか装置画をかけるか、観客を交えた議論がなされ、最終的に上演は装置を備えた上で始めから行われたという。

以上、ピスカートアの演劇は、「芸術から政治へ」という『政治演劇』第一章の表題に象徴的なように、第一に政治的プロパガンダの試みとして開始された。これは芸術的に見て実に重要な試みだった。なるほど、第一次世界大戦中の前線で凄絶な体験をし、戦後、反戦主義的・平和主義的働きかけを意図したという点では、たとえば作家・劇作家のエルンスト・トラーも同じだった。しかしトラーが内省的な文学を、すなわちドイツ・バイエルンでの直近の革命に主導者のひとりとして関わったみずからの経験を反映させた文学作品の制作を志向したのに対して、ピスカートアは——戦中は同様に反戦詩を雑誌に投稿などしたが、結果として——より直接的なプロパガンダを志向した。つまり芸術がプロパガンダのために利用されたことで、まったく新しい芸術実践の空間が生まれたのだった。

さらに、ピスカートアはプロレタリアの立場に立ち、ブルジョアを主なつくり手および受け手として従来発展してきた演劇／劇場という制度に対し、問題提起をした。それは何よりも、戯曲に描かれた世界を舞台上で形にしてみせる、再現芸術として理解されてきた演劇、およびその演劇が展開される、自己完結した場としての劇場に対しての問題提起だった。このことは、たとえば『赤旗』紙上で作家のフランツ・ユングがプロレタリア劇場の上演形態について記した次の一節から如実にうかがえる。

この劇場において根本的に新しいことは、芝居と現実とが実に特別なやり方で入り組んでいるということである。〔中略〕芝居と現実との境目はつねに不明確になる。〔中略〕観衆も学び直さなければならず、教育されなければならず、芝居全体のなかでいわば役を担うという、実に不慣れな状況になじむことを了解しなければならない。(42)

そしてこのような、芸術を日常生活の世界へ展開しようとする試み、あるいはドキュメンタリーとしての性格を芸術に与えようとする試みとも言うべきピスカートアの演劇活動の背景には、ちょうど同時期に展開されていた、先述のベルリーン・ダダを始めとするダダイスム、あるいはシュルレアリスム、イタリアやロシアの未来派など、一九一〇年代から三〇年代にかけての諸々の前衛芸術運動、すなわち歴史的アヴァンギャルドの活動があった。つまりこれらにおいては、先行する芸術の伝統が持っていた、芸術を芸術たらしめていた枠組みを否定し、これを破壊することが第一に志向されていた。このことはピスカートアの場合、制度としての演劇／劇場を否定し、その破壊を志向するという形をとった。

保守的な反響

ただ、こうして活発な活動を展開し、共産主義の世界観の宣伝に努めていたプロレタリア劇場だったが、芸術を到達すべき目標としてではなく、プロパガンダの手段としてとらえる態度は同志すべての理解をただちに得られたわけではなかった。活動開始から三日後、一九二〇年一〇月一七日付の『赤旗』は彼の仕事を次のように難じた。

プロパガンダ的・教育的な効果をねらってプロレタリア的・共産主義的な考えを舞台上で表現しようとするならば、演劇という名前ではなく、この子どもを正しい名前であるプロパガンダと名づけるのがよい。演劇という名前は、芸術をつくるように、芸術的な仕事をするように義務づけるものだ！(43)

この否定的な見解を示したのは、当時『赤旗』の文化面で主導的な役割を果たしていた女性批評家のゲアトルート・アレクサンダーだった。彼女はもともと古参の社民党員で、フランツ・メーリングに学び、彼に従ってドイツ共産党（スパルタクス団）の創立に参加し、一九一八年一一月からのドイツ革命以来、政治闘争だけで手一杯だった共産党が文化政策面でも独自の理論家を必要としたさいに登用され、一九二〇年半ばから二三年半ばまで、独りで党の文化政策を一般党員・党支持者に伝えていた。よって、ピスカートアの演劇に対する彼女の批評が、そのままドイツ共産党の公式な態度表明となっていた(44)。またプロレタリア劇場の運営は、労働総同盟、サンディカリスト、そしてドイツ共産党から分裂したドイツ共産主義労働者党（ＫＡＰ）の党員からなる観客組織（会員数五〇〇〇〜六〇〇〇名）に頼っていた。ＫＡＰとドイツ共産党の対立も、プロレタリア劇場に対する共産党の冷淡な反応の背景のひとつとして考えられる(45)。

　プロレタリア劇場の活動は、ドイツ共産党からの否定的反応に加え、ベルリーン治安当局（社民党員の警視総監を頂点としていた）からの圧力、脆弱な経済的基盤などの理由から、わずか一シーズンしか続かず、一九二一年四月に幕を下ろした。活動に終止符を打ったピスカートアは追って、ロシアの難民救済のために設立された〈ロシアの飢える人々のための芸術家による救援委員会〉(46)の書記になったが、決して演劇活動を諦めたわけではなく、早くも二年後の一九二三年には〈中央劇場《ツェントラール・テアーター》〉の座付演出家としての職を得る。ただしこの劇場はブルジョア教養主義的な作品を主に上演する劇場で、ピスカートアは政治的な演出を手控えた。あくまで当座の生活を続けていくために彼はここでの活動を決めたのだった(47)。

そして彼にとって幸運なことに、すぐに転機が訪れた。翌一九二四年、同じベルリーンの劇場〈フォルクスビューネ〉（「民衆劇場」の意）でアルフォンス・パケ作の『旗』を演出する演出家が見つからず、ピスカートアに白羽の矢が立ったのだった（パケは右記の〈救援委員会〉のメンバーであり、これが縁のひとつになったものと思われる）。そしてこの『旗』演出はピスカートアの演劇活動にとって決定的な一歩となり、彼はその後の数年間にフォルクスビューネで演出した数々の作品によって、同時代の主導的な演出家としての地位を確立していくことになる。

（1）仕立屋の父は労働者の作業着を手がけており、おそらくピスカートアは幼少期から——のちに彼が自分の観衆として念頭に置くことになる——労働者をごく身近に感じていた。

（2）シュタインリュックは演出家マックス・ラインハルトが劇場監督を務めていたベルリーンのドイツ劇場で、続いて一九〇八～二〇年にはミュンヒェン宮廷劇場で性格俳優兼演出家として活躍し、その後ふたたびベルリーンに戻った。特にゲオルク・ビューヒナー作『ヴォイツェック』の初演（一九一三年一一月）でタイトルロールを演じた俳優として、また『巨人ゴーレム』（一九二〇）ほかの映画に出演した映画俳優として知られる（藤田 (1965)、二頁、Goertz (1974), S.18 参照）。

（3）Vgl. Piscator (1986 [1929]), S. 22-23.

（4）Piscator (1986 [1929]), S. 23.

（5）なお当時の『行動（Aktion）』誌の副題は「政治・文学・芸術のための週刊誌（Wochenschrift für Politik, Literatur, Kunst）」だったが、これは一九一九年に「革命的共産主義のための雑誌（Zeitschrift für revolutionären Kommunismus）」と改められ、その政治的傾向が明らかにされた（池田 (1980)、二四頁、注10参照）。

（6）Vgl. Piscator (1986 [1929]), S. 22-23.

（7）Piscator (1986 [1929]), S. 24.

（8）平井 (1993a)、二三八頁参照。

（9）この関連では、ダダイストではなかったが、ブレヒトが第一次世界大戦末期から戦後にかけ、衛生兵として負傷兵の手当てをするなかで戦争を嫌悪するようになったことにも注目していい（岩淵（1982）、二六頁参照）。

（10）Theo van Doesburg: Was ist Dada? (1923), in: Huelsenbeck (1964), S. 41-46, hier S. 42.

（11）Dadaistisches Manifest (1918), in: Huelsenbeck (1964), S. 27-29, hier S. 29.

（12）Piscator (1986 [1929]), S. 28.

（13）Vgl. Piscator (1986 [1929]), S. 22-28.

（14）ラカー（1980）、二九頁参照。

（15）Piscator (1986 [1929]), S. 27.

（16）ピスカートアによるベルリーンでのプロレタリア劇場設立の経緯については次を参照。Piscator (1986 [1929]), S. 22f.、藤田（1965）、二頁、Goertz (1974), S.18、小宮（1975）、七～八頁、Willett (1978), pp. 47-49 [ders. (1982), S. 16-17]、池田（1980）、九七頁、平井（1980）、二五〇頁、Ditschek (1989), S. 65、Fischer-Lichte (1993), S. 98、平井（1993b）、四二～四三頁。

（17）Piscator (1986 [1929]), S. 38.

（18）Ebda., S. 39.

（19）Ebda., S. 125.［ピスカートル（1971）、三二四頁］。

（20）Piscator, Erwin: Über die Aufgaben der Arbeiterbühne. In: *Das Arbeiter-Theater. Neue Wege und Aufgaben proletarischer Bühnen-Propaganda.* Berlin: Deutscher Arbeiter-Theater-Bund 1928, S. 3. [Auch in: ders. (1968b), S. 44-45, hier S. 44].

（21）Piscator (1986 [1929]), S. 34.

（22）Piscator (1986 [1929]), S. 41.

（23）Vgl. Piscator (1986 [1929]), S. 34.

（24）プロレタリア劇場の理念については次の文献も参照。Buehler (1978), S. 42; Taketsugu (1997), S. 40.

（25）Jessner, Leopold: Das Theater, Ein Vortrag. aus: *Szene* (1928), zit. nach Buehler (1978), S. 34.

（26）イェスナーとピスカートアの演劇の類似点と相違点については次を参照。Buehler (1978), S. 33f.、森川（1984a）、四頁。なお、政治演劇と言うとき、政治的なテーマを扱う戯曲の意としてとらえることもできれば（Vgl. Melchinger (1974)）、上演の政治性という観点からこれをとらえることもできる（Vgl. Knellessen (1970)）。前者は自然主義演劇の場合であり、後者はイェスナーやピスカートアの演劇の場合である（Vgl. Taketsugu (1997), S. 34）。

(27) Piscator (1986 [1929]), S. 39.

(28) Vgl. Haß (1998), S. 119.

(29) Piscator, Erwin: Das politische Theater (1927), in: ders. (1968b), S. 27-30, hier S. 28.

(30) Piscator (1986 [1929]), S. 123.「ピスカートル (1971)、三一二頁参照 (訳は一部変更)」。

(31) Piscator (1986 [1929]), S. 17.

(32) Ebda., S. 124.「ピスカートル (1971)、三一三頁参照 (訳は一部変更)」。

(33) Ebda.「ピスカートル (1971)、三一三頁参照 (訳は一部変更)」。

(34) Piscator, Erwin: Über die Grundlagen und Aufgaben des Proletarischen Theaters (1920). In: ders. (1968b), S. 9-12, hier S. 12.

(35) Vgl. Ditschek (1989), S. 70.

(36) Piscator, Erwin: Über die Grundlagen und Aufgaben des Proletarischen Theaters (1920). In: ders. (1968b), S. 9-12, hier S. 9.

(37) 以下、『ロシアの日』については次を参照。藤田 (1965)、三頁、平井 (1993b)、四四〜四五頁、Haß (1998), S. 120.

(38) 藤田 (1965)、三頁参照。

(39) 平井 (1993b)、四四頁参照。

(40) 同、四四〜四五頁。

(41) Vgl. Piscator (1986 [1929]), S. 40-41, Anm. 1.

(42) Jung (1921), S. 218.

(43) *Rote Fahne*, 17.10.1920, aus: Piscator (1986 [1929]), S. 43.

(44) 池田 (1980)、六六頁、一〇一〜一〇三頁参照。

(45) 平井 (1993b)、四六五頁参照。

(46) 同委員会にはグロッスや彫刻家のケーテ・コルヴィッツ、ジャーナリストで作家のアルフォンス・パケや紀行作家のアルトゥーア・ホリッチャーらが名を連ねている (池田 (1980)、一〇九頁参照)。

(47) 平井 (1993b)、一七八〜一七九頁参照。

第2章　異なる時空間の組み合わせ——空間的・時間的モンタージュの展開

2.1　フォルクスビューネでの活動開始

ベルリーン・フォルクスビューネの政治的立場

そもそもフォルクスビューネの歴史は、一八八九年設立の演劇鑑賞組織〈フライエ・ビューネ〉（「自由舞台」の意）に遡る。[1] 設立後まもなくの一八九二年、会費の点で労働者に縁遠いという意見が広がったことから、労働者のための観劇組織をつくろうとする動きが内部で起こり、同組織は分裂する。そしてプロレタリアート解放闘争の精神的・文化的機関として労働者側に立つ〈フライエ・フォルクスビューネ〉（「自由民衆舞台」）と、非政治的な方針をとる〈ノイエ・フライエ・フォルクスビューネ〉（「新自由民衆舞台」）が成立した。

だが両者はやがてまた合同する。その背景には、前者フライエ・フォルクスビューネの政治的基盤だった社民党の文化政策が保守的になったことがあった。すなわち、舞台を通じて労働者の観客に当時の政治的・社会的課題を示し、その改善へと彼らを動機づけて労働者階級の解放へつなげるという当初の方針が変化して、それはいまや、ブルジョア階級の文化的独占に異を唱え、普段芸術に接する機会を奪われている労働者に良質の演劇を鑑賞する機会を提供するというものになっていた。

こうして世紀転換期から第一次世界大戦後までのほぼ一世代の間に、フォルクスビューネは上演方針を保守化させており、同劇場での公演は、政治的な色彩を一貫して帯びていたピスカートアの演劇と相容れなくなっていた（実際、世界大戦直後の一九一九年二月一六日、ピスカートアは、主に労働者から構成される同劇場の観客組織を地盤にすれば政治闘争に貢献できると考え、当時の劇場監督フリードリヒ・カイスラーに手紙を送って俳優兼演出助手の地位を求めているが、(2)返信があった形跡はない）。

だが一九二四年、新しく就任した劇場監督フリッツ・ホルは冒険心に富み、ピスカートアの招聘へと動いた。その背景には、当時のフォルクスビューネが批評家たちから、また巨大観客組織として抱える一四万人の会員たちから、マンネリ化した上演内容に対する批判を受け、何らかの手を打つ必要に迫られていた事情があった。くわえて一部の幹部が政治にコミットした上演を求めてもいたが、おそらく彼らはピスカートアの政治的影響を低く見積もっていた。つまり、フォルクスビューネは巨大組織であり、会員の九割が社民党、一割が共産党という構成ゆえに、ラディカルな共産主義者ピスカートアがその世界観を展開する演出を行ったとしてもその影響力は小さいだろうと見られていた。

以上のような経緯から、ピスカートアがフォルクスビューネで初の演出をするに至り、『旗』が一九二四年五月二六日に初演された。

『旗』（一九二四）——初の幻燈利用

パケ原作の戯曲『旗』は一八八〇年から八七年にかけてのシカゴを舞台に、八時間労働を求める労働者たちの指導者ふたりがでっちあげの裁判で処刑されるまでを描いたものである。これは発表当時の一九二〇年代前半にアメリカで起きていた、ふたりのアナーキスト、サッコとヴァンゼッティが証拠不十分のまま殺人罪の嫌疑をかけられた冤罪事件を示唆する傾向劇だった。

パケは第一に劇作家ではなく、ルポルタージュを手がけるジャーナリストであり、それまではロシアやアメリカに滞在して現地の様子を見聞し伝えていた。彼は『旗』に「叙事的戯曲」という副題をつけ、ルポルタージュのように、登場人物個々人を詳しく描き出すことよりも、事件全体の流れを重視してこれを淡々と展開していく、叙事的な形式をここで探った。だが結局、作品の柱となったのは、事件の経過よりもむしろ、労働者に裏切りを迫るその妻や、捕えられた労働者の恋人、夫への愛から闘う妻といった登場人物たちの感傷的な描写だった。パケには社会主義を支持して労働者の闘争に味方しようとする態度はあったが、自分の観察を叙事的形式の劇に仕上げるまでには至らなかった。

『旗』は、ピスカートアのもとではまったく異なる形をとった。彼は自分の演出で初めて幻燈を使用し、劇の進行中、舞台脇のスクリーン上に、一九世紀末のシカゴではなく上演年のドイツでちょうど展開されていた八時間労働要求闘争のドキュメントと言うべき情報を切れ目なく映した。上演の幕開きについて、批評家のマックス・オズボーンは次のように記している。

幕が上がると上方高く、ふたつ目の紗幕の明るい部分に、映画の場合と同様、劇の表題が、追って手短にまとめられた、歴史を解説する導入部が現われる。プロローグの語り手が現われ、登場人物たちについて説明し、彼らの写真が、照らし出された長方形のなかに浮び上がる。舞台枠の左右にはさらにふたつのスクリーンが張られていて、幻燈機の投影を受け、さまざまな装飾的展開で筋の伴奏をする。パッと輝くポスター、新聞の切り抜き、あらゆる種類の象徴的な視覚造形が使われる。(3)

以降繰り返し、舞台上の俳優が一九世紀末当時のシカゴの八時間労働要求運動の場面を演じるのと並行して、上演当時のドイツの労働者の八時間労働要求運動を伝える新聞の見出しや切抜き、檄、ポスターが投影された[図2]。ドイツの同時代社会の動きを伝えるドキュメントが活用されることで、戯曲『旗』の世界は観客が生活

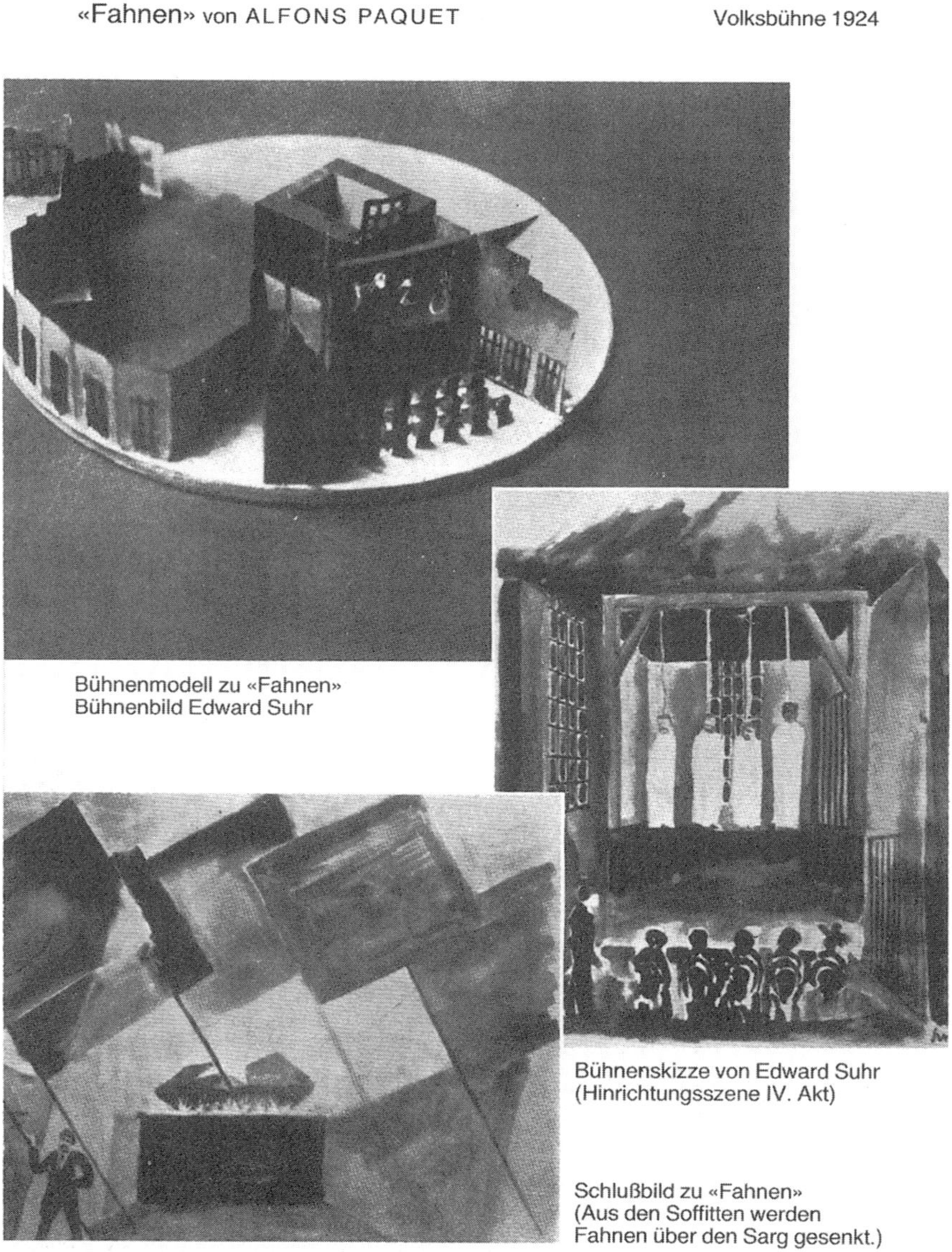

図2 『旗』の舞台装置模型（上）、処刑場面の舞台装置画（中）、結末場面の舞台装置画（下）(Piscator (1986[1929]), o. S.)。

する同時代の世界と結びつけられた。またそれと同時に、俳優の演技は同時代のドイツの労働者が置かれた状況を連想させ、劣悪な労働環境の改善を訴える政治的メッセージを伴うものになった。そして場面が演じられるあいだだけでなく、場面と場面の合間にもタイトルやコメントが字幕として投影され、これらが劇の背景を解説したり、舞台で演じられる内容が上演当時のドイツの時局に即していることを際立たせたりした[4]。振り返れば一九二〇年に『ロシアの日』がプロレタリア劇場で演出されたさい、装置として用いられたハートフィールド制作の地図は「もはや単なる装飾ではなく、社会的・政治的・地理的あるいは経済的な見取図[5]」と位置づけられていたが、こうした演出が発展して、『旗』の演出では幻燈が使用され、これが劇の背景を解説する役割を担ったと言える。

くわえて、『旗』の演出で使われた幻燈は、舞台上の俳優の演技にさまざまなやり方で解説を付すだけでなく、その内容はしばしば舞台上で展開される筋を先取りしてもいた。序幕では先述のように登場人物が紹介され、あるいは逐次、字幕が舞台左右のスクリーンに現われ、これらが話の筋を事前に告知した。こうした演出は従来の演劇観からすれば劇的緊張を損なうものであり、観客は結末に向けて舞台の進行を凝視している必要がなくなって、むしろ上演の進行を観察することになった。

2.2 ふたつの政治レヴュー——上演の回顧的ドキュメンタリー化、〈現実の断片〉の挿入

『旗』の演出を皮切りにしてピスカートアはその後、フォルクスビューネ所属の演出家として盛んな活動を展開していく。一方、並行して彼は共産党の委嘱を受け——このころには共産党の文化政策はかつてのように批評家アレクサンダーが主導するものではなく、ピスカートアの演出に対する評価は否定的ではなくなっていた——、党の催しのためのレヴューも演出した。『レヴュー　赤い祭り』（一九二四）と『にもかかわらず！』（一九二五）

がそれである。

その上演テクストも、それまでの彼の仕事の場合と同様、原作のテクストをそのまま使うものではなく、複数の人間の手を経て成立した。『レヴュー　赤い祭り』のテクストは、一九二三年にハートフィールドと雑誌『棍棒』を編集していた作家でジャーナリストのフェーリックス・ガスバラがピスカートアと進めた作業から成立した。あるいは『にもかかわらず！』では、ガスバラとピスカートア、そして作家でジャーナリストのレーオ・ラーニアの三者が共同でテクスト制作を行い、さらに作曲家エードムント・マイゼルを始め、画家や俳優など、ほかの多くの人間がその手直しに参加した。(6)またこれらの演出はフォルクスビューネでの場合と異なり、舞台対客席という構造の劇場を離れ、より自由な形で展開されている点で注目される。以下、このふたつのレヴューについて詳しく見よう。

『レヴュー　赤い祭り』（一九二四）

『レヴュー　赤い祭り』は一九二四年、ドイツ共産党の帝国議会選挙キャンペーンに合わせ、一一月二二日から二週間にわたってベルリーン各地区の集会場で計一四回上演された。『赤旗』によれば総計で何万人という労働者が鑑賞したという。(7)進行は次のようなものだった。(8)

冒頭の序曲が終わって照明が暗くなると、静寂のあと、客席でふたりの観客が言い争い、この声が中央の通路へと広がって、舞台端が明るくなる。ふたりの観客は実は労働者役の俳優で、舞台端へ、自分たちの置かれた状況や社会の諸条件について議論しながら現われ、そのあとにシルクハットを被ったブルジョア役の俳優がひとり、これも客席から現われる。やがて彼らは舞台に上り上演の進行役となって、ブルジョアは労働者たちをシャンペン・バーに招待する。ここで幕が上がる。

以降、舞台上の俳優の演技にくわえ、同時代の出来事のドキュメントであるスナップ写真や記録映画が示され

図3 『レヴュー　赤い祭り』、労働者らの蜂起が軍隊によって鎮圧される場面 (Piscator (1986[1929]), o. S.)。

たり、あるいは幻燈によって統計が投影されたりし、「アッカー通りとクアフュルステンダム。殺風景な団地とシャンペン・バー。青や金に輝く服を着たドアマンと、物乞いをする傷痍軍人。太鼓腹に太い時計の鎖、一方でマッチ売りやタバコの吸いさしを集める者(9)」といったように、労働者や下層社会の人々の世界とブルジョアたちの世界が対比される。そしてこの対比によって同時代の社会の不公平や矛盾が際立たせられるとともに、そうした現状に対しての疑義が呈される。

その後労働者たちはシャンペン・バーで、愚劣で不道徳な金持ちの客らの行いを目撃し、これに抗議する。ドアマンが傷痍軍人の乞食をバーから放り出すと労働者らはついに決起し、労働者集団を組織してバーを取り壊す。すると軍隊が鎮圧に動くが、この鎮圧の場面［図3］は舞台上での俳優の演技にくわえ、実際に起きた軍隊の弾圧を撮影したスナップ写真や記録映画によっても示される。引き続いて、プロレタリアに団結を呼びかけて反乱を促すレーニン、カール・リープクネヒト、ローザ・ルクセンブルクの演説の場面が、これらの人物たちに扮した俳優たちによって演じられ、インターナショナルが合唱されて上演は結びとなる。

冒頭に現われた労働者およびブルジョア役の俳優たちは上

演が進行するなかでたびたび登場し、観客の目の前で展開する芝居や映画にコメントを加えたり、芝居や映画の合間にその内容について議論をしたりした。この演出はオペレッタの、上演中ずっと舞台の上にとどまるコンペール（compère, 司会者、おおむね男性）とコンメール（commère, 相方、おおむね女性）に倣ったものであり、俳優たちは上演中、展開するさまざまな出来事について、これを解釈・批判する発言をした。彼らは複数の出来事のあいだの関連を、あるいは出来事と、客席にいる観客の現実の生活世界との関連をつくる役割を果たしたほか、最後には劇の登場人物としての演技もした。

さらに上演の進行中には芝居の場面や映画のほか、さまざまな演し物も供された。結果として上演は「音楽、シャンソン、曲芸、即興の素描、スポーツ、幻燈、映画、統計、俳優の場面、スピーチといった、すべての可能性を何のためらいもなく使用した」[10]（ピスカートア）ものとなった。つまり『レヴュー　赤い祭り』では、オペレッタや、歌や曲芸ほかの演し物など、旧来のブルジョア教養主義的演劇にはなかった、いわゆるロー・アートの舞台の要素が多く導入されていた。また演し物を次々と繰り出していく演出は、新聞や雑誌、ニュース映画、ラジオ放送（ドイツでは一九二三年開始）などによる情報があふれかえる同時代の大都市ベルリーンに暮らす人々の素早い日常生活のリズムに即したものだった。つまり、日常生活のなかで次から次へと新しいものが現われては消えることに慣れた都会人の知覚に応じた演出だった。前章で触れたデーブリーンの小説『ベルリーン・アレクサンダー広場』（一九二九）も同様、出典の質が明らかに異なる種々雑多なテクストを交錯させることで大都会の混沌を暗示しているが、『レヴュー　赤い祭り』の演出はそうした混沌を舞台で示したものと言えた。

『にもかかわらず！』（一九二五）

『レヴュー　赤い祭り』に続き、翌一九二五年七月一二日、ドイツ共産党第一〇回党大会の開会の催しとして上演された『にもかかわらず！』はさらに大規模なものだった。会場は、演出家マックス・ラインハルトがシューマン・サーカス座を改装させて一九一九年に開場したベルリーンの大劇場〈グローセス・シャウシュピールハウス〉（「大劇場」の意）だった。

作品は本来、党大会のためではなく、長編の政治的レヴューとして制作されたもので、内容は「スパルタクス団の蜂起からロシア革命まで、人類史の革命的に高揚した部分を含む」[11]（ピスカートア）ものだった。党大会ではこの一部、第一次世界大戦の勃発（一九一四年）からリープクネヒトとローザ・ルクセンブルクの殺害（一九一九年一月）までの内容が抜粋され、独立したレヴューとして上演された。

上演の背景としてはその二ヶ月前の一九二五年五月、ヴァイマル共和国の初代大統領フリードリヒ・エーベルトの死去を受けて実施された共和国大統領選挙があった。このさいに新大統領として選ばれていたのは第一次世界大戦当時の陸軍大将パウル・フォン・ヒンデンブルクだった。つまり、そのあと間もなく開かれた共産党大会での『にもかかわらず！』は、観客に共産党のルーツを思い起こさせるとともに、世界大戦当時の将軍が共和国大統領となって旧体制勢力の影響力が再び増しつつあるという現状の打破を意識させることを目的としていた。そしてこの意図を如実に示しているのが表題の「にもかかわらず！」である。これはリープクネヒトの絶筆となった演説草稿のタイトルであり（つまりこれも一種、記録文書すなわちドキュメントからの引用である）、これが表題に選ばれたのは「一九一九年の［ドイツ革命の］挫折後も社会変革の動きが続いていることを示すため」[12]（ピスカートア）だった。

装置としては、回り舞台上に組まれた段状の構築物が不均等な大きさに分割され、各所に演技の場が設けられた。これを回転させることにより、途切れることのない舞台転換がなされ、また舞台上の出来事と幻燈や映画で示される出来事が猛スピードで入れ替わった［図4］。計二四景からなる進行は次のようなものだった[13]（以下のカッコ内の丸数字は景の番号を示す）。

ベルリーンのポツダム広場で戦争への期待が高まっている（①）。帝国議会社民党議員団の会議（一九一四年七

図4 『にもかかわらず！』に関連して制作されたコラージュ。同作で使用された幻燈および映画のショットの一部を、グローセス・シャウシュピールハウス内部の写真と組み合わせたもの (Piscator (1986[1929]), o. S.)。

月二五日／②）での決議が皇帝のいるベルリーンの宮殿（③）へ伝えられ、同じ議員団の会議（八月二日／④）で開戦が決定される。ここで映画が流れるが、この映画によって、国民が動員され、軍隊が行進し、殺戮が開始される様子が示される。そのあとにまた舞台上で演じられる場面が続く。帝国議会本会議（一九一五年一二月二日／⑤）で戦時公債についての第二次採決が行われ、国民のあいだで厭戦の雰囲気が広がる。ポツダム広場で反戦デモが行われ（一九一六年五月一日／⑦）、これに社民党議員リープクネヒトが参加すると、彼の不逮捕特権の剝奪が帝国議会で取り沙汰され（五月一一日／⑧）、軍法会議（八月二五日／⑨）でリープクネヒトは懲役刑の判決を受ける。このあとは再び映画が流れ、世界大戦の実際の戦闘で殺戮が続く様子が示される。そして舞台上での、爆弾が爆発した後の穴のなかの場面（⑩）を挟み、三たび映画が流れ、プロレタリアたちの不満の様子が、またロシアの民衆が蜂起してレーニンが語る様子が示される。

あとはすべて舞台上で演じられる場面である。[14] 弾薬工場の労働者がトレプトウ公園でストライキを決行し（一九一八年一月三〇日／⑪）、ポツダム広場で革命への期待が高まる（⑫）。第一次世界大戦が終結して（一一月九日／⑬）皇帝が退位し、社民党の代議士エーベルトが帝国宰相となるが（彼はまもなく成立するヴァイマル共和国の初代大統領に就任する）、政情は不安定で、ショセー通りで流血の衝突事件が起こる（一二月六日／⑮）。やがて、社民党と独立社民党からなる連立政府から後者が離脱し、政府は独立社民党系のベルリーン警視総監を罷免する。これに対する抗議デモを独立社民党が呼びかけ（一九一九年一月五日）、デモ隊がアレクサンダー広場の警視庁（⑱）へと行進、警視庁のバルコニーからは、前年末に独立社民党左派からスパルタクス団を再組織して共産党を結党したばかりのリープクネヒトを始め、政治家らが演説しデモ隊を鼓舞する（⑳）。政府はこれに対し義勇軍を組織して武力制圧に乗り出す。リープクネヒトは逮捕され（一月一五日）、エーデン・ホテル（㉒）で尋問された後、ティーアガルテンのノイアー・ゼー湖のほとりで射殺される（㉓）。そしてこの日、『赤旗』は以前から用意されていた（⑯）彼の檄文「にもかかわらず！」を掲載、これに呼応したプロレタリアたちが、リープクネヒトは生きている、というかけ声のもとに行進して（24）幕となる（前掲図4の手前の男性は死亡したリープクネヒト）。

舞台におけるモンタージュ（1）——無声映画との類縁性

以上、『レヴュー　赤い祭り』と『にもかかわらず！』、ふたつのレヴューの成立と進行について記したが、これらの構成は一九二〇年代初めの時点で盛んに制作されていた無声映画、特に政治的メッセージを伴うそれとの類縁性を強く持つ。

一九二〇年代、映画は大きな発展を見たが、まだ音声がなかったために、言葉で表現できないものを映像で表現する技術を求めて試行錯誤が重ねられた。映画批評家ベーラ・バラージュは、活字文化によって衰退していた、表情としぐさによる視覚的コミュニケーションの復興をそこに見て取ったが[15]（『目に見える人間』〔一九二四〕）、この試行錯誤のさい、多種多様な映像を組み合わせるモンタージュの技術が発展した。たとえばロシアの映画監督フセヴォロド・プドフキンは、モンタージュを「個々のカットからなるひとつのシークエンスの構築、複数のシークエンスからなるひとつのエピソードの構築、個々のエピソードからなる章の構築」と定義し、モンタージュとは現実生活の隠れた内的関連をはっきりと見えるようにするものであると主張した[16]。つまり映画のモンタージュにおいて、各カットのあいだにはもともと密接な関連はない。各カットはある全体の一部分としてではなく、あくまで断片として扱われ、カットという断片を構成する、いわば建設的な不連続によって初めて意味が生み出される。その典型例は「クレショフ効果」で知られるロシアのレフ・クレショフによる実験である。これはある俳優の顔のクロース・アップのカットの次に、スープ、棺、子供のカットをそれぞれ続けると、観客がそのつど異なった意味をそこに読み取るというものである（ただしこの実験の背景には内戦期のフィルム不足という事情もあった[17]）。

こうしたモンタージュを特に政治的なメッセージの生成を目的として研究したのが、右のプドフキンを始めとするロシアの文化運動組織プロレトクリトの映画作家たちである。たとえばセルゲイ・エイゼンシテインは『ストライキ』(一九二四)で、逃げ惑う労働者を追う軍隊の場面と並行して屠殺場の場面を示し、軍隊の振る舞いについて、労働者を人間扱いせずに次々と殺していくという政治的なコメントをした。『戦艦ポチョムキン』(一九二五)では、眠っている、目覚めつつある、前脚で半立ちになっているライオンの彫像のカットを連続して示し、このことによってライオンが起き上がっていく印象を、またライオンに象徴されるロシア皇帝(ツァーリ)の権力が発動されて民衆への弾圧が始まるという政治的メッセージをつくりだした。プロレトクリトではこのように複数のカットすなわち断片的な映像を組み合わせるモンタージュを通じ、プロパガンダのメッセージを生み出す工夫が重ねられ、複数の断片的映像相互の関連について自分で考えるように観客を促す試みが、またつくり手の意図したイデオロギー上の結論を受容できるよう、観客を導く試みが追究された(18)。

一方、ピスカートアが手がけた前述のレヴューについてみると、右のような無声映画のモンタージュに似た演出の例として、『にもかかわらず!』第五景の始まりが挙げられる。ここでは西部戦線で突撃する軍隊や最初の死者が映画で示されたあと、舞台上で、社民党員が帝国議会で戦時公債に賛成の票を投じる第五景が演じられる。これらの場面が対比されることで、社民党は第一次世界大戦中、国民に大きな負担を強い、敗戦後の困窮と混乱を招いておきながら、上演当時もなお政権についているという糾弾のメッセージがつくりだされている。このように、映画のあるカットの次に別のカットがつなげられる、つまり複数のカットが時間的に連続するのと同じく、ピスカートアのレヴューでは、舞台の各場面がスナップ写真や記録映画のカットといったドキュメントと時間的に連続する形で組み合わされ、これらの要素の組み合わせから政治的なメッセージがつくりだされていた(19)。

またピスカートアのレヴューでは、映画と舞台の関係は単に無声映画におけるカットとカットの関係に対応していただけではなかった。舞台上の俳優の場面とスナップ写真や記録映画によって示される場面は、無声映画の場合のモンタージュのように時間的に連続するばかりでなく、同一の空間に、同時並行で配置される形でも組み合わされていた。この演出は同時代の造形美術におけるモンタージュ、特にピスカートアがかつて属したベルリーン・ダダで盛んだったフォトモンタージュの技法に倣ったものだった。

　フォトモンタージュの制作は基本的に、さまざまな写真の一部を切り取って貼り合わせる作業からなるが、政治的意図を伴った先述のようなモンタージュが当時、無声映画だけでなくフォトモンタージュにもあった。その典型例がベルリーン・ダダの代表的人物ハートフィールドのフォトモンタージュである（第1章参照）。ハートフィールドは前出の『にもかかわらず!』で、舞台美術に加え、映画およびスライド写真選定を担当しており、この上演を総括してピスカートアは「実際の演説、論文、新聞の切り抜き、檄、ビラ、戦争や革命の写真と映画からなる、歴史的な人物と場面からなる、類まれなモンタージュ[20]」だったと振り返っている。

　現実の事物そのもの、つまりビュルガーが言う〈現実の断片[21]〉を導入した造形美術は、ハートフィールドの試みより前にもあった。第一次世界大戦前の数年間、自然の模倣、対象の描写といった旧来の絵画の原則を嫌ったパブロ・ピカソやジョルジュ・ブラックほかキュビスム（立体派）の画家たちが制作した「紙のコラージュ《パピエ・コレ》」では、絵画にかご細工の一部や新聞の切り抜きなどが貼りつけられた。ここでは、すべての部分に芸術家の主観の刻印が入った全体という像の統一はなく、作者の主観で現実を描写した有機的作品という考え方は破壊された。ただこの場合、芸術を芸術たらしめている枠組み自体は疑われず、あくまで美的オブジェの制作が目指され、絵画に異質な素材の切れ端が貼られるという作業は絵画全体の構成によって制御されていた。

　絵画全体の構成がつねに優先されるという約束事を初めて破ったのは、ツューリヒ・ダダやシュヴィッタースを始めとするダダの作家たちのフォトモンタージュ、あるいは写真家・造形作家ラースロー・モホイ＝ナジの

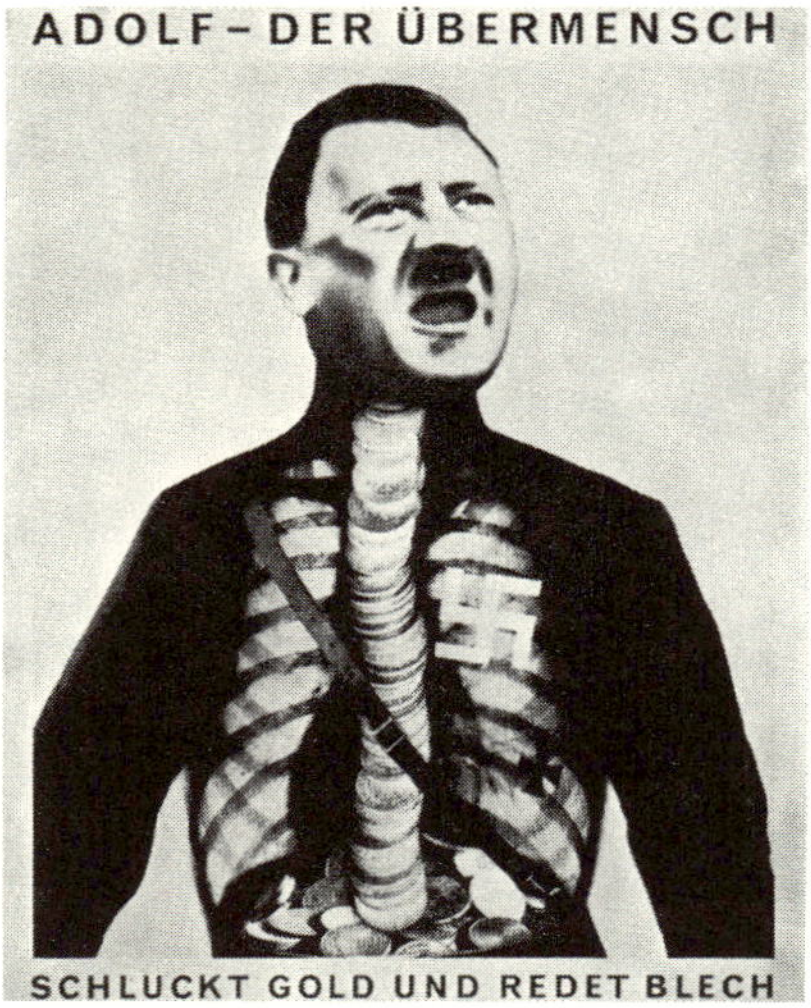

図5　ハートフィールド『アードルフ─超人』(Toteberg (1978), S. 76)。

「写真彫刻《フォトプラースティク》」などに見られるモンタージュである。ここでは報道写真や広告、新聞など、非芸術的な目的で機械的かつ大量に複製されたものが素材となり、鋏が入れられ、像の一部分がその輪郭に沿って、あるいは意識的にデフォルメされながら元来のコンテクストから切り離され、取り出される。そしてそうした像の断片がある異質なコンテクストへ貼り合わされ、モンタージュが仕上がる。キュビスムの作品での〈現実の断片〉が布や壁紙の切れ端など日常の製品であるのに対し、ここで使われる新聞や写真は日常について考えを巡らせる手がかり、すなわちメディアである。このモンタージュはつまり、それ自体すでに意味を持っている素材に、第二の処理を加える作業である。

　ここからさらに一歩発展したモンタージュがハートフィールドを始めとするベルリーン・ダダの作家たちのモンタージュである。彼らは同時代社会に実効を及ぼすという政治的・社会批判的な意図を持ち、先行するダダのモンタージュを発展させ、これを政治的・扇動的な「実用芸術（Gebrauchskunst）」（リントナー／シリヒティング）として使い始めたのだった。[22]

　ハートフィールドは第一次世界大戦中、反戦を唱える作品を風刺画家グロッスとともに制作し、新聞・雑誌上で発表、終戦後の一九一九年からはベルリーン・ダダの中心人物として活動した。彼のフォトモンタージュで特徴的なのは、作品内にある複数のテクストないしサブタイトルが重要な役割を果たしていることである。たとえば図5の作品では演説するヒトラーの上半身の写真が示され、その食道と胃が金貨で満たされており、写真上部に「アードルフ—超人（ADOLF – DER ÜBERMENSCH）」という見出しが、下部にはサブタイトルとして「金《きん》を飲み込み、ブリキを話す（SCHLUCKT GOLD UND REDET BLECH）」という皮肉に満ちたコメントがある。演説するヒトラーの写真自体はハートフィールドが撮影したものではない。つまり作者の主観とは無関係なものである。ハートフィールドはこれにサブタイトルの形でコメントをつけるとともに、写真を加工することで、もとの写真（演説するヒトラー）にはなかった意味を、すなわちヒトラーはほかのだれにも真似できない、金貨（産業界からの援助）を取り込んではブリキのような取るに足らない言葉を吐く才能を持つ「超人」であるという皮肉に満ちた政治的メッセージをつくりだした。[23] こうしてハートフィールドは、日ごろ目にされるこうした写真に対して問題意識を持たない人々に、ヒトラーのプロパガンダに対する疑いの目を持つように働きかけたのだった（さらに言えば、この作品には当時ちょうど日常的になりつつあったレントゲン検査によってヒトラーの民衆扇動の内実を暴くという意味も込められている）。

またハートフィールドの作品は、もはや美的オブジェと呼ぶべきものではなく、反美的要素と政治的メッセージによって特徴づけられる。つまりハートフィールドは自身の絵画に断片化された写真を組み入れる〈画家〉ではなく、むしろ写真のモンタージュによってある新しい表現の次元を切り開く〈技術者〉と言えた。制作の主眼は、作品が自己完結することよりも、作品が受容者にもたらす政治的効果、すなわち政治的メッセージのほうにこそあった。目指されていたのは、受容者がフォトモンタージュを、断片となった像を組み合わせて処理された新しい像として理解し、そうしてそのフォトモンタージュが持つ政治的メッセージを探り当てることだった。受容者に政治的メッセージを伝え、同時代の社会に対する問題意識をかきたてることを第一としたハートフィールドのフォトモンタージュは、「既成の現実を嘲笑する技法であるにとどまらず、別の現実への意志であり、それを獲得するための闘争宣言」[24]（池田）と理解すべきものだった。その意志を裏打ちする彼の言葉が、一九二九年に制作されたフォトモンタージュと併せて使用されたスローガン「武器として写真を使え（Benütze Foto als

Waffe)」だと言える。

ピスカートアも同様、「別の現実」を「獲得」しようとする意志を持ち、これを演劇の場で示そうとした。つまり、いわば演劇がピスカートアにとっての「武器」だった。彼の演劇で使用されたスナップ写真や記録映画は、ハートフィールドのフォトモンタージュ作品で使われていたスナップ写真や新聞の切り抜きと同じく、作家（この場合は劇作家）が自分の手で生み出したものではない、〈現実の断片〉として使用されていた。(25)

反響――限定的な政治的効果

さきに触れたふたつの共産党レヴューの演出は、双方ともスナップ写真や記録映画といったドキュメントを導入し、無声映画とフォトモンタージュにならった時間的・空間的なモンタージュを活用したものだった。そうすることでピスカートアは、第一次世界大戦終結前後の政治的事件を観客に振り返らせ、これらが観客の現在の政治的状況のルーツであることを示すとともに、これらの事件、また現在の政治的状況を観客に批判的にとらえさせようとした。そして過去の事件を振り返らせるという意味で、この演出は回顧の手続きと言えた（「レヴュー」という語は元来「再び見る」「振り返る」という意味でもある）。

ただ、ピスカートアの観客がスナップ写真や記録映画という〈現実の断片〉と舞台上の出来事との連関について、ハートフィールドのフォトモンタージュの場合のように考えていたかというと、必ずしもそうではないように見える。

『レヴュー　赤い祭り』の観客については、「押し合い、へし合いホールに溢れているこの民衆」が「驚嘆に価する」と、また「ほかのどの劇場が――これほど心を揺さぶり、熱狂させ、破壊的で、魅惑的な効果を持っているだろうか？」と『世界舞台《ヴェルトビューネ》』誌で伝えられている。(26) あるいは『にもかかわらず！』については『赤旗』紙で次のように分析されている。

> 何か魅惑的なものがその試みにはあった。大きな舞台を使い、プロレタリアの闘争の演劇としての姿をとらせるという試みに。政治的なアジテーションを、闘争的な上演のなかで、活き活きと効果的なものにするという試みに。〔中略〕それは成功したか？　われわれは楽天的であり、こう言う。ああ、成功した、今まで成功の機運がなかったものが。労働者らは自分たち自身の劇場という理念を、こうした試みにおいて現実のものにした。その試みは当然、次のことを願わせる。まもなくもっと偉大なもの、もっと効果の大きいものが、ドイツで、労働者によって、労働者のために形づくられ、舞台上で体験されることを。〔中略〕彼らが行っていたのは、いわば自分たち自身の最新の過去を活性化させることだった。(27)
>
> 〔強調は原文のまま、傍線は引用者〕

つまり、スナップ写真や記録映画が導入されたこれらのレヴューはおそらく、共通の経験を持ち、価値判断を共にする観客に対し、同時代社会の問題を冷静かつ批判的に考察させる以上に、まず扇動的効果を及ぼしていた。

一方、ブルジョアの観客は上演から距離を置き、これを冷静な目で追っていたように見える。たとえばそのひとり、『ベルリーン日報《ベルリナー・ターゲブラット》』紙の批評家フリッツ・エンゲルは、ロシアの人々が「ソヴィエトの星の敵」を「劇場で茶化す勇気を持っている」のに対し、『にもかかわらず！』は、エーベルト、ランツベルク、ノスケ、シャイデマンといった、「敵であり、裏切り者であり、ブルジョアジーの下僕であり、臆病者」を「写している（photographieren）だけ」で、「それ以上のものは大衆に与えていない(28)」と伝えた。エンゲルの記述から判断すれば、ブルジョアの観客はおそらく、示された画像・映像を手がかりに自分の思考のなかでモンタージュを行うことをしてはいなかった。つまり、過去の出来事を示す画像・映像と舞台上の出来事とを組み合わせて政治的メッセージを発する、というピスカートアのモンタージュが及ぼした効果は、観客層次第、また観客個々の政治観次第だった。

2.3 フォルクスビューネでの仕事——上演時点の時局に即したドキュメンタリー化

ところで、先述のふたつの政治レヴューが制作されていたころ、ピスカートアはフォルクスビューネに籍を置いていたが、同劇場での仕事およびほかの劇場で招聘演出を請け負ったさいの仕事は、政治レヴューの場合と趣を異にしていた。

政治レヴューの演出は、上演時点の現在の観客の関心を過去の事件へ向かわせる回顧の手続きであり、スナップ写真や記録映画といったドキュメントを導入し、第一次世界大戦が終結したころの政治的事件を上演時点の政治的状況のルーツとして示し、観客に振り返らせるものだった。一方、それ以外のピスカートア演出はこの回顧の手続きを前面に出してはいない（これはおそらく、フォルクスビューネにはブルジョアの観客が多く、既存の劇作品の演出が第一に求められていたことによる）。その代わりに、ピスカートアは過去の事件を素材にした劇作品（たとえば先述の『旗』）や古典作品の内容を、上演時点の政治的状況に近づける工夫を行った。これはさきの回顧とは逆方向のヴェクトルを持った「時局化(29)（Aktualisierung）」の手続きと表しうる。

『群盗』（一九二六）

その代表例はフリードリヒ・シラー作『群盗』の演出で、一九二六年九月一二日、演出家イェスナー（第1章参照）が劇場監督を務めていたジェンダルメンマルクト・プロイセン劇場で初演された。ピスカートアは、プロレタリア劇場や前出のふたつのレヴューでの実践と同じく、フォルクスビューネでも上演テクストの制作時には集団作業およびテクスト改編を原則としていたが(30)、『群盗』の場合はさらに、テクスト改編だけでなく、キャスティング、俳優のメイク、衣裳も工夫され、内容は上演時の同時代の状況と関連づけられた。すなわち、一八世紀という過去の出来事を扱う内容はそのままにされた一方で、登場人物を演じる俳優は一九二〇年代の同時代の衣裳で登場し、この衣裳で個々の人物の性格や社会的役割が示された。
　また演出の力点は主人公であるカールとフランツの兄弟ではなく、原作では群盗のひとりにすぎないシュピーゲルベルクに置かれた。その理由は、群盗になるようにカールを促したこの人物が、むしろ目的意識を持った真の革命家としてピスカートアの目に映ったからだった。そしてこの役を演じた俳優は、燕尾服、茶色のゆがんだ山高帽、金色の眼鏡、ブロンドのとがったあごひげという出で立ちで黄色の竹の杖をつき、当時まだ勢力のあったトロツキーを思わせる風貌だった［図6］。過去の出来事を主題にした『群盗』は、こうして現代的・社会的・政治的な立場から演出された。ピスカートアは群盗をプロレタリアに見立て、作品を同時代の革命劇に仕立て上げたのだった[31]。

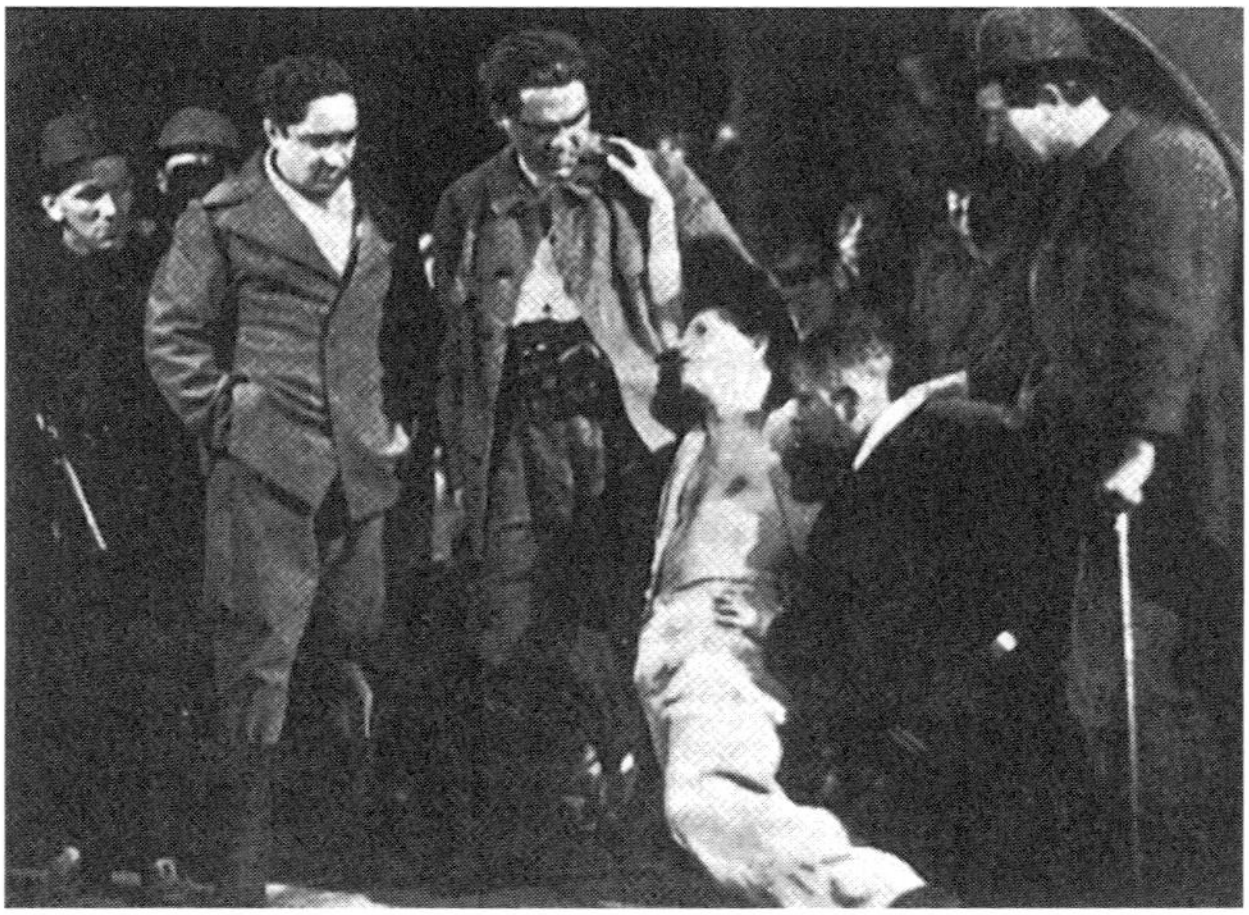

図6　『群盗』の一場面。一番右がシュピーゲルベルク役の俳優 (Piscator (1986[1929]), o.S.)。

　この『群盗』について批評家のヘルベルト・イェーリングは、「ここにあるのは結局、古典の演出ではなく、演出そのものを主としたプログラムでもなく、『群盗』にならった新しい革命劇の上演である。現代の革命劇の作品がないからだ[32]」と書き留めている。そしてイェーリングが指摘する通り、ピスカートアは自分が望むような、革命を主題とした劇作品が同時代になかったがゆえに、既成の戯曲を改編するとともに、書かれる言葉以外の表現手段を駆使して作品を制作した。この作業に関して、彼は『政治演劇』で次のように解説する。

わたしたちの理念を明確に表現し、同時に芸術的に形成された作品は手もとになかったし、近い将来にそれを期待することもできなかった。わたしたちは、わたしたちの舞台に理念的にふさわしい戯曲が萌芽のままとどまっていること、その成立が長期的なプロセスであって、全体的な政治的・経済的発展と無縁には実現しえないことを知っていた。フォルクスビューネにおけるわたしの全活動は、戯曲を社会的・革命的側面にむけて組み変え、前進させ、深化させる試み以外の何ものでもなかった。ひょっとするとわたしの演出のすべては、ただ劇作における制作の欠陥から生まれたのだ。これはきっと、もしもわたしが適当な戯曲を見つけていたら、けっしてこんなに目立つものとはなっていなかっただろう。[33]

『群盗』の原作では、兄カールの懊悩、弟フランツの嫉妬や懐疑など、個々の登場人物の心理の動きが互いに有機的に関連して葛藤が生まれる。これに対してピスカートアの場合、葛藤は人物たちの性格からではなく、彼らが置かれた社会的立場の対立から発展するものとされた。またピスカートアの観客には、上演中、虚構の劇の世界に意識を没入させたり、劇中の人物に感情移入したりするのではなく、同時代社会の現実を意識することがつねに求められていたことから、彼の『群盗』の演出は、観客の感情移入を促すような、心情や心の痛みに訴えるようなものではなく、現実の出来事の展開が歴史的に語られるようなものに、すなわち叙事的・ドキュメンタリー的にならざるをえなかった。

『ゴットランドを襲う嵐』（一九二六）

右の『群盗』演出のような古典の現代的演出と並んで、ピスカートアがフォルクスビューネで展開していた演出として、先述の『旗』に見るような演出も注目される。すなわち、過去の事件を素材にした劇作品を上演時点

（一九二〇年代半ば）の現在の政治的状況に照らして、観客の関心を劇の世界から同時代の政治的・社会的問題へ向けさせる演出である。このさいにはまたスナップ写真や記録映画ばかりでなく、公演のために事前に制作された劇映画もともに使われ、舞台上の俳優の演技と組み合わされた。

その代表例として、エーム・ヴェルク作『ゴットラントを襲う嵐』の演出がある（一九二七年三月二三日、フォルクスビューネで初演）。原作は中世、実際にあった都市国家と海賊団の争いを描く。一四世紀、ハンザ都市ハンブルクの書記だったアスムスがバルト海のゴットラント島に渡り、海賊たちを率い、獲物を分け合う平等主義の理想を追い求める。そこへ野心的な騎士シュテルテベッカーが、ハンブルクの貴族社会への怨恨からアスムスの共同体に加わる。しかしやがてゴットラント島の主導権をめぐってアスムスとシュテルテベッカーが対立、前者は後者を排除するためにハンブルクに加勢を頼む。ところがゴットラントの共同体に脅威を感じていたハンブルクはゴットラントの内部対立を利用して、まずシュテルテベッカーを、そしてアスムスも倒してしまう。

この物語をピスカートアは資本主義（ハンザ同盟）と共産主義（海賊たち）の闘いとして演出した。上演の冒頭、中世の社会的・宗教的・政治的背景を伝える導入部として映画によるプロローグが加えられ、舞台上に投影された。またそれとともに、劇の世界と上演当時の革命の世界を結びつける目的で、同時代のモスクワや上海の光景も示された。その後の流れについてはイェーリングが次のように描写している。

劇の人物たち、そのなかにはシュテルテベッカーやアスムスがいて、彼らが映画で観客のほうに向かって歩き出すと、歩を進めながら彼らは服を替えていく。何世紀にもわたる歴史のなかで起きた革命、アスムスがレーニンになるまで。(34)

映画のなかではシュテルテベッカーやアスムスを演じる計五人の俳優がキャメラに向かって、つまり上演では

図7 『ゴットラントを襲う嵐』で使用された映画のショット (Piscator (1986[1929]), o.S.)。

観客に向かって行進した。行進中、彼らの衣裳やメイクは段階的に、中世（一四〇〇年頃）、ドイツ農民戦争（一五二五年）、フランス革命（一七八九年）、三月革命（一八四八年）、ロシア革命（一九一七年）当時のものへ変わり、この衣裳替えによって特定の歴史上の社会革命が表わされた［図7］。主人公アスムス役の俳優アレクサンダー・グラナッハは最後、レーニンのメイクをしていた。

「こうして観客は、革命が繰り返し起こり、その代表的人物が繰り返し現われるということを、こんにちまでの何世紀という経過を示すこの何秒かで追うことができる」[35]とピスカートアが『政治演劇』に記しているように、俳優たちの行進は上演時の同時代までの時代の変化を示すとともに、革命が繰り返し起こることを主張するためのものだった。この映画によるプロローグによって、『ゴットラントを襲う嵐』の上演は明らかに、同時代における共産主義革命の実現を呼びかけるものととれるようになった[36]。また戯曲は革命的な指導者アスムスの斬首で終わるが、この悲観的な幕切れを克服する演出として、上演の結びではソ連を暗示する赤い星が輝きながら舞台上方に昇っていった。

こうした一連の工夫に関して、やはり政治的な先鋭さが度を過ぎていると判断されたのだろう、フォルクスビユーネの執行部は劇場の政治的中立を保つため、プロローグで使われた映画の部分を削除するようにとの指示を出した。この映画は傾向的・政治的な変形ないし整形であり、何ひとつ必然性がないというのがその理由だった。(37)

ピスカートアはフォルクスビューネに在籍したあいだ、政治色の濃い演出を次々に展開してきた。だがそれとともにフォルクスビューネの内部では、彼を疎んじる空気が支配的になっていった。彼が共産主義的世界観のプロパガンダという意図を実現しようとすればするほど、現場には不協和音が響き、その対立はこの『ゴットラントを襲う嵐』の演出で決定的となった。そしてこれを機に、ピスカートアは私設劇場の設立へと動く。

（1）以下、フォルクスビューネについて、また同劇場でのピスカートアの活動については次を参照。藤田 (1965)、一頁、Willett (1978), pp. 55-66 [ders. (1982), S. 23-32]、丸本 (1984)、九〜一一頁。

（2）Vgl. Piscator (2005), S. 119-120、平井 (1993a)、二六九頁参照。

（3）Osborn, Max: [o.T.], in: *Berliner Morgenpost*, 28.5.1924, auch in: Rühle (1988), S. 541-542, hier S. 541.［平井 (1981)、一六四頁参照（訳は一部変更）］。

（4）以上、『旗』の演出における幻燈の使用法については次を参照。藤田 (1965)、五頁以降、山口 (1988)、六二頁、Ditschek (1989), S. 124、Taketsugu (1997), S. 39-42.

（5）Piscator (1986 [1929]), S. 41.

（6）『レヴュー　赤い祭り』と『にもかかわらず！』のテクスト制作における共同作業については次を参照。Gleber (1979), S. 71-76; Willett (1978), pp. 51-55 [ders. (1982), S. 19-22]; Boeser/Vatková (1986a), S. 60-74; 山口 (1988)、六三頁および六六頁、Fischer-Lichte (1993), S. 101.

（7）Vgl. Franz Franklin in der *Roten Fahne* vom 8. Dezember 1924, in: Piscator (1986 [1929]), S. 59.

（8）以下、『レヴュー　赤い祭り』上演の進行については次を参照。Piscator (1986 [1929]), S. 57-61; Hoffmann/Hoffmann-Ostwald (1977), Bd. 1., S. 154-166, bes. 157-158、笠原 (1979)、一五一頁および一五八〜一五九頁、平井 (1981)、二一三〜二一七頁。

（9）Altmeier, Jakob: Wie es anfing! Zur Geschichte des Piscator-Theaters, in: Piscator (1986 [1929]), S. 58.

（10）Ebda., S. 57.
（11）Piscator (1986 [1929]), S. 62.
（12）Ebda.
（13）『にもかかわらず！』上演の進行については次を参照。Piscator (1986 [1929]), S. 65; Hoffmann/Hoffmann-Ostwald (1977), 1. Bd., S. 169-178、笠原 (1979)、一五三頁、平井 (1980)、六四頁、同 (1993b)、四二二〜四二三頁。
（14）上演の導入部では舞台と映画の場面が交替で展開され、中盤からは舞台の場面だけになるという構成は、のちにピスカートアが手に入れる私設劇場での柿落《こけらお》とし公演、トラー作『どっこい、おれたちは生きている！』（一九二七）の演出でも共通する（第3章参照）。
（15）佐藤忠男『世界映画史』上、第三文明社、一九九五年、九六頁参照。
（16）Vgl. Pudovkin: Das Filmszenarium, S. 197, in: Möbius (2000), S. 395-396; ヴェ・プドーフキン、佐々木能理男訳『映画監督と映画脚本論』往来社、一九三〇年、五一〜五六頁参照。
（17）亀山 (1996)、一二三頁参照。一方、こうした作業とは異なり、ある自然な運動の経過が撮影され、撮影した対象の映った個々のカットを結合することで、その運動の経過が再現される印象をつくりだす、という作業も一種のモンタージュと言える（Vgl. Bürger (1974), S. 99. [ビュルガー (1987)、一〇八〜一〇九頁]）。たとえば、スキーのゲレンデの上から下へ何台かのキャメラを固定し、これらで滑降するスキーヤーを撮影し、そのスキーヤーが映っている各フィルムを、ゲレンデの一番上に置かれたキャメラのフィルムから順につなぎ合わせ、再生する作業がこれにあたる。
（18）ただしエイゼンシテインとプドフキンは映画のモンタージュに関する見解をやや異にしている。互いに関連のない複数のカットを組み合わせるこの作業をエイゼンシテインは「衝突」、プドフキンは「連鎖」ととらえている（エイゼンシテイン (1989)、四〇〜四一頁参照）。
（19）Vgl. Hoffmann/Hoffmann-Ostwald (1977), 1. Bd., S. 171.
（20）Piscator (1986 [1929]), S. 65.
（21）Vgl. Bürger (1974), S. 104. [ビュルガー (1987)、一〇九頁]。
（22）Vgl. Lindner/Schlichting (1978), S. 211-212, 219. なおメービウスによれば、フランスではキュビスムのコラージュ以来、絵画という伝統的メディアにおいてモンタージュが発展しており、コラージュという概念が多くの場合、ドイツにおけるモンタージュの概念にあたるという。またメービウスは、モンタージュのルーツをキュビスムに置くビュルガーが、フランス文化研究者としての限られた見方でモンタージュの概念をとらえていると見る（Vgl. Möbius (2000), S. 17, 22; Bürger (1974), S. 104.［ビュルガー (1987)、一一二頁］）。

（23）このようなテクストが活用されていることが示すように、フォトモンタージュは必ずしも写真だけを素材としたものに限られない。それどころかロシアの作家・映画脚本家のセルゲイ・トレチヤコフは自著『ジョン・ハートフィールド』（一九三六）で、「もし、写真が添えられた文字の影響を受けて、写真が示している事実だけでなく、事実が表わす社会的傾向まで表現するなら、写真はもうフォトモンタージュなのである」と位置づけさえする（エイズ (2000)、一九頁参照）。

（24）池田 (1980)、五八頁。

（25）ピスカートアの演劇はまた、こうした〈現実の断片〉の組み入れが明らかに示されているという点でも、アヴァンギャルドの造形作家のモンタージュ作品、特にベルリーン・ダダの作家のそれと共通する。また旧来の芸術制度を破壊しようとする志向が、逆説的に芸術作品そのもののなかに実現されている点でも、すなわち芸術を生活実践へと取り戻すことで果たそうとした生活の変革が、結果として芸術の変革となっているという点でも、同様のことが言える（Vgl. Bürger (1974), S. 97-98.［ビュルガー (1987)、一〇六頁］）。

（26）Frei, Bruno: Rote Revue. In: *Die Weltbühne*, 1929, Nr. 49, S. 851f., auch in: Hoffmann/Hoffmann-Ostwald (1977), Bd. 1, S. 160.［平井 (1981)、二二〇頁参照］。

（27）Steinicke, Otto: Proletarisches Kampftheater. Die Aufführung im „Großen Schauspielhaus", in: *Rote Fahne*, 14.7.1925, auch in: Boeser/Vatkova (1986a), S. 72-74, S. 72.［平井 (1981)、二六七頁参照］。

（28）Engel, Fritz: [Trotz alledem!] In: *Berliner Tageblatt*, 13.7.1925, auch in: Rühle (1988), S. 649-650, hier S. 650.［平井 (1981)、二六七頁参照］。

（29）Taketsugu (1997), S. 42-43.

（30）たとえば『旗』の原作者パケによる『海嘯《つなみ》』（一九二六年二月二〇日初演）のテクストには、『旗』のときと同様、ピスカートアの手が入った。原作はロシア革命を素材にしていたが、生々しく人々の記憶に残っている歴史的事実に比べると荒唐無稽な内容で、主人公の個人の運命に重点が置かれてもいた（ただし、この政治的色彩の薄さゆえにフォルクスビューネ幹部は難色を示さず、本来なら受け入れられにくいロシア革命という素材をピスカートアは扱うことができた）。ピスカートアはテクストを徹底的に改編し、その結果、上演は原作とは比較にならないほど政治的色彩を帯びたものになった（丸本 (1984)、一二頁以降参照）。

（31）『群盗』演出については次を参照。Knellessen (1970), S. 90-104、Dreßler (1980)、山口 (1988)、六四頁、平井 (1994)、四七～四八頁。

（32）Ihering (1926), auch in: ders. (1958/59), Bd. 2, S. 223.

（33）Piscator (1986 [1929]), S. 121-122.［ピスカートル (1971)、三一一頁参照（訳は一部変更）］。

（34）Ihering, Herbert: „Gewitter über Gottland". Volksbühne. In: *Berliner Börsen-Courier,* 24.3.1927. In: Rühle (1988), S. 785-786, hier S. 785.

（35）Piscator (1986 [1929]), S. 93.

（36）『ゴットラントを襲う嵐』の演出での映画については次を参照。藤田 (1965)、一一頁、笠原 (1980)、七九頁、Rorrison (1980), S.34、丸本 (1984)、二二頁、山口 (1988)、六五頁、Fischer-Lichte (1993), S. 104、Schwind (1995), S. 82, Anm. 28、Taketsugu (1997), S. 43.

（37）『ゴットラントを襲う嵐』の演出でのフォルクスビューネ執行部とピスカートアの衝突についてはさらに次を参照。平井 (1981)、四〇七～四〇八頁および四一〇～四一一頁、平井 (1994)、七五～七八頁。

第3章 「劇場機械《シアターマシーン》」の駆使——第一次・第二次ピスカートア・ビューネ

3.1 実験の発展

ピスカートアは好運に恵まれた。『群盗』を観て彼を高く買っていた女優ティラ・ドゥリユーが援助を約束し、その愛人のビール工場主ルートヴィヒ・カッツェンエレンボーゲンが出資して、ベルリーン市の中南部にある〈ノレンドルフプラッツ劇場〉が彼の手に入った（ドゥリユーはその後、ピスカートアが演出する複数の公演に出演することになる）(1)。そして『ゴットラントを襲う嵐』から約半年後の一九二七年九月三日、ピスカートア初の私設劇場が〈ピスカートア・ビューネ〉の名のもとに開場した。自己目的的な芸術としての演劇を追求せず、観客の実生活とのつながりを重視し、観客の政治的能動性を引き出そうとする姿勢を保っていたピスカートアは、「意識的にわたしたちは芸術の伝統的な概念から距離を置く(2)」と宣言した。

トータルシアター計画

ピスカートア・ビューネの準備過程において興味深いのは、ピスカートアがノレンドルフプラッツ劇場を手にするよりも前、まったく新しい劇場の建設を構想していたことである。〈トータルシアター〉と名づけられたこの劇場は結局実現しなかったが、同時代の主導的な総合芸術学校バウハウスの校長で建築家のヴァルター・グロ

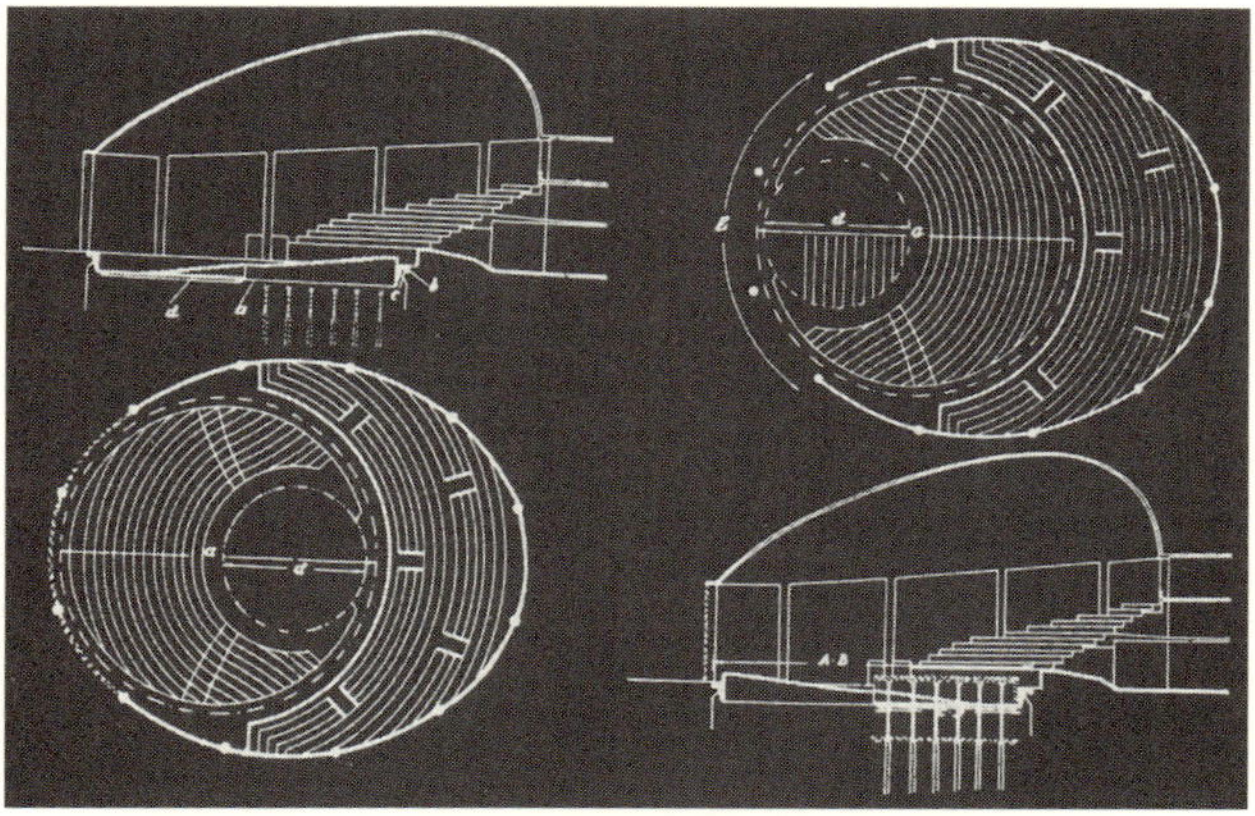

図8　トータルシアターの断面図および平面図。通常使用時（左上と右上）およびアリーナでの使用時（左下と右下）（Woll (1984), S. 161 より。Piscator (1986[1929]), S. 117, 119、ピスカートル (1971)、309 頁にも同様の図版あり）。

ーピウスが設計を担当していることで、また構造の点で注目される(3)。

その劇場はいわゆる「箱」にとどまるものではまったくなく、当時の最新技術を取り入れた機構を随所に備えたものとして構想されていた。「照明や、垂直、水平の移動および回転装置といった現代的設備、無数の映写装置や、拡声装置などを備え、たとえばタイプライターのように完全に技術的に構成されたひとつの機械器具として、いわばひとつの劇場機械《シアターマシーン》（Theatermaschine）のようなものがわたしの頭のなかに漂っていた(4)」とピスカートアは『政治演劇』に記しているが、モデルとなったのはプラネタリウムで、これは計画のわずか四年前、一九二三年に発明されたばかりだった。劇場の内部空間は回転楕円体が長径に添って二分割されたものとされ、舞台は中心舞台・前舞台（アリーナ舞台）・奥舞台（三分割できる）からなるものだった［図8］。客席については平土間だけの二〇〇〇席が円形劇場の形式に倣って設けられ、一部は前舞台とともにひとつの円盤上にあり、円盤を回転させると前舞台が劇場の中央に位置し、前舞台を客席が取り囲む形にもなった（この転換は上演中でも可能とされた）。くわえて劇場内壁と客席のあいだは客席を囲んで一周する「環状舞台（Spielring）」があり、俳優が奥舞台から歩み出していったり、俳優を乗せた可動式の舞台が走り込んでいったりすることができた。さらに客席を取り囲む一二本の支柱のあいだには計一二枚のスクリーンが張られ、ここへ劇場内壁後ろの各映写室から画像・

映像を一斉に投影することができた。客席上方には映写ボックスが吊り下げられ、ボックス内部の映写機から一二枚のスクリーン上に、あるいは劇場のドーム天井に画像・映像の投影が可能とされた。

こうした構造により、トータルシアターでは舞台上の俳優による演技や対話に加え、解説として機能する写真や文章、あるいは劇映画・記録映画・アニメーション映画などの画像・映像が使われて、観客はさまざまな出来事が同時進行で展開する劇を体験することが可能とされた。またトータルシアターは最新鋭の技術的手段によって、現代史に関連した情報を絶えず提供し、展開する出来事への注意を観客につねに促す劇場とも位置づけられていた。グローピウスの言葉で言えば、この劇場では「知性に重きを置いて無感動の状態にある観衆が揺さぶり動かされ、仰天させられ、不意打ちされ、上演をともに体験させられる[5]」ものとされた。その念頭には『レヴュー　赤い祭り』や『にもかかわらず!』の上演空間に通じる劇場空間があったことが容易に想像される。

『どっこい、おれたちは生きている!』(一九二七)

しかしトータルシアターは、資金繰りがつかなかったこと、ふさわしい建設地が見つからなかったことで最終的に実現せず、代わりにピスカートアは既存のノレンドルフプラッツ劇場を拠点にせざるをえなかった。トータルシアターの場合、封建社会の社会的階層を反映する絶対主義の遺物として、宮廷劇場以来の主流だった、平土間席と二階以上の席とに区別された客席が否定され、客席は平土間だけに設けられていたが、ノレンドルフプラッツ劇場の客席は旧来のそれだった。そして当然のことながら、同劇場は技術的・機構的にトータルシアターに及ばなかった。とはいえ、ピスカートアがトータルシアター計画で思い描いていた演出の構想はピスカートア・ビューネの柿落とし公演『どっこい、おれたちは生きている!』(一九二七、以下『どっこい』)で最大限に展開された[6]。

『どっこい』は、ドイツ革命時に捕らえられた元革命家の主人公が八年の収監後、完全に変化した一九二七年

（上演当時）の世界に直面する様子を通じて同時代社会のパノラマを描く内容であり、同革命に実際に関与して収監された原作者のエルンスト・トラー自身の経験を暗示している。テクストはトラーとピスカートアとの共同作業から――プロレタリア劇場以来の原則だった集団作業の流れを引き継いで――成立し、劇作家個人の主観的な視点を減じたものになった。また劇の登場人物個人の運命よりも、その周囲の社会にむしろ焦点が当てられ、同時代社会の構造を客観的に示そうとする内容だった。そして結末については、観衆を政治的に動機づけるための効果をピスカートアは重視した。トラーの案では、革命が過去のものであって、アクチュアルな政治目標への継続的な尽力がそれに代わらなければならない、という彼の認識に基づき(7)、主人公が自分の意志で精神病院へ戻るという結末だったが、この経緯をピスカートアは敗北主義的と見なした。結果、主人公は同時代世界で生きることを悲観して自殺し、別の登場人物が「首をくくるか、社会を変革するか、どちらかひとつだ」と口にすることになった(8)。

またテクストが成立していく過程ですでに、舞台装置、あるいは示される画像・映像が指定されたことも注目される。舞台上には「階層舞台（Etagenbühne）」と呼ばれる三層構造の装置が置かれ（トラウゴット・ミュラー装置［図9］）、その左右と中央は八つに小分けにされ、演技空間や投影平面として使うことができた。すなわち生身の俳優による場面と、幻燈・映画で示される出来事とを、時間的に前後にあるいは同時並行で示すという、映画とフォトモンタージュの技法に倣った演出が効果的に行えるようになっていた。装置全体は回り舞台の上に置かれ、舞台上の俳優の演技による場面は適宜客席へと近づけられ、場面の緊張感が促されるという工夫もあった。

留意すべきは、映画とフォトモンタージュの技法に倣って舞台の出来事とスライドや映画とを時間的に前後させて示す、あるいは同時並行で示すという、この演出が、トーキー映画が普及する以前のことだったということである(9)。バラージュが言うように「演劇が映画を必要としたのではなく、映画が言葉を獲得すべく、独自の言葉をまだもたないときにそれを求めて舞台に押し入った(10)」一例と言えるかもしれない。

ただ一方、ピスカートアの演劇は単に幻燈や映画を組み入れた演劇と言い表わす以上のメディアモンタージュと言えるものだった。というのも、『どっこい』では幻燈や映画といった画像・映像メディアばかりでなく、スピーカーという音響メディアも舞台上の出来事に介入していたからである。すなわち逐次スピーカーを通じて、公演の二年前に行われた共和国大統領選挙の開票速報や世界各地の事件を伝えるニュース、六日間自転車耐久レースの実況中継を模した台詞が語られていた。あるいは、公演と同じ年に大西洋単独無着陸飛行に成功した飛行

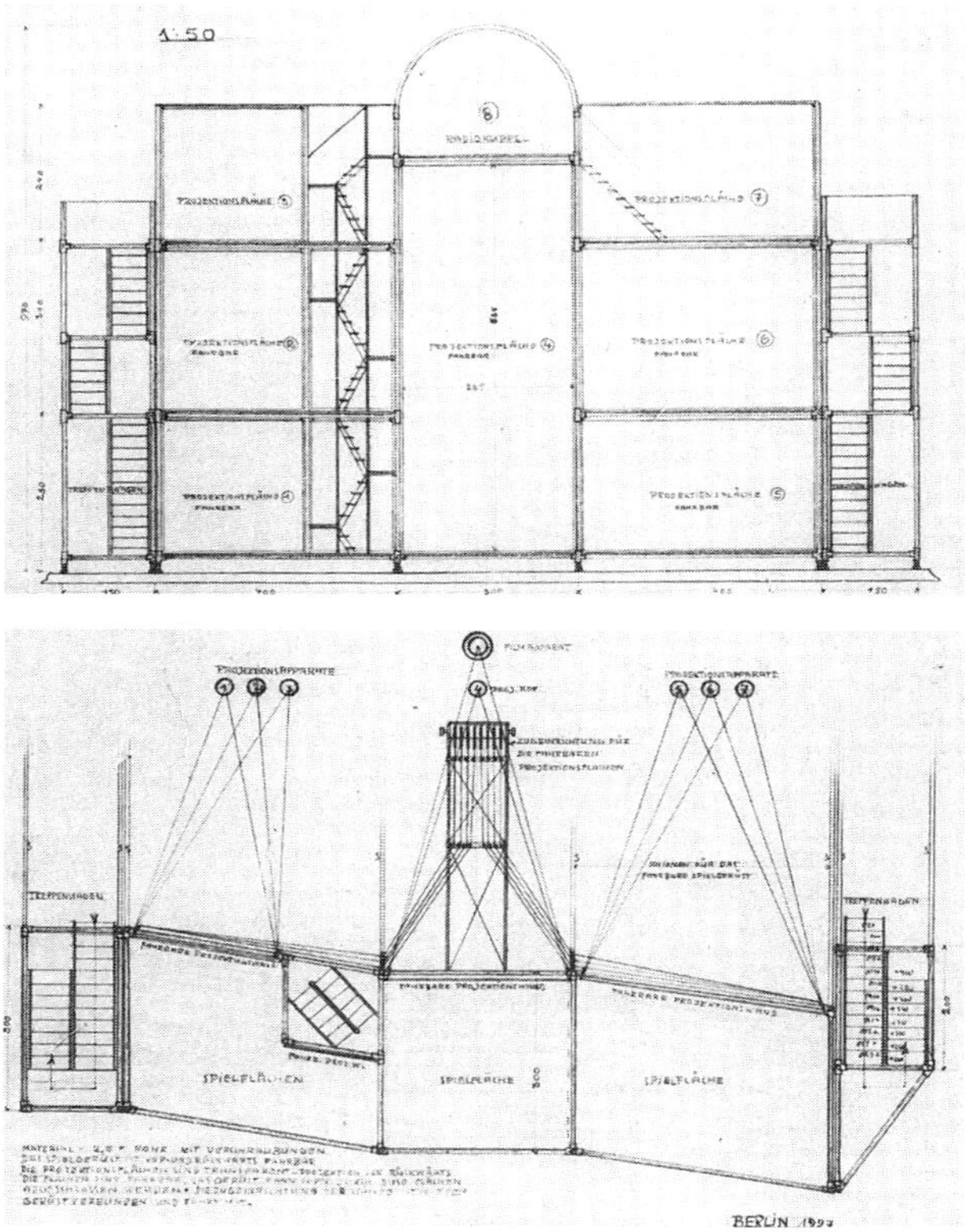

図 9 『どっこい、おれたちは生きている！』舞台装置図 (Boeser/Vatkova (1986a), S. 161)。

士チャールズ・リンドバーグの無線交信を模したやりとりもあった。こうして画像・映像・音響技術が駆使されたピスカートアのメディアモンタージュは結果として、科学技術の時代としばしば称される二〇世紀をまさに体現した上演として成立した（リンドバーグの功績にはブレヒトも触発され、人間・自然・科学技術の関わりを『リンドバーグの飛行』［一九二九］で追究しているが、これに先立って上演された『どっこい』がヒントのひとつとなっていた可能性は十分考えられる）。(11)

『どっこい』は好評を博し、一九二七年九月三日の初演から、後述する次の公演『ラスプーチン』の初日が開く一一月初めまでの約二ヶ月、連日ノレンドルフプラッツ劇場で上演された。そして制作者側の意図、すなわち集団作業での議論を通じて劇作家個人、登場人物個人の主観的なものの見方を排除し、代わりに多くの人々が共有する世界観を示すという意図は確かに実を結んでいたものと見える。たとえば中間層を主な読者とした『フランクフルト新聞』で慎重な劇評を書いていた批評家のベルンハルト・ディーボルトは、出版された『どっこい』のテクストと実際の上演で用いられたテクストを比較して、トラーが特殊なものだけを提供したのに対し、ピスカートアはそこへ状況（Situation）を取り入れ、トラーの素材を世界大戦や飢餓、デモといった驚異的で無気味な背景（Folie）の前に立ててみせ、普遍的なもの（das Allgemeine）にしたと述べている。(12)(13)

ところで、単に演劇の舞台で映画を使用するということならば先例があった。批評家のフェヒターによれば、『どっこい』が上演されたノレンドルフプラッツ劇場では演劇への映画の導入が一九一二年に発案されていた。その使われ方は、『どっこい』で主人公役の俳優が帽子を被って退場するさい、舞台前方にスクリーンが素早く下り、次の瞬間スクリーン上に映画が投影され、同じ俳優が映像で現われ、曲がりくねった道を進む流れに似ているという。(14)だがもちろん、ピスカートアの演劇で使われた映画はもはやそのように場面を補ったり、背景として俳優の演技の助けとなったりするだけではなかった。そうではなく、過去の政治レヴューやフォルクスビューネでの演出の場合と同様、舞台上で進行する劇と、戦争や革命などの光景を示すスナップ写真や記録映画が交錯したり、相互作用を起こしたりしていた。さらにピスカートアは、同時代における個々人が「自分の時代の大きな政治的・経済的要因と結びついており」「経済と政治こそがわたしたちの運命であり、その合わさった結果として社会および社会的なものがある」[15]という見解から、経済的資料である統計も幻燈で示した。この工夫もそれまでの演劇においては類を見ないものだった。

こうした画像・映像の使い方の背景にはピスカートア独特の考えがあった。すなわち「主人公（Held）はもはや個々人（Einzelner）ではなく、時代（Epoche）なのである。これにしたがって物語（Fabel）の代わりにドキュメント（Dokument）が決定的な意味を獲得する（同時にこのドキュメントはある作用をもつ要素（Wirkungselement）であり、そこからはだれも逃れられない）[16]」という考えである。世界大戦での従軍体験を経たピスカートアは、同時代においてはひとりの英雄的な人物の態度や行動が出来事を決定づけるのではなく、その逆に、出来事やそれについての記録や情報が人々の態度や行動を決定づけるという見方をしていた。この見方に即して、ピスカートアは従来の演劇のように観客を虚構の物語のなかへ導くよりもむしろ、現実の同時代の出来事をありのままに示そうとし、実際に起きた事件を撮影したスナップ写真を幻燈で示したり、記録映画を流したりしたのだった。

そしてこうした試みの結果、劇作家というひとりの芸術家の刻印を受けるような演劇は否定され、それとともに、劇作家の主観で描かれる世界が現実の世界の代わりとなるという原理に依拠した表現は破棄された。ピスカートアの演劇は、戯曲に描かれた世界を演出家が舞台上に再現してまとめあげようとする、演出家オットー・ブラームの演劇を始めとする一九〇〇年前後の世紀転換期以来の自然主義演劇に特徴的な志向を完全に否定した。いわばそれまで「自然」と見なされていた像を破壊したのだった。

『ラスプーチン』（一九二七）

『どっこい』では右記のように、トータルシアター計画で追求された空間の実現が最大限に志向された観がある。そしてそれは次の演出作品『ラスプーチン、ロマノフ家、戦争、そしてこれらに抗して蜂起した民衆』（一九二七、以下『ラスプーチン』）でも同様だった。原作はロシアの作家アレクセイ・トルストイと歴史家シチェゴレフによる戯曲で、表題が示す通り、ロマノフ朝末期のロシアで政治的実権を握っていた僧侶ラスプーチンの運命を主題にしている。ただしピスカートアの演出ではラスプーチン個人の運命ではなく、彼を軸にしてロシア革命と第一次世界大戦の全体像を描くことがねらいとされた。つまり描かれるべきは当時の世界の動きであり、ピスカートアには地球のイメージが逃れ難いものになった。そして「〔地球の上で〕すべての出来事が、これ以上ないほど密に絡み合い、互いに関連しあって展開した[17]」という彼のイメージに即して、直径一八メートル、高さ七・五メートルの半球の「分割地球儀舞台（Segment-Globus-Bühne）」が回り舞台上に設けられた[18]。

この半球（ミュラー装置［図10］）は『どっこい』の階層舞台と同様、複数の社会的階層を同時に示すことができる二層構造で、一階部分に六つ、二階部分に五つの空間があり、各空間に蓋がついて開閉するようになっていた。半球の表面はスクリーンで覆われ、この上に同時に三つまで映画を投影できる一方、舞台の前方脇には「カレンダー」と呼ばれる縦長のスクリーンが据えつけられ、この上には歴史的事件を写したスナップ写真、あるいはこうした事件に関する解説文が投影された。さらに舞台と客席のあいだには半透明の帯が下ろされることがあり、この上には舞台後方から必要に応じて映画や写真、テクストを映すことができた。こうして舞台上の出来事と幻燈や映画で示されるテクスト・写真・映像とが互いに情報を補足し合ったり、コメントをし合ったりし、それまでの劇場で提示することは考えられなかった、世界のイメージがつくりだされた。

一方、テクストについて見ると、原作は八場からなり、内容はラスプーチンの個人的・私的運命に限られていたが、演出で使用された版では共同翻案者のガスバラやラーニア、ブレヒトらにより新たに一九場が付加された。具体的な作業としては、まず一九一四年から一七年までの年表がつくられたが、これは⑴戯曲の各場面、⑵同時代のヨーロッパにおける政治的事件、⑶西部戦線・ロシア戦線の状況を各列に、一ヶ月ごとに分けて記入したものだった。そのあと「戯曲の出来事と周知の政治的事件が交わる点」[19]（ピスカートア）を軸に、多数の資料に基づいて、軍事的・政治的・経済的・プロレタリア革命的な観点から、戯曲で展開される出来事の背景にある社会的動向を示す新しい場面——市井の人々が帝政への不満をくすぶらせる酒場の場面、ロシア、ドイツ、オーストリアの皇帝が同時に登場してそれぞれ戦局を追う場面ほか——が共同で創作され、原作に挿入された[20]。こうしてテクストは最終的に、ラスプーチンの個人的な物語からロシア革命の経過を扱うものへ性格を変え、「ある時代の政治的ドキュメント」[21]（ラーニア）に変容した。つまり集団作業による戯曲改編を通じて、テクストがいわば一

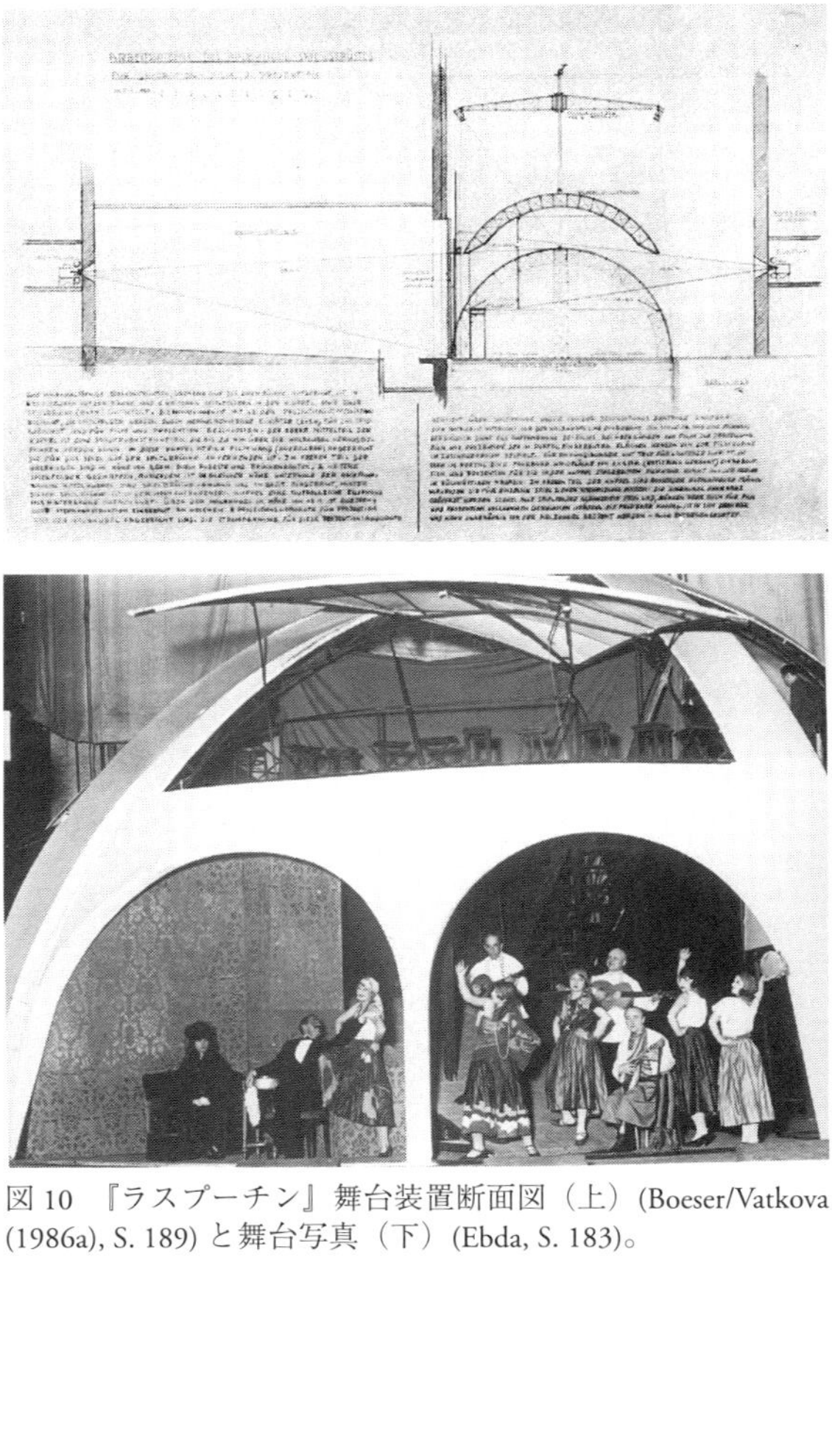

図 10 『ラスプーチン』舞台装置断面図（上）(Boeser/Vatkova (1986a), S. 189) と舞台写真（下）(Ebda, S. 183)。

人称ではなく三人称で語られる、叙事詩的な色合いを帯びることが目指された。またテクストのこのいわゆる叙事化を裏づけるように、公演プログラムでラーニアは「重要なのは劇作上の内的連関（innerer Bogen）ではなく、できるかぎり忠実で、できるかぎり包括的な、時代の叙事詩的な進行であって、それはその始まりから、それが及ぼした最後の影響にまで至る」[22]と記してもいる。テクストは『どっこい』と同様、ここでも複数の人間による集団作業を経て、劇の登場人物個人の運命よりもその周囲の社会の動きに焦点を当て、同時代社会の構造を客観的に示そうとするものになっていったのだった。

このように劇の登場人物の運命ではなく、背後の社会の動きに観客の関心を向けようとするねらいは、舞台上の出来事と映画とを同時並行で示す演出にも見て取れる。ここでは映画がいわば、フォルクスビューネ在籍中のピスカートアが試みたように、フォトモンタージュの要素として使用されている。たとえば「三経営者の場」では、舞台上で英・独・仏の重工業の代表者を演じる俳優が各国語で戦争の大義名分を叫ぶ（「われわれは世界の解放（liberation）のために闘う」〔英・アームストロング社〕、「これはドイツを救うことなのだ」〔独・クルップ社〕、「デモクラシーと文明を護らなければならない」〔仏・クルゾー社〕）。その一方で、背後では映画が流れ、軍需工場の煙突が盛んに煙を吐いている光景が示されて、大企業から見た第一次世界大戦の本質、つまり人々を戦争にけしかけて自分たちは利潤を手にするという本質が暴かれる。あるいは「ヘイグとフォッシュの場」では、戦闘計画について議論するふたりの司令官が舞台上で示されるのと並行して、彼らを演じる俳優たちの頭上のスクリーンに、その議論の結果であるソンムの戦いが映画で示され、さらに「カレンダー」と呼ばれていた舞台脇の幕には幻燈で統計が「損失——五〇万人、利得——三〇〇平方キロメートル」と映し出され、ソンムの戦いの悲惨な結果とその無益さが痛烈に批判された。また別の場面では、舞台上で皇妃とその顧問が話し合い、民衆の代表者を拘留して革命分子を粉砕する計画を練る様子が示されるのと並行して、スクリーン上ではレーニンが封印列車でドイツを通過する様子など、革命勢力の動きが示された[23]。

くわえて映画はしばしば、かつてのフォルクスビューネでの『旗』演出と同様、舞台上で演じられる出来事から見て未来の出来事を先取りし、物語の流れを観察する態度を観客にとらせた。たとえばある場面では、舞台上の俳優がロシア皇帝一族を演じているところへ映画がオーバーラップし、ずっとあとになってから行われる皇帝一族の銃殺を示した。この場面の前後について、前出の批評家ディーボルトは次のように分析している。

ツァーリの宮殿で皇妃が革命の知らせを受けるが、彼女は信じない。その隣に流れる映画ではすでに革命軍の迫るようすが見える。皇妃はなお逆らう――だが映画は知っている。この「時代」はもはや皇妃のためのものでしかない――わたしたちはその時代をこえたところにいる。個々の語り手は自分自身とその近くにいる者についてしか知らない。スクリーン上の映画はすべてを、すなわち普遍的なもの、集団的なものを知っている。映画は運命（Schicksal）であり、叡智（Weisheit）である。映画はすべてを知っている。(24)

［強調は原文のまま］

さらにディーボルトはこうした映画をギリシャ演劇のコロスに見立て、「Chorus filmicus」という概念を与えて次のように述べる。

ピスカートアの劇作における映画はいわば現代のコロスである。［中略］集団的なもの、事実に基づくものとして群衆のコロスが口を開く。神々、時代の力が呼び出され、そのあとで、わたしたちに関わる、特定の個人の運命が示される。人間一般の悲しい物語を受けとめる準備がなされる。(25)

ディーボルトのこの指摘に即して言えば、映画はピスカートアのもとで、舞台上で示される、登場人物個人にまつわる出来事よりも、さらに大きな次元で展開する、集団の運命を示す機能を担っていた。そうしてピスカートアの観客は、舞台上で俳優が示す個々の人物の物語を追うよりも、まず歴史を観察する者としての視点を得た。先述のテクスト改編の手続きと同様、この映画の使用法からも、ピスカートアの演劇の主題として重要だったのはもはや個人の心理の動きではなく、集団の運命だったことがうかがえる(26)。

『実直な兵士シュヴェイクの冒険』(一九二八)

登場人物個々の物語よりも大きな次元の、社会の動きに焦点を当てる姿勢は、続く『実直な兵士シュヴェイクの冒険』(一九二八年一月初演、以下『シュヴェイク』)の演出でも同様だった。そしてここでも『どっこい』や『ラスプーチン』と同じく、既成のテクストが改編され上演に使われた(27)。

原作はチェコの作家ヤロスラフ・ハーシェクの風刺小説で、小冊子の続きものとして一九二〇年から二三年にかけてプラハで出版された。プラハの犬屋シュヴェイクが第一次世界大戦で従軍することになり、任務を実直に遂行しようとするが、あまりの実直さから来る言動のために、軍隊の規律や戦争の大義が抱える矛盾が露わになる、というのがその内容である(ただし作者の死で未完に終わった)。諧謔豊か、かつ痛烈に戦争を批判した作品で、ドイツではマックス・ブロートが紹介し、グレーテ・ライナーの独訳が一九二七年にプラハで出版され、二〇年代後半のドイツで最もポピュラーな小説のひとつになった。これを受けてブロートは作品の戯曲化権を得、独訳が出版された一九二七年のうちにハンス・ライマンと戯曲化の作業を行い、これを終えた。

一方、ピスカートアは『シュヴェイク』に関心を示し、ピスカートア・ビューネでの上演を計画した。その意図は「戦争の、たがいにからみ合う要素のすべてを風刺のスポットライトのもとに示し、ユーモアの革命的な力を具体的に説明する(28)」(ピスカートア)ことだった。ただしブロートとライマンによる戯曲は彼の意に添わなかった。というのも、ブロートが「未完に終わった小説の結末の土台を有機的につくることを試みた(29)」と言う戯曲の結びは、登場人物のひとりである中尉の恋愛事件を扱うもので、これが結末をつくるための追加という意味をこえ、戯曲全体を特徴づける筋になっていたからだった。すなわち、原作では、あらゆる愚行がまかり通る軍隊の生活を描いた、主人公シュヴェイクをめぐる筋が核となっていたが、ブロートとライマンによる戯曲では、中尉のロマンスの筋にシュヴェイクをめぐる筋が付随する形になっており、軍隊生活の描写の比重が落ちていた。シュヴェイクが生真面目に社会に順応しようとすることが、逆に戦争の愚劣を批判する結果になるという社会批判の効果も薄れていた。

ピスカートアは、原作の小説に関しては「戦争が、素朴な男の気質を通してとらえられている。このシュヴェイクが示すのは、常套句（Phrase）に対する良識の勝利である」[30]と評価する一方、ブロートとライマンの戯曲については「そこにあったのはハーシェクではなく、似而非《えせ》コミカルな従卒シュヴァンク［Schwank, 中世から近世初期にかけて流行した、韻文あるいは散文による笑劇］であり、そこではコミカルな効果を旨としたために、また本物の戯曲を組み立てようとしたために、ハーシェクの風刺はまったく無視されていた[31]」［強調は原文のまま］と批判した[32]。ピスカートアにとって大切だったのは、劇中の人物の描写に重きを置いてつくられた戯曲ではなく、むしろその人物の置かれた環境や時代をいわば主人公とし、世界を描くことだった。

最終的にピスカートアは、ガスバラやラーニア、ブレヒトらの手を借りて別の稿をつくり、結果としてこれがピスカートアのもとでの初の小説の脚色となった。「わたしには始めから、『シュヴェイク』の戯曲化が小説の忠実な再現以外の何物であってもならないことがはっきりしていた。そのさいの課題は、できるだけ多くの、できるだけ印象的なエピソードを連ねていくことであり、それらは結果としてハーシェクの全世界観を明らかにした[33]」とピスカートアは振り返る。彼らによる稿は原作の小説のエピソードを原作そのままの言葉を使って抜き出したもので、追加や変更は部分的[34]、筋もおおむね原作を踏襲していた。長編小説の脚色に必然的に伴う簡略化は行われたが、筋の点でも台詞の点でも小説に忠実と言いうるものだった。

図 11 『シュヴェイク』で使用されたグロッスのカリカチュア (Piscator (1986[1929]), S. 171)。

またこのテクスト改訂は稽古が始まった後も繰り返された。ピスカートアのもとでは決定稿という考え方はなく、内容は上演当日までできるかぎり変更の自由が利くものとされていた。特に、原作では未完だった結末に関しては最後まで試行錯誤が続いた。当初は「天国のシュヴェイク」の場面を追加し、「シュヴェイクを、あらゆる地上の権威と戦ってから、最後にはさらに天上の権威と対決させる」[35]（ピスカートア〔強調は原文のまま〕）予定だったが、この案は、神の前で障害者たちが行進するのがあまりに無気味だったことと稽古時間の不足から撤回され（ただし初日前日の稽古では再度試された）、その代わりに報道機関向けの試演ではシュヴェイクとヒロインのヴォディーチュカが再会を約束する場面が用意された。だが初演では結局、上演テクスト制作のそもそもの理念に立ち返り、ハーシェクの未完の原作に倣って突然舞台の進行が中断されるという結びになった。このようにして、ブロートとライマンの稿に即したような、また観客の関心を登場人物個々の運命に向かわせるような、劇的な登場人物のやりとり、および劇的な結びは拒まれた。

一方、登場人物個々の運命ではなく現実の同時代社会に観客の関心を向ける方策として、上のテクスト制作の経緯とともに映画の使用も注目される。これは『どっこい』や『ラスプーチン』の場合と同様だが、『シュヴェイク』では特に風刺画家グロッスのカリカチュアをもとに制作されたアニメーション映画の使用が特徴的だった[36]。

上演は手回しオルガンが奏でるチェコの民謡で始まるが、やがて後方のスクリーンに後ろから黒い点が投影され、それが動き出し、鉄条網のようにひび割れたギザギザの線が高速で描かれる。そこへ突然、グロッスの下絵に基づいたオーストリアの将軍の絵が現われる（左端の人物［図11］）。将軍は先端をひねった口ひげをして、顔からは湯気を立て、右手を剣にあて、左手で隣の人物の手をつかんでいる。隣の人物が次に現われるが、これはドイツの将軍で、その胸は勲章であふれ、不機嫌そうな顔をし、槍のついた兜をかぶっている。このふたりの将軍の次に現われるのが、後ろのどくろの姿をした法律家で、条文の番号に付されている記号あるいは節（セクション）記号である「§」でできたむちを右手に持ち、左手には法律文書の束を持っている。そして最後に、この三人の右に太った牧師が現われる。その下半身の前には、表紙に十字架の書かれた聖書が開いた状態で立てられ、牧師は両腕を広げて上へ伸ばし、無精ひげの生えた二重あごを見せ、だんご鼻の上に十字架をのせてバランスをとっている。結束するオーストリアとドイツ、その後ろにある法律は、人の生活を守るものというよりも人を死に至らしめるに等しいもの、また聖職者の仕事も、実際の人の生命の問題をよそに、遊びにも似た典礼のルーティンに堕している、というメッセージが読み取れる。劇の背景を伝えるこうしたグロッスのカリカチュアはこのあともたびたび、舞台上に設けられたスクリーンに幻燈で投影されていった(37)。カリカチュアのこうした段階的な表われ方は、同時代のレヴューの演し物のひとつだった、即興画家が上演の最中に描くスケッチを模したものと言えた。

ピスカートアは『シュヴェイク』演出での映画の位置づけについて、「戯曲の素材のなかにある、歴史的に重要なさまざまな関連を目に見えるようにし、作品を歴史的経緯のなかに組み入れる手段(38)」だと述べるが、この点で、グロッスのカリカチュアをもとにして制作された映画は特に大きな役割を果たした。というのも、彼のカリカチュアは当時一般的に、かつてのプロイセン当局を、また上演当時のプチブルを攻撃するものとしてよく知られていたからだった。つまりグロッスのカリカチュアによって、そしてグロッスのカリカチュアが使われるというそのことによって、一九一四年の帝政下にあるオーストリア＝チェコと、上演当時のドイツ（かつての元帥ヒンデンブルクが共和国大統領となっている）の類似点が際立たせられ、追って上演で示された場面は上演当時のド

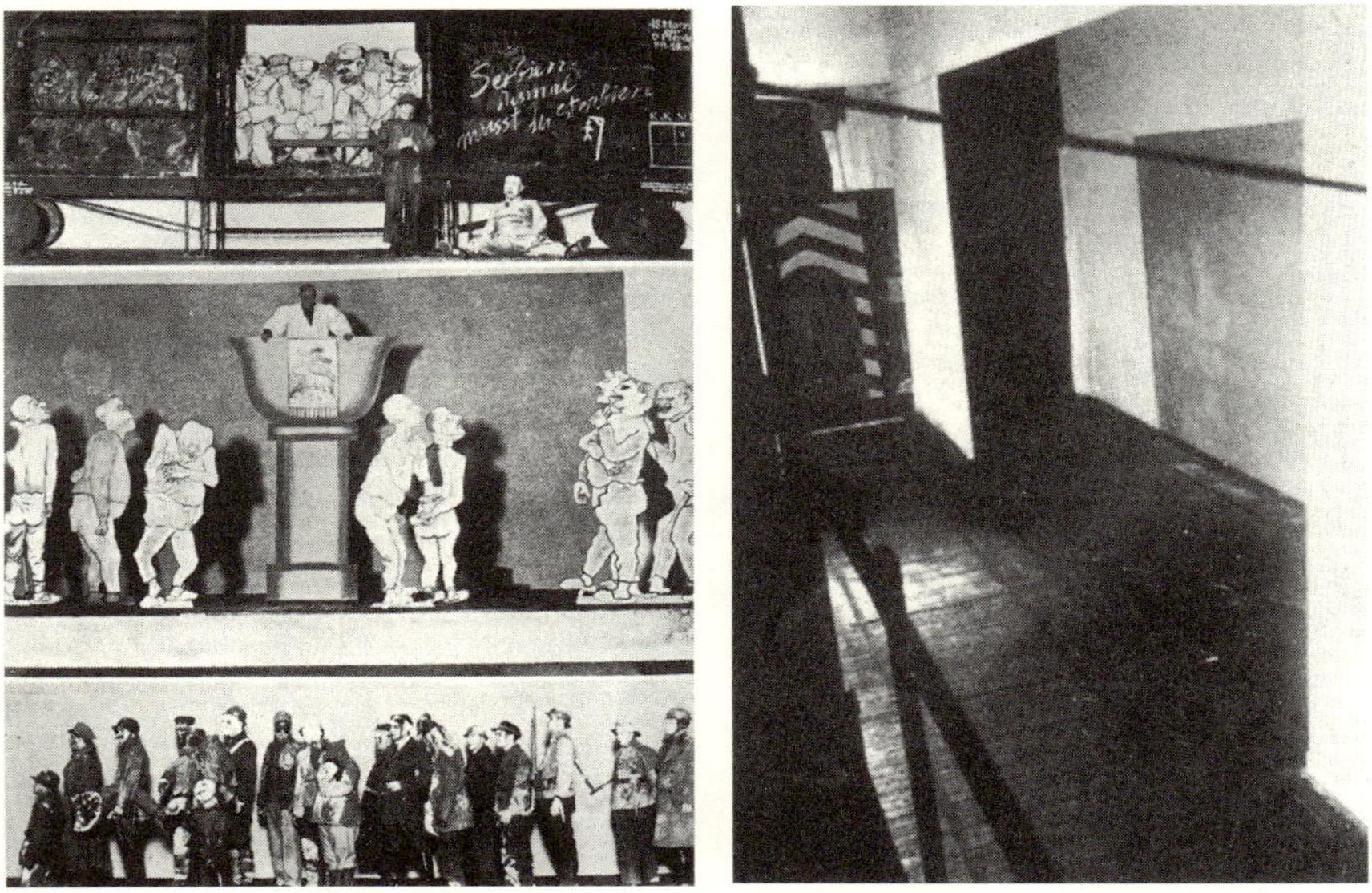

図 12 『シュヴェイク』の装置（右）および舞台写真 (Boeser/Vatkova (1986a), S. 211, Piscator (1986[1929]), o.S.)。

イツを暗示するものとなった。『シュヴェイク』に登場する「軍医、将校、検事は、今なおプロイセン・ドイツに生きている人物像だ」と判断するピスカートアは、グロッスの功績をたたえ、「映画によってシュヴェイクおよびシュヴェイクの環境を歴史的拘束から解き放ち、アクチュアリティへとつなげること[39]」に大きく貢献したと特筆する。

くわえて『シュヴェイク』演出はベルトコンベアが活用されたことでも注目される（世界初の電動式ベルトコンベアは一九一三年にアメリカのフォードの工場に据えつけられたもので、ドイツでは一九二四年から二五年にかけて、オーペル、ズィーメンス、AEGが導入したばかりだった[40]）。そもそも演出の作業の起点となったのは愚直な兵士シュヴェイクが前線に向かうその歩み、および「出来事が途切れず休みなく流れるイメージ[41]」（ピスカートア）だった。これを受け、舞台装置として、書き割りのように立てられたふたつのスクリーンと、背景の幕として機能する仕切りのスクリーンが設けられ、床面に二本、平行に並ぶベルトコンベアが据えつけられた。

コンベアは長さ一七メートル、幅二・七メートルで、それぞれ個別に（つまり相反する方向にも）稼動させることが可能で、この上に乗ってセットの一部や小道具、あるいは俳優が舞台上に現われた［図12］。たとえばシュヴェイクが孤独に行進する場面では二昼夜に及ぶその経過を視覚化するために、舞台後方のスクリーンに駅や街道、森、村、丘などの映像が映る一方、片方のコンベア上ではシュヴェイク役の俳優がその場にとどまったまま歩き続け、もう片方のコンベアの上には老婆役の俳優や里程標、樹木、道路標識、居酒屋などの小道具が現われては去っていった。(42)「今まで作ったうち最も簡素で、最もすっきりしており、その点で最も場面転換しやすい舞台」(43)とピスカートアが言い表わすこの舞台は、ある場面が走り去ると同時に次の場面が入り込んでくるという間断のない舞台の展開を可能にした。この機構はトータルシアターの「環状舞台」——俳優自身が歩み出していくだけでなく、道具や俳優が台車に乗って現われることも想定されていた——に通じるものだった。つまりここにも、当初計画されていた劇場機械《シアターマシーン》の空間構想の断片がうかがえる。

舞台装置／構築物の意味、新即物主義

ところで、上の三つの演出で言及した一連の舞台装置や構築物は、その構造が露わなまま観客に示されていた。ピスカートアは記録映画ほかを導入する場合と同じく、虚構の劇で示される世界に観客がその意識を没入させないようにするため、舞台構築物を観客からじかに見えるように舞台上に設置したのだった。

またその構築物は科学技術の時代と特徴づけられる二〇世紀の同時代を体現したものとも言えた。舞台機構はそれまで、文字通り舞台裏のものとされ、舞台上に示される世界を陰から支えるものと位置づけられるのがつねだった。だがピスカートアの演劇の場合、舞台機構は舞台裏の位置にとどまらず、より前面に出され、同時代の世界を暗示していた。そしてその根底にある考え方は実際、世界全体の営みがひとつの舞台であるという古来の

考え方、すなわち「世界劇場（theatrum mundi）」に即したものと言えた。ディーボルトは次のように記している。

［ピスカートアの］演出に使われる機構は、美しい世界舞台（Weltbühne）というイリュージョンを裏側から支えるためにあるのではない。装置類（Apparatur）それ自体が世界を表現している。それは美しくない。即物的（sachlich）である。ピスカートアのところほど「新即物主義（Neue Sachlichkeit）」というキャッチフレーズ（Schlagwort）が即物的に語られる場所はない。(44)

ディーボルトの言う「新即物主義」とは、一九二〇年代後半のドイツに広まった文化的潮流であり、それまで支配的だった表現主義に対する拒絶反応として現われた。表現主義は第一次世界大戦前後の社会情勢の混沌を背景に、テーマとして、陶酔的・幻視的・夢想的・行動主義的なものや、覚醒や決起、革命への呼びかけ、政治的・無政府主義的なもの、社会権力に対する批判などを取り上げたが、ヴァイマル共和国が成立し一定の社会秩序が回復されて、いわゆる「相対的安定」の時代になると、表現主義は観念的に過ぎ、同時代の現実にそぐわないものとして拒まれた。それに取って代わったのが、人間の日常生活や同時代社会の実態を現実的に見つめてこれを描き出そうとする新即物主義だった。その特徴は簡素さや簡潔さ、装飾のなさ、精確さ、精密さ、冷静さ、冷淡さ、非情さなどにあった。例として文学ではジャーナリズムと結びついて発展を見たエーゴン・エルヴィーン・キッシュの『韋駄天レポーター』（一九二五）ほかのルポルタージュがあり、音楽では、作曲者の主観を否定し、一定の旋律のヴァリエーションだけを組み合わせる十二音技法に基づいたアルノルト・シェーンベルクの無調性音楽がある。建築・デザインの分野では芸術学校バウハウスのつくり手たちの、装飾を最大限に削った作品群が挙げられる。ピスカートアの演劇の、機構・機械の姿が露わなまま舞台上に現われるという、それまでの演劇観からすれば無粋極まりない演出も新即物主義の潮流に与し、一九二〇年代後半のドイツの世界観を示したものだった。

叙事演劇の発展、時事劇ほか同時代の演劇への影響

また以上のような一連の舞台構築物、およびそれを前提にして使われた画像・映像は、ピスカートアいわく「舞台の出来事を歴史的なものへ高めること[45]（Steigerung des Szenischen ins Historische）」を目指してのものであり、「各場面を普遍的・社会的な出来事と結びつけ、それによって各場面を歴史的なものに高めるという目的[46]」で使用された。つまりこれらは先述の、テクストの叙事化と結びついた形で開発され工夫を重ねられてきたものだった。

この意図は観客の側でも十分に理解されていたものと見える。たとえば『赤旗』紙は、『どっこい』の演出について「通常ブルジョア演劇の舞台では心理的葛藤となるものを、ピスカートアは歴史的な出来事へ置き換える。ブルジョア演出家の手にかかればこのトラーの作品は多かれ少なかれ、ある面白い（unterhaltsam）対話になっていただろうが、ピスカートアのもとでは、映画と結合され、トラーの作品が拡張されることにより、最近の年月を描いた歴史絵巻（geschichtliches Gemälde）に、歴史的事実になった[47]」と報じている。

叙事化ということとの関連は『シュヴェイク』のベルトコンベアについても言える。ヒラッハの言い方に倣えば、ベルトコンベア（Fließband）は映画のフィルム（Filmband）と同じく、量的に測りうる時間のなかで展開するメカニズムであり[48]、『シュヴェイク』演出でのベルトコンベアの使用法は、しばしば映画において示される、起伏のない、出来事の単調な流れを演劇の舞台上で視覚化したものと言えた。また舞台上の俳優の意思とは無関係に稼働し、あるいは静止している俳優を動かしもするベルトコンベアを用いることで、個人の行動よりも、その前提条件となる歴史の動きや社会的背景に重点を置いた原作の小説『シュヴェイク』の舞台化はより効果的に行われた。つまりこの演出は、先述したテクスト制作の点でも、幻燈や映画、装置などの技術的手段を活用して実現された上演形式の点でも、叙事演劇の発展に寄与した仕事だった。

叙事演劇は理論として後年にブレヒトのそれが広く知られるようになったが、その形成のための大きな手掛かりを提供していたのがピスカートアの二〇年代の仕事だった。実際、ブレヒトはピスカートア・ビューネでしばしば共同作業をしており、彼がピスカートアの実践を大きなヒントのひとつとして自分の叙事演劇理論を展開させたことはまず間違いない。戦後、ピスカートアは次のように発言してもいる。

> 演出上の形式を拡大し変革し、新しい技術上、上演上の諸手段を利用することによってわたしは、(つねに葛藤の素材であり、そう言いたければ「戦争原因」である)われわれの基本的な死活問題がいかに広い範囲に行きわたり複雑になっているかを、そしてこれらの問題の総体を舞台で表現しようと試みてきた。映写像、映画フィルム、テープレコーダー、解説等の手段を、わたしは、ブレヒトが彼の「叙事的なもの」の概念をつくりあげるよりも前から、叙事的手段と呼んでいた。これらの手段は、学術的・ドキュメンタリー的材料を持ったドラマの上演を可能にし、これを分析し、解明してくれたのである。(49)
>
> [強調は原文のまま]

さらにピスカートアの叙事演劇に関して注目すべきは、それが同時代の時局に即した情報を積極的に観客に伝達することで、演劇のマスメディア的な性格を助長し、同時代の劇作に大きな影響を与えていたことである。彼の演劇が起爆剤となって、いわゆる時事劇(Zeitstück)が流行したのだった。(50)

一九二〇年代の半ば以来、ケルやイェーリング、ディーボルトといった批評家が、新しい劇作の重要な原動力がアクチュアリティにこそあると考えて、時事劇を唱え、求めていた。その実現のヒントを彼らはピスカートア・ビューネの実践に見出し、同時代の劇界に働きかけ、結果として多くの時事劇が立て続けに書かれた。(51) そしてこれらはすべて、個人よりもその周囲の社会の状況を描くことを主眼としており、この点でもピスカートアの演劇は先駆と言えた。なぜなら、彼の演劇での主人公は主体的に行動して運命を切り開くような存在ではなく、第三者から観察される被験者であり、こうした人物を手がかりにして周囲の状況を明らかにすることが演出の主眼となっていたからである（たとえば同時代で行き場を失くしている『どっこい』の革命家は、刑務所で八年を過ごしてから上演当時〔一九二七年〕の世界に直面する人物で、彼を通して革命当時と上演当時の世界が対比され、同時代の世界の八年間の発展が検証されている）。

そしてこの関連では、同じく同時代の劇作家・演出家ブレヒトの劇作・演出への影響も見逃せない。彼は一九二六年、ラインハルト率いるベルリーン・ドイツ劇場のドラマトゥルク（文芸部員）を辞して間もなくピスカートア・ビューネの公演制作に参加したが、これは彼がちょうど劇作の方法を模索していた時期だった。[52] そして第二次世界大戦中には亡命先のアメリカで、ナチスを批判する『第二次世界大戦のシュヴェイク』（初稿一九四三年成立）を制作するが、これはまさに『シュヴェイク』制作時のピスカートアとの共同作業を手がかりにしている。あるいはブレヒトが自作『母アンナの子連れ従軍記』（一九三九年作、一九四一年初演）を戦後の一九四九年にみずから演出したさい、主人公一家を演じる俳優たちは回転する回り舞台の上を逆方向に動き、その場に留まる形で示されたが、これは『シュヴェイク』の、ベルトコンベアを使った同様の演出におそらく着想を得たものである。[53] またブレヒトはピスカートアと同じく、観客が虚構の劇中人物に感情移入してその人物の立場で劇の展開を追うことを望まず、これを阻むため、ある場面で行われることを記したプラカードを場面の始まりから示し、結びを観客に先取りさせた上で鑑賞させる演出を行った。「演劇の文書化（Literalisierung des Theaters）[54]」と彼が言い表わすこの演出は多分にピスカートアの、スローガンや新聞の見出しなどのテクストを舞台上で示す演出に、そしてブレヒト自身も共同翻案者として――ガスバラやラーニアとともに――その制作に携わっていた『ラスプーチン』での、筋を先取りする映画を使った演出にヒントを得たものである。

俳優の集団化・機能化

ところで、叙事化を図った一連のピスカートアの演出では、俳優の果たす役割も旧来のそれと比べて変化した。『政治演劇』でピスカートアは、第一次世界大戦後の混沌のなか、あらゆる人間的価値の再検討が行われ、人間は政治的存在としてのみとらえられるようになったという見解を記した上で、自分の俳優を次のように位置づけている。

舞台上の人間はわたしたちにとって、ある社会的機能という意味を持つ。自分自身への関わりや神への関わりではなく、社会への関わりが主なのだ。彼［俳優］が登場するときは、彼と同時にその社会層が登場する。彼の葛藤、道徳的・精神的あるいは情念的な葛藤は、社会との葛藤である。(55)

こうした考えから彼の俳優には、劇中の人物の内面や心の動きを巧みに示し、その人物に観客が感情移入することを促すような俳優術は求められなくなった。その代わりに俳優はしばしば、独立した個人としてよりも集団の構成要素として、あるいは集団のなかの機能を示すものとして舞台に登場した。

たとえばピスカートア・ビューネの設立前、フォルクスビューネで上演された、ロシア革命を素材にしたパケ作『海嘯《つなみ》』の演出（一九二六）では、革命時の群衆を映した記録映画を背に、舞台上の俳優が群衆の一員として演技をした。(56) あるいは、『シュヴェイク』の俳優に関してはマリオネットのイメージが演出の出発点となり、「旧オーストリアにおける政治・社会生活の硬直した諸タイプを意味」するマリオネットを使うことで、「さまざまなタイプを、はっきりと感知でき（sinnfällig）、ひと目でわかるように区別すること、そして個々の人物を道化的・象徴的なものへ誇張すること」(57)（ピスカートア）が目指された。登場人物はそれぞれの性格に応じ、「半マリオネット」「マリオネット的タイプ」「半人間」などに分類され、たとえば警察の密偵ブレットシュナイダー役の俳優

は切れ長の出目と巨大な耳で、監獄の看守役の俳優はガーゼと綿でつくられた巨大な腕と拳骨で特徴づけられた。(58)

この関連では同時代の複数の事例が想起される。たとえばイギリスの演出家エドワード・ゴードン・クレイグの構想「超人形（超マリオネット）」では、演出家の統御のもと、俳優が人形として扱われるものとされた。あるいは画家で芸術学校バウハウスの舞台部門主任オスカー・シュレンマー制作のバレエでは、ダンサーの身体に棒や綿などの素材が取り付けられ、その動きが機械的に規制された。俳優がその身振りや表情で主体的に演技する可能性が制限される、あるいは俳優の特定の演技が外から物理的に規制される点で、ピスカートアの俳優も共通する。そしていずれの場合も、俳優が多かれ少なかれ主体となって舞台上の出来事を決定していた旧来の演劇上演に対し、いわば反旗を翻していた点で共通する。さらに言えば、彼らにはもしかすると、いまや個々人が社会の出来事を決定づけるのではなく、その逆に、機械にたとえられるほど発展した社会のシステムが個々人の動きを決定づけるのだという見方が共通してあったかもしれない。

そして直接的な関連で言えば、『シュヴェイク』での俳優の身体は、同作の制作に共同翻案者として――『ラスプーチン』の場合と同様、ガスバラやラーニアとともに――関わっていたブレヒトが、三年後の一九三一年、自作『男は男だ』（一九二六年成立）の演出で実現したそれに似ており、ブレヒトはおそらく『シュヴェイク』の俳優を参照したものと思われる。『男は男だ』の内容は、植民地インド軍の人員を補充するため、たまたまその場にいたひとりの沖仲仕が兵士に仕立て上げられるというもので、登場人物が個人としてよりも、いわば機械の構成要素としての性格をもつ点でピスカートアの演劇の俳優の役割に通じる。

またピスカートアはテクスト制作のさい、劇作家という個人の作業よりも集団での作業を原則としていたが、俳優もこの作業に参加していた。プロレタリア劇場では俳優たちと作者が議論を重ね、草稿に手が加えられた。ピスカートア・ビューネでは〈シュトゥーディオ（Studio）〉と呼ばれた併設研修所での演習で、俳優がテクスト制作に参加することが原則とされ、実際、選定された戯曲の改訂に俳優が作家、演出家、作曲家、舞台装置家、技術スタッフと共同で取り組むプログラムが組まれ、発表公演が行われていた[59]。こうした作業のなかで俳優たちにはおそらく、ビューラーが指摘するように、ある特定の考え方の代表として登場できるよう、上演作品の内容の政治的な意味を考えることが、また登場人物の政治的立場と自分のそれとを区別し、後者を精神的に制御することが求められていた[60]。

以上のことが示すように、ピスカートアの俳優の務めは、サラ・ベルナールに代表される、スターシステムを軸とした一九世紀以来の演劇の俳優のそれとは決定的に異なっていた。俳優術によって個々人の内面を形づくるのではなく、第一に社会的階層の典型として舞台に登場することが原則とされていた。

ただしそれはあくまでも原則だった。『政治演劇』には次のような注意書きがついている。

［劇中の人物の社会的機能を示すことを第一とする俳優の演技によって劇中の］個々人はその人格の個性を失うのであろうか？　憎んだり、愛したり、悩んだりすることが前世代の英雄より少なくなるのだろうか？　決してそんなことはない。だが感情のからみあいがすべて、あるまったく別の視角のもとに移されているのである。もはや、個々人が独り解き放たれて自分のための世界を生き、自分の運命を体験するのではない。彼の時代の大きな政治的・経済的要素と不可分に結びついている。ちょうどブレヒトがかつて次のように指摘した通りだ。いわく「すべての中国人の苦力《クーリー》は、その昼食にありつくために世界政治を行わざるをえない」[61]。個々人はその発言すべてによって、自分の時代の運命と結びついている。その地位がどんなものかに関係なく。

つまり劇中の人物の個人的な感情は完全には排除されず、社会との関わりをふまえた上で表現されるものとされていた。『どっこい』の上演にさいして『赤旗』の劇評は、「個人的な葛藤は特別扱いされず（nicht überordnen）、普遍的・社会的・歴史的な枠組みのなかに組み入れられる[62]（eingefügt werden）」と記しているが、これを受けて言えば、旧来の、劇中の人物の個人的な感情を示そうとする俳優術は「特別扱い」をされていなかったということであり、完全に否定されていたわけではなかった。そして俳優術そのものに関して、ピスカートアの演劇で何らかの工夫が直接施されていたようにも思われない。つまり彼の俳優たちは、それぞれの出自における身体表現を変えることを求められてはいなかった。たとえばカバレット（文学寄席）の役者はカバレットの役者としての演技を、ラインハルトのもとで活躍していた役者は、そこでのスターシステムに即した、個人の芸を示す俳優術での演技をすることが許されていた。

とはいえ、そもそも彼らの身体表現はしばしば上演全体の下位に置かれ、俳優たちはいわば照明や音響効果との共同作業を求められていた。つまり彼らは、自分の演技だけを際立たせず、舞台上の場面と交互に、あるいは同時に示されるスナップ写真や記録映画に配慮しながら、演出全体の一部として機能することを求められていた。幻燈や映画が、舞台のどの箇所に、いつ、どれだけの長さで投影されるか、あるいは、回り舞台やベルトコンベアなどの舞台機構がどの時点でどのように動くかということを、彼らはつねに把握していなければならず、明らかに従来の演劇の場合以上に、自分だけの動きよりも上演全体の流れを考えていなければならなかった。

ピスカートアの俳優はこうして、照明や音楽、装置やテクストと同じ比重で上演全体に寄与するものとされ、彼らの演技はしばしば、舞台技術によって示されるものと同等に扱われていた。別の言い方をすれば、幻燈や映画、音響機器といった技術的手段によって伝えられる出来事が、俳優による舞台上の出来事の下位に置かれるのではなく、同等に扱われ、情報を伝達する役割を担っており、そしてそのことがピスカートアの演劇の斬新さでもあった（『どっこい』に「スピーカー（Lautsprecher）」という〈役名〉で台詞の指示があるのは象徴的である）。俳優は個性を主張する演技を許されてはいたものの、それは物理的に制限され、演出作品の一部として――すなわちモンタージュの一要素として――組み込まれ、演技の時間枠や場所を精確に定められ、多かれ少なかれ機械の一部品のように演技することを迫られていた。[63]

この点でピスカートアの俳優は極めて機能的にとらえられる存在だったが、こうした機能性の重視はロシアの演出家フシェヴォロド・メイエルホリドの俳優訓練ビオメハニカを連想させる。メイエルホリドはアメリカのエンジニア、フレデリック・テイラーが二〇世紀初頭に提唱したテイラーシステム（分業を進め、最も手際よく働く労働者の労働時間を計測し、これをノルマとする労働の機械化・効率化）と同様、俳優の演技も組織しうると考えた。とはいえ、ピスカートアの俳優の扱いは、メイエルホリドの場合のように演技を物理的に効率化することを意図したものではなかった。というのも、彼の俳優の機能的な動きは、同時に上映される映画や同時に稼働する舞台機構の動きに演技や登退場のタイミングを合わせた結果だったからである。

ただ、照明や音響効果、映画といった技術的要素に多くの工夫が凝らされるほどに、俳優が持つ身体表現の強度は減じられ、結果、ピスカートアの俳優が観客に与えた印象は従来のそれと比べて薄くなっていた観もある。たとえば『フランクフルト新聞』のハイルボルンは『どっこい』を観て、「ここでは映画の陰、舞台装置の陰、音楽の陰に演技の仕事があった(64)」と記した。『前進《フォアヴェルツ》』紙のホーホドルフは、俳優は「言葉に生命を与える仕事を担うもの」とした上で、ピスカートアのもとでは「こうしたことをこなす俳優はさしあたり見当たらない(65)」と評した。

3.2 開発の頂点

『ベルリーンの商人』（一九二九）

上記のようにピスカートア・ビューネは矢継ぎ早に話題作を送り出したが、一方で資金繰りが悪化し、わずか一シーズンで頓挫してしまう。だが立ち直りは早かった。ピスカートアの友人で穀物商の息子だったフェーリックス・ヴァイルと興行主ルートヴィヒ・クロップファーの支援を受け、翌一九二九年九月には第二次ピスカートア・ビューネが設立され、同じノレンドルフプラッツ劇場でヴァルター・メーリング原作の『ベルリーンの商人』が上演されるに至った。

同作の内容は、主人公のユダヤ人商人カフタンが一九二〇年代初め、ドイツのインフレに乗じてベルリーンの街を買い取ろうと乗り込むが、周囲の者たちからの詐取に遭って破滅するというものである。カフタンを軸にユダヤ人批判が行われる一方で、彼を潰しにかかるドイツ人商人を鏡にして反ユダヤ主義に対しての批判も展開され、第一次世界大戦の敗戦直後からインフレ期にかけてのベルリーンの社会的状況が描き出されている。ピスカートアの演出の意図は、同作を手がかりにして、カフタンがたどる道程のさまざまなステーションを通じ、社会のあらゆる階層や領域、および現実の資本主義社会の構造を示すことだった。

この演出で注目されるのは『シュヴェイク』での場合と同じくベルトコンベアが活用されたことだが[66]、その使

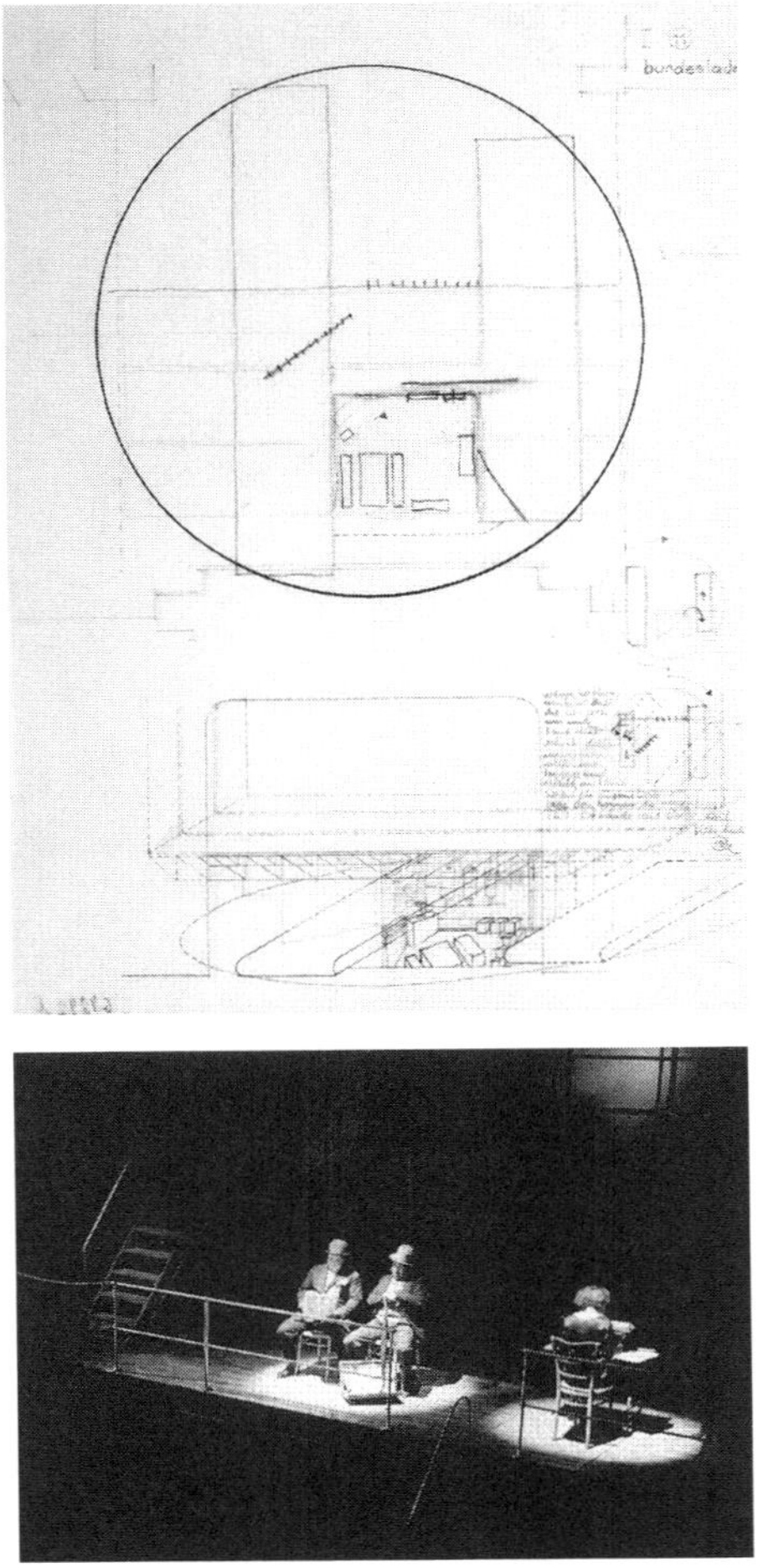

図 13 『ベルリーンの商人』装置図および舞台写真 (Schwaiger (2004), S. 50)。

用法は複雑を極めた。トータルシアターを設計したグロービウスと同じくバウハウスに所属していた写真家・造形作家のモホイ＝ナジが装置を担当したが、ふたつのコンベアが組み込まれたこの装置［図13］をピスカートアは次のように描写している。

回り舞台上に置かれたふたつのベルトコンベアの動きに合わせ、軽く、上方からエレベーターの速度で動かすことのできるブリッジが三つ、稼動するようになっていた。これはこの作品に理想的な器械装置（Apparatur）だった。コンベアの上で、ちょうどシュヴェイクがブートヴァイスへ向かったように、カフタンがベルリーン中をめぐる。回り舞台はコンベアと組み合わされ、ベルリーンの街路を近づけ、場面場面は、ブリッジが新しい場面を下ろしてくることで、互いに交錯することができた。(67)

このように回り舞台とベルトコンベアを組み合わせ、舞台上の人物を移動させる手法は『どっこい』の回り舞台の場合と同様、俳優を客席へ近づけることで緊張感を持たせる、あるいは滑らかな舞台転換を行うという意図に基づいている。そしてこれも『どっこい』の階層舞台と同じく、三層構造の舞台が組まれ、それぞれの層が「悲劇的（プロレタリアート）、悲劇的でグロテスク（中流層）、グロテスク（上流層と軍人）」という社会的階層を表すものとされた。ピスカートアの言葉で詳述すれば、「この社会学的な分割（Aufteirung）から三階建ての舞台のシステムが生まれ、上下に動く橋状の舞台という形をとった。この社会的な段階のそれぞれに、上、中、下の固有の舞台があてがわれることになり、階級はそうして、劇作上の交点が必要なとき、互いに交錯するものとなった(68)」。

またこの演出でも、〈現実の断片〉あるいはそれを模したものとして、スナップ写真や記録映画、スピーカーを通じて聴こえる市電の音や大都市の雑踏が、戯曲の世界と現実の生活世界とを接続する要素として、上演にドキュメンタリー的な性格を与える要素として使われた。そして演出は最終的に、同時代の最新技術を最大限に使った、『どっこい』以来ピスカートアが開発してきた演出の集大成となった。(69)

巨大化したカイザーパノラマ

ところで、ピスカートア・ビューネでの上記の演出は多かれ少なかれ、「劇場機械《シアターマシーン》」と表現されたトータルシアターの劇場空間を志向したものであり、幻燈や映画、音響効果、レヴューやサーカスの要素など、さまざまな要素を組み合わせたモンタージュと言えるものだったが、これはどの要素をどのような順序で組み合わせたものと考えるとよいだろうか。

　この問いについて考えるための手がかりとなるのが、批評家ディーボルトの分析である。彼はピスカートアの演劇の比較対象として、ハートフィールドに代表されるダダイスムの作品、およびロシア未来派の作品を挙げる。先述のように、ピスカートアの演劇におけるモンタージュはハートフィールドのフォトモンタージュと同様、写真という表現手段を利用しており、反美的要素と政治的メッセージによって特徴づけられる。一方、ヴラジーミル・タトリンのレリーフ作品に代表される、キュビスムとイタリア未来派を引き継いで発展したロシア未来派の作品は、鉄やガラスの断片という、従来は用いられなかった、いわば芸術作品の制作にふさわしくない素材を加工することなく活用しようと努めるのが特色であり、ある物体を実際に存在する形のまま示そうとする点でピスカートアの演劇と共通する。これらダダイスムとロシア未来派の特徴についてディーボルトは、前者は作品制作に用いる個々の要素を本来の典拠から断片として分離（Auseinander）する技法であり、後者は諸要素相互の関係や作用に作品の意義を求めて要素を並列（Nebeneinander）させる技法であるとした上で、次のように結論づける。

　ピスカートアは分離と並列の技法によるポスター・スタイル（Plakat-Stil）を用い、これらの技法を、動かず沈黙した空間、いわゆる「絵画」の空間から取り出し、時間の流れのなかに置く。時間的に前後に並べることの過程で論理が姿を現わし、古い主義主張の分離と並列のなかへと入る。ピスカートアはドラマと映画によって、乱雑な連想の断片や破片をある論理へと、また彼の進歩的で生き生きとした理念（Idee）へと導く。[70]

［強調は原文のまま］

つまり、ピスカートアの演劇は造形美術におけるモンタージュの技法を基本とし——そもそも彼はベルリーンで演劇活動を開始する前、造形美術作家を核とした集団であるベルリーン・ダダに属していた——、ここへ映画のモンタージュを応用して時間軸を導入したものとして考えられる。造形美術において平面や空間に並べられるにとどまっていた文字や写真などの要素が、ピスカートアのもとで新たに時間という次元を得て、時間的に連続する形でも並べられた。これを「幻燈の像によるモンタージュ[71]（Projektionen-Montage）」（ゲルシュ）と呼んでもいい。あるいはカイザーパノラマという見世物にたとえてもいいかもしれない。すなわち、箱に開けられた覗き穴から鑑賞者が内部を覗き込むと、複数の光景が幻燈で示され、代わる代わる転換するのが見えるという装置だ。

ただし、ピスカートアのもとでは文字や写真ばかりではなく、映画や音響機器も使われ、もちろん俳優が演技をしてもいた。そこではスナップ写真や記録映画、新聞の見出しやスローガン、そして俳優の演技による舞台上の場面が空間的に並行する形で、あるいは時間的に連続する形で並び、さらにラジオ放送ほかを模した音響効果が加わった。あるときは俳優が映像や音響効果によって伝えられる出来事を解説し、あるときはその逆に、映像や音響効果によって伝えられる出来事が俳優の演技の解説となっていた。こうして鑑賞者はフォトモンタージュと同様に社会批判のメッセージを伴ったモンタージュを、いわば動的に体験した。これは確かにカイザーパノラマの楽しみ方に似ていたが、そこにはカイザーパノラマにある覗き窓はなかった。というのも、従来のブルジョア演劇では自明だった、舞台と客席を厳然と隔てる「覗き箱舞台」の構造がまったく遵守されるべきものではなかったからである。ピスカートアのカイザーパノラマでは、鑑賞者は通常の場合とは逆に、装置の外部ではなく内部にいた。鑑賞者は目の前で、あるいはときにその周囲で、交互にまたは同時並行で展開する、複数の映像や音響効果によって伝えられる出来事を、あるいは俳優の演技を追っていた。ピスカートアの演劇は、鑑賞者をその内部に置き、さまざまな視覚的・聴覚的手段によって同時代社会を分析して示し、観客が特定の政治的メッセージを自発的に探り当てて受容することを意図した、プロパガンダのための巨大なカイザーパノラマだった。

政治の手段としてのアトラクション——エイゼンシテインの仕事を参照して

カイザーパノラマという見世物にもたとえられるピスカートアの演劇で主眼となったのは、もはや古典的な近代戯曲が求めていたような登場人物個々の心理の動きなどではなく、同時代社会の動勢を示すことだった。個人の生は十分な主題と見なされず、劇中の登場人物個々の行動は社会の多様な出来事との関連でとらえられた。そしてこの多様な出来事が、新聞、写真、フォトモンタージュ、映画、あるいは録音という形で、〈現実の断片〉として引き合いに出され、舞台上の俳優の演技による場面と組み合わせられた。従来の自己完結的な、舞台上で再現される虚構の世界を問題にする演劇に異を唱える意図から、虚構の劇と幻燈や映画、あるいはスピーカーを通じた音響効果が組み合わせられ、一種のメディアモンタージュが形成されていた。

一方、同様の意図から、つまりいわゆるハイ・アートとされる従来のブルジョア教養主義的演劇に対抗する意図から、それまでの演劇の枠組みでは芸術として認められていなかったサーカスやヴァリエテ、レヴュー、カバレットなど、ハイ・アートに対するロー・アートの舞台の要素が積極的に盛り込まれ、新しい演出の可能性が与えられていた。たとえば『レヴュー　赤い祭り』のモデルとなったのはレヴューだったが、これはすなわち、芝居の場面にくわえて歌が歌われたり、曲芸が行われたり、画家が舞台上に現われてその場でスケッチを描いたりするなど、多様な演し物が供される舞台の形式だった。あるいは、『にもかかわらず！』が上演された劇場グローセス・シャウシュピールハウスの前身はまさにサーカス座だった。またカイザーパノラマ的なピスカートアの演劇は、レヴューにおける歌、サーカスにおける曲芸などを演劇の要素として取り入れ、これらを映像や音響効果、俳優の演技と同時並行で、あるいは時間的に前後に連続させて並べ、組み合わせるというモンタージュからなるものでもあった。さらにこうした作業は同時代の音楽の傾向の変化、つまり「真面目な音楽（ernste Musik, E-Musik）」としてのクラシック音楽に対する、ジャズを始めとする「娯楽音楽（Unterhaltungsmusik, U-Musik）」の隆盛に呼応してもいた。そしてピスカートアだけでなく、上記のレヴューからまもなく彼と共同作業をしたブレヒトの演劇の場合も、『三文オペラ』（一九二八）を始め、戯曲テクストにソングを挿入するという形式においてハイ・アートの演劇に対する抵抗が、またハイ・アートのつくり手および受け手に対する揶揄が認められる。

この関連で興味深いのは、ピスカートアがフォルクスビューネで仕事を始める前年の一九二三年、ソヴィエト・ロシアで映画監督として活動を開始する前のエイゼンシテインが「ミュージック・ホール的、サーカス的一大プログラム」として演出したニコラーイ・オストロフスキー作の『どんな賢者にもぬかりはある』（以下『賢者』）である。ピスカートアと同様、エイゼンシテインは演劇に映画を、あるいは歌や音楽、曲芸などレヴューやサーカスなどの要素をふんだんに取り入れた。その目的は、同時代のソヴィエト・ロシアの社会の矛盾や不公平に対して批判を展開し、共産主義のプロパガンダを展開するための手立てを創造すること、労働者のための新しい演劇の形態を創造することだった。

『賢者』の原作はリアリズム劇で、主人公グルーモフが帝政ロシアの上流階級を利用して危うい綱渡りを演じてでも出世しようとし、叔父の妻の行跡を見張ることを依頼されるというのがその筋だが、戯曲はエイゼンシテインの演出で徹底的に解体され、題名と政治的・諷刺的な話の枠組みだけが借用された。内容は、革命後の新経済政策ネップの時代に台頭する新しい官僚階級の生活の内幕が主人公の野心と気まぐれで暴露されていくというものになった。舞台装置はサーカスの円形のアリーナを模しており、周囲が赤い柵で縁取られ、三方を観客がとり囲むものだった。舞台上には数段の高さの壇が設けられ、壇の下では官僚である叔父の場面が、壇の上では見張られている妻の場面が演じられた。このふたつの場のあいだを、主人公役の俳優が走りながら行き来し、一方の場でせりふの断片をしゃべっては、ほかの場に移ってまたしゃべるという形で上演は進行した。また戯曲の場面の一部は映画で示され、さらに本来の筋に加え、道化による幕間の演し物や曲芸も行われた。[72]

この演出には前史があった。エイゼンシテインの協働者のひとりであるセルゲイ・ユトケヴィッチによると、彼がエイゼンシテインに、ペトログラート（現サンクト・ペテルブルク）の遊園地のジェットコースターに興奮して一〇回も乗った話をしたところ、遊園地のアトラクションと同じ効果で観客にショックを与えたいと考えていたエイゼンシテインは自分たちの作品を「舞台的アトラクション」と名づけることを提案し、彼らの作品『コロンビーナの靴下どめ』に「セルゲイ・エイゼンシテインとセルゲイ・ユトケヴィッチによる舞台的アトラクションの発明」と副題を入れた。[73] そして続く『賢者』の演出でも同様、エイゼンシテインは遊園地のジェットコースターが引き起こすような作用を観客にもたらそうとした。つまり彼の当時の演劇は、鎖のように連なるアトラクションを次から次へと駆け巡るジェットコースターとも言うべきものだった。

さらに、エイゼンシテインは『賢者』の演出意図を論文にしたが、ここでも「アトラクション」を引き合いに出し、この単語に「観客の興味をそそる演し物」と「公園の遊戯設備」の両方の意味を込め、後者に力点を置いた。論文の趣旨は、アトラクションを組み合わせ、観客に感覚的・心理的作用を及ぼし、提示されるものの思想的な側面を観客が受容するように促すというものだが、こうしたアトラクションの組み合わせによる劇作の手法こそが、論文の表題でもある「アトラクションのモンタージュ」だった。そしてエイゼンシテインは、そのような手法を学びうる場所として映画やミュージック・ホール、サーカスを挙げ、優れた芝居をつくることとは、戯曲それ自体ではなく、戯曲の核となっている基本的な状況設定を出発点として、ミュージック・ホール的、サーカス的一大プログラムを組むことだとした。

こうしてみると、同じくプロパガンダを目的とし、映画やレヴュー、サーカスの要素を取り入れたピスカートアの演劇も、エイゼンシテインが言う「ミュージック・ホール的、サーカス的一大プログラム」あるいは「アトラクションのモンタージュ」だった。またピスカートアの演劇の比較対象となるカイザーパノラマがまさに見世物すなわちアトラクションでもある。

ただしピスカートアの場合はエイゼンシテインの場合と違い、〈現実の断片〉が大量に用いられていた。すなわち記録映画やスナップ写真、あるいは同時代に日常的に目にされたスローガンや新聞の見出しなど、実際の事件や出来事の記録資料すなわちドキュメントである。

というのも、当時のドイツはロシアと異なり、プロレタリア革命が達成されておらず、ピスカートアはまずプロレタリアを説得して革命へと動機づけなければならなかった[74]。「説得力のある証拠はただ素材を科学的に追究することによってのみ構築されうる」と彼は考え、自分の演劇では「単にある世界観をお決まりの形式や常套句で宣伝するのではなく、その世界観や、そこから導かれるすべてが、私たちの時代にとって唯一有効なものなのだ、ということの証拠を導き出すことが肝要[75]」だとした。こうしてピスカートアのもとでは、彼が共産党員として自らに義務づけていた、観客を共産主義革命へ動機づけるという目的に従って、幻燈や映画、録音などで示される〈現実の断片〉がレヴューやサーカスなどの要素と併せてモンタージュに使われて、社会的な対立関係が示されたり、記録映画ほかで示される出来事が際立たせられたりした。

たとえば『どっこい』のある場面では、第一次世界大戦中と終戦直後の深刻な社会状況を撮影したスナップ写真や記録映画が示されるのと対立する形で、ボクシングや、ティラー・ガールズのラインダンス[76]が供されるレヴューなど、ブルジョア社会の享楽的な文化事象を示すスナップ写真や映画が使われ、このことにより、終戦から一九二七年までの共和国の発展は果たして健全なものだったのか、という疑問が投げかけられた。あるいは別の場面では、元将軍で上演当時の大統領だったヒンデンブルクとおぼしき人物の胸部が映画で映され、そこに満たされた勲章がもぎとられるシークエンスが示されて、上演当時の共和国でなお第一次世界大戦当時の旧勢力が勢いを保っているという現状の打破が呼びかけられた。

画像・映像のこうした使用法を指して、「これらは話される言葉よりも有効であり、旧来の表現方法ではけっして把握できるようにはならなかった事実関連を明らかにする」[77]と『赤旗』は評するが、この指摘のとおり、同時代の社会で現実に展開している多くの出来事の連関を示す場合、劇作家個人の劇作術や俳優個人の俳優術を基本とした、個人の主観で世界を描写するような従来の演劇では出来事の模倣にとどまり、観客が同時代の世界をとらえるための説得力に欠けていた。この説得力不足をピスカートアの演劇は補っていた。彼の演劇はモンタージュの技術を活用し、とりわけスナップ写真や記録映画、ラジオ放送を模した音響効果など、〈現実の断片〉あるいはそれを模したものを組み込むことで、より明確な形で同時代の世界を観客にとらえさせ、舞台上で俳優が演じる出来事に説得力を持たせようとしていた。またそのようにして観客に同時代社会の不正や矛盾を示し、共産主義革命が必要であることを示そうとしていた。

しかし、そのような確信だけで演劇活動を展開していくことにはやはり無理があった。やがてピスカートアは活動の方針転換を迫られることになる。

（1）Vgl. Durieux (1976), S. 218-226; 平井 (1981)、三五五頁。

（2）Piscator, Erwin: Das politische Theater. [*Die neue Bücherschau* (Berlin-Wilmersdorf), Jg. 7 (1927), Nr. IV, S. 168-171] In: Piscator (1968b), S. 27-30, hier S. 28.

（3）トータルシアターの構造については次を参照。Gropius, Walter: vom modernen theaterbau, in: Piscator (1986 [1929]), S. 117-120 ［ピスカートル (1971)、三〇六～三一〇頁］; Woll (1984), bes. S. 69, Anm. 16.

（4）Piscator (1986 [1929]), S. 116.［ピスカートル (1971)、三〇六頁（訳は一部変更）］。

(5) Gropius, Walter: Appollo in der Demokratie. Neue Bauhausbühne, hrsg. von Hans W. Werig. Mainz; Berlin 1967, S. 121, zit. nach Fischer-Lichte (1993), S. 104.［ヴァルター・グロピウス、桐敷真次郎訳『デモクラシーのアポロン』筑摩書房、二〇一三年、一三一頁（訳は一部変更）］。

(6) 以下、『どっこい』の戯曲と演出については次を参照。Knellessen (1970), S. 116-133、Patterson (1981), pp. 131-146、市川 (1984)、平井 (1994)、一〇六～一一二頁、Schwind (1995)。

(7) Toller (1930/78), S. 291-294.

(8) 平井 (1981)、四四六頁、市川 (1984)、三六頁参照。またこの結末部を含め、ピスカートアは『政治演劇』で『どっこい』の原作をおおむね批判しているが、トラーはこれに対し、『縦横に』（一九三〇）で反論する。いわく、本来の結末は、革命が過去のものであって、アクチュアルな政治目標への継続的な尽力がそれに代わらねばならない、という自分の認識に基づくものだったという（Toller (1930/78), S. 291-294）。

(9) この関連では、『どっこい』の制作および上演に、ベルリーンに到着して間もなかった千田是也が参加し、無声の記録映画が流れるスクリーンの後ろで日本語の台詞を口にしていたことが興味深い（千田 (1975)、一六四頁参照）。

(10) バラージュ (1984)、一〇一頁。

(11) のちに『リンドバーグたちの飛行』および『大洋横断飛行』と改題。

(12) Vgl. Rühle (1988), S. 1162.

(13) Vgl. Diebold (1928a), S. 36. なお、出版された『どっこい』のテクストはすでに、トラーとピスカートア両者の手が加わったものだったが、上演テクストが最終的に仕上がるまでには、さらにテクストの改編が行われていた。

(14) Vgl. Fechter, Paul (1927): Eröffnung der Piscatorbühne. In: *Deutsche Allgemeine Zeitung*, 5.9.1927 [EPS, Mappe 351].

(15) Piscator (1986 [1929]), S. 124-125.［ピスカートル (1971)、三一三～三一四頁参照（訳は一部変更）］。

(16) Piscator, Erwin: Rechenschaft (1). Vortrag, gehalten am 25. März 1929 im ehemaligen Herrenhaus, Berlin (Gekürzte Fassung). In: *Die Junge Volksbühne*, Jg. 1 (1929), Nr. III, S. 3-5; auch in: ders. (1968b), S. 49-55, hier S. 52.

(17) Piscator (1986 [1929]), S. 155.

(18) 分割地球儀舞台については次を参照。Piscator (1986 [1929]), S. 160ff; Ditschek (1989), S. 132; Fischer-Lichte (1993), S. 107. なお、こうした地球のイメージは、同時代のソヴィエト芸術界で、フシェヴォロド・メイエルホリドの『ミステリヤ・ブッフ』

演出後に広がりを見せており、同演出が『ラスプーチン』演出のヒントのひとつになった可能性がある（Vgl. Birri (1982)）。

（19）Piscator (1986 [1929]), S. 156.

（20）挿入された代表的な場面と挿入箇所は次の通り（Piscator (1986 [1929]), S. 155f.、笠原 (1980)、八四頁および一〇三〜一〇四頁参照）。

［原作第一幕（当時のロシアの権力者たちの人間関係を示す）の後］

（1-a）「場末の飲食店の場」（一九一五年のロシア第十師団の全滅後、首都の民衆のあいだに高まる、革命を求める雰囲気を示す）

（1-b）「三皇帝の場」（ロシア、オーストリア、ドイツの皇帝が各自の国の経済的利害を代表して登場する）

（1-c）革命の実現を目指す、レーニンを始めとするプロレタリアートの代表者たちを示す場面

［第二幕の後］

（2-a）「三経営者の場」（ロシアの厭戦的な空気と対立する形で、英・独・仏の産業資本家がそれぞれ自らの経済的利益のために「正義の戦争」の続行を主張する）

（2-b）「ヘイグとフォッシュの場」（ふたりの司令官がソンムの戦いをめぐって対話する）

［第三幕（ロシア皇帝の無能さとロシアの軍事的・経済的な崩壊を示す）の後］

（3）「脱走兵の場」（疲弊したロシア軍を痛切に示す）

さらに結末についても、原作では二月革命の勃発と皇帝・皇后の逮捕で終わるが、上演用台本では、そのあとに二場面が追加され、劇の内容は、「一九一七年一〇月まで、つまり第二ソヴィエト・ロシア会議のレーニンのあの有名な演説で頂点に達した労働者委員会の権力把握まで」(Piscator (1986 [1929]), S. 159) 拡張された。

（21）Zit. v. Piscator (1986 [1929]), S. 153.

（22）Ebda.

（23）『ラスプーチン』の演出における映画・統計の使用については次を参照。Piscator (1986 [1929]), S.163、笠原 (1980)、八五頁。

（24）Diebold (1928a), S. 37.

（25）Ebda., S. 38f.

（26）『ラスプーチン』の演出における映画の詳細についてはさらに次を参照。山口 (1988)、六二頁および六七頁、Fischer-Lichte

(1993), S. 110-111、平井 (1994)、一三二頁、Baur (1999), S. 188-194。なお『ラスプーチン』で使用された映画の素材はロシアの複数のアーカイヴから提供されたもので、またニュース映画『ロマノフ家の滅亡』のフィルムが編集されたあとのことだった。ただし、この素材は一九一〇年までの時代をあつかったものだったため、ピスカートアは一九一七年の革命までに起こった出来事を示すための劇映画を制作した。

(27) 以下、『シュヴェイク』のテクスト改訂については森川 (1984b)、四五頁以降を参照。

(28) Piscator (1986 [1929]), S. 171.

(29) Brod (1929), S. 845.

(30) Piscator (1986 [1929]), S. 171.

(31) Ebda., S. 172.

(32) 『シュヴェイク』の戯曲が笑劇になっているというピスカートアの非難に対し、これを手がけたブロートは、一九二九年一二月三日刊行の『世界舞台《ヴェルトビューネ》』誌上で反論した。またブロートは、公演（本文で後述）について、主演俳優パレンベルクの雇用契約を顧慮したことで演劇としての効果が全体として損なわれたと非難し、本来あったはずの成功は「スター効果にしたがって並べられたアネクドートの集積がもたらす成功よりは、ずっと大きかったはずだ」と主張している (Brod (1929), S. 846)。

(33) Piscator (1986 [1929]), S. 172.

(34) 原作からの重要な変更は以下の四点。(1)犬を盗む場面の舞台化（原作では間接的）。(2)ふたつの元来異なるエピソードの組み合わせ（犬を盗む場面と中尉がエテールカへ横恋慕する場面）。(3)シュヴェイクの語る小咄の配置換え。(4)人物像の整理（犬泥棒の下手人ブラニクはヴォディーチュカの人物像に、兵士いびりをするドゥブ少尉は見習い士官ビーグラーの人物像に取り込まれた）。なお、これらの変更はブロートとライマンがすでに行っていたもので、彼らの稿ではこれ以上の手が入っていた。また『シュヴェイク』はピスカートア・ビューネのスタッフたちによる稿で初演されたが、戯曲化権の都合上、ブロートとライマンが戯曲化の担当者として発表された (Piscator (1986 [1929]), S. 172、森川 (1984b)、四五頁および四九頁参照)。

(35) Piscator (1986 [1929]), S. 179.

(36) ピスカートアはこの二年前、グロッスが下絵を手がけたアニメーションを、パウル・ツェヒ作『酔いどれ舟』の演出（一九二六）でも使用している（Vgl. Piscator, Erwin (1926a): Zu meiner Inszenierung von Zech „Das trunkene Schiff" in der Berliner Volksbühne: Film und Projektionsbild als Mittel der Bühnendekoration. In: *Das Kunstblatt* (Potsdam), Jg.10 (1926b), Nr. VII, S. 273-276. [Auch in: Piscator (1968b), S. 20-22]）。

（37）『シュヴェイク』の演出で使用された映画およびカリカチュアについては次を参照。Knellessen (1970), S. 147、Fischer-Lichte (1993), S. 111、Möbius (2000), S. 316.

（38）Vgl. Piscator, Erwin: Rechenschaft (1), a.a.O., hier S. 52.

（39）Piscator (1986 [1929]), S. 182-183.

（40）Vgl. Möbius (2000), S. 111, 114.

（41）Piscator (1986 [1929]), S. 174.

（42）『シュヴェイク』演出でのベルトコンベアの使用については、さらに次を参照。Piscator (1986 [1929]), S. 173ff, Knust (1974), S. 21-29、森川 (1984b)、五五～五六頁、山口 (1988)、五八頁および六八頁、平井 (1994)、一六二～一六五頁。

（43）Piscator (1986 [1929]), S. 178.

（44）Diebold (1928a), S. 35.

（45）Piscator (1986 [1929]), S. 125.［ピスカートル (1971)、三一四頁（訳は一部変更）］。

（46）Piscator, Erwin: Rechenschaft (1), a.a.O., hier S. 51.

（47）*Rote Fahne,* 6.9.1927, in: McAlpine (1990), p. 145.

（48）Vgl. Hillach (1976), S. 125.

（49）Piscator, Erwin: Vorwort. [In: Hochhuth, Rolf: Der Stellvertreter. Reinbek b. Hamburg: Rowohlt 1963, S. 7-11] In: Piscator (1968b), S. 301-305, hier S. 304.［ピスカートル「序」、R・ホーホフート、森川俊夫訳『神の代理人』所収、白水社、一三～一四頁（訳は一部変更）］。

（50）以下、ピスカートアの演劇と時事劇との関連については次を参照。Knellessen (1970), S. 131、Rorrison (1980), p.32、武次 (1992)、六五頁以降。

（51）代表的な作品として、ゲアハルト・メンツェルの反戦劇『橇《そり》』（一九二七）や、同時代の法と裁判の現状、犯罪とされる行いを問うフェルディナント・ブルックナーの『犯罪者たち』（一九二八）、青少年問題を扱うペーター・マルティーン・

ランペルの『感化院の暴動』（一九二八）、海軍のプロレタリアの団結を主題にしたギュンター・ヴァイゼンボルンの『UボートS4号』（一九二八）が挙げられる。

（52）藤田 (1965)、一頁、Buehler (1978), S. 9-10 参照。

（53）『シュヴェイク』と『母アンナの子連れ従軍記』の演出の類似点については次を参照。Piscator, Erwin: Die Dramatisierung von Romanen (1956), in: ders. (1968b), S. 210-219, hier S. 214、森川 (1984b)、五九頁、注21。

（54）Brecht, Bertolt: Zu: »Die Dreigroschenoper«, in: ders. (1991), S. 56-73, hier S. 58.

（55）Piscator (1986 [1929]), S. 124.［ピスカートル (1971)、三一三頁参照（訳は一部変更）］。

（56）この演出は、ロシア革命の忠実な再現を目標にかつての皇帝の離宮で上演された『冬宮襲撃』（一九二〇）ほかの歴史的パジェント（ページェント）の演出、あるいは、主にドイツ・ライプツィヒで、革命への扇動を目的に一九二〇年代前半に上演された、『トーマス・ミュンツァー』（一九二五）ほかの群集劇の演出の流れを引き継ぐものと言えた。

（57）Piscator (1986 [1929]), S. 182.

（58）『シュヴェイク』演出での俳優の身体については次を参照。笠原 (1980)、八九頁、森川 (1984b)、五六頁。

（59）ピスカートア・ビューネでの集団作業と付設〈シュトゥーディオ〉での活動については次を参照。Piscator (1986 [1929]), S. 131ff.、ベンスン (1986)、九五～九六頁。

（60）Vgl. Buehler (1978), S. 113.

（61）Piscator (1986 [1929]), S. 124.［ピスカートル (1971)、三一三頁参照（訳は一部変更）］。

（62）*Rote Fahne*, 6.9.1927, in: McAlpine (1990), p. 146.

（63）Buehler (1978), S.72、ベンスン (1986)、一〇七頁参照。

（64）Heilborn, Ernst: [Titel nicht angegeben] in: *Frankfurter Zeitung*, 6.9.1927, in: Rühle (1988), S. 794-796. hier, S. 796.

（65）Hochdorf, Max: Piscator-Bühne. „Hoppla – wir leben“ von Ernst Toller. In: *Vorwärts*, 5.9.1927 [EPS, Mappe 351].

（66）ベルトコンベアはこれに先立つ一九二九年三月、ベルリーンの〈ケーニヒグレッツァー街劇場〉（現ヘッベル劇場）で上演された『ライヴァル』の招聘演出でも使われた。同作の原作は第一次世界大戦中のフランス戦線を扱ったマクスウェル・アンダーソンとローレンス・ストーリングスによる『栄光何するものぞ』（一九二四）であり、新即物主義戯曲の嚆矢と位置づけられる『愉しきぶどう山』（一九二五）の作者カール・ツックマイヤーがこれを脚色した。演出では主人公のふたりの兵士を演じる俳優が舞台の床に伏せ、その床が舞台後方へと動くことで、シュヴェイクと同じく、自らの意志と関係なく彼らが前線に送られる様子が示された（Haas (1960), S. 156-157、平井 (1982)、一二四頁参照）。

（67）Piscator (1986 [1929]), S. 229.

（68）Ebda., S. 227.

（69）『ベルリーンの商人』についてはさらに次を参照。平井 (1982)、一六四～一六七頁および一七一頁、同 (1994)、二六二～二六六頁。

（70）Diebold (1928a), S. 39.

（71）Gersch (2004), S. 65.

（72）以上『賢者』の演出については次を参照。Eisenstein (1998 [1923]), S. 264、池田 (1980)、二五四～二五六頁、篠田 (1983)、三七～三八頁、浦 (1986)、三八頁および四七八～四八〇頁、Ditschek (1989), S. 103、Möbius (2000), S. 308。なおディチェクはこの演し物や曲芸が本来の上演を「中断している」と見るが、エイゼンシテインの主張から判断すれば、これは芝居と演し物の「組み合わせ」と見るほうが適切である。

（73）池田 (1980)、二五七～二五八頁参照。

（74）Vgl. Ditschek (1989), S. 43f., S. 73.

（75）Piscator (1986 [1929]), S. 63.

（76）一九世紀末にイギリスのジョン・ティラーが創案した女性ダンサーのみによる群舞。横一列に並んで一様に脚を振り上げる動作が特徴。

（77）*Rote Fahne*, 6.9.1927, in: McAlpine (1990), p. 145.

第４章　俳優の身体が持つ可能性の再認識——第三次ピスカートア・ビューネ

4.1　演出の方針転換——あらためて労働者層の観客を念頭に

観客層の変化

ここでピスカートアの演劇の観客層について確認したい。彼の観衆がプロレタリアートのみで構成されていたのは、プロレタリア劇場（一九二〇～二一年）と、ドイツ共産党の委託で制作した政治レヴュー（一九二四／二五）のときだけだった。『にもかかわらず！』のさい、入場券の売り切れで観覧できなかった客が大勢おり、より多くの民衆に影響を及ぼすため、また採算をとるためにピスカートアは少なくとも二週間の追加公演を望んだが、選挙日以降の公演は無意味と判断されたためか、党はこれを退けた。以降、ピスカートアはプロレタリアートのみからなる観衆の基盤を失い、同質の観衆は、その後のフォルクスビューネとピスカートア・ビューネでは望めなくなった。

フォルクスビューネはもともと社民党寄りの演劇運営組織だったが、一九二〇年代には年を経るごとにプチブル的な観客組織になっていた。ブルジョア教養主義的・保守的な執行部と若年層の会員が対立し、若年層の会員はピスカートアを支援して、一九二七年三月、ピスカートアが演出した先述の『ゴットラントを襲う嵐』の上演で両勢力の分裂は決定的となった。これを機にピスカートアがピスカートア・ビューネを設立することになると、フォルクスビューネ執行部は若年層の会員への影響力を保持するために「特別部門」を設けた。この措置は、フォルクスビューネで一シーズン中にかかる公演を一括して予約する観客がピスカートア・ビューネの公演も予約できるようにするというものだった。特別部門には、ピスカートアの理念に関心を寄せる人々、多くは彼に共感する人々が集まった（ピスカートアによればフォルクスビューネ全会員一四万人の約一〇パーセントで、一万六〇〇〇人）[1]。彼らにはピスカートア・ビューネで行われる年五回の公演の鑑賞が保証され、ノレンドルフプラッツ劇場の二・三階の座席が一公演あたり一・五マルクで確保されたが、これは破格の安さだった[2]。一方、おそらく入場料収入の不足分を補うため、ピスカートア・ビューネでは富裕層向けに最高額の席が一〇〇マルクに設定された[3]。つまりピスカートア・ビューネの観客には、特別部門のメンバー、富裕ブルジョア層の上流階級、インテリ、芸術家といった人々が混在していた[4]。

このようにピスカートアの観衆は、プロレタリア劇場と共産党レヴューのさいにはプロレタリアートだけで構成されていたが、フォルクスビューネではプロレタリアートとプチブルからなる構成に、そしてピスカートア・ビューネになると完全に種々雑多な社会層からの構成となって、富裕ブルジョア層の上流階級、ラディカルな若年層からなるフォルクスビューネ特別部門、インテリや芸術家が同じ場に居合わせていた。またフォルクスビューネで多くを占めていたのはプチブルの観客、ピスカートア・ビューネでのそれは富裕ブルジョア層の上流階級の観客であり、それぞれの劇場でプロレタリアートの観客はむしろ少数派だった[5]。

ピスカートア・ビューネの観客について記した『どっこい』の評を見よう。右派の『ドイツ新聞』の批評家クプシュは、「上の階の席から共産主義の若者たちの拍手が荒れ狂い、伝染して平土間席に波及し、そこでクアフュルステンダム〔高級店が並ぶベルリーンの目抜き通り〕の優雅な人々が、図解されたボリシェヴィキの決まり文句の虚飾に喝采を送る」[6]と皮肉に満ちたコメントを残している。中立的な批評家フェヒターも[7]、「満員の劇場。客席にはすべてのグループがいる。スモーキングからスーツ、シャツまで――上階のバルコニー席は実質的に新劇場監督の政治的支持者たち、平土間席を同様に多く占めていた客は、この劇場が特に示そうとするプロパガンダの営みに対し、ほとんど理論的には共感していなかった客。結果は初めから予期されていた大成功――思い切りはいまひとつの拍手喝采。それは劇作家の、自作を通じて悪意を込め、成功を始めからサボタージュしようという試みのすべてを無意味にした」(8)と否定的な見方をしている。あるいは左派の新聞として当時最多の部数を誇っていた大衆紙『夕刊・世界《ヴェルト・アム・アーベント》』の批評家フィッシャーも、「ピスカートアが望む演劇には、今この演劇を必要とし、支えていく観客がまさに欠けている。それが存在するかどうかは、初演ではなく、遠くない未来においてはっきりする」(9)と、語調は穏やかながら、ピスカートア・ビューネを支える観客層の確かさに疑問符をつけている。このようにピスカートア・ビューネでは、特定のスローガンや台詞や人物に対して共感する態度が最初からある者が熱狂して拍手を送り、ほかの人々はこうした反応に対して嫌悪感を示すか興醒めするかしていたとみられる。

とはいうものの、ピスカートアはプロレタリア劇場以来、プロレタリアートだけではない、不均質の観衆を想定していた。彼はプロレタリア劇場の課題として「共産主義の考えの宣伝と深化」とならんで、「政治的に、なお態度を決めておらず、中立の立場をとる多数の人々にもそのプロパガンダ的・教育的効果をおよぼすこと」(10)を挙げている。つまり、異なる社会層の観客がいるフォルクスビューネとピスカートア・ビューネでの演劇活動は、妥協を意味するものではなかった。ただしこれらの劇場では、観客全員に共通する世界観や体験を前提にした演出を行うことはできなかった。異なる社会層の観客という、劇場におけるコミュニケーション上の条件の変化を受け、「決まり文句のような形式やポスターに掲げられるような主張によってある世界観を宣伝する」ことではなく、「この世界観、そしてそこから導かれるすべてのことが、わたしたちの時代にとって唯一有効だということの証明を行う」(11)ことが新たな課題となった。仕事の重心は単なるプロパガンダよりも演出作品の制作に、すなわち叙事演劇という新しい演劇の形式を発展させることへと移されたのだった。(12)

特性の異なる上演空間

また観客層の上記のような変化に加え、ピスカートアが演出を行った場所の特性が大きく異なっていたことにも注意したい。

プロレタリア劇場の上演の場は労働者の集会場であり、「しばしば、自分が劇場にいるのか集会に参加しているのか分からなくなる。自分も仲間に入り、芝居に参加し、一緒に叫ばなければならないような気持ちになる。［中略］観客はここで、現実の生活を目の当たりにするのを感じ、自分にとってそれが戯曲ではなく、実際の生活の一コマであるのを感じる」[13]（『赤旗』）と伝えられている。共産党大会での『レヴュー　赤い祭り』も同様、上演場所はベルリーン各地区の集会場であり、これについては「興奮した熱心な観客に及ぼされる、その場面の効果は比類のないものだ。あのように、ともに歩む、いやそれどころか、ともに演じる群衆は、ほかのどんな劇場にもいるものではない」[14]（同）と報じられている。そして『にもかかわらず！』が上演されたのはグローセス・シャウシュピールハウス、すなわち旧シューマン・サーカス座を改造した、サーカスのアリーナをそのまま活かした構造の劇場だった。これに関しては「劇場の何千という人々が笑い、野次を言い、足で床を踏み鳴らし、拳を振り上げる」[15]（『フランクフルト新聞』）、あるいは「このレヴューは観衆とのコンタクトをつくりだした」[16]（『新ベルリーン一二時報』）と伝えられている。[17]またピスカートア本人は「群衆が演出を担った。劇場を満たした彼らは、大部分がこの時代を能動的にともに体験していた。それはまさに、彼らの運命、彼らの目の前で展開した悲劇だった」と、そして「舞台対客席ではなく、ただひとつの大きな集会場、ただひとつの大きな戦場、ただひとつの大きなデモ。この統一こそ、この晩、最終的に政治演劇のアジテーションとしての力を示すものだった」[18]と記している。このように集会場やそれに類した場所、つまり舞台と客席を明確に二分しない空間で行われたプロレタリア劇場と共産党大会での上演は、ある統一的な空間に集まった俳優と観衆を前提にした、フォーラムの創成による政治演劇と言えた。

一方、フォルクスビューネやピスカートア・ビューネ（ノレンドルフプラッツ劇場）の空間は上記のような統一的なものではなかった。そうではなく、これらには舞台と客席を隔てる枠であるプロセニアム・アーチがすでに備わっており、この構造をピスカートアは考慮しつつ、上演中の出来事に観衆を参加させることを、少なくとも上演に参加している意識を観客に持たせることを考えなければならなかった。『シュヴェイク』が上演された一九二八年、ピスカートアは次のように述べている。

プチブルと、プロレタリア化された中流層の、広い層からなる群衆（breite Masse）を、革命的な労働者と一緒にひとつの体験空間（Erlebnissphäre）の中へと動かすためには、舞台から出るエネルギーに対して彼らを敏感にすることが必要不可欠だ。舞台と客席のあいだの境界を取り払い、観客ひとりひとりを行動《ハンドルング》／筋の中に巻き込むことによって初めて、観客は溶接され、すっかり群衆になるのだ。(19)〔強調は原文のまま〕

つまり、劇場の構造を変えることができなかったため、代わりに戯曲の素材に手を加えたり、幻燈や映画を多用したりして演劇言語を多様化することで、ピスカートアは観客に、上演中の出来事に参加している意識を持たせるように努めた。すなわち観客はその意識を虚構の世界から引き離し、舞台の出来事を手がかりにして、現実に起こった／起こっている出来事について考えるものとされた。ピスカートアの観客には、舞台上で演じられる劇の内容を、虚構としてでなく、日常生活での出来事や社会的事件と密接に関わるものとして見つめることが求められた。

さらに、この時期のピスカートアはいや増しに、芸術の創造・鑑賞は人間の想像力と深く結びつくという考え方から離れ（批評家イェーリングいわく「ファンタジーやフィクション、詩はない」(20)）、代わりに日常生活での出来事や社会的事件の展開を演劇に導入することを試みていた。そして、劇場外で起こった実際の出来事が舞台上の出来事に対して何らかの証言をするという考えのもとに、同時代に起きた出来事のスナップ写真や記録映像、あるいは統計が、そのつど異なる空間的・時間的次元を提供しつつ、例証として機能するものとされていた。言い換えれば、俳優たちが舞台上で展開する出来事に説得力をつける目的から、観客が日常生活でふだん見聞きしているものの断片〈現実の断片〉として、幻燈や映画による一連の記録資料すなわちドキュメントが示されたのだった。

また舞台上の俳優の演技によって示されるものと、写真や映画で示されるものとのあいだには三次元と二次元という違いがあり、そして示される対象が観客と同じ時空間にあるか否かの違いがある。このために、舞台上で暗示される虚構の世界に観客がその意識を完全に没入させることはおそらく阻まれていた。この意味でも、観客の意識をつねに虚構の物語の世界から遠ざけようとしていたピスカートアにとって、舞台と〈現実の断片〉との組み合わせはひとつの大きな解決策と言えた。

観客の感覚の緊張・疲労・麻痺、知覚の慣習の変化

さて、こうして演劇言語を多様化していったピスカートアの試みはどのように結果したのだろうか。

彼の演劇では、メービウスが指摘するように[21]、舞台上の俳優の演技から幻燈・映画へ、あるいはその逆へ切り替わるという「メディアの交替（Medienwechsel）」が、繰り返し観客の注意をたきつけるシステムとなっていた。そして観客の目の前で展開される、舞台上の俳優の演技や映画で示される個々の要素は、互いに関連していたというよりも、モンタージュの原理に従って組み合わされていた。つまり個々の要素のあいだの関連を、観客は上演中、みずからの思考のなかでつくりだすことを求められていたのだが、これは従来の演劇の観客が経験したことのない、まったく新しい知覚の方法だった。

このこととの関連で興味深いのは、ブレヒトがピスカートアとの共同作業後に間もなく手がけたオペラ『マハ

ゴニー市の興亡』（一九三〇）の制作のさいに書き留めた次の一節である。ブレヒトは、「（有機的）成長」を特徴とする「演劇のドラマ的形式」に対し、「技術的なモンタージュ」を特徴とする「演劇の叙事的形式」を対置させ、後者をオペラ作品の制作で適用すると「要素のラディカルな分離」に至るとする。これはすなわちピスカートアの試み、つまり、個々の要素が有機的に融合されずに分離した、モンタージュからなる作品を提供し、分離した要素間の関連を観客がみずから構築することを求め、観客に作品の完成を委ねるという試みに連なるものである。[22]

さらにピスカートアのもとでは、舞台上の俳優の演技や映画で示される個々の要素は、単に互いに直接的な関連がないばかりでなく、休みなく連続し、すばやいテンポで展開した。よって観客は、示される要素間の関連をつくる作業を非常に高速で行わなければならなかった。彼らは上演中に示される出来事の全体像を、舞台上の俳優による場面や、幻燈が映す画像や文章、あるいは映画が次々に転換するなかで把握することを迫られていた。

このように、多くの技術的手段を投入し、数々の出来事を高速で示し、その出来事のあいだの関連を観客みずからにつくらせる試みは、従来の演劇には明らかになかったものだった。ただしその一方、多くの批評家は、ピスカートアの演劇における劇作や舞台上の俳優の演技を、観衆が疲れ切って注意散漫になることなく消化できるのかどうかを案じた。

たとえば『どっこい』冒頭の「映画による序幕」で体験した感覚について、『前進《フオアヴエルツ》』紙のホーホドルフは「ピスカートアは彼の意図した通りにわたしたちを車裂きの刑に処した」[23]と伝えた。詩の才もあったキーンツルは「ベルリーンではピスカートアの機械仕掛けの精神病院が観客を半ば狂人にしている」[24]と『ライプツィヒ新報』紙に記した。あるいは、多くの文学者の才能を発掘することに長けていたジャーナリストのシュタインタールは『一二時新聞』で、「小さな部分部分をより大きなものへとまとめようとするピスカートアの意欲は、人間の集まりだけでなく、出来事の集まりをもつくりだ」し、これが「新しい演劇的効果を生み出すひとつの方法」

だと一定の評価をする一方で、「わたしたちの受容の能力には結局のところ限界があって、それが完全に分散されてはならない」ことをピスカートアは「忘れてはならない」と釘を刺した[25]。そして『ドイツ新聞』のクプシュは――この場合、同紙がドイツ民族主義党（Deutschnationale Volkspartei, ＤＮＶＰ）の急進派を代表する機関紙だということで、はなからピスカートアの上演に否定的だったのは当然だとしても――「いくつかの舞台の場面で中断されたボリシェヴィキのプロパガンダ映画が人々をただくたくたにする[26]」という印象を述べた。

ピスカートアの上演が演劇というよりもいくつかの場面で中断された映画だという印象を持っていたのは、映画批評家のバラージュも同じだった。「舞台に対して固定され釘づけにされた距離と、映画の映像に対しての、つねに変化するので完全にもう失われてしまった距離とのあいだには」「深刻な矛盾が残る」と彼は判断する。そしてその背景として、「われわれは観客として、舞台の閉ざされた世界の外に坐っている」が、「映画の場合、われわれはぐるりと取り巻かれ」「そのなかへの参加者として、演技者と視覚的遠近法的に同一化されている」ということを指摘する。その上で「舞台に対しては変化する視点を持つことができないから、舞台はつねに、映像の流れのなかにある、硬い、まだ取り除かれていない核のように感じられるであろう[27]」と結論づける。バラージュの言うように、映画との親近性を持つピスカートアの演出を前にして、上演が全体として演劇というよりは、むしろ映画だという印象を持った観客はおそらくいた。そして、視点をはっきりと定めることができず、足もとまでが覚束なく感じられる感覚に襲われていた。そのことを暗示するように『フォス新聞』のヤーコプスは「この種の上演が観客に強すぎる身体的緊張を要求しないかどうか、それは未来が教えてくれるはずだ[28]」と書き留めている。

とはいえ、一方でその「身体的緊張」をまさに好んで受容している人々もいた。たとえば『ゴットラントを襲う嵐』では、スクリーン全面に上海が現われると、「かつて見たことがないものを経験しているという意識から」「下［の平土間席］から上の階の席まで例外なく」「拍手の嵐がわき起こった[29]」と伝えられ、『どっこい』の上演については「すべての人々が、敵か味方かを問わず、この新しいピスカートアの芝居をめぐる熱に多かれ少なかれおかされていた(30)」という。あるいは、リベラルな『フランクフルト新聞』に時評を寄稿していた社会批評家・映画評論家のクラカウアーは、当時のピスカートア演出を戦後に総括して、「〔ヴァイマル共和国の〕安定期、革命的作品を上演したピスカートア・ビューネは、ベルリーンの富裕層の観衆のための一種の見世物小屋《カスパーテアーター》だった。彼らはそこで、共産主義の危険に対して実際に不安を覚える必要のないあいだ、共産主義の危険に驚かされることを楽しんでいた(31)」と記している。

身体的緊張が「楽しまれる」ようになったとき、すなわち娯楽の対象となったとき、ピスカートアの演出はやがて飽きられていく運命にあった。モンタージュに基づく彼の演劇は往々にして観客にショックを与えるものであり、このショック効果が評判となっていた。だが鑑賞者の受けるショックに関して話題を集めながら間もなく注目されなくなったベルリーン・ダダの活動と同様、ピスカートアの演出も次第に新鮮とは受けとめられなくなっていった。観客は、なるほど多様な出来事の組み合わせによるモンタージュが高速で展開する演出に驚愕した。ただしそれは上演の内容に対してというよりも演出の方法に対しての反応であり、『レヴュー　赤い祭り』と『にもかかわらず！』に関して平井が言うように、「出し物に価値があったのではなく、「効果《ヴィルクング》」に価値があった」のであって、「当然そこには、その時点における「成功」が「自動化」すれば、効果が持続するとは限らないという問題がある(32)」。

あるいは、モンタージュの手法に関するアドルノの次の指摘も示唆的である。

> モンタージュの原理は、ひそかにまぎれこんでくる有機的統一に反対する行動であり、そうした行動としてショックを与えることを狙いとしていた。こうしたショックが鈍いものとなってしまうと、モンタージュされたものはふたたび気の抜けた、たんなる素材にすぎなくなる。こうした処置が不十分なものとなり、点火

することによって、美的なものとそれ以外のものとのあいだ（zwischen Ästhetischem und Außerästhetischem）に連絡をつくりだすことができなくなると、関心は中立化されて文化史的な関心にすぎなくなる。[33]

実際、ピスカートアの観客は一度その演出方法に慣れてしまうと、もはや上演をそれほど革新的とはとらえなくなったものと見える。『どっこい』の上演について、前出のジャーナリスト、シュタインタールはすでに半ば興醒めして、「搾取・戦争への反対は正しいが、演劇がこうしたもので満たされると退屈になる」[34]と述べ、劇場に送り込まれたレポーターを自任していた中立的な批評家フェヒターも、「これほど早くピスカートアの才能が涸れてルーチンワークになってしまったのは驚くべきである」[35]と記している。[36]

テーマ設定の問題、一九二〇年代末の時局の変化

また観客側での反響という点では、扱われるテーマの規模が大きすぎることで、当初意図されていたプロパガンダの効果が弱まってきてもいた。上述した各作品の主題は、ピスカートアいわく「ドイツ史における一〇年間の見取図」（『どっこい』）、「ロシア革命のルーツと原動力」（『ラスプーチン』）、「戦争の複合体全体」（『シュヴェイク』）、あるいは「近年のドイツ史の最も恥辱に満ちた一章で」「〈誰のものかが知れない運命（anonymes Schicksal）〉がドイツ民族の財産のほぼ半分を奪い、中流層全体の財産を没収し、労働者の生活水準を中国の苦力のそれ以下へと転落させた」[37]インフレーション（『ベルリーンの商人』）だった。いずれの場合もテーマはいわば時代そのものであり、上演は全体として時代の壮大な描写となって、明確な傾向性は認められなくなっていた。

この関連では、前出のフェヒターが『どっこい』で使われた映画について「奇妙なのは、ピスカートアが共産主義を唱えるものの、彼の映画の様式はその主張から外れて、ヴィルヘルム時代的バロックとも言うべきものになっていることである」[38]と指摘していることが注目される。そして同じ上演で、これも前出のリベラルな批評家

ヤーコプスは、ピスカートアが「自分の力の高みに立っているために、また芸術をその軌道から脱線させるには十分に謙虚でないために、彼はきっと、長くひとつの党のプロパガンディストのままでいるほど謙虚ではいないだろう」(39)と述べ、政治的・共産主義的傾向が強くは認められなくなったことをほのめかしている。あるいは、これも同じ『どっこい』の上演を評して、当時の旧世代にあたる批評家のバーブは「これは純粋な、舞台による詩(Szenendichtung)であり、その力(Gewalt)がピスカートアの偉大な才能を明白に示していることに反論の余地はない。ただしそれがどれほど持続的に党の役に立っているか、[中略]それは待って結果を見なくてはならない」(40)とコメントを残して、ピスカートアの演出が共産主義のプロパガンダよりも芸術性を志向しつつあることを指摘している。

さらに、ピスカートアの演出がしだいに観客の関心を引かなくなっていった要因として、時局の変化もあった。『ベルリーンの商人』の公演は結果として労働者階級の観客に不評だった。その理由としては、彼らが自分の境遇を重ねられるような人物が同作に登場しないということもあるが、むしろこの時期、ヴァイマル共和国のいわゆる「相対的安定」が揺らいでいたことが大きかった。上演に先立つ一九二九年初め、失業者は二〇〇万人を数え、当時の労働者階級にとって観劇という行為そのものが困難になっていた(41)。公演の翌月である一〇月には世界恐慌が起こり、経済的危機はさらに深刻になって勤労者の生活は悪化し、階級闘争が激化した。『ベルリーンの商人』の公演は同時代社会の総合的な社会的・経済的見取図を示そうとするものだったが、失業と飢餓にさらされた当時の労働者階級にとってはまず間違いなく、大衆の生活からは縁遠い貴族的な大仕掛けの娯楽としか受けとめられていなかった。また『ベルリーンの商人』の公演は最新の技術を導入した演出につぎこんだ経費に見合う収入も得られず、興行的に見ても失敗だった(42)。

一九二九年、ピスカートアの演劇活動を取りまく社会的状況は大きく変化していた。演劇を手段として労働者階級を、そして不況によってプロレタリアート化した中間層を共産党の組織的闘争に動員しようとするならば、彼らの生活に密接に関わるさまざまな政治的経験を引き合いに出し、彼らが日常的に直面している困難や窮乏を取り上げる必要があった。

4.2　簡素化される演出

激減する技術的手段の使用

一九二九年の秋、『ベルリーンの商人』を上演したのみで第二次ピスカートア・ビューネの活動は幕を下ろした。同公演の興行が失敗し、支援していた興行主クロップファーがピスカートアを見限ったのだった。ピスカートアはノレンドルフプラッツ劇場を離れ、たまたまあった巡業の話を実現させるために新たな俳優集団を組織した。その背景には、労働者たちみずからが劇団を結成し、集会場などを公演場所として積極的に巡業を行うという、一九二〇年代末から盛んになってきたアジプロ演劇運動があった。[43] ピスカートアの集団は有限会社として設立されたが、これがピスカートア個人の率いる三番目の劇団および演劇制作団体、いわゆる第三次ピスカートア・ビューネである。[44] 有限会社の経営にはプロレタリアートの大衆団体やフォルクスビューネ特別部門が参加し、結成されたばかりの演劇団体〈若い《ユンゲ》フォルクスビューネ〉も観客動員に協力した。衣裳や装置の制作、ポスター貼りには多くの労働者が志願し、こうした実際的な活動を通じて、ピスカートアの演劇はあらためて労働者に近しいものになっていった。稽古はもはや、劇場の稽古場ではなくアパートの一室で行われた。スポンサーを失い、装置や書き割りを手づくりで制作しなければならなくなったことで、演出の重点は必然的に、機械仕掛けの工夫をこらすことではなく、より俳優を活用することへと移っていった。

さらにこの時期、ピスカートアの演出が技術的手段を多用しなくなった理由として、不況からの経費削減とならんでトーキー映画の普及もあった。「今やトーキーが出現した。劇場を映画のなかに持ち込むことができるのに、映画を劇場に持ち込む必要があろうか。劇場はあますところなく、何の矛盾もなく映画に吸収されるのに。現実のイリュージョンを目指している演劇、カラーのトーキー映画がまもなく発揮する諸々の効果を不完全な手段で目指している演劇は、トーキーの出現によって時代遅れになってしまった。だが演劇は、まさにこのために、再び演劇になるだろう。〔中略〕演劇は、その純粋形式、その本質に還らされるのだ」(45)とバラージュは判断しているが、いわばピスカートアの演劇はトーキー映画の先取りという形で発展し、そしてトーキー映画が登場すると、その映画技術の進歩を背景として――まさにバラージュが指摘するように――演劇としての原点に還っていった。

一方、すでに第三次ピスカートア・ビューネが発足する以前から、演出の方針として映画の使用は控えられる流れにあった。というのも、舞台の出来事と同等に扱われる映画に関して内部から疑義の声が上がっていたからである。『ベルリーンの商人』で使われた映画の撮影を担当したアレックス・シュトラッサーは次のように述べている。

こんにち舞台向けの映画は、独立したもの、ないし対等に舞台の場面と組み合わされるものではなく、場面にアクセントを与える、対話を際立たせる、各場面の合間のつなぎをつくる、行動《ハンドルング》/筋を開始したり終えたりするという目的で使われることが望ましく思われる。ピリオド、コンマ、ハイフン、感嘆符――映画は舞台の行為の視覚的な句読点や記号になる。(46)

第三次ピスカートア・ビューネに至って、映画はシュトラッサーの言う通り、あくまで生身の人間の行動を際立たせる補助手段として用いられるようになった。かつて批評家アルフレート・ケルは『どっこい』の上演を評して、「ピスカートアの場合、言葉に熟達することが元通りにならなければならない」と、また「近い将来のピスカートアの目標は、機械や装置ではなく、言語によって人間的なものを際立たせること」であり、そうして

「映画は中断ではなく強化の役割を果たす[47]」と記したが、そのような映画の使われ方がまさに第三次ピスカートア・ビューネになって形をとった。

第一次・第二次ピスカートア・ビューネでは使用することが当然だった技術的手段を使わなくなったピスカートアを、ブレヒトは「顕微鏡を奪われた細菌学者[48]」と言い表わしているが、ピスカートアの演劇はもはや、映画を始めとする最新鋭の舞台技術という顕微鏡を使って社会分析を行うものではなくなった。そうではなく、彼の演劇はいまや、多くの出来事を俯瞰・分析するよりも、労働者の観客の日常と直接関わる出来事を、そして労働者である観客自身が直面している問題を扱うものになった。

この方針転換は実際に同時代に起こっていた階級闘争に鑑みて、ごく現実的なものだった。観客に関しては、労働者層の彼らに同時代社会の階級の構成や搾取の仕組みを理解させ、かつ彼らを政治的に能動化することが目指された。そうして観客は、与えられた劇の世界を体験するだけでなく、「演劇空間をともに想像し、また創造する主体[49]」（武次）としてとらえられた。そして劇場という場に関しては、これを簡潔なやり方で問題提起と集団的了解の場にすることが、また演劇制作に携わる人間と観客とのコミュニケーションの場にすることが目指された。劇場空間に関して、第一次・第二次ピスカートア・ビューネの場合、映画を始めとする技術的手段によって舞台と客席との境界を取り払う試みがなされていたが、これが第三次ピスカートア・ビューネになると、その技術的手段は、舞台上を含む劇場の内部空間全体（すなわち上演が行われる空間全体）を演劇空間としてとらえる演出に取って代わられた。

『刑法二一八条』（一九三〇）――客席と舞台とで観客を演じる俳優

第三次ピスカートア・ビューネでのピスカートアの初演出は、巡業のために選ばれた作品、カール・クレデ作の『刑法二一八条（窮地の女性たち）』だった（以下『刑法二一八条』）。初演は一九三〇年一月のマンハイムで、以後三ヶ月で三〇にのぼる都市を巡り、ベルリーンでは四月、〈ヴァルナー劇場〉で上演され、ピスカートアは再びベルリーンに活動の場を見出した[50]。

作品名にもなっている刑法二一八条とはいわゆる堕胎禁止法で、中絶する者およびそれを幇助する者は五年以下の懲役刑に処すが、医師二名が妊婦の身体と生命の危険を認めた場合はその限りではないというものである[51]。この法律は当時、経済的に困窮を極めながらも大家族を養わねばならなかった労働者層にとって大きな悩みの種だった。同法に関連する深刻な社会問題への劇作家の関心は高く、同時代にハンス・ホセ・レーフィッシュの『産婦人科医』（一九二八）やフリードリヒ・ヴォルフの『青酸カリ《シアンカリ》』（一九二九）など、同じテーマをあつかった戯曲が多く書かれた（ブレヒトも映画『クーレ・ヴァンペ』（一九三二）で同じ問題を取り上げている）。クレデの『刑法二一八条』もそのひとつだった。

戯曲は三幕からなる。一幕は失業中の労働者ノルテの家で、夫婦と子供八人の一〇人家族が一部屋に住んでいる。妻が九番目の子を妊娠するが、経済的に見て育てることは不可能なので、彼女は保険医ハンセンに中絶を懇願する。だがハンセンは二一八条を理由に中絶手術を拒む。続く二幕では裕福な工場主の妻エリノールが健康上の理由と偽って合法的に中絶手術を受ける経緯が示される。そして最後の三幕、舞台はふたたびノルテの家に戻り、手術を断られたノルテ夫人は仕方なくもぐりの産婆レーマンに処置を依頼するが、中絶は失敗し、ノルテ夫人は死亡する。

戯曲はピスカートアの演出で、劇中劇のように扱われた。すなわち俳優の一部が客席に配され、劇は要所要所で中断されて、客席にいる俳優たちのあいだで劇についての議論が行われた。このようにして上演の空間は、プロセニアム・アーチをこえ、劇場の内部空間全体にまで拡大された。この上演空間の拡大によってピスカートアは、観客の想像が及ぶ範囲を虚構の空間から現実の空間へと広げようとしたのだった。

マンハイムで行われた初演の流れは次のようなものだった。本編が演じられる前、まだ明るい客席で、タキシード姿の工場主を演じる俳優と盛装したその妻エリノール役の俳優が大声で二一八条について話し出し、この討論に予審判事、公衆衛生官、司法研修生を演じる俳優たちが参加する。そこへ聖職者役の俳優が現われて自分の席を探し、やがて彼も議論に参加する。さらに保険医ハンセンを演じる俳優が現われ、議論に加わる。彼らはそれぞれの役の立場から自分の見解を表明し、工場主夫妻は享楽的、予審判事はリベラル、公衆衛生官は反動的、司法研修生はファシスト的、聖職者は保守的、保険医は進歩的といったように、それぞれの人物の世界観と価値観が示される。議論が終わると保険医ハンセン役の俳優が「これから刑法二一八条に反対するお芝居が始まります」と宣言し、ここから本編が舞台上で上演される〔図14〕。

図14 『刑法218条（窮地の女性たち）』ベルリーン公演での一場面 (Boeser/Vatkova (1986a), S. 268)。

しかし劇の本編は何度も、そこで問題となる事柄について客席にいる俳優たちがコメントをくわえるために中断され、そのあいだ、客席で議論が行われもする。客席にいる俳優たちは自分の出番になると舞台へ上り、客席で示していたのと同じ役柄で劇を演じ、出番が終わるとまた客席へ戻り、客席で行われる議論に参加する。

このようにして上演は進行し、全三幕が終わるとリベラルな予審判事役の俳優が立ち上がって、二一八条の非人間性を糾弾する。これに対し、反動的な公衆衛生官を演じる俳優が反論する。そして最後、予審判事役の俳優が観客のほうを向き、二一八条に反対か否かを挙手で示すように求め、上演は結びとなる。

この挙手による採決は事前に観客に知らされていた（ベルリーン公演のパンフレットには「この上演では採決を行います。採決は上演中に行いますので、即座にご自身の考えを挙手によってお知らせ下さい[52]」と記されている)。採決の結果は〈二一八条に反対する帝国委員会〉に通知され、こうして上演は直接的な政治的機能を伴うものになった。さらにこの公演は、巡演すなわち旅公演であり、公演先によっては上演中、俳優の演技による流れが一時中断され、演じられている問題について旅公演先の地元の専門家が講演を行うこともあった。ライプツィヒではドイツ弁護士協会会長で法律顧問官のドゥルッカーが厳しく二一八条に反対を表明し、ベルリーンでは場と場のあいだで詩人デーメルの息子が医師としての立場から演説をした[53]。

ピスカートアは明らかに、舞台上だけでなく客席も演出の構想に組み入れ、劇場の機能を芝居の上演のための空間から、芝居を核とした集会のための空間へ変容させようとしていた。またこの意図はおそらく観客にも如実に感じられていた。たとえば巡演先のひとつであるシュトゥットガルトの『シュトゥットガルト最新日報』紙は「劇場がアジテーションの場所としてある。公の意見表明のための集会場として。議論の場として。社会的要求の戦場(Walstett)として[54]」と伝えている。

そして、『刑法二一八条』演出でピスカートアがベルリーンに再び活動の足場を築いたことは先に触れたが、これはさらに次の仕事、テオドーア・プリフィーア作の小説『皇帝の苦力《クーリー》』の翻案演出でより確かなものになった。原作の小説は第一次世界大戦時の戦艦乗務員(中国の労働者「苦力」になぞらえられる)がたどる運命を描く自伝的内容で、公演には作者のプリフィーア本人が出演し、反響を呼んだ。また『刑法二一八条』演出のときと同様、乗組員を演じる俳優たちが客席に配され、上演の空間は劇場の内部空間全体にまで拡大された[55]。

『刑法二一八条』『皇帝の苦力』と、明らかに労働者層をテーマにし、労働者層を受け手にした上演が行われるようになって、ピスカートアが政治的な拠りどころとするドイツ共産党の反応も大きく変化した。同党は第一次・第二次ピスカートア・ビューネに対しては距離をとっていた。批評家・作家のハースは「ピスカートアの全盛期は長くは続かなかった――ほんの数年だった。その後、ベルト・ブレヒトのまったく抽象的な〈教育劇〉、フリードリヒ・ヴォルフのごく素朴で自然主義的なテーゼ劇が現われた。これらはドイツ共産党の正統派に好まれたが、ピスカートアのレヴュー的な巨大プロパガンダ・ショーはそうではなかった」[56]と伝えるが、こうした評価はいまや一転した。党機関紙『赤旗』は『皇帝の苦力』の上演を次のように報じ、演出家としてベルリーンに返り咲いたピスカートアをたたえた。

ピスカートアはわずかの手段をつかい、スターなしで、彼の集団（Kollektiv）の力に、そして革命を目指す意志に支えられ、こんにちのドイツではほかの何者もなしえないほど、演劇を生活と体験の問題（Sache）にできるということを、また搾取される大衆の解放闘争の原動力にすることができるということをあらためて示した。客席の中に送り込まれた苦力の代表者たちが客席と舞台との生き生きとした統一をつくりだしただけでなく、舞台の上の挑発的な出来事が観客を魅了し、上演のあいだ、興奮した合いの手が、彼ら観客に、同じく興奮した合いの手を入れずにはいられなくさせた。拍手の嵐のあと「インターナショナル」が劇場中にとどろいた。[57]

『タイ・ヤンは目覚める』（一九三一）——劇場のフォーラム化

ところで、『皇帝の苦力』公演が終わった一九三〇年夏過ぎの時点で、前年の世界恐慌で大打撃をこうむったドイツ経済は未だ好転の兆しを見せていなかった。この情勢を受け、九月の総選挙でナチスが議席数を一二から一〇七へ伸ばして第二党に躍進し、左派の演劇人たちは、半ばファシズム化した同時代社会の危険を労働者たちに示す必要を感じていた。ピスカートアも同様、「ドイツが現在どのような政治的基盤に立っているかを示し、また右派勢力の危険に鑑みて、全プロレタリアートの力を団結・強化しなければならないことを明らかにする」[58]（ピスカートア）ための方法を探った。とはいえファシストを名指しすることは、彼自身を始め、制作に関わる人間がナチスの直接行動で攻撃される可能性があったため危険だった。こうした事情から、同時代の中国を題材にし、婉曲な表現でドイツの社会状況を批判する、フリードリヒ・ヴォルフの『タイ・ヤンは目覚める』（以下『タイ・ヤン』）が上演される運びになった。[59] 同作は一九三〇年の上海を舞台とし、国民党政府の圧制に抗して闘う中国の人々の姿を描くもので、ピスカートアは、中国国民が資本主義の搾取に対して身を守るさまをドイツの労働者に示し、いまドイツの労働者がなぜ闘わなければならないか、どう闘いうるかを知らせようと考えたのだった。

一九三〇年九月、ピスカートアは作者ヴォルフに上演許可を求めた。ヴォルフはこの三年半前、フォルクスビューネでの『ゴットラントを襲う嵐』の上演に感銘を受けて以来、自作がピスカートアの演出で上演されることを願っており、『タイ・ヤン』を彼が演出することに関して問題はなかったと思われる。以後両者は手紙を数度やりとりし、ピスカートアは演出に関しての意見を述べ、具体的な上演プランについて記した。一〇月にヴォルフが上演を許可して以来、ふたりのあいだで討論が重ねられ、稽古をしてはテクストを書き直す作業が——それまでのピスカートアのもとでのテクスト改訂の場合と同様——繰り返された。内容をめぐる演出家と劇作家の見解は少なからず衝突した。『タイ・ヤン』は同時代の中国国民革命をテーマとし、主人公の少女タイが革命に目覚めるまでの成長の過程を描く作品だが、中国国民革命をめぐる実際の出来事を十分に反映していない内容に対し、ピスカートアは不満だった。

戯曲は全八景で構成されている。主人公の少女タイと一二歳の妹マは紡績工場で一日一二時間働いて家族を支えている。ある日、工場でマが好色な工場主チュー・フーの目にとまり、タイはマを救うため、また一家を飢えさせないためにチュー・フーの愛人になる。タイの家には、ロシアからやってきた革命家のポトロフや蜂起した農民のゼン、反乱軍兵士のチン、労働者のワンらが出入りし、外から革命の雰囲気が持ち込まれ、タイは革命運動に共感する。一方、チュー・フーのもとに取引相手が現われ、イギリス人と協力して革命勢力をつぶすか、取引を停止するかと迫り、両者のあいだである密約が成立する。チュー・フーの工場に国際赤十字社の救護班が入って生命の安全を確保するという名目で、工場内の革命勢力を弾圧するという密約である。この密約をチュー・フーの愛人であるタイは事前に知り、これが流血の事態に発展することを危惧する。やがて帰郷したタイはチュー・フーの身を案じる。一方、チュー・フーは里帰りしたタイをおとりにポトロフの逮捕をねらう。ポトロフは捕まり、タイの目の前で拷問にあう。タイは拷問に加わる兄フェンを刺し、ポトロフを助けて逃げる。やがてタイはチュー・フーの工場にビラを持ち込むために潜入するという危険な任務を引き受け、見事に遂行し、ついに女工たちが立ち上がる。工場のほうぼうで歓声が響き、物語は幕となる。(60)

こうした内容の原作に対するコメントとして、ピスカートアはヴォルフにあてた手紙(一九三〇年一〇月七日付)で次のように記した。

あなたの作品の中にはすべてが入っています。けれども、それでもあなたは閉じた演劇形式(geschlossene Theaterform)にしばられているので、すべての事実が、おそらく触れられてはいても、具象的(plastisch)にならないのです。思うに、具象的になっているのはタイ・ヤンをめぐる劇の成り行きだけ、つまり、タイの妹が砂糖製造機の仕事につかねばならなくなって、代わりにタイがチュー・フーの愛人になるけれども、(第一にポトロフへの愛から)「目覚め」て、革命を認識する、という経緯だけです。これは中国の偉大な革命の蜂起を表わすには少し物足りなさすぎるのではないでしょうか?(61)

ピスカートアのこの考えを出発点に戯曲は改訂され(62)、個々の人物の性格はより尖鋭化された。チュー・フーの資本家としての性格は強調されて冷酷・尊大になり、感情表現に乏しく鈍感に描かれていた主人公タイは、利発で自分の置かれた状況をよく把握する少女になった。タイが思いを寄せるポトロフの役は削られ、代わりにタイ

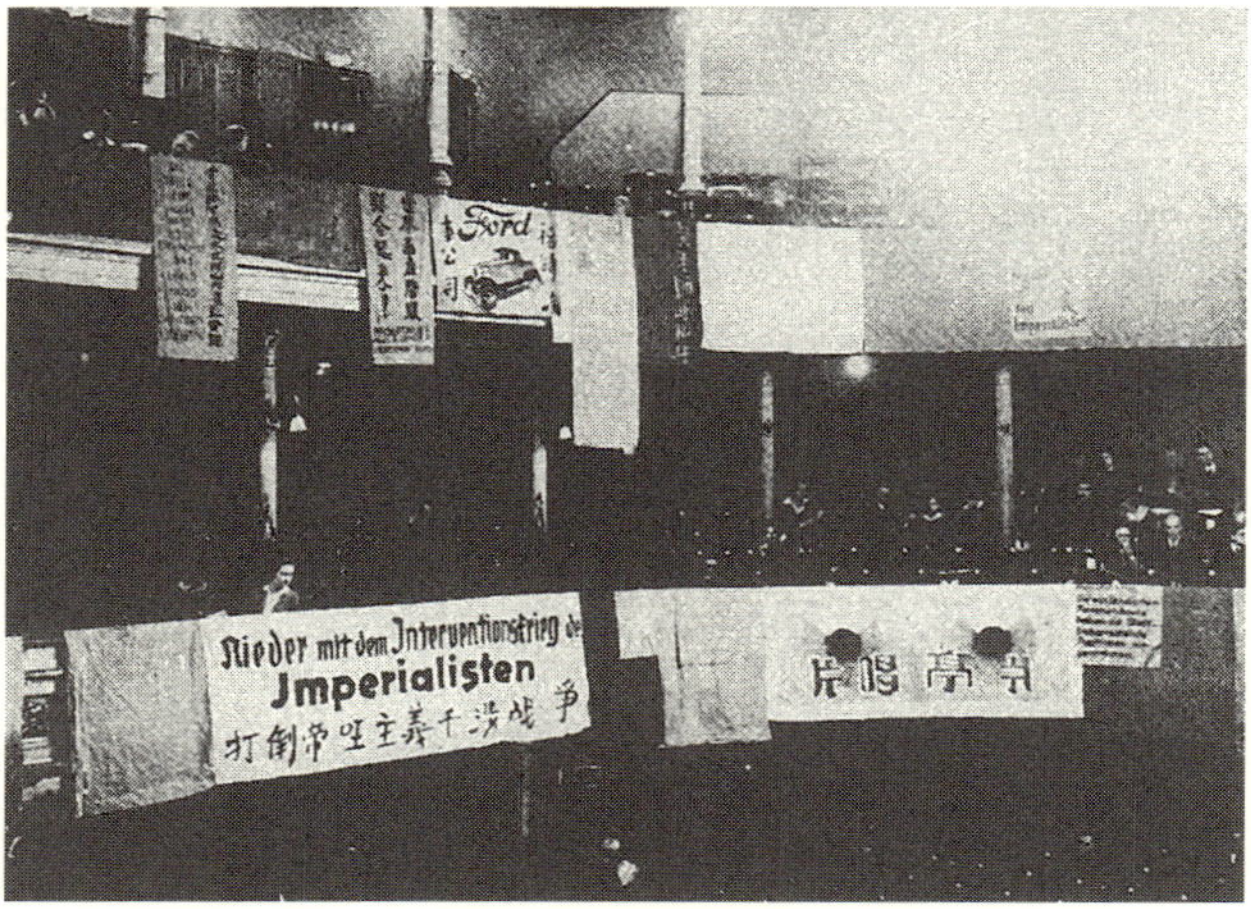

図 15　『タイ・ヤンは目覚める』上演時の客席。独中二カ国語でスローガンの書かれた幕が二・三階席の手すりから垂らされている (Kunstamt Kreuzberg, Berlin / Institut fur Theaterwissenschaft der Universitat Koln (1977), S. 880)。

の実家に出入りする人物のひとり、ワンが革命家となり、彼がタイに同時代の世界情勢と労働者の闘争の意義を説明し、今の生活を捨てるように説得して彼女と逃亡し、ビラの政治的意味を教えるという役回りになった。最終景は原作と異なり一三の小景に分けられ、タイとワンの逃亡、隠れ家での相談、ワンに代わってタイがビラ配りに出かける経緯といった場面で構成された。

さらに劇の背景を明らかにするために、原作には存在しない人物のフン・ミンが登場することになった。この人物は孫文と共闘し、民衆の信望を集めている国民党員で、外国資本の侵略に力で抵抗しようとするワンに対置された。フン・ミンはチュー・フーの家を訪れ、ワンが拷問されている場に遭遇し、チュー・フーが裏切ったことを知ると、少なくとも孔子の教えが滅びてはいないことを自分の死で証明しようとして自殺する。その遺言は「階級闘争でなく、民族共同体を！」というもので、これが労働者に影響を及ぼし、ワンの勢力と対立するに至る。

こうした一連の改訂[63]によって、タイ個人をめぐる筋の印象は弱まる一方、現実の同時代中国の情勢が詳しく反映され、上演テクストは政治的なドキュメンタリーとしての性格を強く帯びることになった。またこの関連では、同時代中国の情勢を観客にとって身近なものにする工夫として、独中二カ国語でスローガンが書かれた幕が二・

三階席の手すりから垂らされもした［図15］。

くわえて、上述の改訂手続きやその背景は第一次・第二次ピスカートア・ビューネでのそれとほぼ同様だが、ここでは労働者が個人として描かれていることに注目したい。つまりそれまで労働者はつねに集団として、またしばしば映画や幻燈の助けを用いて示されていたが、『タイ・ヤン』の演出で初めてはっきりとタイやワンのような個人の姿で描かれた。ヴァイマル共和国期後期の当時には、台頭するナチスに対して明確な抵抗勢力をつくる必要があったため、それまでのアプローチのように同時代社会を分析してその矛盾を観客に示すよりも、もっと直接的に個人としての労働者を前面に出すことが求められていた。共産主義革命の実現の必要性を自覚してそれに尽力する登場人物に、観客を感情移入させることが目指されたのだった。

ただしこうした感情移入が図られた一方、観客に現実世界を意識させておく工夫も念入りに行われた。装置はハートフィールドによるもので、舞台と客席のあいだにはプロセニアム・アーチをこえて竹製の橋がかけられ(64)、いわゆる「覗き箱舞台」が持つ、覗きからくりのなかの虚構の出来事を見るような印象はなくなっていた。舞台は何もない裸舞台に近く、舞台の上には劇場の楽屋にあるような男優と女優のための化粧机だけが置かれていた。上演は次のように進行した(65)。

客席がまだ明るいうちに客席の側から、まず舞台衣裳をかかえた衣裳係が現われ、追ってまだ化粧をしていない私服の俳優たちが姿を見せる。彼らは雑談をしながら橋をつたって舞台に上がり、舞台衣裳に着替えながら話を続ける。そのあいだ中、舞台の隅ではミュージシャンがひとり、リハーサル風にサクソフォンを吹いている（音楽はシェーンベルクに学んだハンス・アイスラーが担当。また彼はほぼ並行してブレヒトと『処置』で協働作業をしていた）。俳優たちの雑談のテーマはズボンの値段から中国の経済状況や民衆蜂起へと移っていき、そのさいにドイツと中国、ふたつの国の歴史と現状の対比がなされる。やがて原作の戯曲にはない、新しく加えられた役である国民党員フン・ミンを演じる俳優が舞台前方に出て、仲間の俳優たちに中国の歴史を概説する。そのあいだ、

図 16 『タイ・ヤンは目覚める』の一場面。統計やスローガンの記された幟や旗の数々 (Kunstamt Kreuzberg, Berlin / Institut für Theaterwissenschaft der Universität Köln (1977), S. 880)。

化粧鏡のところに据えつけられていた映写機が舞台後ろのスクリーンに文章を映し出す。この文章は中国古代の黄金時代や、私有財産所有の始まりとそれにともなう世の中の混乱、外国の勢力による侵略、孫文の三民主義と遺言などを示すものだった。聞き手になっていた俳優たちはそれぞれの役柄に合った質問をフン・ミン役の俳優にし、意見を述べていく。

こうした導入部によって観客は、劇の背景についての予備知識を得、そして中国という、ドイツから見れば遠い異国の出来事を、ドイツの現状との関連において見るように促された。やがて俳優たちは着替えを終えた順に幟を手に取っていく。この幟で舞台上の空間が仕切られ、戯曲の第一場であるタイ・ヤンの家族の部屋が暗示される。ここから本編が始まった。

本編の上演中には色とりどりの、多様な種類の布地からなる幟や旗が場面に応じて舞台を埋め、さらに舞台後方にある無地のスクリーンの後ろには機織り機が置かれ、シルエットになってスクリーン上に現われた。また幟や旗は単なる装飾にとどまらず、タイの家の部屋など、劇の場面を象徴的に暗示し、くわえて幟や旗の上に書かれている文字や数字、すなわち歴史・地理・経済に関する資料や統計、格言やことわざなどが、場面を解説したり、あるいは舞台上の出来事に対して風刺的に注釈を付したりした〔図16〕。

　こうした解説・注釈の機能は第二次ピスカートア・ビューネまでは主に映画が担っていたが、映画は『タイ・ヤン』の演出ではただ一度、拷問の場面で使われたのみだった。その使用法は、俳優が舞台上で掲げ持った横断幕に上海のテロの記録映像が映され、その背後を旗やプラカードを持った俳優の行列が通り過ぎるというもので、この上海のテロの模様は、ヤン・ヴァイト主宰の舞踊集団〈レッド・ダンサーズ《ディー・ローテン・テンツァー》〉によってダンスでも表現された。このように演出の重点は明らかに、舞台装置や機構よりも俳優やダンサーの動きに置かれていた[66]。

　やがて本編が最終景となり、原作にはないふたつの場面――主人公タイが紡績工場でアジテーションをする場面と、蜂起した工員たちが路上で敵と衝突する場面――が演じられると、ひとりの俳優が舞台の前に出て、観衆に向かって次のように言い放った。「いまこんなふうにして最前線の人々が中国全土に展開している。いまこんなふうにして最前線の人々がドイツ全土に展開している。右か左か、君たちが決めなければならないのだ！[67]」。ここで上演は終了した。

　上演では後半部、国共路線の対立が明らかになるところが観衆によく理解されたものと見える。過去の人とされる国民党員フン・ミンの偽善的な言葉に嘲笑が漏れ、フン・ミンと同様、妥協的・現実肯定的な政策をとったヴァイマル共和国成立当時の外相フィリップ・シャイデマンの名を叫ぶ野次が飛んだ。また上演後には観客が自発的にインターナショナルを合唱し、ある労働者は『赤旗』に、中国のプロレタリアの運命は自分の運命であり、闘いの形態はやや違うがその内容は同じだという感想を伝えた[68]。劇評もおおむね好意的で、なかでもゲオルクは、ピスカートアによる上演の価値のひとつが「何度も演劇の意味と本質についての根本的な問いそのものを呼び覚ますこと[69]」だと記し、戯曲の世界の再現をめざす芸術としての演劇からは距離を置いた、演劇と現実との関係を繰り返し問う演出を評価した。

しかしこのように上演が好評だった一方で、半年前の総選挙で急伸長したナチスの影響を間違いなく受けていた当局は、その内容を明らかに嫌い、手荒な実力行使に出た。映画の一部を削除するようにとの指示が出された上、初演の二週間後には、数年前の税金滞納を理由にピスカートアが拘束され、ヴォルフも過去の作『青酸カリ《シアンカリ》』が堕胎禁止法である二一八条に抵触するという理由からシュトゥットガルトで逮捕された。この当局の行いに対する世論の非難・抗議の声は高く、デモまで組織され、ようやくふたりは釈放される運びとなった。

4.3 叙事演劇構想の変化

俳優の出自、および扱われ方の変化——アンサンブル、素人の起用、客席での演技

以上、『刑法二一八条』と『タイ・ヤン』に代表される、ヴァイマル共和国期後期、第三次ピスカートア・ビューネでのピスカートアの仕事は、それよりも前の仕事と比べてどう変わっただろうか。

第二次ピスカートア・ビューネまでの彼の演劇は、主に映画や幻燈、スピーカー、同時並行舞台など、技術的手段の助けを借りたものだった。これらの手段によって複数の出来事が同時並行で示され、観客は劇の登場人物への感情移入を妨げられ、俳優が演じる出来事から心理的な距離をとるように促された。また示される複数の出来事の時空間が異なる場合、そこに因果関係を見出すように促され、そのさいに劇の内容は客観的な観察・報告の対象となった。こうした手続きの結果がすなわち、ピスカートアの言う「語り、報告し、劇的な行動《ハンドルング》／筋の外側にもある要因をすべて引き合いに出すことによって、拡がりのある大きな絵（breites Gemälde）を展開する」「演劇の叙事的形式」(70)だった。また俳優は劇の人物個人としてよりも社会的機能として示され、彼らが示す登場人物は観客の感情移入の対象ではなく、考察・批判の対象となった。

その一方、俳優術についてみると、従来の俳優教育を受けたプロの俳優をそのまま使うことをピスカートアは

厭わなかった。プロではなくプロレタリアの素人俳優に実際のプロレタリアの立場を演じさせる可能性もあったが、そのことが自分の意図する政治的効果に至るための保証になるとピスカートアは考えなかった。またプロレタリアだけでなく、ほかの社会的階層の人物も演じられる必要があったことも、プロの俳優が積極的に起用された理由だった。[71] たとえば『シュヴェイク』で主人公を演じたのはラインハルト一座の名優マックス・パレンベルクであり、ピスカートアは「パレンベルクがいたという理由でわたしたちはシュヴェイクを上演したのではない。彼のためにわたしたちはこの役をつくったのではない。そうではなく、戯曲の役と意味がパレンベルクを要求したのだ」[72]と主張する。つまりピスカートアのもとでは独自の俳優術が開発されたわけではなく、俳優はいわばレディメイドとして演出の構想に組み込まれ、彼らが示す舞台上の出来事と、技術的手段が示す出来事とのモンタージュが形成されていた。俳優のこのような扱いは当時、それほど革新的なものとは受けとめられていなかった。たとえばメイエルホリドは――ピスカートア演出の上演を観ておらず、演目と装置の写真を見ての発言だが――、ピスカートアがさまざまな技術的手段によって「新しい枠組みをつくったが、そのなかで古い俳優たちに演技をさせている」と判断し、ピスカートアが「彼の俳優たちの可能性を熟知していない」と述べている。[73]

これに対し、第三次ピスカートア・ビューネの演出では経済的な事情からの制約もあって、映画を始め、技術的手段の使用頻度は激減した。また当時、スナップ写真や記録映画はブルジョアを中心とした支配階級の情報操作の手段であり、プロレタリア側に身を置く者にとっては本来忌むべきものだったのではないか、と振り返る気運もあった（このころのブレヒトは「写真／映像ルポルタージュ（Bildreportage）のすさまじい発達は、世界を統べる状況に関する真実にとってほとんど有益でなかった。写真はブルジョアの手のなかで、真実に抗うためのおそろしい武器になった」[74]［強調は原文のまま］と記している）。ピスカートアの演出の課題はいまや技術的手段によってではなく、俳優の演技によって叙事化を行うこととなった。彼の叙事演劇の形式は、俳優を中心としたものへと変化した。

そしてその俳優そのものについても、第三次ピスカートア・ビューネの俳優は明らかにそれまでのピスカートアの俳優と比べて質を異にしていた。経済的な制約から、高額の報酬を要する著名なプロの俳優は起用できなくなり、俳優に関する演出の方針は、個々の俳優の演技力に頼るものからアンサンブルを軸とするものへと転換された。かつて批評家クプシュは『どっこい』で、「アンサンブルはピスカートアの演出によって引き裂かれ、統一はない。こうしてその〔アンサンブルの〕効果もはかなく消える」[75]と嘆いたが、そのような演出はもはやなかった。また著名な俳優の起用こそが、ピスカートアに近しい政治的勢力が彼から離れていった理由のひとつだったが[76]（ピスカートアは後年『シュヴェイク』のパレンベルクに関して、「このキャスティングが、まさに政治的にわたしたちに親しい側から実によく非難された。その理由は、わたしたちがこの劇場でスターを育てているというものだった」と振り返っている）、そうした俳優が出演しなくなったことで、再びピスカートアの演劇は彼の同志たちが賛意を示すものへと変化した。

くわえて、『刑法二一八条』では旅公演先の地元の名士が上演中に講演をし、『皇帝の苦力』では原作者のプリフィーア本人が出演するなど、職業俳優ではない、いわゆる素人が舞台に出るようになったことも演出方針の大きな転換だった。そしてさらに言えば、観客もここでは一種の出演者としてとらえられていた。たとえば『刑法二一八条』の上演では、まず俳優が観客の役で現われ、上演が進むうち、客席にいる観客は二一八条をめぐる集会の参加者としての性格を帯びることになった。同様に『タイ・ヤン』でも、演出の対象は舞台の上だけでなく劇場の内部空間全体で起こる出来事であり、おそらく観客は劇場というよりもむしろ集会場にいる感覚を味わっていた。

以上のような俳優の出自および扱われ方が変化したことにより、第三次ピスカートア・ビューネでは、それまでのピスカートアのもとでの上演の場合とは異なり、俳優と観客との感覚的・身体的な距離が縮められることになった。

演劇／劇場が持つ社会的機能の再定義

こうして俳優と観客との感覚的・身体的な距離が縮められるのにしたがって、第三次ピスカートア・ビューネでは、舞台上の空間にくわえて客席も演出の構想に組み入れられ、むしろ後者の空間を演出することが演出の核となった。それまでのピスカートアの演出の課題は、舞台上の出来事に手を加えることで舞台と観衆との関係をいかに構築するかだったが、そうではなく、観衆がいる空間自体をいかに構築し、彼らの意識に働きかけるかがここでの課題となった。

『刑法二一八条』では、舞台上でクレデの芝居が演じられる一方で、客席にいる俳優たちが討論をし、舞台と客席の出来事が照らし合わされることで、観客は、舞台で演じられるものは芝居であるということをはっきり意識するように仕向けられた。またあわせて、上演の場が戯曲の上演施設としての性格と集会場としての性格の両方を併せ持つことが示された。同じく『タイ・ヤン』でも、戯曲本編が始まる前、楽屋の場によって劇の枠組みが設定され、戯曲が上演される舞台上の空間と、それを包み込む劇場の内部空間、このふたつの空間のコントラストが際立たせられた。武次が指摘するように、このような空間の対照を通じ、観客の制度化された観劇意識が、そして劇場が戯曲の上演施設として機能するとされる演劇制度のありようが問われ、観客は上演に対する態度を改めざるをえなくなった(77)。

さらに、観客の態度を改めようとする工夫は、上演の開始時や上演中の出来事だけでなく、上演の幕切れについても同様にあった。たとえば『刑法二一八条』の場合、上演の結び、観客は条例に対する賛否を挙手で示すよう促されたが、これは戯曲本編が上演されたあとに行われた。つまり、戯曲自体の上演は完結しているが、上演全体としてみると開かれた幕切れで、結論は観客によって引き出されるようになっていた。上演全体の結びがどうなるかは、あくまで観客に委ねられていたと言っていい。すなわち観客は上演の結びに関しても、受動的に上演を享受する観客としての態度を改めるように迫られていた。第三次ピスカートア・ビューネの上演はこうして始めから終わりまで、観客に対する教育的な働きかけで貫かれていたのだった。

観客への教育的な働きかけの要素は、第一次・第二次ピスカートア・ビューネの演出にもあった。ただしそれは上演の要所要所に現われる形で示されており、ブレヒトの言い方に倣えば、「ピスカートアの上演あるいは『三文オペラ』上演での教育的要素は、いわばモンタージュ的に組み込まれて（einmontieren）いた。それらは全体から有機的に起こるものではなかった[78]」〔強調は原文のまま〕。これが第三次ピスカートア・ビューネになると、上演の教育的要素は、組み込まれて観客に提供されるものではなくなった。そうではなく、観客も演出の対象となり、教育的要素は、上演中、劇場内で起こる出来事の全体から生み出されるようになった。また劇場の機能は定義しなおされ、劇場はプロレタリアが自分たちの手で自分たちのために教育を行うフォーラムあるいは集会の場となった。

さらに、第二次ピスカートア・ビューネまでは観客の感性を刺激して彼らを能動化することが意図されていたが、こうした観客の能動化は第三次ピスカートア・ビューネになると、批評家ベルツナーの言葉で言えば「観衆の理性（Verstand）への働きかけ[79]（Appell）」によって行われるようになり、観客をある決まった政治的方向へあからさまに導こうとするものではなくなった。『刑法二一八条』についてみると、この上演は中絶禁止の不当性を客観的に証明し、観客を二一八条に反対する方向へ組織することを目的とし、上演中の討論に参加する登場人物はそれぞれさまざまな世界観の代表になって、人物各自の意見の内容は等価に扱われていた。これを裏づけるのが旅公演先のひとつの地方紙『シュトゥットガルト最新日報』による評である。いわく、「ここでピスカートアは賛成と反対のグループ分けに頑固一徹に固執したりなどまったくしていない。それどころか、彼は作品のなかで、論敵にも一定の客観性を与えている。全体はフリードリヒ・ヴォルフの『青酸カリ《シアンカリ》』などよりもずっと客観的である。どの敵もカリカチュア化されていない。だれもが最終的に十分な論証を勝ち得ている[80]」。こうしてさまざまな世界観が等しく客観的に示されたため、各登場人物が示す論拠のどれに同意するかは完全に観客各自の態度決定に委ねられた。あるいは『タイ・ヤン』では、一九三〇年前後のドイツの現状を暗示するさい、中国というテーマ設定や、観客の目の前で行われる場面転換、スライドやプラカード、演説によるコメントなど、直接にではなく距離を付して示す手法が用いられた。このことによって観客は、演じられる出来事を一定の心理的な距離を持って観察することになった。

ただし、こうして観客の理性に対する働きかけが行われる一方で、観客を俳優と同じ立場の、いわば集会の参加者にしようとする姿勢に明らかなように、観客に対する身体的・感覚的な働きかけも同時に行われていた。たとえば『タイ・ヤン』本編が始まる前の演出は、客席で俳優を演じさせ、観客が居合わせる現実に舞台上の出来事を関連させて観客の政治的意識を促そうとするものである。ハールマンは、ここでの俳優は「劇の登場人物」ではなく「登場人物を演じる俳優」として特徴づけられ、俳優が俳優として演じるその演技のために、観客は舞台上で示される出来事に対して距離をとるとしているが(81)、この演出はむしろ、戯曲に描かれている出来事を観客に身近なものに思わせるための方策と見るほうが適切である。

こうしてみると第三次ピスカートア・ビューネでの演出は、第一次・第二次ピスカートア・ビューネでのそれと比べ、観客の理性への働きかけを強めた点で一線を画していたが、叙事演劇とそれよりも前の旧来の演劇、双方の特徴を持っていたことでは共通していた。すなわち、資料や統計、講演、映画や幻燈によって観客の理性に訴えかける叙事的な手段は、さまざまな事実を示し、舞台で示される出来事の社会的・政治的・経済的関連について観客を啓蒙することを意図したものである。そして観客が資料や統計、講演、映画や幻燈によって示された論拠によって、自分たちが工場主やトラストから搾取・弾圧されていることを自覚したとき、そこでピスカートアは旧来の演劇のやり方と同じく、観客の意識を劇の世界にのめりこませ、彼らの感情を高揚させ、現実社会の不正の撤廃へ彼らを鼓舞しようとした。彼は、一方では感情移入の過大評価を否定して知性と認識に訴える演劇を主張し、他方では、上演中に起こる出来事に観客を参加させ、彼らに強い心理的影響を及ぼすことをねらっていた。つまり彼は演劇の叙事的形式を追求し続ける傍らで、啓蒙された観客を現実の変革へ動機づけるために、また階級闘争へ鼓舞するために、感情移入という旧来の手段と完全に決別することはしていなかった[82]。

ところで、ピスカートアとかつて共同作業をしていたブレヒトもこの一九三〇年前後、ピスカートアと同じく、劇場での体験を単なる娯楽に矮小化せず、観客に教育的効果を及ぼすことを意図して「教育劇」を構想した。ただしピスカートアが劇場での体験を日常での体験と同じくしようと努めたのに対し、ブレヒトは劇場での体験と日常での体験を厳然と区別した。第三次ピスカートア・ビューネの演劇の主目的は、上演の内容が観客の日常生活と単に結びつくだけでなく、観客の生活を改善するために必要不可欠な知識も示しているということを観客に納得させることだった。すなわち、上演と観客の結びつきを強調するために、観客の意識を劇の虚構の世界から引き離す試みが行われていた。これに対し、ブレヒトは、演じられる出来事に対して観客が距離をとることを軸に、観客の覚醒を促していた。つまりブレヒトの場合、冷静で客観的な観劇の態度がさらに追求されていた。また俳優の演技についてみると、第三次ピスカートア・ビューネの主な目標は、内容を簡明に演じ、それをできるだけ明快に観客に理解させることだった。これに対してブレヒトは、観客の注意を登場人物の性格から行動へと向けさせ、観客にそのつど、その代替案となる行動を見出させようとしていた。別の言い方をすれば、ピスカートアの観客は上演のさい、教えられるべきことを前もって嚙み砕かれ説明された状態で受容したのに対し、ブレヒトの観客は、示されたものを観客自身が嚙み砕いて説明できるようになるための訓練を行っていた[83]。

ピスカートアとブレヒトはこのように観客に対するアプローチを異にし、基本的な考え方の違いからこの一九三〇年前後、別々の活動を展開していた。とはいえ両者は、劇場の社会的機能を変え、観衆を教育しようとする意図の点では共通し、間違いなく互いにインスピレーションを与え合っていた。またブレヒトのほかにも、ピスカートアの制作方法——出来事を示すだけでなく、出来事に働きかけていく「社会学的ドラマトゥルギー[84]（soziologische Dramaturgie）」（ピスカートア）——は、『タイ・ヤン』の作者ヴォルフを始めとする同時代の劇作家たちにとって、強い刺激剤の役割を果たしていた。

（1）Vgl. Piscator (1986 [1929]), S. 113-114.
（2）当時の俳優の平均月収は五〇〇マルク、劇場の平均的な賃借料は年二〇～三〇万マルクだった（Vgl. Piscator (1986 [1929]), S. 113-114; Willett (1978), p.69 [ders. (1982), S. 34]）。
（3）Vgl. Piscator(1986 [1929]), S. 146.
（4）Vgl. Piscator (1986 [1929]), S. 113-114, vgl. auch: Fischer-Lichte (1993), S. 105; Schwind (1995), S. 60-61, Anm. 3.
（5）Vgl. Fischer-Lichte (1993), S. 99-100, 103.
（6）Kubsch, Hugo (1927): Hoppla, wir leben noch! – Zur Eröffnung der Piscatorbühne. In: *Deutsche Zeitung*. 9.1927 [EPS, Mappe 351].
（7）フェヒターは当時『ドイツ一般新聞』の文化部長。同紙そのものはやや右寄りだったが、彼の劇評は描写や具体的な説明に重きを置いていた（Vgl. Rühle (1988), S. 1164-1165）。
（8）Fechter (1927), a.a.O.
（9）Fischer, Hans W. (1927): Theater und Musik. Hoppla – wir leben! In: *Welt am Abend*. 5.9.1927 [EPS, Mappe 351].
（10）Piscator, Erwin: Über die Grundlagen und Aufgaben des Proletarischen Theaters (1920). In: ders. (1968b), S. 9-12, hier S. 12.
（11）Piscator (1986 [1929]), S. 63.
（12）Vgl. Fischer-Lichte (1993), S. 103; Taketsugu (1997), S. 42.
（13）Jung (1921), S. 218.
（14）Frankrin, Franz: [Titel unbekannt], in: *Rote Fahne*, 8.12.1924, zit. nach Piscator (1986 [1929]), S. 59.
（15）[anonym]: Wie es anfing, in: *Frankfurter Zeitung*, 1.4.1928, zit. nach Piscator (1986 [1929]), S. 67.
（16）[anonym]: [Titel unbekannt], in: *Neue Berliner 12 Uhr*, zit. nach Piscator (1986 [1929]), S. 68.
（17）この劇評が描写したような観客の反応は、一見、一九世紀末以来の、現実世界の忠実な再現を目指す自然主義演劇のそれに似る。たとえば観客のこうした反応を、藤田は「ピスカートアが否定していた感情移入の作用が実践において示されたことの皮肉な証言」と見る（藤田 (1965)、四頁）。だがピスカートアの意図は、俳優が演じる役に対して観客が感情移入することではなく、武次が指摘するように、観客が自分の過去の体験を現在にひきつけ、再び体験することだった。つまり観客は自分の過去の体験を思い起こし、現在の時点から過去をとらえ、歴史的経過をはっきりと理解することで、上演当時の現在においてどのように行動すべきかを学ぶものとされていた（Vgl. Taketsugu (1997), S. 41）。

（18）Piscator (1986 [1929]), S. 67.

（19）Piscator, Erwin: Bühne der Gegenwart und Zukunft (1928) [In: *Die Rote Fahne* (1.1.1928), Nr. 1] Auch in: Piscator (1968b), S. 32-37, hier S. 36-37.

（20）Cf. Ihering, Herbert: Erwin Piscator, in: *Das Tagebuch* (Berlin, 1926), No. 47, cit. by Innes (1972), p. 60.

（21）Vgl. Möbius (2000), S. 308.

（22）Vgl. Brecht, Bertolt: Zu: »Aufstieg und Fall der Stadt Mahagonny«, in: ders (1991), S. 74-86, hier S. 79.［ベルトルト・ブレヒト、野村修訳「オペラ『マハゴニー』への注釈」、石黒英男編『ベルトルト・ブレヒトの仕事2　ブレヒトの文学・芸術論』所収、河出書房新社、一九七二年、六〇頁］。ただし「要素のラディカルな分離」はブレヒトの場合には異化効果を生み出す基盤とされる一方、ピスカートアの場合は必ずしもそうではない。また異化という考え方はピスカートアによるものではなく、ブレヒト独自のものである。

（23）Hochdorf, a.a.O. なおこの批判的な表現の背景には、同紙が、ピスカートアに対してすでに距離を置いていたフォルクスビューネの支持母体・社民党の中央機関紙だということもある。

（24）Hermann Kienzl, *Leipziger Neueste Nachrichten*, 7.9.1927, in: Schwind (1995), S. 77, zu Kienzl vgl. auch: Rühle (1988), S. 1171.

（25）Steinthal, Walther (1927): Die Eröffnung der Piscatorbühne. Hoppla – wir leben. In: *12 Uhr-Blatt*, 5.9.1927 [EPS, Mappe 351] シュタインタールはジャーナリストで、一九二二年に『新ベルリーン新聞』を引き継いで『一二時新聞』とし、これを有力紙『日刊ベルリーン新聞（*B.Z. am Mittag*）』のライヴァル紙に育てた（Vgl. Rühle (1988), S. 1176）。

（26）Kubsch (1927), a.a.O.

（27）バラージュ（1984）、一〇一頁（訳は一部変更）。

（28）Jacobs, Monty (1927): Piscators Anfang. In: *Vossische Zeitung*, 5.9.1927 [EPS, Mappe 351], auch in: Rühle (1988), S. 792-794, hier S. 794.

（29）Kerr, Alfred: Ehm Welk: „Gewitter über Gotland". Volksbühne, in: *Berliner Tageblatt*, 24.3.1927, auch in: ders. (1982), S. 355-359, hier S. 358. またこの批評家アルフレート・ケルは『ゴットラントを襲う嵐』について、次のように皮肉をこめて評を続ける。

「これに対してどんな政治的態度をとるかということはほとんど重要ではない。感情そのものが事実となって（Gefühlstatsache）語り、語って、叫ぶ」。つまりケルの見方では、この上演は、観衆の興奮と叫びを顧慮すると、知性よりはむしろ感覚に訴えるものであり、舞台技術の革新という点はたしかに従来の演劇の枠をこえていたが、観衆を圧倒するスペクタクルという点では従来の演劇と大きな違いはないということである。

（30）Hochdorf, a.a.O.

（31）Kracauer (1958), S. 123.［クラカウアー (1970)、一九八頁参照］。

（32）平井 (1981)、二三〇～二三一頁。

（33）Adorno (1977), S. 233-234.［アドルノ (1985)、二六五頁（訳は一部変更）］。

（34）Steinthal (1927), a.a.O.

（35）Fechter (1927), a.a.O.

（36）さらに言えば、ピスカートアと同じ左派の芸術家についても、全員がピスカートアの仕事を歓迎していたわけではなかった（芸術に関する彼らの当時の理解はリアリズムが主流だった）。たとえば、雑誌『左旋回《リンクスクルヴェ》』はピスカートア・ビューネでの演出を総括して、「貧弱な内容から独立した、それ自体空疎な形式の独り歩き」（Die Piscator-Bühne, in: *Die Linkskurve*, 1 (1929), Nr. 2, S. 5.［森川 (1984b)、五八頁より］）、と手厳しい評価を下している。

（37）Piscator (1986 [1929]), S. 171, 226.

（38）Fechter (1927), a.a.O.

（39）Jacobs (1927), a.a.O., auch in: Rühle (1988), S. 792-794, hier S. 794.

（40）Bab (1928), S. 229.

（41）Rorrison (1980), S. 32; 森川 (1984a)、六頁、ゲイ (1999)、一九五頁参照。

（42）『ベルリーンの商人』の場合だけでなく、ピスカートア・ビューネでの一連の演出は技術的な困難に満ちてもいた。『ラスプーチン』の装置を準備するさいには舞台構築物の蓋が外れて落ち、『シュヴェイク』の稽古ではベルトコンベアの騒音が俳優の声量をこえ、『ベルリーンの商人』では可動式のブリッジが音もなく軽快に上下するはずが、これを動かすモーターの騒音が予想以上に大きく、動く速度も遅かった（Vgl. Piscator (1986 [1929]), S. 128-131, S. 229）。ピスカートアが思い描いていた舞台技術の水準は同時代の舞台技術のそれをはるかにこえており、この点で個々の演出は決して彼のイメージ通りのものではなかった。

(43) アジプロ演劇運動についてさらに詳しくは拙稿 (2007) を参照。

(44) 以下、第三次ピスカートア・ビューネ成立の過程については松本 (1984)、六四～六五頁、丸本 (1984)、二一頁を参照。

(45) バラージュ (1984)、一〇二頁（訳は一部変更）。

(46) Strasser, Alex: Film auf der Bühne, in: *Filmtechnik Berlin,* 28.9.1929, S. 417-419, auch in: Boeser/Vatková (1986a), S. 253-258, hier S. 257f.

(47) Kerr, Alfred: Toller: „Hoppla, wir leben!" Eröffnung der Piscator-Bühne (Nollendorfplatz). In: *Berliner Tageblatt,* 5.9.1927 [EPS, Mappe 351] Auch in: ders. (1982), S. 371-375, hier S. 374f.

(48) Brecht (1975 [1934]), S. 193. なお、この言葉が記されている稿「私の演劇について（Über mein Theater）」は、一九三四年三月三〇日にデンマークの新聞『Ekstrabladet』紙上に「滑稽な悲劇、悲しい滑稽劇（Komische Tragödie, trauriges Lustspiel」の表題で掲載された、ルート・オットー（Luth Otto）との対話にもとづくもので（ドイツ語訳はカトリン・クレル（Kattrin Kröll）による）、最新のブレヒト全集（Brecht (1989-2000)）には収められていない。

(49) 武次 (1992)、六五頁。

(50) 以下、戯曲『刑法二一八条』とその上演については次を参照。Knellessen (1970), S. 175、武次 (1992)、六六～六七頁、Taketsugu (1997), S. 45-46。なお『刑法二一八条』の次の演出作品『皇帝の苦力』（一九三〇年八月初演）も同じヴァルナー劇場で上演された（松本 (1984)、六四～六五頁参照）。

(51) 武次 (1992)、七四頁注参照。

(52) Blätter der Piscatorbühne, Nr. 8, S. 8.［武次 (1992)、六七頁注28より］。

(53) Vgl. Dehmel, Heinrich: Ärzte, Frauen und der § 218. In: *Die Weltbühne,* Jg. 26 (Berlin 1930), Nr. 20, S. 725-728.

(54) *Stuttgarter Neuestes Tageblatt,* 7.2.1930, zit. nach Taketsugu (1997), S. 46.

(55) 平井 (1994)、三一六～三一七頁参照。

(56) Haas (1960), S. 156.

(57) A.A. [Alexander Abusch]: Der ruhmvolle Vorbote der kommenden deutschen Sowjetunion. Des Kaisers Kulis meutern Reichpietsch und Köbis auf der Bühne – Piscators neuer Durchbruch, in: *Rote Fahne,* 2.9.1930, aus: Hoffmann (1980), Bd. 1, S. 216-217, hier S. 217.［ホ

フマン／クラット(1986)、一一七～一一八頁参照（訳は一部変更）」。
(58) Piscator, Erwin: Nachwort [zur sowjetischen Ausgabe des Politischen Theaters] (1934), in: ders. (1980), S. 112-121, hier S. 120.
(59) 以下、『タイ・ヤンは目覚める』上演テクストの成立については次を参照。Pollatschek (1958), S. 351、松本(1984)、六七～六九頁および七五頁注12、山口(1988)、六九頁以降。
(60) 松本(1984)、六七頁参照。なおこの結びは、追って間もなく成立するブレヒト作『母』（第一版、一九三一年成立）の内容の一部に酷似している。
(61) Piscator (2005), S. 190-195, hier S. 191.
(62) 以下、改訂の内容については松本(1984)、七〇～七二頁を参照。
(63) 改訂は稽古に入ってからも行われた。あるときには、ヴォルフがピスカートアとの討論後、落胆して舞台から急ぎ立ち去ると、別の者に「早くもどってこいよ、君の台詞が一文そのまま舞台で話されているぞ！」と呼び戻されたという（Vgl. Pollatschek (1958), S. 351）。
(64) この装置は歌舞伎の花道を連想させるが、その背景には筒井徳二郎一座による一九三〇年のベルリーン公演があったこと、ピスカートアがこれを観ていたことが可能性として考えられる。
(65) 以下、『タイ・ヤン』の上演と反響については次を参照。Pfützner (1966), S. 113-115、平井(1982)、三一〇頁、松本(1984)、七一～七四頁、武次(1992)、七一頁、平井(1994)、三七七頁。
(66) 俳優を重視するこの方針を、すでにピスカートアはヴォルフにあてた本文前出の手紙で次のように明言していた。「わたしはすべてが〈最小限の手段〉で演じられるのを想像しています。ひとつの演じる装置（spielender Apparat）ではなく、演じる俳優たち（spielende Schauspieler）を。彼らが今回、選り抜きの身振りで伝えることになります。あの中国で、わたしたちの知識にとって必見のものや必要不可欠なことを」（Piscator (2005), S. 190-195, hier S. 194）。
(67) Vgl. Georg, Manfred: Tai Yang erwacht. Chinesische Revolutionshistorie im Wallner-Theater, in: [Quelle unbekannt, vermutl. *8 Uhr-Abendblatt der National-Zeitung*], 16.1.1931. [EPC, Mappe 357].
(68) *Rote Fahne,* Nr. 22/1931, zit. nach Pfützner (1966), S.115, Anm. 50.
(69) Georg, a.a.O.
(70) Piscator, Erwin: Theater und Kino [In: *Das Internationale Theater,* Jg. 1 (Moskau 1933), Nr. III, S. 11-13] In: ders. (1968b), S. 93-97, hier

S. 93.
（71）Vgl. Piscator (1986 [1929]), S. 42.
（72）Piscator (1986 [1929]), S. 186.
（73）Meyerhold (1928).
（74）Brecht, Bertolt: Zum zehnjährigen Bestehen der A-I-Z (1931), in: ders. (1989-2000), Bd. 21, S. 515.
（75）Kubsch (1927), a.a.O.
（76）Piscator (1986 [1929]), S. 185-186.
（77）武次（1992）、七三頁。
（78）Brecht, Bertolt: Über experimentelles Theater (1939/40), in: ders. (1993a), S. 540-557, hier S. 546.
（79）Emil Belzner, *Neue Badische Landeszeitung* 25.11.1929, zit. nach Taketsugu (1997), S. 46.
（80）*Stuttgarter Neuestes Tageblatt*, Stuttgart 2.7.1930, zit. nach Taketsugu (1997), S. 46.
（81）Vgl. Haarmann (1991), S. 60.
（82）藤田（1965）、一〇頁、Buehler (1978), S. 91, 100、松本（1984）、七三頁参照。
（83）Vgl. Buehler (1978), S. 132, 153-154, 157.
（84）Piscator (1986 [1929]), S. 122.［ピスカートル（1971）、三一一頁参照］。

第Ⅱ部　ソヴィエト・ロシア期——政治演劇の理想の地とその現実

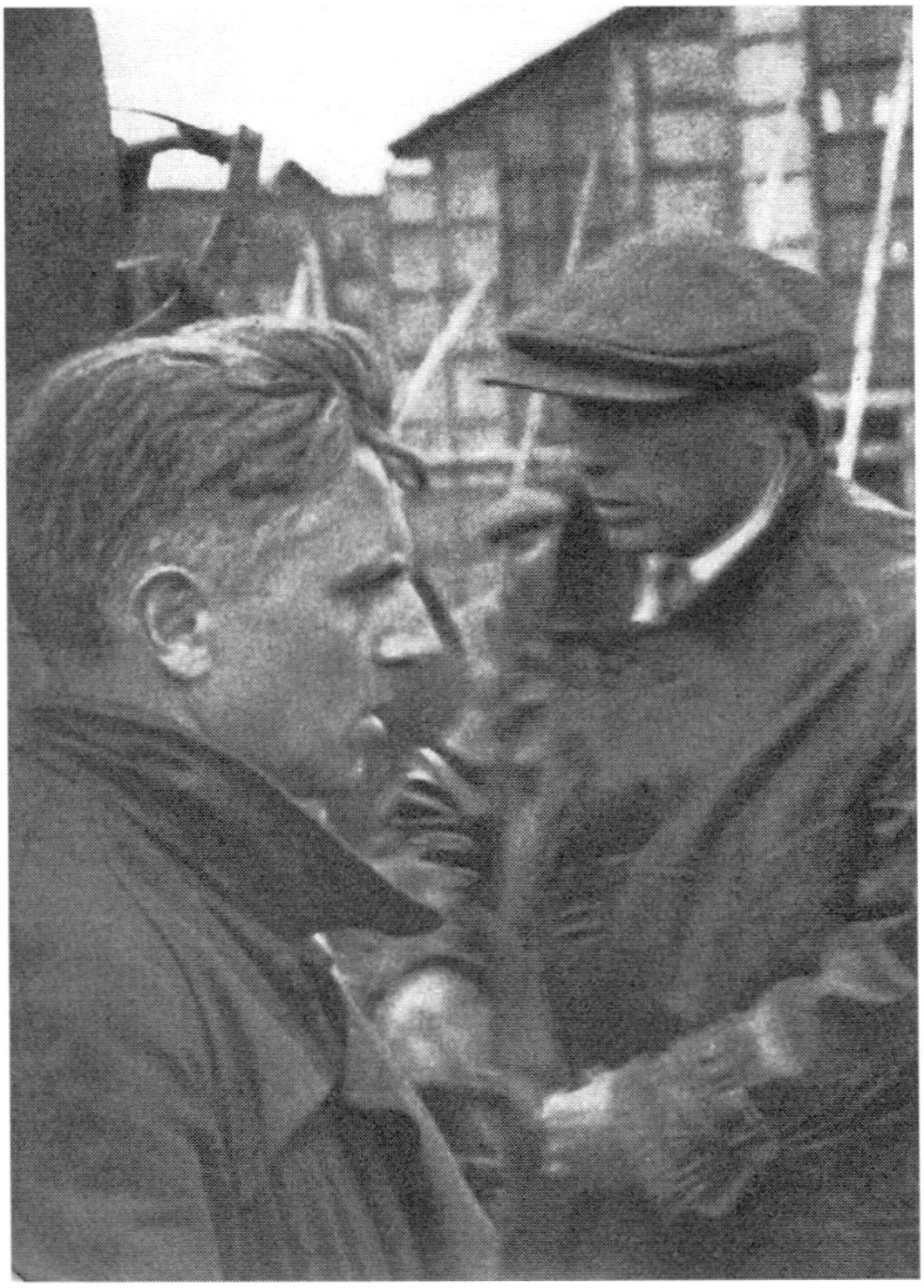

一九三一年ごろのピスカートア（左）。映画『ザンクト・バルバラの漁民の反乱』撮影時（Boeser/Vatková (1986b), S. 4）。

ピスカートアは一九三〇年前後になると、前章で扱った演出の仕事を展開する一方で、活動拠点をドイツの外へも求めていた。その場所とは、政治演劇が構想される大きなきっかけとなった革命の起きた土地ソヴィエト・ロシアである。かねてから映画制作の構想を温めていた彼は、すでにソ連でその仕事を始めたのだが、ヒトラーによる政権掌握を受けて、そのまま亡命生活に入ることになった。

映画の完成後、彼は国際革命演劇同盟（略称IRTB〔独〕およびMORT〔露〕）の代表に就任し、ソヴィエト領内の、ドイツ人移民が多く住むヴォルガ・ドイツ人自治ソヴィエト社会主義共和国に新たなドイツ語劇団／劇場の設立を計画する。さらに同盟代表として各国の演劇団体と接触するためにパリへ向かうが、滞在中にスターリンによる粛清が始まり、ソヴィエトへ戻ることを断念、あらためて次の活動の場を模索する。

ピスカートアは、このソヴィエト・ロシア期に舞台の演出を手がけることは最終的になかった。彼が再び舞台を演出するのは、さらに次の亡命先であるアメリカに渡ってからの一九四〇年代のことである。したがってこの第Ⅱ部は舞台演出を扱ったものではないが、ここで取り上げる彼の仕事の数々は、続くアメリカ（第Ⅲ部）および西ドイツ（当時、第Ⅳ部）での仕事の大きな背景であり、省くことはできない。

以下は彼がドイツを離れてからアメリカに渡るまで、ほぼ一九三〇年代の全体にわたる約一〇年間の仕事を三つの時期に分けて追う。すなわち、

(1)映画制作の時期（一九二九〜三四年／第5章）
(2)国際革命演劇同盟の代表として仕事をした時期（一九三四〜三六年／第6章）
(3)パリを拠点にしてその後の活動を模索した時期（一九三六〜三九年／第7章）

である。

第5章　映画の制作——報われぬ仕事、計画どまりの仕事

前章で述べたように、一九三〇年代に入りナチスが台頭すると、ピスカートアは対抗勢力の形成を促す舞台『タイ・ヤンは目覚める』（一九三一）の制作を手がけたが、その一方、同じ意図から劇映画『ザンクト・バルバラの漁民の反乱』（以下『漁民の反乱』）の制作にも着手していた。(1) これはアンナ・ゼーガースの同名の小説（一九二八）を原作としたロシアとの共同制作による映画化で、この仕事のためにピスカートアは一九二九年から——つまり第三次ピスカートア・ビューネが発足する前後から——しばしばロシアへ赴き、三一年には完全にドイツを離れ、翌三二年に撮影を開始した。また並行して彼が一九三〇年に演出した舞台『皇帝の苦力』の映画化も計画されていたが、これは映画化権がすでにパラマウント社に渡っていたために実現しなかった。(2)

このように当時のピスカートアは活動の場を映画へと広げつつあったが、劇映画の制作は彼にとってまったく初めての経験ではなかった。というのも、彼は舞台演出で繰り返し映画を導入するなかで、記録映画だけでなく劇映画も使用し、その制作に相当の時間を割いていたからである。だから彼が一九三〇年前後、舞台ではなく映画の制作を考えたことは何ら不思議なことではなく、むしろそれまでの彼の活動から見て自然な流れと言えた。

5.1 独ソ共同制作映画『ザンクト・バルバラの漁民の反乱』（一九三四）

国際労働者支援会（IAH）とメジュラッポム社

『漁民の反乱』はロシアの映画会社メジュラッポム社による制作だが、同社の前身はドイツの〈国際労働者支援会〉（略称IAH）だった。一九二一年に設立された同会はその後の二年間で大々的に映画産業へ進出し、エイゼンシテイン監督の『戦艦ポチョムキン』（一九二五年、ドイツ公開一九二六年）ほか、主要なソ連の映画を配給した。そして三〇年代になると、プロメテウス社を引き継いで（同社は一九三二〜三二年にブレヒトとエルンスト・オットヴァルト脚本、アイスラー音楽、スラータン・ドゥードウ監督の映画『クーレ・ヴァンペ』を制作）、映画制作そのものにも乗り出し、モスクワでの制作を開始してロシア語名のメジュラッポム社を称した。ピスカートアは一九三一年にロシアに到着後、ただちにメジュラッポム社に籍を置いた。

一九三〇年前後、当時のソ連では第一次五カ年計画が進展し、新都市が建設されるとともに、『戦艦ポチョムキン』や『アジアの嵐』（一九二八）といったロシア映画が世界的に成功したことで、対外的な文化交流が開放される機運があった。これを受けて多くのドイツ人芸術家が、ナチスの台頭と並行してドイツでの制作環境が不自由になる一方だったこともあり（たとえば突撃隊の直接行動による妨害）、ソ連へと移住しはじめていた。

この移住の背景には、ドイツがソ連を国家として最初に承認し（一九二二年四月、ラッパロ条約）、独ソ間で友好中立条約（一九二六年四月）が締結されて以後、両国の関係が発展し、独ソの劇団が互いの相手国で公演を行うなど、文化交流がすでに盛んだったこともある。(3) さらに、世界共産主義を支持する「共産主義の世界結社」という考えから、ドイツの共産主義者を手助けする人々が世界各地におり、さまざまな組織が、あるいはロシアの作家・映画脚本家のセルゲイ・トレチヤコフといった個人が、ドイツ人芸術家のソ連への招聘を仲介した。なかでもメジュラッポム社はこの動きに大きく肩入れし、自社制作映画の作家・監督・俳優にすべてドイツ人を起用するなどしていた。あるいはベルリーン出身の国際労働者支援会のアジプロ隊〈コロンネ・リンクス（「左縦隊」）〉のように、活動の場をソ連にまで求め、そのままソ連にとどまった人々もいた。理由はひとえに、ナチスが一九三三年に政権を掌握して全権委任法を制定、これによって共産党をはじめとする他政党が、また多数の労働組合が解体させられた結果、これらを後ろ盾としていた左翼演劇人がドイツで活動できる可能性が完全に潰えたからだった。ピスカートアも同じ理由から、『漁民の反乱』の撮影中にドイツを完全に離れる決断をし、ソ連での亡命生活に入った。(4)

原作の内容の変更

メジュラッポム社は当初、『漁民の反乱』のドイツ語版とロシア語版を制作し、両方の版でドイツ人俳優パウル・ヴェーゲナーを反乱のキーパーソンであるケデネク役として出演させる方針だった。またヴェーゲナーにくわえ、ドイツ側の出演者としてロッテ・レーニャやレーオ・ロイスが参加した。

撮影は一九三二年一一月半ばに黒海沿岸の町オデッサ――これに先立つ映画、エイゼンシテインの『戦艦ポチョムキン』のクライマックスの場面で知られる――で開始される予定で、三ヶ月の日程が確保されていた（オデッサのほかに北極圏の港町ムルマンスクで数場面が撮影され、スタジオ撮影はごくわずかだった）。だがこの三ヶ月間に実現されたものは少なかった。ピスカートアの助監督兼通訳を務めていたアーシャ・ラツィスによれば、(5)特殊なレンズを入手するために何週間も待ったり、漁民の町のセット（自作の展覧会のためにモスクワに到着したばかりだったハートフィールドにピスカートアが制作を依頼）が完成直前に強風で壊れ、建て直しになったりした。さらに三三年一月、主演のヴェーゲナーがドイツ・ダルムシュタットで『ファウスト』のメフィストを演じる契約のために離脱した。これによりヴェーゲナーが独露両方の版で出演するという当初の計画は実現せず、ドイツ語版

図 17 『ザンクト・バルバラの漁民の反乱』聖職者の演説の場面 (Haarmann (2002), S. 45)。

は未完成に終わったが、一方、ロシア語版の制作は順調に進行した。こちらは一九三四年に完成し、一〇月五日にモスクワで公開された(6)。

映画の内容は次の通りである。船主ブレーデルの船の上で、船員たちが非人道的な労働条件に抗議してストライキを決行、かたや組合から派遣されてきた活動家のフルがプチブル的なザンクト・バルバラの漁民を説得し、ストライキへの理解を求めるが、これが失敗する。一方、ブレーデルは軍の支援を仰ぐが、漁民のひとりケデネクがそのさいに射殺されてしまう。まもなくケデネクの埋葬が行われるが、式が執り行われている墓へ、禁止されていたにもかかわらず群衆が押し寄せる。勿体ぶって冗長な話をする聖職者〔図17〕の前でケデネクの妻が聖書を引き裂くと〔図18〕、それをきっかけに反乱が起きる。ブレーデルが辛くも逃げのびるあいだ、船員たちは漁民を権力闘争へと鼓舞し、活動家フルは「パンをめぐる闘いを、権力をめぐる闘いに変えるのだ!(7)」と叫ぶ。追って、抑圧者に対する闘争への参加を被搾取者に求める内容のシュプレヒコールが行われ、映画は結びとなる〔図19〕。

ただし上記の内容は原作のそれをピスカートアが抜本的に改変したものだった。ゼーガースの小説は、ケデネクの埋葬についてはごくわずかしか触れず、また彼の死によって漁民たちの反乱は敗北へと向かうが(しかも反乱の失敗は小説の冒頭で読者に告知される)、ピスカートアの映画では逆に、ケデネクの埋葬が出発点となって葬礼の共同体が闘争的なそれに変わり、反乱は勝利に至る。反乱を成功させることで、ピスカートアは映画のメッセージを反ヒトラー・反ナチスの人民戦線のための意気揚々としたアピールにしたのだった。

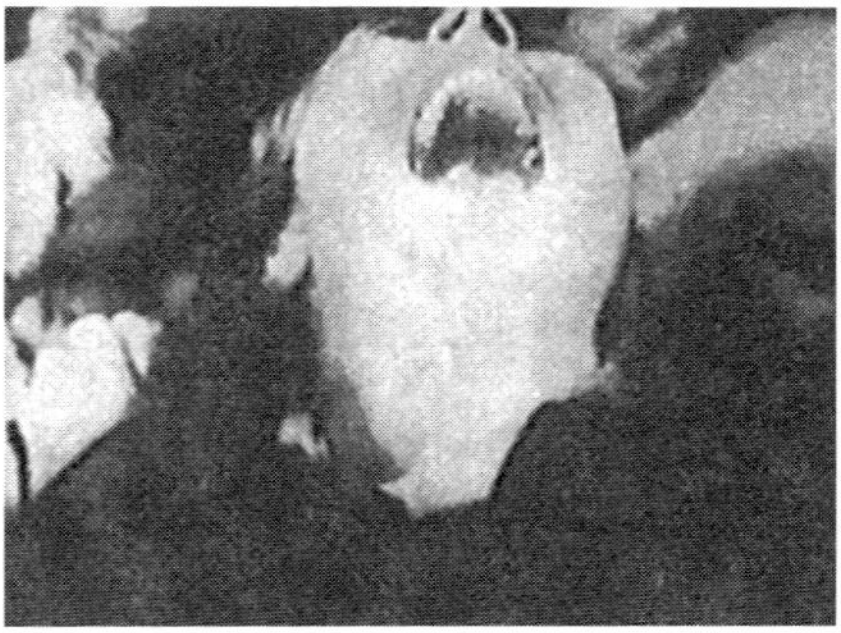

図18　同、ケデネクの妻が聖書を引き裂く場面 (Haarmann (2002), S. 45)。

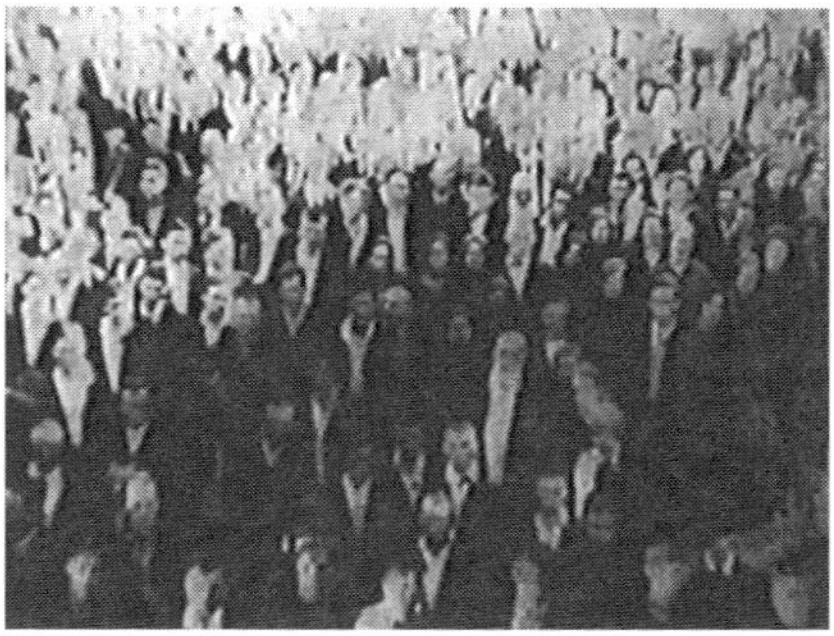

図19　同、最終場面 (Vgl. Schofer (2001), S. 125)。

くわえて、ゼーガースの原作に具体的な時代や場所に関する情報はないが、ピスカートアは反ナチスという立場を明確にするため、原作にはまったく現われないナチ党員を登場させた。この党員は食堂で漁民たちと議論をするが、場違いな存在として描かれ、最後に食堂から追い出される。この場面を始め、ナチスは徹底的に揶揄される。またケデネクの墓前でスピーチをする聖職者も蔑視の対象となっている（『シュヴェイク』の演出が想起される）。聖職者は船主ブレーデルの側につき、資本主義を代表し、そのスピーチで「兵士たちが権力である。そして権力だけが神の認めた権利である」と述べ、この瞬間、決定的に漁民たちを敵に回す。追ってケデネクの妻マリーが聖書を引き裂くが、これが宗教からの離反を示す。こうした一連の流れによって、資本主義者と手を組んで権力や既得権益を守ろうとする教会の役割が批判される。

さらに、ゼーガースの小説ではフルやケデネク、マリーといった登場人物それぞれについての詳細な描写が前面に出されているが、映画『漁民の反乱』の場合、「強調されるべきは群衆の運命（Massenschicksal）であって、個人の運命（das individuelle Schicksal）ではない」[8]と当時のピスカートアが言明するように、登場人物はしばしば特定の社会的立場を体現するものとして描かれている。ここで重視されたのは、漁民がプロレタリアートに属すことを示すこと、そして漁民と船員すなわち革命的労働者層との連帯が不可欠であることを示すことだった。漁民と船員、それぞれの共同体の連帯を示し、そのことによって労働者共同体の意識を観衆のなかに呼び覚まし、彼ら観衆に共産主義運動への積極的参加を、また資本主義者と国粋主義者に対する闘争にさいしての団結を呼びかけることが目指されていた。

原作からの上記のような一連の内容変更は、一九二〇年代初め、プロレタリア劇場のころのピスカートアの制作姿勢の延長線上にある（第1章参照）。当時の彼は「作者の傾向を第一とすることは必ずしも必要ではない」と断言し、また「場合によっては、削除、特定の箇所の強調、時には全体を明確にするプロローグやエピローグをつけ加えるというように、作品が変えられることもある」として、「このようにして世界文学の大部分は革命的プロレタリアの関わる事柄に役立つようにすることができる(9)」と主張していた。またこの処理は、たとえば一九二六年の『群盗』演出での手続きにも似る。つまり、まず観衆に対する宣伝および政治的動機づけという目的があって、原作はあくまで政治的メッセージを伝える演出のための素材としてとらえられて、目的に適うように手が加えられる。映画『漁民の反乱』制作のさいもピスカートアは同様の手続きをとり、原作の内容を変更することをまったく躊躇しなかったのだった。

右のような内容変更に即して、撮影の重点も、登場人物個々の描写より反乱の描写に置かれた。荒廃した風景、船舶組合の事務所、ケデネクの埋葬といった場面を撮影することに多くの労力が割かれた。たとえばストライキの場面には一二〇〇人もの漁民が登場した。あるいはケデネクの埋葬場面では、参列する何百人もの漁民のシルクハットが嵐で吹き飛ばされるが、この漁民を演じるエキストラのためにシルクハットがモスクワから取り寄せられたりした。

需要の読み誤り、タイミングの不運

こうして一九三四年に完成した映画『漁民の反乱』だが、その内容はこれに先立つ一九二〇年代後半のソヴィエト・ロシア映画の流れを汲むものと位置づけられる。ただ、これらの映画が制作される背景となっていた革命闘争の時代は、もはや一九三〇年代半ばには過ぎていた。いまや観衆は、社会闘争や農民の反乱といった、群衆がキーワードとなるような内容よりもむしろ、個々人が同時代の複雑な社会環境のなかで生き抜くことを示す内容を求めており、いわゆる革命映画には飽きていた。批評家オーシプ・ブリークは次のように記している。

ソヴィエトの観客はここに、自分にとって新しいものは何も見出さないだろう。型に嵌った考えそのままに、外国の資本主義者やプロレタリアを演じる俳優を見るだろう。階級闘争のむき出しの図式を見て取るだろう。〔中略〕『漁民の反乱』は熱情的な（pathetisch）映画である。熱情的なトーンですべての場面が描かれ、これが最初から最後まで続く。熱情（Pathos）は特定のクライマックスで勢いよく現われれば良いが、絶え間なく投与されれば、それは熱情としてではなく、誇張として感じられるだろう。〔中略〕生き生きとした人間には、この映画で出会うことはないだろう。スクリーン上を、様式化された男女の主人公や悪役が駆け抜け、彼らは相応の情熱（Leidenschaft）で飾られている。(10)

これと同様、ほかの批評家たちの評価もおおむね否定的だった。なるほど、たとえばロシアの映画監督プドフキンはピスカートアを擁護した。彼は『漁民の反乱』を「リアリスティックな作品」だと言い表わし、「その主人公たち個々の描写の、実生活への近さ、真実らしさは、革命の熱情（Pathos）の邪魔をしてはいない。これはひとつの傾向芸術であり、この芸術は観客に革命的闘争のための準備をさせる」と評価した。さきの批評家ブリークに対しては、「信頼のおける教養豊かな批評家であろうとしているオーシプ・ブリークが、〔中略〕安っぽくヒステリックで、イエロー・プレスのにおいのする走り書きで登場している(11)」と非難もした。だがこうした声は少数派だった。『漁民の反乱』は結局、一般の映画館では上映されず、これをドイツで公開することも、もはや配給のルートがなかったために叶わなかった。『漁民の反乱』のドイツ公開によって反ナチスのプロパガンダの効果を期待することはできず、それればかりかロシアでも、公開されはしたものの反響は小さかった。

5.2　反ファシズム映画の制作・巡回上映計画

映画『漁民の反乱』のプロジェクトは以上のように、大きな成功を収めることなく終わった。一方、ドイツではいまやナチスが政権をとり、共産主義に共鳴する芸術家が拠りどころとしていた組織の解体や再編が徹底的に行われ、ピスカートアがかつてのようにドイツで活動する道は断たれていた。では彼が次の一歩として取り組んだ仕事は何だったのだろうか。

実のところ、『漁民の反乱』の撮影中、ほかの複数の映画制作計画が並行していた。たとえば過去に舞台で演出された『シュヴェイク』の映画化がそのひとつで、ピスカートアはブレヒトにあてた手紙（一九三三年八月一日付）で彼との仕事を望み[12]、レフ・トルストイ原作『戦争と平和』の映画化で実際に共同作業をしようともしていたが（一九三六年六月、ブレヒトからピスカートアへの手紙[13]）、これらは実現せずに終わった。またこのように小説を原作とした劇映画とならんで、記録映画の制作も計画されていた。これはソヴィエト領内に当時あったドイツ人移民の自治共和国、ヴォルガ・ドイツ人自治ソヴィエト社会主義共和国[14]のロシア革命以来の発展を描く記録映画で、共和国の集団農場での訓練に関する映画がそれである。ピスカートアはメジュラッポム社を説得し、脚本を担当するオットヴァルトと同社との契約締結までこぎつけた。だがピスカートアはオットヴァルトの仕事が表面的だと判断し[15]、一九三五年末、この仕事をハンガリーの作家ユーリウス・ハーイに委ねた。ハーイは映画の舞台となる場所をピスカートアと視察し、脚本を書いたが、『真実の映画』という仮題のこの映画は結局撮影されなかった[16]。

ただ、こうした一連の映画制作計画があったなかで最優先とされていたのは、反ファシズムを訴えるプロパガンダ用の短編映画を制作することだった[17]。『漁民の反乱』完成後、メジュラッポム社はピスカートアに次の長編映画を制作するように促したが、ピスカートアはむしろ反ファシズム短編映画の制作を提案した。実際のところ、短編のほうが早く制作でき、時局に即した効果が期待できた。ピスカートアはおそらく、『戦艦ポチョムキン』の流れを汲む回顧的な革命映画がもはや時流にそぐわないことに、遅ればせながら気づいていた。彼が提案した短編映画の内容は、「長いナイフの夜」として知られる、実際に起きた、ナチスによるある高官の殺害をめぐるエピソードで、被害者である高官の灰を入れた壺が、埋葬経費や壺代その他の請求書とともに未亡人に送られるというものだった[18]。

このアイディアはメジュラッポム社に受諾され、これを機にピスカートアはある計画を展開した。すなわち、こうした短編映画をさまざまな集団が制作し、吹き替えをし、集団みずからが制作・演出する舞台作品とあわせて巡演に出るという計画である。これを実現するためにピスカートアは多くの人々と熱心にコンタクトをとった。なかには当時政府系新聞『イズベスチヤ』の編集長だったニコラーイ・ブハーリンもいた。またソ連共産党中央委員会第一書記だったラーザリ・カガノーヴィチとも協議が行われた。だがカガノーヴィチが映画の楽観的な結末に固執した一方、ピスカートアはハリウッドのハッピー・エンドの物語と同列視されることを憂慮したため、その後の展開はなかった[19]。くわえて当時は共産党の宣伝の役目を負う芸術家の数がちょうど削られつつあったところであり、それと並行してメイエルホリドやアレクサンドル・タイーロフのような実験的な舞台演出家が厳しく批判されてもいた。ピスカートアも同様、実験的な舞台演出家として知られ、それが理由で彼の提案が受け容れられなかったのかもしれない。ピスカートアは訪問や会議、会見に時間を費やしたが、結果としてその努力は実らなかった。

以上のように、ソヴィエト・ロシアでのピスカートアは映画制作に深く関わっていった。とはいえ仕事の軸足を舞台から映画へ完全に移そうとしていたわけではなく、上記の通り、複数の集団が短編映画と舞台作品を制作して巡演に出るという構想を実現させようとしていた。つまり映画と舞台の仕事を同時並行で行う可能性が探られていたのだが、結局その可能性は見出されなかった。映画制作の計画も『漁民の反乱』のあとは実現に至らず、この時期の彼は最終的に、舞台演出家としても映画監督としても満足な仕事ができずにいた。[20]

では、ピスカートアが必要とされる場は当時のソヴィエト・ロシアにはまったくなかったのだろうか。そのようなことは決してなかった。このころの彼には実のところ、舞台や映画の演出よりも、国際組織の中心人物としての活動が求められていた。映画『漁民の反乱』が完成した一九三四年、彼は〈国際革命演劇同盟（ＩＲＴＢ／ＭＯＲＴ）〉の議長に推挙されてこれを受け、以後数年間、世界各国の左翼演劇人を組織化することに尽力した。これは世界中に散り散りになっていた演劇のつくり手たちを連携させ、反ファシズム演劇をつくるための環境を整えるという大仕事だった。

（1）以下、『漁民の反乱』の制作過程と内容については次を参照。Ottwalt (1934); Goertz (1974), S. 91-94; Willett (1978), pp. 127-131 [ders. (1982), S. 83-86]; Goergen (1993); Hintze (1993), S. 59-60; Schemel (2001); Schofer (2001), S. 119-125; Haarmann (2002); Arnold (2003), S. 63-80; Diezel (2004).

（2）Vgl. *Film-Kurier*. Berlin, Nr. 90, 18. 4. 1930, in: Goergen (1993), S. 18; Gespräch mit Piscator. In: *Moskauer Rundschau*, Jg.2 (5.10.1930), Nr. XL. [Interview: Lotte Schwarz; auch in: Piscator (1968b), S. 75-76, hier S. 75; Goertz (1974), S. 91.『皇帝の苦力』の映画化が実現しなかった理由としては、ちょうどこのころにピスカートアが離婚し、妻だったヒルデが『皇帝の苦力』の作者プリフィーアと結婚したことも挙げていいかもしれない（Vgl. Schemel (2001), S. 110, Anm. 9）。

（3）Vgl. Arnold (2003), S. 48.

（4）このほか、同様の背景から当時のソ連で亡命ドイツ人が制作した映画として、グスターフ・フォン・ヴァンゲンハイムの『闘士たち』（一九三五／三六）やヘルベルト・ラッパポルトの『マムロック教授』（一九三八、フリードリヒ・ヴォルフ原作）がある（Vgl. May/Jackson (2001); Arnold (2003)）。

（5）Lacis (1971), S. 74-76. ラツィスは一八九一年、ラトヴィアに生まれ、一九一四年からモスクワで俳優術と演出を、のちに映画を学んだあと、一九二〇年代初めに演出家・俳優としてドイツに滞在し、ミュンヒナー・カンマーシュピーレ（「ミュンヒェン室内劇場」）でブレヒト作『イングランド・エドワード二世の生涯』の演出助手を務めた。二八〜三〇年はベルリーンのソ連大使館で通商部映画局長として働き、戦中はソ連で収容所に送られた。戦後の五〇年代になると演出家としてラトヴィアの舞台でブレヒト作品を演出した。

（6）なおゲルツによれば、ここまでの三年という撮影期間は、当時のソ連の物資調達や輸送の事情を考えれば決して長くはないという（Goertz (1974), S. 91）。

（7）Vgl. Schofer (2001), S. 125.

（8）Gespräch mit Piscator, mitgeteilt von Miloš Hlávka [Rozmluva s Piscatorem. In: *Rozpravy aventina*, Jg. 9 (1933-1934), Nr. XIV, S. 121f.] In: Piscator (1968b), S. 110-112, hier S. 111.

（9）Piscator, Erwin: Über die Grundlagen und Aufgaben des Proletarischen Theaters (1920). In: ders. (1968b), S. 9-12, hier S. 9.

（10）Brik, Ossip: Aufstand der Fischer (Wosstanije rybakov). Früchte des Separatismus. [In: *Kino*, Moskau, 22.5.1934] In: Haarmann (2002), S. 126-129, hier S. 126-127.

（11）Pudowkin, Wsewolod: Wladimir Schejderow, Boris Barnet, Alexander Andrijewski, I. Mutanow. [In: *Iswestija*, 10.6.1934] In: Haarmann (2002), S. 129-131, hier S. 130.

（12）Vgl. Piscator (2005), S. 262-263.

（13）Vgl. Brecht (1998a), S. 555-556, hier S. 555.

（14）同国はモスクワから南東へ約七五〇キロ、現在のカザフスタン国境に近い場所にあった。この場所には一八世紀以来、ドイツからの移民が多く暮らし、一九二四年に自治共和国が成立、一九三〇年代中葉の当時は工業化が大きく進められていた。なお第二次世界大戦中に住民は強制移住させられ、こんにち同国は存在しない（ゲルマン／プレーヴェ (2008)、特に第六章「ヴォルガ川流域のドイツ人自治領」、一一三〜一六七頁）。ウィレットによれば、一九三五年当時、約六五万人が住み、うち三分の二が一八世紀のドイツ移民の出だったという (Cf. Willett (1978), p. 136 [ders. (1982), S. 91])。

（15）Vgl. Reich (1970), S. 337.

（16）Vgl. Hay (1971), S. 195-202, 207-209; Arnold (2003), S. 57.

（17）以下、反ファシズム短編映画の制作および巡回上映計画については次を参照。Reich (1970), S. 337-339, 346-348; Goertz (1974), S. 91-92.

（18）Vgl. Reich (1970), S. 339.

（19）ここに通訳として居合わせていたライヒによれば、カガノーヴィチは「中央委第一書記である彼の見解をピスカートアがあえて受け入れなかったことにぎくりとし、顔色を青白くしたり赤くしたりした。どっしりとしたカガノーヴィチが反射的にたじろいだ。だが彼は平静を保った」という（Reich (1970), S. 348）。

（20）ピスカートアがソヴィエト・ロシアで舞台演出家として活動する可能性を見出せなかった理由としては、彼が現地の生活や演劇文化にあまり親しもうとしていなかったことも指摘される。当時の協力者ライヒは、劇作家ヴォルフがソ連の生活に順応しようとしていた努力について綴るなかで、すべての人々がヴォルフのようにしていたわけではなかったと記しているが（Reich (1970), S. 315）、まさにピスカートアはその順応に後ろ向きのひとりだった。ウィレットによれば、ピスカートアはつねにロシアの演劇シーンの外におり、モスクワでは映画『漁民の反乱』に出演したロシア人女優ヴェーラ・ヤヌコヴァとホテルで暮らしていたにもかかわらず、ロシア語を学ぼうとはしなかったという（Cf. Willett (1978), p. 139. [ders. (1982), S. 95]）。

第6章　演劇制作環境整備の努力

6.1　国際革命演劇同盟での仕事

実のところ、先に述べた映画制作ばかりがピスカートアのソ連での仕事ではなかった。一九三一年の入ソ後、数週間と経たないうちに、彼は各国の労働者演劇の指導層の人々が集まった会合でスピーチをし、翌年には国際革命演劇同盟(1)（ＩＲＴＢ／ＭＯＲＴ）の幹部会員および事務局員に選出された。幹部会員としてはヴォルフヤグスターフ・フォン・ヴァンゲンハイムと、事務局員としては同盟のドイツ代表アルトゥーア・ピークと仕事をすることになった（この事務局には日本から佐野碩《せき》が参加しており、土方与志《よし》の日本プロレタリア演劇同盟代表としての来ソを準備していた）。さらに、三三年にはナチスが政権を掌握し、ドイツの労働者演劇運動が壊滅したことを受け、国際革命演劇同盟が五月から六月にかけてモスクワで「オリンピアーデ」と称するフェスティヴァルを開催、これに九つの外国団体が参加したが、この祭典にピスカートアも関わり、同盟が刊行を始めたばかりの雑誌『国際演劇』に寄稿もした。

こうした背景から、映画『漁民の反乱』がクランクアップしたころ、ピスカートアに白羽の矢が立って、彼が議長に就任し、国際革命演劇同盟を率いることになった。ナチスに脅威を感じていたすべての人々が、アナーキストからリベラルな保守派まで、ピスカートアのもとで手を結んだ。同盟は改組され、プロの劇団・俳優も参加できるようになった。モスクワにあったピスカートアの事務所では演出家・演劇理論家のライヒ(『漁民の反乱』

で助監督兼通訳を務めたラツィスの夫)、同盟ドイツ代表のピークと同夫人が指揮を執り、約一五人のスタッフが勤務した。(2)

国際革命演劇同盟でのピスカートアの役割

ピスカートアが国際革命演劇同盟の議長に推挙されたのはその知名度によるところが大きかったが、彼が果たした役割は決してお飾り的なものではなかった。彼は周囲の期待以上の働きをし、率先してこの組織を、自分が思い描く反ファシズム闘争の中心組織に整えようとした。その熱心な姿勢を、彼の代行をしばしば務めたライヒは次のように回想している。

都会者にしては妙に血色の良い顔の、強い燐光を放つ青灰色の目をしたこの青年に対して得た第一印象は、思い違いではなかった。ピスカートアはたいてい最高の体調で上機嫌だった。正真正銘のおきあがりこぼしだった。失敗や敗北を容易く受け入れなどせず、反撃する用意がすぐにできていた。実現可能な要求がはねつけられるやいなや、もっと大きな要求を引っさげてきた。彼の強みは、行動を伴う想像力、技術的なもののいろいろに対するむき出しの関心、人を説き伏せる能力、他の人々に自分の心の衝動の数々を共有させる能力だった。(3)

演劇や映画の制作時と同様、ピスカートアは人々を組織する力を最大限に発揮し、国際革命演劇同盟を反ナチス闘争に関わる人々の交流と情報交換の場として発展させようとした。同盟にはさまざまな作品が翻訳される情報センターが付属するものとされ、反ナチス闘争を行う演劇人らの編集する新聞がスイスのツューリヒで刊行される予定だった。

くわえて、ピスカートアは国際革命演劇同盟議長に就任してまもなく、同盟の従来の方針を改めようとした。すなわち機関誌『国際演劇』に、「過去が教えるものについて、未来の課題について」[4]（一九三四）と題した綱領的な文章を寄稿し、これまで同盟は職業劇団やその組合をなおざりにしてきたと批判した。そして前衛的な芸術作品・芸術活動に関して、「その特性全体として見ると、ファシズムの逆を志向する芸術要素の数々がある」[5]と指摘し、これらに目を向けねばならないと主張した。さらに自分がかつて活動していたフォルクスビューネの観客組織の形態を手本に、大衆を受け手にし、充実した会員組織のシステムを持つ、革命演劇のための劇場を国際的規模で構築することを訴えた。そしてこの訴えを広めるため、まもなく彼はしばしばみずからソヴィエト・ロシアの外へ赴きもした。

一九三五年会議、ゲッベルスの誘い

国際革命演劇同盟の活動はピスカートア主導のもとで広く展開されていったが、なかでも特筆すべきはモスクワで一九三五年四月に開かれた会議である。ピスカートアやブレヒト[6]、ゴードン・クレイグ、メイエルホリド、タイーロフ、エイゼンシテインといった名だたる演出家がここに集まった（この折にブレヒトは梅蘭芳の京劇モスクワ公演から、およびトレチヤコフを始めとするロシアの演劇人たちから、異化効果の構想のための大きな刺激を得た）。そしてこの関連で注目されるのは、右の演出家のひとり、ゴードン・クレイグがこのころ、ピスカートアと個別に会い、あるメッセージを届けていることである。ピスカートアは次のように書き留めている。

ある日、泊まっていたモスクワのホテル・メトロポールに知らせがあった。エドワード・ゴードン・クレイグ氏が私と話したいという。ゴードン・クレイグは当時すでに偉大な国際的演出家の長老だったし、こんなにちでもそうだ。過去にモスクワのスタニスラフスキーの劇場で記念碑的な『ハムレット』演出を手掛けていたが、このときはモスクワに、新しい演出の仕事について交渉するためにいた。すでに長らく私は、彼と、演出について書かれた彼の本の数々に感銘を受けていた。〔中略〕フランスとロシアの演劇についてたくさん歓談したあと、彼はこう言った。そう、あなたがドイツにとって必要だ、と。またそのことについてゲッベルス氏と話した。彼が何と言ったと思う？　実に正式に私に頼んだのだ。戻れとあなたに言うことを。彼はあなたを気に入っている。あなたに活動の場をつくるためには何でもするだろう。[7]

ゲッベルスからのこの要請には然るべき背景があった。その四年半前、一九三〇年九月の総選挙でナチスが第二党に躍進した直後の一〇月、ピスカートアとゲッベルスは、当時ベルリーン放送局のラジオドラマを担当していた作家・劇作家アルノルト・ブロンネンの仲介でラジオ対談をしていた。ゲッベルスはこのさい、「私たちはともにひとつの立場にある。政治が第一であり、文化は単なる政治的状態の表われだという点だ」[8]とピスカートアに接近し、当時ドイツ各地で大きな反響を呼んでいたピスカートア演出の『刑法二一八条』（第4章参照）をふまえ、「二一八条についてのあなたの立場は、革命家のそれではない」と指摘して、[9]対談後、次のように日記に記していた。

一九三〇年一〇月二一日／昨日、昼、ラジオ・アワーでピスカートル〔ママ〕と興味深い討論。ナショナルな芸術とインターナショナルな芸術について。非常に高度に政治的な対話なので緊張した。来週放送されることになっている。ピスカートル〔ママ〕はもう全然共産主義者ではない。彼は赤旗よりわれわれに近い。個人的には気持ちの良い、清潔な若者だ。とても面白かった。[10]

『刑法二一八条』演出のさい、同条例に対する多様な意見が並列されて示されていたこともあって、ピスカートアは共産主義者たちの多くから一定の距離を置いている、とゲッベルスはおそらく判断した。まもなくピスカートアがドイツを離れてからもゲッベルスは彼に注目し続け、クレイグに言伝を頼んだのだった。ピスカートアはクレイグに、ゲッベルスがいなくなればベルリーンに戻ると返事をした。より遂行困難な、ソ連での映画・演劇制作の道をピスカートアは選択した。

6.2 エンゲルス計画――ソヴィエトでのドイツ語劇団・劇場新設計画

ところで、ソヴィエト・ロシアに活動の拠点を移して以来、ピスカートアは演劇の実践から遠ざかっていったが、その一方、ある計画のスケッチを始めていた。すなわち、国際革命演劇同盟での仕事を続けるうちに展開したソヴィエト・ロシア政府関係者との人脈を利用して、ソ連に新しく国立のドイツ語劇場を設立するという計画である。新設されるこの劇場へ、ドイツを離れて亡命している同時代の演劇人たちを呼び寄せ、ファシズムによる危機について観客を啓蒙する公演を制作し、反ナチス運動を盛り立てる、という構想を彼は思い描いたのだった。(11)

ソ連内のドイツ人自治共和国、その文化活動拠点として

構想の舞台となったのは、ピスカートアが記録映画制作の計画を展開する場としても考えていたヴォルガ・ドイツ人自治ソヴィエト社会主義共和国だった(前章参照)。中心都市のエンゲルス(ロシア語での発音に近い表記は「エンゲリス」)には一九二九/三〇年のシーズンから〈ドイツ・アカデミー国立劇場〉が存在し、三一/三二年のシーズンにはドイツの俳優が専門技術に関する手助けをするためにやってきて出演をするといった活動があっ

たが、実際のところ、劇場は使われていないも同然の状態にあった。所属する地元の俳優たちは困窮を極めており、これがヴォルガ・ドイツ共和国政府にとって深刻な悩みの種となっていた。

一九三五年、ピスカートアは共和国政府からの委嘱を受けてドイツ・アカデミー国立劇場に新しい活動の場を得ることになり、同年末にある計画を提案した。すなわち、彼みずからが劇団の長となり、反ファシズムの亡命ドイツ人たちを国内外から呼び寄せ、一大文化センターを形成するというものだった(12)。具体的には公演作品を反ファシズムの内容のものとすること、メジュラッポム社のドイツ語映画作品の制作拠点をモスクワからエンゲルスへ移すこと、演劇学校を設立すること、各国にいる亡命作家が仕事を発表できる場として国際的な新聞を発行することなどが予定された。ピスカートアとライヒが発起人となり、彼らはロシア内外の、亡命し散り散りになっていたドイツ人俳優、劇作家、演出家に計画への参加を呼びかけた。

計画は拠点となる街の名をとって通称「エンゲルス計画」と呼ばれ、総合的な文化活動の場の形成を目指すものとして、ヴォルガ・ドイツ共和国の政府および党の大きな賛同を得た。一九三六年夏、エルンスト・ロイター（第二次世界大戦の終結後ベルリーン市長に就任）が率いるドイツ関連業務特別委員会との集まりが持たれたさいには地方政府や党のメンバーも同席し、ここでピスカートアはエンゲルス計画について説明した。彼らは賛意を示したばかりか、資金を出す申し出を競い合ったと言ってもいいほどだったという。

現地俳優の訓練、亡命演劇人の呼び寄せ

ピスカートアは、安定した劇団をつくること、およびメンバーとして反ファシズムの芸術家から最も有能な人々を獲得することを望み、この劇団をドイツ・アカデミー国立劇場のそれへと合流させることを考えていた。デンマークにいたブレヒトやその妻へレーネ・ヴァイゲル、ツューリヒにいたヴォルフガング・ラングホフ、そしてヴァンゲンハイム夫妻やヴォルフなど、すでにソ連で暮らしていたドイツ人の演劇人たちに声がかかった。

多くはかつてベルリーンでピスカートアと共に仕事をした人々だった。

だがまもなく、元から現地にいた俳優たちの水準がピスカートアらの期待を大きく下回っていたことが明らかになった。[13] これを受け、すでにあったドイツ語を話すウクライナ住民のための巡回劇団〈ドニェプロペトロフスク・ドイツ地域劇団〉[14]（三五年五月設立）の団員の半数が代替メンバーとして三六／三七年のシーズン開始時にエンゲルスへ赴くことになり、結果、彼らがエンゲルス計画の核となった。

こうしてあらためて態勢が整えられた上で、一九三六年一〇月、エンゲルス計画が始動し、舞台制作が開始されることになった。ロシア内外のドイツ人俳優、演出家、舞台美術家に声がかかり[15]、報酬や日程、契約についての詳細な話し合いが持たれた。

当座の問題は彼らの滞在場所だった。ライヒによれば、当時エンゲルスには七万人が住んでいたが、下水設備のある建物はふたつだけといったように住環境の衛生面が充実しておらず、多くの人々が二の足を踏んだため、開場シーズン前にちょうど完成する予定だった、共和国政府特別委員・地区委員評議会の従業員向け集合住宅の一部が宿泊所として確保される運びになった。[16]

また、ピスカートアはエンゲルスに新設される劇団のドラマトゥルク（文芸部員）として、とくにブレヒトを希望した。ブレヒトは「私たちが自らの演劇の仕事を提出し発展させることのできる、大規模で実験的な劇場を設立するという考え」[17]に大きく賛同し、エンゲルスでの定住についてヴァイゲルと話したものの[18]、当時の亡命先デンマーク・スヴェンボリからの旅費を工面できず[19]、最終的にエンゲルスへ足を運ぶことはなかったが、両者のやりとりからは一定の実りがあった。先述した一九三五年の演出家会合のさい、ブレヒトの一番の関心事は、新作『まる頭ととんがり頭』を発表するチャンスのことだったが[20]、これがエンゲルスの劇場で公演が予定されたレパートリーのひとつに数えられた。結果、同劇場の開場シーズンの演目として、まずG・E・レッシング作の『賢者ナータン』、追ってマクシム・ゴーリキーの作品と現代ソヴィエトの作品が、そして最後に、劇団に近い作家たちの作品であるヴォルフの『マムロック教授』とブレヒトの『まる頭ととんがり頭』が続く見込みとなった。[21]

ところで、エンゲルス計画が進められるのと並行して、一九三六年半ばから、ソヴィエト・ロシアに身を置くドイツ人にとって不都合な状況が展開しつつあった。

ソヴィエトの文化政策の変化——社会主義リアリズムの浸透、弾圧の始まり

先述の通り、ドイツは一九二二年四月のラッパロ条約でソ連を国家として最初に承認し、二六年四月には友好中立条約を結んだ国であり、ドイツからの人々は一九三〇年代初めのソヴィエト・ロシアにおいて、ロシア人と多かれ少なかれ同じレヴェルで理解できる——革命を成功させはしなかったが——唯一の西側代表として、またマルクスとエンゲルスを生んだ国の人々として歓迎された。ナチス・ドイツから逃れてきたドイツ人はつまり、難民となった同胞として当初は受け入れられた。しかしナチス・ドイツのソ連に対する脅威が明らかになってくると、ソ連にいたドイツ人にはスパイの疑いがかけられるようになってきた。ソ連内のドイツ人が深く関わったメジュラッポム社、および国際革命演劇同盟は潜在的な危険のある組織として弾圧された。メジュラッポム社は一九三六年六月に解散させられ（これによりヴォルガ・ドイツ自治共和国を扱う記録映画制作というピスカートアの計画は立ち消えとなった）、国際革命演劇同盟については——ドイツからの在ソ亡命演劇人が連帯し情報交換をするための最重要の組織だったが——三七年一月、コミンテルンによってその再編が決定された。

さらに、ソヴィエトの各芸術分野で社会主義リアリズムのドクトリンが提唱され、演劇の分野ではコンスタンチン・スタニスラフスキーの方法論が公に支持された。言い換えれば、一九世紀末から二〇世紀初めにかけて発展した自然主義演劇（第1章参照。ドイツで言えばブラームの演劇）、すなわち、古典的なリアリズムの演劇が再評価されたのだった。かつての自然主義演劇において実践されていたアプローチ、すなわち、虚構の劇の世界を舞台上で可能な限り現実のそれに近く示そうと、また観客の意識を虚構の世界に没入させようとするアプローチは、

ピスカートアのアプローチ、すなわち観衆の意識を虚構の劇の世界から引き離し、理知的な洞察を促そうとする叙事演劇のアプローチとは相容れないものだった。くわえて当時のソヴィエトでは、かつてのダダイスムや表現主義のような潮流が――基本的に反ブルジョア的な傾向を持っていたにもかかわらず――主観的・頽廃的だと見なされた。これらに近い態度をとる芸術家は、党の方針と異なる形式で実験を行っているとされ、政治的に怪しむべき案件となった。このことはソ連にいたドイツ人芸術家たちの仕事にも当てはまったが、特にピスカートアのそれは歓迎されるべきものではなかった。

この関連ではピスカートアが入ソ当初の一九三二年、ドイツの『夕刊・世界《ヴェルト・アム・アーベント》』紙に寄せた論考「私たちはソヴィエト演劇から何を学ぶことができるか？」[22]が興味深い。彼はここで、ソヴィエトの演劇の社会的基盤が非常に優れていることを強調し、俳優、レポーター、写真家や映画のつくり手として労働者を芸術に参加させるソヴィエトの取り組みを評価している。だがその一方、スタニスラフスキーの仕事に代表される、ブルジョア時代の伝統がなお深く影響していることを確かめている。つまり、彼がソ連に舞台の仕事の場を見出すことは最初から容易ではなかった。ただでさえ容易でないところへ、今度はソヴィエトの公の文化政策により、ダダイスムほか歴史的アヴァンギャルドの潮流から生まれた一九二〇年代の演劇が鋭く非難され、社会主義リアリズムの方針に即して、伝統的な形式が支持されることになった。ピスカートアがヴァイマル・ドイツ期に展開していた演劇、およびそれに基づいた彼の考え方は、この文化政策にまったく即していなかった[23]。

またこの文化政策の変化は政治的状況のそれと並行してもいた。エンゲルス計画が軌道に乗るかに見えた一九三六年は、まさにスターリンによる大粛清が始まろうとするときだった。同年八月、スターリンに追放されたトロツキーとのコンタクトを咎められたジノヴィエフやカーメネフほかに対する最初の大きな公開裁判が開かれた。こうした政治的な異端審問あるいは弾圧と並行する形で文化政策の変化が進行していた。

（1）一九二九年、それまであった国際労働者支援会（ＩＡＨ）に加え、独立の文化交流機関として〈国際労働者演劇同盟（ＩＡＴＢ）〉が創設され、これが一九三二年に国際革命演劇同盟（ＩＲＴＢ／ＭＯＲＴ）と改称された（ヨハネス・Ｒ・ベッヒャーやルイ・アラゴンらの属した〈国際革命作家同盟（ＭＯＲＰ）〉と密接なつながりを持ってもいた）。またこの関連でドイツのアジプロ隊がソ連に招かれていたが、そのひとつがコロンネ・リンクスで、これは一九三一年春に数週間、ソ連を巡演した（Vgl. Willett (1978), p. 132-133 [ders. (1982), S. 88]; Arnold (2003), S. 48-49）。

（2）以下、国際革命演劇同盟でのピスカートアの活動については次を参照。Diezel (1978), S. 201-217; Willett (1978), p. 132-133 [ders. (1982), S. 88-89]; 拙稿 (2013)。

（3）Reich (1970), S. 340.

（4）Piscator, Erwin: Über die Lehren der Vergangenheit und die Aufgaben der Zukunft [In: *Das Internationale Theater*, Jg. 2 (1934), Nr. V-VI, S. 3-7] In: Piscator (1968b), S. 118-129.［拙稿 (2013) も参照］。

（5）Ebda., S. 119.

（6）ブレヒトは当時デンマークのスヴェンボリにおり、ピスカートアは一九三五年一月八日および二七日付の手紙で彼を招いている（Vgl. Piscator (2005), S. 325, 326-327）。また前章で触れたハンガリーの作家ユーリウス・ハーイも同様に招かれ、彼は三週間滞在の予定だったがそのままとどまり、追ってピスカートア監督の映画『真実の映画』（仮題、未完）の脚本を委託されることになる（Cf. Willett (1978), p. 134 [ders. (1982), S. 89-90]）。

（7）[Das Gespräch mit Goebbels], in: Piscator (1986), S. 425-447, hier S. 431.

（8）Ebda., S. 445.

（9）Ebda., S. 446.

（10）平井 (1991)、一一四頁。

（11）以下、このいわゆるエンゲルス計画については次を参照。Reich (1970), S. 349-351; Wächter (1973), S. 124-129; Goertz (1974), S. 92-93; Haarmann/Schirmer/Walach (1975); Diezel (1978), S. 171-201; Willett (1978), p. 134-137 [ders. (1982), S. 90-93]; Jarmatz/Barck/Diezel (1979), S. 304-319; Gleber (1979), S. 295-315; Diezel (2000), S. 32-51; Arnold (2003), S. 49-53; 拙稿 (2013)。

（12）ただしこの時点でピスカートアがヴォルガ・ドイツ共和国の実情に十分通じていたかどうかについては疑問符がつく。彼から一九三五年末に映画『真実の映画』の脚本を委託された作家ハーイは、ピスカートアとメジュラッポム社の脚本部門にいたヨージェフ・レンジェルとの当地への旅（三六年一月）について綴るなかで（Hay (1971), S. 195-202）、彼らが出会った農民は理解不能のドイツ語を話し、ラクダを家畜として飼い、よそからの訪問者は党のスパイだとして恐れていたと伝えている。また、「ピスカートアは驚くほど、環境に順応するための努力をしなかった」（ders., S. 198）とも記している。

（13）一九三六年春、ドイツ・アカデミー国立劇場にすでに属していた俳優二〇人がモスクワへ派遣され、ドイツ語を多少理解するマールイ劇場の俳優のもとで二ヶ月の厳しい訓練を受けた。ピスカートアとライヒはこの訓練後に誰をメンバーとして確保するかを決定しようとしていたが、方言が大きな問題となり、ピスカートアとライヒは俳優たち全員に対し、結果を明かさないでおいたほどだったという（Cf. Willett (1978), p. 137 [ders. (1982), S. 92]）。また俳優術に関する能力が不足しているとふたりは判断し、モスクワ滞在中、二〇人のうち使いものになるのは五人だけ、それも小さな役でしか使えないと考えた（Vgl. Reich (1970), S. 351）。

（14）同劇団は俳優マクシム・ファレンティーンが主宰し、俳優のトレプテや、かつてのアジプロ集団コロンネ・リンクスのメンバーなど、ドイツからの亡命者が多く所属していた。設立の経緯は次のようなものだった。

一九三一年、コロンネ・リンクスがドイツでの公演を当局に禁止され、ソ連にとどまり、国際革命演劇同盟主催の「オリンピアーデ」に参加するなどしていたが、三三年、劇団一九三一の主宰だったヴァンゲンハイムが最初の亡命先であるパリから入ソし、コロンネ・リンクスの再編に携わった。というのも当時のソ連では、アジプロはもはや文化政策として必要な形式、党の方針に即した形式とは見なされず、ヴァンゲンハイムがコロンネ・リンクスの素人俳優を訓練することになったからだった。追って劇団一九三一の旧メンバーが集められ、モスクワに〈ドイツ語劇団コロンネ・リンクス・モスクワ〉が発足、三四年に活動が開始された。だが見込まれていた公的支援が得られなかったため、同年末に劇団は早くも解散した。団員の一部はドニェプロペトロフスク・ドイツ地域劇団へ、あるいはイルゼ・ベーレント＝グローアが主宰するオデッサの〈ドイツ集団劇場〉へ参加した（Vgl. Jarmatz/Barck/Diezel (1979), S. 281-325; Arnold (2003), S. 48-52）。

なおヴァンゲンハイムと同じくピスカートアも、『漁民の反乱』制作で入ソした一九三一年以来、モスクワでドイツ語劇団を設立・主宰することを考えていた。だが資金が調達できず、ヴァンゲンハイムとはライヴァル関係にあったため、彼との共同作業も実現しなかった（Vgl. Arnold (2003), S. 51-52）。

（15）俳優としてはモスクワのユダヤ劇場で活動していたグラナッハ（『ゴットラントを襲う嵐』主演）や、カローラ・ネーアー、エルンスト・ブッシュ、レーオンハルト・シュテッケル、ツューリヒにいたエルヴィーン・カルザーやヴォルフガング・ハインツ、舞台美術家としてはテオ・オットーがいた。一方、この数年前に同様にドイツからの亡命演劇人を組織する試みを展開し、ピスカートアと競合関係にあったヴァンゲンハイムは誘いを断った（Cf. Willett (1978), p. 137 [ders. (1982), S. 92]）。

（16）Vgl. Reich (1970), S. 350. その後、到着する人々の世話と稽古のためにライヒがエンゲルスに移った矢先、マラリアに罹ってしまうトラブルがあったが、やがてドニェプロペトロフスク・ドイツ地域劇団からフリードリヒ・リヒターとその妻エイミー・フランク、トレプテ、ファレンティーンといった俳優たちが到着し、舞台向けドイツ語の発音のための最初のレッスンが始まった（Cf. Willett (1978), p. 137 [ders. (1982), S. 92]）。

（17）Brecht (1998a), S. 557-558 [Brief an Piscator, Anfang/Mitte Juli 1936].

（18）ピスカートアからヴァイゲルへの手紙、一九三六年七月三日付（Vgl. Piscator (2005), S. 432-433, hier S. 432）。

（19）Brecht (1998b), S. 13 [Brief an Piscator, Februar/März 1937].

（20）Cf. Willett (1978), p. 134 [ders. (1982), S. 90].

（21）Cf. Id. [Ebda., S. 92].

（22）Piscator, Erwin: Was wir vom Sowjet-Theater lernen können. [In: *Die Welt am Abend*, 17.12.1932] In: ders. (1968b), S. 89-92.

（23）実際、ソ連にいたあいだのピスカートアに演出の仕事が依頼されることはついになかった。ウィレットによれば、演劇実践に関する彼のソヴィエト・ロシア期の活動としては、一九三四年二月、モスクワのラトヴィア劇場でラツィス（『漁民の反乱』の助監督兼通訳）がヴォルフの『農夫ベーツ』を演出したさい、これを助けた程度だった（Cf. Willett (1978), p. 132 [ders. (1982), S. 87]）。

第7章　フランスでの過渡期

本章では、ピスカートアがソ連を離れてアメリカへ渡るまでの約二年半（一九三六年半ば〜三八年末）について記すが、この間、舞台演出にしても映画制作にしても、また著作や論考にしても、公にされた彼の仕事はない。このため、彼のもとで実現された演劇の上演とその反響を主眼にこれを追究する本書において、この二年半のあいだの彼の動きを詳細に追うことは控える。

一方、この時期のピスカートアに言及した先行研究としては、一九七八年刊行のウィレットのもののあと、ピスカートア研究に新しい切り口を与えるような事実を掘り起こしたものはない。また現在まで繰り返し一次資料集が刊行されているが、これらのなかにも、当該の時期のピスカートアに関して新たな情報を提供すると認められるものはない。

よって本章では、当時のピスカートアの動きについて、ウィレットの記述におおむね依拠しつつ、要点を述べておくにとどめたい（以下、本文中のカッコ内の数字は、Willett (1978) の頁数／その独語翻訳版 (1982) の頁数を示す）。

7.1　乏しくなるソヴィエトとのコンタクト

パリでの逡巡

ソヴィエト・ロシアで不穏な空気が次第にたちこめつつあった一九三六年の夏、ピスカートアはパリにいた。

国際革命演劇同盟の活動を全ヨーロッパ規模で展開させる目的で、七月にモスクワを離れ、ちょうど人民戦線政府が樹立されたフランスを訪問、国際革命演劇同盟欧州連絡事務所の設立候補地であるパリを訪ね、九月半ばにはエンゲルスへ戻る予定だった（137/93）。

　パリ到着後、彼は国際革命演劇同盟の議長としてフランスの各組織と連絡を取る一方、エンゲルスへ呼び寄せるべき人々との連絡を取り始めた。だが先述のようにロシアではスターリンによる圧制と粛清が始まり、メジュラッポム社や国際革命演劇同盟のメンバーはソヴィエト当局から日増しに疑いの目で見られ、スパイの容疑をかけられた。八月にはモスクワで最初の大きな公開裁判が開かれた。

　そして、たとえばかつてドイツ・デュッセルドルフのアジプロ隊〈西部部隊《トゥルッペ・イム・ヴェステン》〉の主宰者だった俳優・演出家のヘルマン・グライトは、パリのピスカートア、エンゲルスのファレンティーンと契約交渉中だったが、これがモスクワの裁判の影響で滞った。[1] あるいはライヒはピスカートアへ手紙を送り、外国人演出家に対する密告が相次いでいることを知らせた。またあるいは、エンゲルス計画に参加して間もない作家でジャーナリストのグスターフ・レーグラー夫妻がパリのピスカートアを訪ね、モスクワの様子を伝えた。夫妻はかつてドイツで活動していた共産党指導者のひとり、カール・ラデックが起訴されることをすでに知っていた（143/99）。

　これらの知らせを受け、ピスカートアはエンゲルス計画に関与し続けることをためらったように見える。九月半ば、彼はモスクワの『ドイツ中央新聞《ドイチェ・ツェントラール・ツァイトゥング》』のユーリア・アンネンコヴァあての手紙（一九三六年九月一四日付）で、エンゲルス計画の見通しを不安視するとともに、ブリュッセルでの平和会議の成功を、また関連の活動に今後自分が貢献したいことを伝えている[2]（143/99）。

　九月末、今度は国際革命演劇同盟の解散を告げるライヒからの知らせが届いた。ピスカートアがモスクワを離れる前、同盟は再編されることになっていたが、これが再編どころか解散させられたのだった。このことを受け、ピスカートアはますますエンゲルス計画の継続をためらった。そんななかの九月二九日、彼は俳優ゾロモン・ミホエルスの電報への返事を書いた。ミホエルスはモスクワ・ユダヤ劇場からエンゲルスへ呼び寄せられており、作品演出のためにエンゲルスへ戻ってきてほしいという内容の電報をピスカートアに送っていたが、ピスカートアは、自分がパリに滞在する期間はことと次第によるとミホエルスに伝えた。[3] また同日のブレヒトあての手紙では、「ここ［フランス］とアメリカで仕事をすべきだと大勢の人が言う。［中略］だがエンゲルスをあきらめたくはない」[4] と揺れる胸の内を記した（143/99）。

その二日後の一〇月一日、ピスカートアは、今度はライヒに返事の手紙を送った。[5] ライヒはピスカートアに、エンゲルスに戻って積極的に計画の責任を負うことを強く促していたが、ピスカートアはライヒに対し、ドイツ共産党の在モスクワ代表ヴィルヘルム・ピーク（前出のアルトゥーア・ピークの父）にすぐ電話して助言を請うように指示した。相応の劇団をつくるための展望がまったく開けなければ自分は仕事をしない、とも書き添えた。とはいえ、ピスカートアはエンゲルスから完全に手を引こうとしていたわけではなかった。さらに二日後の一〇月三日、妻と幼い息子とともにエンゲルスへ行くことをためらっていたある俳優にピスカートアは説得の手紙を書き、「［自分に］息子がいたら、ソ連でだけ育てるだろう。なぜならこれで彼の将来は保証されるからだ。息子は大学で学べるし、なりたいものになれる。世代を問わず、ここには仕事と進歩がある」[6] と記し、ソ連という国の未来をなお信じる自分の思い入れを示している。

ソヴィエトとの別れ、エンゲルス計画の終息

一方、エンゲルスではすでにピスカートアはもう帰還しないものと考えられていた。あるいは先述のような、当時のソ連でドイツから亡命していた演劇人たちにかけられていた疑いの目に鑑みて、帰還すべきでないと考えられていた。ピスカートアにはゲッベルスとの接点があったこともあって、ナチスのスパイという容疑がかかる可能性は高かった。

一〇月三日、ライヒはピスカートアへ——その二日前にピスカートアが出した前出の手紙を追いかけるように——決して戻ってこないようにとの電報を打った[7]。そして、おそらくライヒから相談の電話を受けたヴィルヘルム・ピークは一〇月八日、ピスカートアに手紙を書き[8]、当座エンゲルス計画が実現されえないことを知らせ、パリにいる彼の息子アルトゥーアとピスカートアのふたりのうち、国際革命演劇同盟の欧州連絡事務所を設立することを目的としたフランス各組織との連絡について、その進捗状況を報告するためにモスクワへ戻るのはアルトゥーアだけで十分だという旨を記し、そして、ピスカートアはまだ出立する必要はないというのが同志たちの見方だと伝えた。

いまやエンゲルス計画は頓挫し、そればかりか、ピスカートアがソヴィエト・ロシアに戻れない事態になった。彼は国際革命演劇同盟を進歩的な職業劇団インターナショナルとして再編しようと、そしてエンゲルス計画を実現させようと努めていたが、結果としてどちらの試みも実現せずに終わった。ソヴィエト・ロシアでのピスカートアは最終的に、エンゲルス計画を実現するために官僚や諸機関と複雑なやりとりをして精力を費やした一方で、舞台演出面での創造力をついに発揮できずじまいだった。

またエンゲルス計画頓挫の理由としては、ピスカートアの不在にくわえ、最終的にソ連内外にいた多くのドイツ人亡命者の協力が得られる状況ではなくなったことが決定的だった[9]。一方、エンゲルスではライヒの演出で一九三七年一月にヴォルフの新作『トロイの木馬』が上演されるなどしたが、まもなく劇団は解散させられた。

7.2 パリからの模索

スペインへの関心、マリーアとの結婚

ピスカートアはドイツからソヴィエト・ロシアへ移り、活動の基盤を整えたかに見えたが、それも束の間、再

び自分の仕事をゼロから、しかもフランスというまた別の国で始めることを強いられることになった。そしてさらに深刻なことに、いまや彼はそれまでの協力者のほとんどから離れた上で、次の活動の場を探る必要に迫られていた。

とはいえこの状況は、当時のソヴィエト・ロシアでのピスカートアの立場に鑑みれば、むしろ肯定的に受け止めるべきことでもあった。前出のヴィルヘルム・ピークはピスカートアにあてた手紙のなかで、もはや機能していない国際革命演劇同盟のために引き続き仕事をすることはピスカートアにとって時間と才能の浪費だという見解を示し、「思うに、君はもう一度、完全にただ君の芸術的活動にだけ、みずからを捧げた方がいい。その活動はきっと君をずっと満足させてくれる[10]」と書き添えていた。

ピスカートアはパリからさまざまな活動の場の可能性を探ることにした[11]。そのひとつはスペインだった。そもそも彼がパリに赴いた契機のひとつはスペイン内戦だった。一九三六年七月、武装蜂起を始めたフランコ主導の右派に対し、即座にヒトラーとムッソリーニが支持を表明したが、これを受けてコミンテルンは、西側のプロパガンダの責任者だった国際労働者支援会（ＩＡＨ）代表ヴィリ・ミュンツェンベルクに、より裾野の広い反ファシズム運動の形成を指示した。ミュンツェンベルクは、イギリスの政治家ロバート・セシル卿が代表を務めていた国際平和キャンペーン〈ＲＵＰ（Rassemblement Universel de la Paix）〉を支援し、その第一回会議が九月初めにブリュッセルで開かれた。この会議にピスカートアとアルトゥーア・ピークは参加し、追って、反ファシズムを掲げる作家・演劇人の組織の数々とのコンタクトをつくるため、ピスカートアはパリに入っていたのだった（142/98）。一方、ピスカートアと交流のあったレーグラー、ヴォルフ、ブッシュなどは実際にスペインへ赴いていた。バルセローナではピスカートアの名を冠したプログラムが一二月に企画されてもいた（144/100-101）。

しかし結局、ピスカートアはスペインではなくパリに腰を落ち着けた。理由のひとつはおそらく、ヴィーン生まれのダンサー、マリーア・レイ（本名フリーデリーケ・ツァグダ）との結婚である。

ピスカートアはモスクワからパリへ向かう途中の一九三六年八月、オーストリア・ザルツブルクで演出家のラインハルトに会い、パリ近郊ヴェルサイユでの開催が構想されていた平和祈念フェスティヴァルへの協力を仰いでいたが[12]、このさい、かつてラインハルトのもとで振付師として活動し、当時パリ・ソルボンヌ大学に勤務していたマリーアと出会った。翌一九三七年初め、ピスカートアは彼女とパリで結婚、ヌイイ・スュル・セーヌにあるマリーアの家で共同生活を始めたが、結婚を機にピスカートアの生活は一変した。というのも彼女は銀行家オットー・カーンの親戚で、さらにピスカートアと出会う直前、ベルリーンの電機会社ＡＥＧ社の幹部の息子だった夫を亡くしていたからである。つまり彼女は富豪の遺産相続人であり、当座の生活の不安がなくなったという意味でも、ピスカートアはあえてパリから動かなかったものと思われる[13]。

実現を見ない試みの数々

パリを拠点にして今後の活動の可能性を探り始めたピスカートアに当座思い浮かんだ計画のひとつは、『シュヴェイク』の映画化だった。これはソ連滞在中に構想されていたが、おそらくこの一九三七年、ナチスの脅威が全ヨーロッパに広がった状況下で、再び時局に即したものとしてとらえられた。そしてこの仕事を支える仲間のひとりとしてピスカートアがまず思い浮かべたのが、ピスカートア・ビューネでの『シュヴェイク』に関わっていたブレヒトだった。

ロシアへ戻る見込みのなくなった一九三六年一〇月、ピスカートアはブレヒトに手紙を書き（一〇月二六日付）、パリにとどまる意向を伝えるとともに、これからのすべての計画に参加してほしいという願いを伝えた[14]。この申し出にブレヒトは関心を示した。彼は翌三七年一月、最終的にコペンハーゲンで上演された『まる頭ととんがり頭』の初日のあと、ピスカートアと仕事ができるようになればよいという希望を伝え[15]、四月二一日付の手紙では、自分を抜きにして『シュヴェイク』関連の仕事をしてはならないと釘を刺した[16]（148/104）。

だが『シュヴェイク』は映画化するには実に扱いにくい素材だった。というのも、原作の小説で言及されている政治的関連を看過できないことにくわえ、物語や歴史が展開する場や、その場が持つメッセージについての検討が必要だったからだった。ピスカートアはラーニアと共同で、チェコやオーストリアの大使、フランス共産党員、プラハにいたヘルツフェルデなど多くの人々と意見交換をした。またピスカートアとラーニアの翻案について意見を聞かれたブレヒトは、冒頭場面で描かれる戦争は嘲笑の対象でなく、戦慄に満ち、穏やかなシュヴェイクを突如として襲うものにしなければならないと答えるとともに、最終場面について、各国の再軍備後、軍艦や爆撃機に乗り込んだシュヴェイクの群れが示されるという結びを提案した[17]。このプランにしたがって計画は進められた（148/104-105）。

フランス語の脚本を担当したアンリ・ジャンソンは物語の舞台を不特定の場所にしようとし、主役はフランスの俳優が演じることになった。そして制作資金を貸し付けるべきプロデューサーが脚本を了解したあとでブレヒトの仕事が始まることになっていたが、結局プロデューサーが見つからず、『シュヴェイク』映画化は実現に至らなかった（148/105）。

一方、ピスカートアは映画だけでなく、演劇関連の仕事の可能性も探っていた。当時彼は、国際革命演劇同盟との共同作業を望む組織との折衝を引き続き重ねていたが、そのひとつである〈反戦・反ファシズム世界同盟〉のためにレッシング作『賢者ナータン』のフランス語翻案の演出を構想した。あるいはイーペルを始め、第一次世界大戦のかつての戦場各地を会場にした平和祈念フェスティヴァルを計画し、企画書を書いた。フェスティヴァルということではヴェルサイユでのそれの計画も、結局ラインハルトには断られたが、まだ完全には終わっていなかった（147/102-103）。

一九三七年初めには、同年夏に開催されることになっていたパリ万国博覧会との関連で、亡命中のドイツ人俳優たちからなる劇団の設立も構想された[18]（147/103）。それと並行してピスカートアは〈フランス労働総同盟民衆劇場〉の主宰者と『シュヴェイク』翻案の演出について当座の申し合わせをし（『ラスプーチン』の制作も提案した）、三月には〈ユダヤ民衆劇場〉の設立を計画、ピガール劇場を借りる一〇年の賃貸契約を結ぼうとした（146/102）。さらに、アメリカの映画配給会社ＲＫＯの在仏事務所員だったソール・コランの力を借りてドイツ語劇団の巡演も計画し始めた。この劇団は上記の万国博覧会のための計画にほぼ即しており[19]、作品としては『賢者ナータン』、旧版の『シュヴェイク』、そして『ファウスト』が予定された（149/105）。

しかし、こうした計画はどれも実現を見なかった。

大西洋の向こうへ——メキシコとアメリカでの計画

パリおよびヨーロッパでの諸計画が進捗しないなかで、そしておそらく、まさにそれを理由として、ピスカートアはヨーロッパ大陸の外にも関心を寄せていた。一九三六年一二月一日、彼はメキシコ教育相に手紙を書き[20]、おそらくエンゲルス計画を下敷きに、メキシコの映画や演劇、プロパガンダ機関を再組織するための全体計画をスケッチし、その実現のためにメキシコへ行く用意があることを明らかにした。すると追って同国政府からメキシコ市へ招かれることになり、あわせて、ちょうどアメリカ・ヨーロッパ巡演のために結成された劇団の主宰を引き受けることになった（149/105）。

そしてもうひとつ、新大陸へは、トルストイ『戦争と平和』のピスカートアによる翻案を映画化する計画との関連で開けた縁があった。同計画は先述の『シュヴェイク』映画化計画と同じ一九三七年に構想されていたが、同じく難航を極めていた。翻案を送られていた旧知の俳優ルードルフ・レーオンハルトが三七年夏、スイスの配給会社のプロデューサーにピスカートアを引き合わせたが、このプロデューサーには計画をただちに受け入れる用意はなかった。秋になるとピスカートアはこの計画を、反戦映画を制作する国際的な映画会社のための計画へと拡張しようとした（147/103）。あるいは「ナポレオン軍のモスクワ進攻とその敗北は、ヒトラーのような者の独裁的な考えに対する警告でありうる。それればかりでなく、同時に反対勢力の平和への意志を強くすることにもなる」[21]と考えて、ヴェルサイユやイーペルを開催予定地にした前述のフェスティヴァルで上映することも構想した。だがこれらについても実現の見込みは立たなかった。

だが明けた一九三八年になると、ニューヨークとロンドンで活動していたアメリカのプロデューサー、ギルバート・ミラーとのあいだで『戦争と平和』を舞台化または映画化する計画の契約が締結されるに至った。これを受けてピスカートアは、ミラーがかつて上演を実現させた戯曲『愛国者』（一九二五）の原作者であるアルフレート・ノイマンと共同で、あらためて『戦争と平和』を翻案する運びとなり、一方プロデューサーのミラーは、ピスカートアがパリで計画していたドイツ語劇団が要する費用の半額を負担することを保証する見通しにもなった（149/106）。

ところで、これに先立つ一九三七年一一月二〇日、ピスカートアは『賢者ナータン』の翻案作業を依頼した先の作家ジャン・カスーに、フランス国籍取得の可能性について尋ねている。[22]つまりこのとき、彼はアメリカに腰を落ち着けて仕事をすることをまだ真剣に考えてはいなかった（148/105）。だが翌一二月、前出の、米映画配給会社ＲＫＯの在仏事務所員コランが滞在先のニューヨークから送った手紙（一二月一五日付）がおそらくピスカートアの態度を変えた。コランは、ニューヨークのプロデューサーたちがピスカートアに大きな関心を持っているという印象を得ており、ピスカートアが演劇の分野にとどまり、政治的傾向を追求しなければ、アメリカで演劇制作者として十分歓迎されうるという見解だった[23]（149/105）。このことがピスカートアの念頭にあったのだろう、ほかの計画のほとんどが実現に至らないこともあって、彼は『戦争と平和』で、それまでのような政治的傾向の強い制作方針を修正することを試みたように見える。一九三八年五月一日、彼は日記に次のように記した。

「パリ。だんだん私は自分を裏切り始めている。昔の私の仕事を。まだあらがってはいる――だが実際、私の想像の世界のなかでも別の形式、構想が始まっている」[24]。

『戦争と平和』の制作は始め順調に進んだ。一九三八年六月の取り決めでは、八月末までに翻案が完成する見込みで、ロンドンとニューヨークでピスカートアが演出を手がけることになっており、翻案の英訳は『愛国者』の制作時と同じアシュレイ・デュークスの担当とされていた。だが翻案草稿の仕上がりが遅れたため、ミラー事務所が当該年度に見込んでいた収入からは制作費を支出することができなくなってしまった。九月にはニューヨーク公演の費用見積り額が明らかになったが、これは最低でも一〇万ドルという、当時の基準からすると法外な金額だった。さらに、映画化の権利の取得に関心を寄せていたパラマウント社が手を引いた（149-150/106）。

そして追い討ちをかけるように、一九三八年という年の国際情勢も制作の障害となった。五月にオーストリアを併合していたナチス・ドイツが一〇月一日にミュンヒェン協定を締結し、ズデーテン地方を占領した。その日デュークスはピスカートアに手紙を書き、どのアメリカのプロデューサーもふたりの「元ドイツ人」が手がけた作品を舞台にはかけないだろうと警告した[25]（149/106）。デュークスはその後、英訳の最終版をミラーに送ったが、一一月二八日、再度ピスカートアに手紙を書いて悲観的な観測を伝えた。すなわち現時点ではイギリスでもアメリカでも、ピスカートアによるトルストイの翻案が、つまりヨーロッパの現状を反映した再解釈が成功する可能性はなさそうだと伝え、そして「ヒトラーに対する私たちの武器は、言葉ではなくなるだろう。言葉による戦いの時は去ったのだ」とも書き添えた[26]。

ただいずれにしても、プロデューサーのミラーが、その後に読んだ『戦争と平和』の翻案に対して好感を示さなかった。ピスカートアは弁護士の助けを借り、取り決めを守るようミラーに迫り、作品が不出来なのは翻訳がまだ不完全なためだと主張した。だがピスカートアにとって不利なことに、アンドレイ役にミラーが起用しようとしていたローレンス・オリヴィエもミラーへの手紙（一一月一一日付）で、「戯曲が単に演出を賛美するための基礎あるいは口実として使われている[27]」という否定的な見解を伝えていた（150/106-107）。第一に演出家であるピスカートアの翻案はおそらく、舞台にのぼって初めて作品になるという考えのもとに書かれており、戯曲を重視するオリヴィエの共感を得られなかった。ピスカートアはここに、世界政治の情勢という壁にくわえ、英米の協働者に半ば背を向けられるという壁にも直面した。

一方、ドイツ語劇団の巡演計画も進展せず、所属する俳優のひとりと目されていたグラナッハは、ハリウッドをむしろ魅力的と見て、成功の見通しのない劇団への所属を断った（151/107）。またメキシコの計画も不確かだった。ピスカートア夫妻は経済面についての詳しい情報をメキシコ教育省に求めたが、旅費のあてもなく、ヴィザも手に入らなかった（150/107）。

そのようななか、ナチスの脅威がピスカートアのいるパリに、そして全ヨーロッパに及んできていた。ピスカートア夫妻は、なお不確かな、しかしほかに頼るべくもないメキシコとアメリカの計画を一縷の望みにパリを離れることを決意し、期限つきの観光ヴィザで一九三八年のクリスマスにニューヨークへと旅立った。

（1）Diezel (1978), S. 190.
（2）Vgl. Piscator (2005), S. 449.
（3）Piscator (2005), S. 461.
（4）Ebda., S. 458.
（5）Ebda., S. 463-467.
（6）Ebda., S. 469-470.
（7）Reich an Piscator, Erwin Piscator Papers, Special Collection/ Morris Library, Southern Illinois University, Carbondale, USA [Coll. 31, Box 1, Folder 10]; s. auch: Boeser/Vatkova (1986b), S. 17.
（8）Pieck an Piscator, Erwin Piscator Papers, Special Collection/ Morris Library, Southern Illinois University, Carbondale, USA [Coll. 31, Box 1, Folder 10]; s. auch: Haarmann (2002), S. 107-109.
（9）すでにソ連にいた人々のうちでは、グラナッハがキエフで身柄を拘束され、カローラ・ネーアーも同様に身柄を拘束されて収容所で死亡した。ブッシュはスペイン内戦に加わり、トレプテとグライトはスウェーデンへ逃れた。ドニェプロペトロフスク・ドイツ地域劇団のリヒター夫妻はチェコスロヴァキア経由でイギリスへ向かった（Cf. Willet (1978), p. 138 [ders. (1982), S. 93-94]）。

（10）Pieck, a.a.O.; s. auch: Haarmann (2002), S. 107-109, hier S. 109.

（11）ピスカートアにはこのとき、ドイツに戻って舞台演出の活動を再開する可能性もあった。というのも、当時のドイツには、批評家のイェーリングや『三文オペラ』初演の演出家エーリヒ・エンゲル、舞台美術家のカスパー・ネーアー、俳優のヴェーゲナー、ハインリヒ・ゲオルゲ、アルバート・フェノーアといった、かつてピスカートアと交流のあった人々がおり、彼らに対し、ドイツにとどまるための助力を期待できたからだった。だがピスカートアは一九三五年のモスクワで、ゲッベルスからの伝言を預かったクレイグからドイツ帰還を提案されたとき、ゲッベルスがいるかぎりドイツへは戻らないことを断言していた。その決心は変わらなかった（Cf. Willett (1978), p. 144/100）。

（12）ラインハルトとピスカートアは一九二〇年代、同じベルリーンで活躍し、新聞・雑誌は両者を好敵手として並べ立てた。だがラインハルトは自分がピスカートアと比較されることを嫌い、イェスナーのようにピスカートアに演出を任せることをせず、ピスカートアを公の場で同席させること、会話でピスカートアの名を口にすることさえ禁じていた。だがこの一九三六年、ユダヤ人のラインハルトはナチス統治下のドイツで活動することができなくなり、一方のピスカートアもドイツから完全に追放され、両者は同じく国を追われた者として接近していた（Vgl. Goertz (1974), S. 94）。

（13）突如として富を得たピスカートアは、おそらくかつての仕事仲間の一部から反感を買った。ライヒによれば、スペイン内戦のための国際義勇軍を組織する仕事の関係でパリにいたヴォルフは、ピスカートアを訪ねたあとに次のような苦言を呈した。「ピスカートア？　奴は今ではお大尽だ。金持ちのヴィーンのダンサーを妻に迎えた。いちど彼の家に行ったが、あれは宮殿だ。門番がいて使用人がいて、メイドがいる。奇妙なことに私たちのエルヴィーンはこの贅沢のなかで居心地よくしている。気に入らない。まっとうな話はできなかった。話が合うことは滅多になかった」（Zit. v. Reich (1970), S. 353）。

（14）Piscator (2009a), S. 10.

（15）ヘレーネ・ヴァイゲルからピスカートアへの手紙（一九三七年一月一八日付）にある鉛筆による書き込み。Erwin Piscator Papers, Special Collection/ Morris Library, Southern Illinois University, Carbondale, USA [Coll. 31, Box 2, Folder 1].

(16) Erwin Piscator Papers, Special Collection/ Morris Library, Southern Illinois University, Carbondale, USA [Coll. 31, Box 2, Folder 6]; auch in: Brecht (1998b), S. 28-29, hier S. 28.

(17) Vgl. Brecht (1998b), S. 33-34, hier S. 34.［ブレヒトからピスカートアへの手紙（日付の記載なし、一九三七年六月中旬、スヴェンボリから）］。

(18) ブッシュやフリッツ・コルトナー、オスカー・ホモルカ、アルバート・バッサーマン、エリーザベト・ベルクナーが参加予定で、マルレーネ・ディートリヒが加わる可能性もあり、本拠地としてシャンゼリゼ劇場が想定された。

(19) ブッシュやグラナッハ、バッサーマン、カルザー、シュテッケル、ラングホフ、エルンスト・ドイチュが六ヶ月間舞台に立つことになっていた。

(20) Vgl. Piscator (2009a), S. 35-39, 325-328.

(21) Typoskript im EPC, zit. v. Goertz (1974), S. 96.

(22) Erwin Piscator Papers, Special Collection/ Morris Library, Southern Illinois University, Carbondale, USA [Coll. 31, Box 3, Folder 1].

(23) Erwin Piscator Papers, Special Collection/ Morris Library, Southern Illinois University, Carbondale, USA [Coll. 31, Box 3, Folder 2].

(24) Vgl. Boeser/Vatkova (1986b), S. 34.

(25) Erwin Piscator Papers, Special Collection/ Morris Library, Southern Illinois University, Carbondale, USA [Coll. 31, Box 4, Folder 3].

(26) Erwin Piscator Papers, Special Collection/ Morris Library, Southern Illinois University, Carbondale, USA [Coll. 31, Box 4, Folder 5].

(27) Erwin Piscator Papers, Special Collection/ Morris Library, Southern Illinois University, Carbondale, USA [Coll. 31, Box 4, Folder 4].

第Ⅲ部　アメリカ期——カモフラージュする政治演劇

一九四七年ごろのピスカートア（前列右）。『蠅』稽古時、作者サルトルのパートナー、ボーヴォワール（前列左）と（Goertz (1974), S. 102）。

一九三九年一月一日、ピスカートアはアメリカ・ニューヨークの地を踏んだ。そしてその後の一一年強、一九五一年までをアメリカで過ごすことになる。

アメリカで行われたピスカートアの仕事に関する一次・二次文献は、ほかの時期（ヴァイマル・ドイツ期、ソヴィエト・ロシア期、西ドイツ期）に関するそれと比べると非常に少ない。[1] 第一の理由としては、この時期の彼が主に英語で仕事をし、その成果が英語で発表され、これがおそらく従来のドイツ演劇研究にもアメリカ演劇研究にも分類し難かったことがある。そして第二の理由としては、その仕事が公にされた場が往々にして一般の劇場ではなかったことがある。上演の場は主として、彼が現地に開設した演劇学校の講堂、つまり一般の演劇観衆の目が届きにくい場所だった。あるいは一般の劇場で上演された場合でも、それは通常の演劇公演の扱いを受けていなかった。とはいえ、ピスカートアがこのアメリカ期に展開した活動は決して看過できない。それどころか、それまでのアメリカでの演劇ではまったくなかった試みを彼は繰り返し、その仕事はアメリカの次世代のつくり手たちに大きな影響を及ぼした。

以下、この第Ⅲ部ではピスカートアのアメリカでの活動を三つの時期に分け、その展開を追っていく。すなわち、

(1)ニューヨークでの活動を軌道に乗せるまでの時期（一九三九～四〇年／第8章）
(2)第二次世界大戦終結までの時期（一九四〇～四五年／第9章）
(3)終戦後、彼がアメリカを離れるまでの時期（一九四五～五一年／第10章）

である。

第8章　「政治から芸術へ」——ニューヨークでの「転向」

8.1　新世界での人脈

一九三〇年代末、ナチスの勢力がパリにまで及んでくると、そもそもナチス・ドイツから逃れて亡命していたピスカートアは再び移住を迫られた。最終的に彼はアメリカ・ニューヨークへと向かったが、そのときの頼みの綱はふたつ、メキシコ国立劇場の設立計画と『戦争と平和』の映画化・舞台化計画だった。

当初彼はメキシコでの成功を期待し、アメリカは中継点としてのみ考えていた。だがメキシコの計画は関係者との連絡が取れなくなったことで立ち消えになった。『戦争と平和』翻案の舞台化・映画化計画についても、最終的に完成稿がプロデューサーであるミラーの気に入らず、実現の見込みがなくなった。こうして今後の仕事の展望が開けず、ソヴィエト・ロシア、パリに続き、ニューヨークで三たびピスカートアは異郷の地で活路を見出すことを迫られた。

アメリカ到着直後の一九三九年一月一二日、ピスカートアは劇団〈グループ・シアター〉の創設者のひとり、ハロルド・クラーマンに『戦争と平和』の翻案を送り、協力を求めた。(2) というのも、同劇団は三年前の一九三六年、アメリカの作家ドライサーの社会批判的小説『アメリカの悲劇』(一九二五)(3) のピスカートアによる翻案を上演していたからだった。まずこの経緯について少し時間を遡り、追っておこう。(4)

グループ・シアターとの縁――ドライサー『アメリカの悲劇』翻案上演(一九三五/三六)

一九三〇年代半ばのアメリカには、左翼演劇人の連帯から同時代の亡命ドイツ人による演劇についての情報がさまざまな形で入ってきており、直接的な人的交流もあった。たとえば『タイ・ヤン』の作者ヴォルフは一九三五年の第一回アメリカ作家会議に参加した。あるいは、このヴォルフの『カタロの水兵たち』(一九二九年成立、一九三〇年初演)やブレヒトの『母』(一九三一年成立、一九三二年初演)を劇団〈シアター・ユニオン〉が上演した。(5)またあるいは、ピスカートアが一九三五年、ヴォルフの作品に関する稿を米誌『新大衆《ニュー・マッセズ》』に寄せてもいる。(6)ピスカートアによる『アメリカの悲劇』翻案をアメリカの人々が上演しようとする動きもこうした流れのなかにあった。(7)

『アメリカの悲劇』の原作の内容は、貧しい主人公クライド・グリフィスが富豪の娘との縁談のために、かつて付き合い、いまは妊娠して結婚を迫る女工を殺してしまうというもので、この経緯が伝記的に展開され、道徳的問題としての殺人が強調される。一方、ピスカートアが一九二〇年代末に仕上げた翻案では原作と異なり、主人公が伝記的に扱われるのではなく、主人公の社会的な背景に焦点が当てられた。さらに舞台には語り手が登場し、すでに序幕の時点で、殺人の個人的な責任がとりわけ「ビジネスの掟、あるいは別の言葉で言えば、金」(8)によって決定されるという、全体の内容を特徴づける解説がなされる。小説の舞台化という点では当時並行して手掛けられていた『シュヴェイク』でのノウハウがおそらく活かされており、語り手の導入という点では一九三〇年代初頭の『刑法二一八条』や『タイ・ヤン』の演出に通じる。

同翻案はアメリカで、まず『タイ・ヤン』の作者ヴォルフの代理人アンドリュー・ケルテスの仲介により、ピスカートアがソヴィエトにいた一九三五年春、ペンシルヴェニア州モイランの小劇場〈ヘッジロウ劇場〉で上演されて成功を収めた。(9)これがニューヨークのプロデューサー、ミルトン・シューバートの目に留まり、ブロードウェイでの公演を考えた彼はピスカートアの演出を想定した。だが契約締結についてのピスカートアの決断が遅かったために、結局シューバートはこの作品をグループ・シアターに上演させることにしたのだった。

グループ・シアターは一九三一年、政治的・社会的事件との関わりを強く指向した演劇の創造を目指し、〈シアター・ギルド〉から分かれて結成された劇団である。三人の中心人物、リー・ストラスバーグ（彼の甥が前出のシューバート）、シェリル・クロフォード、クラーマンを中心に、集団制作による上演の計画と実現を基本方針とし、ヨーロッパの社会批判的な素材の翻案をしばしば行っていた。ピスカートアの演劇制作に通じるこうした活動がおそらく、彼らに『アメリカの悲劇』翻案の上演が持ちかけられたその理由だった。

一方、一九三〇年代初めのアメリカでは、モスクワ芸術座のアメリカ公演（一九二三〜二四年）以来、スタニスラフスキーの俳優術が広く知られ、アメリカの若い演劇人にとってモスクワ芸術座がいわば巡礼の地となっていた[10]。グループ・シアターを創設した三人も一九三五年、スタニスラフスキー・システムによる上演を視察するためにソヴィエト・ロシアを訪れた。そして先述の国際革命演劇同盟の会議に参加し（クラーマンは同盟のためにアメリカ演劇についての記事を書いてもいる）、ピスカートアと知り合って、同年のうちに、おそらくプロデューサーのシューバートを経由して、『アメリカの悲劇』舞台版の上演許可をピスカートアに打診した。表題は主人公の名をとって『クライド・グリフィス事件』と改められ、明けた一九三六年三月、ストラスバーグの演出で計一九回上演された。

原作者のドライサーは好感を示した。若く未熟な人間に及ぼされるアメリカの同時代社会の影響を主人公クライドが体現している、というピスカートアの見方に対して反対意見があったが、ドライサーはピスカートアを支持し、筋立てが緻密に構成されており、語り手が導入されることで特別な深さの次元が獲得されていると翻案を評価した。

だが公演はおおむね不評だった。批評家やグループ・シアターのメンバーは、語り手を導入し、登場人物への観客の感情移入を阻んでいる点で、作品はあまりに教示的だという見解だった。当時メンバーだったエリア・カザンは回顧録で、同作を「冷たく、図式的で、テーマにしばられている」と特徴づけ、「そのアヴァンギャルド的な形式の傲慢」に苦言を呈している。また上演については「その価値相応のものを獲得した。つまり、短く不幸な命——一九回という公演数——そして悼まれることのない死である」と断じ、「私たちはへとへとにさせられた。後味の悪さが残った」[11]と不快感を書き留めている。クラーマンも後年に振り返って、同作が「あるテーゼを論証するための教育の劇」だという印象を記すとともに、語り手の導入、そして序幕の台詞を始め、語りによって強調される階級闘争的側面が批評家たちに気に入られなかったと判断している。[12]

当時グループ・シアターが重視していたのは、観客や俳優が登場人物から距離をとって批判的な分析をしたり、またそのようにして啓蒙されたりすることではなかった。彼らが目指していたのはそのようなことではなく、むしろスタニスラフスキー・システムに即した、人間の内面の追究、矛盾を抱えた心理の追究だった（後年、グループ・シアターの解散後にストラスバーグは〈アクターズ・ステューディオ〉を設立し、アメリカにおけるスタニスラフスキーの伝統を継続させる）。当時のアメリカで最も進歩的だった演劇人と言っていい彼らでさえも、叙事的で社会批判的・分析的なピスカートアの演劇へのアプローチにおそらく戸惑っていた。

ニュー・スクール・フォー・ソーシャル・リサーチとの出会い

このように『アメリカの悲劇』をグループ・シアターが過去に上演した縁があって、ピスカートアはニューヨークに到着後、クラーマンに『戦争と平和』制作での協力を求めたのだった。だが反応は『アメリカの悲劇』が上演されたときと同様、芳しいものではなかった。ピスカートアの第一信からまもなく、一九三九年一月二四日の手紙でクラーマンは、『戦争と平和』翻案があまりに観客の感情よりも知性に訴えかけていると指摘するとともに、アメリカの観衆はとくに「シンプルな性格描写や状況」に反応するのだという見解を記した。[13]

状況は切迫していた。グループ・シアターを通じても『戦争と平和』上演の可能性が見出されずにいた一方で、滞在ヴィザの問題が差し迫ってきていた。ピスカートアはメキシコでの仕事をむしろ期待していたため、アメリカ向けの就労ヴィザを申請していなかった。アメリカでは当時、移住者の枠が職業ごとに定められており、ピスカートアが到着した時点で演出家の枠はすでに残り少なかった。演出家として就労するためのヴィザ申請は困難な状況で、滞米を可能にするためには、別の職能があることを示す必要があった。だが幸いピスカートアにはその職能があった。教師としての就労ヴィザ取得に彼は動いた。

というのも、離独前の彼の拠点のひとつ、第一次ピスカートア・ビューネには創設当初から演劇学校〈シュトゥーディオ〉が併設されており、ピスカートアはその主宰者だったからである。くわえて彼はパリ滞在中、ドイツからの亡命者が多く教員として勤めていた、ソルボンヌ大学付属のパリ・ドイツ自由大学で講師を務めていた[14]。同大学から彼は講師だったことを示す証明書を手に入れた[15]（一九三九年三月一三日付）。そして演劇の制作ではなく教育に携わるという可能性に関しては、クラーマンの協力も得られた。彼はピスカートアに、ニューヨークの社会人大学〈ニュー・スクール・フォー・ソーシャル・リサーチ[16]〉（以下「ニュー・スクール」）の校長アルヴィン・ジョンソンを紹介した。

ニュー・スクールは一九一八年、歴史家のチャールズ・ビアードとジェイムズ・H・ロビンソンがニューヨークのグリニッジ・ヴィレッジに創設した成人教育機関で、こんにちまで存続している。一九三〇年代、とくにヒトラーの政権掌握後、同校はヨーロッパから移住した研究者や教育者を受け入れたが、教鞭をとった人々のなかにはハンナ・アーレントやエーリヒ・フロムを始め、多くの著名な社会科学者や哲学者、芸術家、作家がいた。こうした教授たち、また多くの学生が、当時および後年のアメリカの社会・政治・芸術に大きな影響を及ぼし、同校は学術研究・社会運動・芸術活動の各分野で、いわばヨーロッパの英知を引き継いで活躍する人々を擁する／輩出する研究センターとして発展した。

当時の校長ジョンソンはそうした発展のまさに旗振り役だった。ヨーロッパからのほかの亡命者と同様、ピスカートアも同校に受け入れられ、三九年一〇月一日から教員として勤めることになった。そして同校の付属機関として、追って演劇学校〈ドラマティック・ワークショップ〉が設立される運びにもなった[17]。

こうしてピスカートアは、組織の一部門とはいえ演劇学校を手に入れた。ドラマティック・ワークショップは一九四〇年一月に開校し、以後ピスカートアはその代表として演劇実践の教育および公演制作を展開する[18]。

8.2 演劇学校ドラマティック・ワークショップの設立

活動方針

ところで、ニュー・スクールはピスカートアを迎えるにあたって、従来の制作姿勢を改めるように促していた。校長ジョンソンとの面談に同席したピスカートアの妻マリーアはその模様を次のように綴っている。

「あなたが最後に手掛けた演出の数々には政治的な性質（a political nature）があったと聞いています。一部の人々はそれを誤って解釈した」と。ジョンソン博士は自分の机の上にあったメモの何枚かをシャッフルしながら言った。

「私はまったく非政治的だったんですよ」。ピスカートアは返答した。「若いころはね。夢のひとつはテノール歌手になること、あるいは最低でも典型的な俳優になることだった。だがイーペルでの塹壕戦があった。ベルリーンがあった。街中で死の舞踏を見た。インフレ、飢餓があった。私は政治に足を踏み入れた。ちょうど猫がミルクに魅かれるように。それから叫び始めた。絶叫した。政治演劇を作った」

沈黙があった。

「人の過去についてその人と言い争うつもりなどまったくありません」。ジョンソン博士は長い黄色のノートパッドを、シュルレアリストのそれのように判読しにくい文字で埋めていた。「そのことについての本を書いた、そうですね?」

「そう、ヒトラーは焚書にしました。第一章のタイトルは「芸術から政治へ」です」

またしばらくの沈黙。

「もしかしたらいつか別の一章をつけくわえることになるかもしれません。「政治から芸術へ」という章を」。ジョンソン博士は言った。[19]

この最後のジョンソンの発言との関連では、興味深いことに、おそらく面談後まもなくの一九三九年五月、ピスカートアは『政治演劇』に続く著作の執筆を構想するなかで、前著第一章の表題「芸術から政治へ」を間違いなく思い浮かべ、「「政治から芸術へ……」これが――結局、結局――おまえの願いだ、そう私は自分に言った」[20]と書き留めている。新天地での演劇学校でピスカートアに求められていたことは、直接的な政治的働きかけに満ちた演劇によって観客を社会変革へと動機づけるというかつての取り組みを封じて、むしろ演劇の基礎を教授し、小規模な作品の演出・上演を第一の課題とすることだった。そうして彼の演劇はいまや、「政治から芸術へ」その重心を移した。そこではもはや、革命演劇やプロレタリア演劇について語られたり、資本主義やブルジョア民主主義に対する大々的な批判がされたりすることはなかった。

たとえば彼はドラマティック・ワークショップの開設にさいして『ニューヨーク・タイムズ』紙に寄稿し、『戦争と平和』に関わったミラーが制作した公演に対して賛辞を送り、あるいはシアター・ギルドやグループ・シアター、〈プレイライツ・カンパニー〉が西洋世界で独自の活動をしていると評価した。かつて自分がベルリーンで展開していたフォルクスビューネやピスカートア・ビューネでの演出には触れず、著書『政治演劇』で展開していたような考えは後景に退かせた。[21]

ここにおいて、ピスカートアが亡命前のヴァイマル・ドイツで展開していたようなラディカルな制作姿勢は確かに認められなくなったかもしれない。その意味で彼は政治演劇と決別し、「転向」したと言えるかもしれない。だが彼は上掲の『ニューヨーク・タイムズ』紙あての同じ寄稿文で、アメリカの劇界をやんわりと批判してもいる。商業的な成功が第一に考えられ、古典や過去の作品が再び取り上げられないことを残念に思うと彼は記し（ヨーロッパで繰り返し上演されるアメリカ劇作家の作品として、彼はオニールのそれを挙げる）、「自分たちの経験を日々の包括的な現実と接続したく思う時代がある」ことを強調する。そしてこの関連で叙事演劇が有益だとピスカートアは主張する。いわく、叙事演劇は「現代の生活の多数の脈絡を結びつけて、人間の個人的な出来事と、その出来事が呼び起こす、または前提とする世界とのあいだにある、ひとつの総体にする」[22]、つまり、同時代の観客が知識や経験として共有している数々の社会的事件の連関のなかで、ある人物の経験する個人的な出来事が示される。

また事実として、ドラマティック・ワークショップの活動は、当時のニューヨークの演劇を顧慮すれば十分に画期的であり、演劇制度への挑戦という点で十分に政治的でもあった。たとえば同校のパンフレットの文は、アメリカで支配的だった商業演劇に異を唱え、「芸術表現の非営利的制度としてのレパートリー・シアターの発展を促し、私たちの社会において交響楽団の演奏会や美術館が享受しているのと同等の地位を獲得させること」[23]を目標に掲げている。そして「劇場である学校、学校である劇場」をつくりあげ、演劇の仕事のあらゆる分野を経験させながらひとりの学生を育てることを謳ってもいるが[24]、この分野とは舞台上ばかりでなく舞台裏のことまでを含んでいた。

こうした構想にはおそらく、第一次ピスカートア・ビューネ（一九二七〜二八）の付設演劇学校〈シュトゥーディオ〉での実践が活かされていた。〈シュトゥーディオ〉では、演劇制作に携わる人間全員が劇作に関する共同体として集結するという理念のもと、上演テクスト制作に複数の人間が参加する集団作業が演習課題とされ、こうした作業に即して、演技様式、外国語、演劇史、舞台装置、衣裳、映画制作、ダンスといった講座が設けられていた（特にダンス講師として、同時代を代表する舞踊家で『どっこい』の一場面の振付を担当したマリー・ヴィーグマンや、同じく指導的な舞踊家ヴァレスカ・ゲルトが名を連ねているのが注目される）[25]。

そして個々人への充実した教育、また集団としての機動性を考えてのことだろう、ドラマティック・ワークショップは、当座わずか二〇人の学生でその活動を開始した。

カリキュラムと講師陣

さてそのカリキュラムについてだが、ドラマティック・ワークショップのパンフレットでは、「こんにちの演劇で生計を立てていけるように学生を教育し」「こんにちの演劇のあらゆる可能性を、その社会的・文化的な潜在力を含めて認識できるよう、学生の視野を広げること」が宣言されている[26]。目指されていたのは、いわば演劇に関する包括的な教育だった。具体的には、旧来の演劇学校が設けていたような、役柄の研究、演出、声の使い方、演技術、劇作、演劇史といった授業にくわえ、演劇・映画批評、演劇の社会学的・経済学的な分析、舞台音楽、体操、舞台機構に関する技術、照明、またのちにはテレビに関する授業が提供された。

当初、重点は劇作の授業にあり、一学期に四〇時間が組まれ、これを主としてジョン・ギャスナー――グループ・シアターのメンバーでシアター・ギルドのアドヴァイザーであり、演劇研究者・批評家でもあった――が受け持った（このクラスには一九四〇年から四一年にかけてテネシー・ウィリアムズが在籍していた。ピスカートアとのつながりについては後述する）。俳優術の授業には二〇人の受講者枠が設けられ、学校開設直後の三、四年間、アメリカでのスタニスラフキー・メソッド教授の第一人者だったステラ・アードラーがこれを担当した。演出の授業は二五人定員とされ、ピスカートアが担当し、舞踊の授業は妻マリーアが、舞台美術の授業はグループ・シアアターおよびシアター・ギルドに関わっていたモルデカイ・ゴアリクが受け持った。

講師陣にはそのほか、ピスカートアが亡命前から交流していた人々もいた。たとえば彼が一九二九年に演出した『ライヴァル』の脚色担当だったツックマイヤーは一九四〇～四一年に「ドラマにおけるユーモア」の講義を担当した(27)。あるいは作家でジャーナリストのラーニアや作曲家のアイスラー、劇作家ではレーフィッシュや、『犯罪者たち』（一九二八）の作者ブルックナーがいた（彼はのちにドラマティック・ワークショップの座付作家になった）。ブレヒトも招聘される予定だったが――ピスカートアは一九三九年一二月一七日付の手紙で彼を講師に招こうとしている(28)――、ヴィザの申請手続きが長くかかったためにこれは見送られ、ブレヒトは結局カリフォルニアに落ち着くことになった。

こうしたカリキュラムおよび講師陣のもと、ドラマティック・ワークショップは――ニュー・スクール・フォー・ソーシャル・リサーチ付属の教育機関として――、人間の社会的営みを追究する手がかりとして演劇を位置づけ、その理論と実践を多角的・総合的に学ぶ場として活動を展開していく。そしてそこでは間違いなく、近過去や同時代の社会の動きと真摯に向き合おうとする姿勢がとられた。この点で言えば、ピスカートアの活動の核となる考えは実際のところ、彼がアメリカに渡る前のままだった。

（1）一次文献としては Piscator (1968b) のほか、ピスカートアのアメリカでの活動の道を開いた〈グループ・シアター〉の創設者 Clurman (1975 [1945])、あるいは教え子の Malina (2012) といった同時代人の手記がある。一方、二次文献として、ピスカートアのアメリカ時代の仕事を核にした研究書ということでは、わずかに Kirfel-Lenk (1984) と Probst, G. (1991) のものがあるのみで、ほかに研究論文として Krohn (1990) のものが、またピスカートアが籍を置いたニュー・スクールの歴史を扱う Rutkoff/Scott (1986) の研究書がある程度である。
（2）Cf. Erwin Piscator Papers, Special Collection/ Morris Library, Southern Illinois University, Carbondale, USA [Coll. 31, Box 4, Folder 7].

（3）詳しくは、ドライサーの小説を、二〇年代末、ピスカートアがガスバラと、のちにユングと翻案したもの（公にはドライサーの訳者ゴルトシュミットとピスカートアの共同翻案とされている）。ピスカートアはこれを一九三一年末にソヴィエトからドイツへ一度戻ったさい、ベルリーンの〈レッシング劇場〉で上演しようとしたが実現しなかった。翌一九三二年に同作はヴィーンで初演されて成功を収めたが、このとき主演を務めたヘルベルト・ベルクホーフはその後、ピスカートアが一九四〇年にニューヨークに創設する〈ステューディオ・シアター〉（第9章参照）に所属することになる（Vgl. Kirfel-Lenk (1984), S. 92）。

（4）以下、『アメリカの悲劇』翻案の上演については次を参照。Clurman (1975 [1945]), p. 174-176; Willett (1978), p. 134, 144-145 [ders. (1982), S. 90, 101]; Kirfel-Lenk (1984), S. 90-100; Smith (1990), p. 249, 254-258, 280, 377, 380; Krohn (1990), S. 157-158.

（5）Cf. Willett (1978), p. 146. [ders. (1982), S. 101].

（6）Piscator, Erwin: The Work of Friedrich Wolf. In: New Masses, Jg. 15 (11.6.1935), Nr. XI, S. 23-25. [auf dt. in: Piscator (1968b), S. 130-138].

（7）ウィレットによれば、これと逆に、ピスカートアが同時代アメリカの演劇についての情報を、たとえばヴォルフを通じて得てもいた。彼はシアター・ユニオンによる上演や、グループ・シアターの座付作家クリフォード・オデッツの初期作品群など、アメリカでの左翼演劇の発展について伝え聞いていた。『シュヴェイク』に刺激されて生まれたミュージカルで、ヴァイルの初のアメリカでの作品『ジョニー・ジョンソン』（一九三六）についても知っていた（Cf. Willett (1978), p. 146 [ders. (1982), S. 101-102]）。

（8）Vorwort zur „Amerikanischen Tragödie". Bühnenmanuskript. Piscator Center, Akademie der Künste, Berlin/West, zit. nach Krohn (1990), S. 157.

（9）なお、この公演から約一年半後の一九三六年一〇月一三日（ピスカートアがパリからソヴィエト・ロシアに戻れないことが明らかになった直後）、ケルテスが関わらないことを前提にニューヨークの別の代理人ヘレン・アイロフがピスカートアに仕事の可能性を示したさい、次の活動の道を間違いなく探っていたピスカートアは、真剣な提案ならば何でもすぐに受け入れると答えている（Telegramm von Helen Airoff vom 13. Oktober 1936, Erwin Piscator Papers, Special Collection/ Morris Library, Southern Illinois University, Carbondale, USA [Coll. 31, Box 1, Folder 10]）。

（10）Cf. Rukoff/Scott (1986), p. 182, Krohn (1990), S. 158.

(11) Kazan (1988), p. 150-151.
(12) Clurman (1975 [1945]), p. 174-175.
(13) Erwin Piscator Papers, Special Collection/ Morris Library, Southern Illinois University, Carbondale, USA [Coll. 31, Box 4, Folder 7]; vgl. auch Piscator (2009b), S. 12, Anm. 4.
(14) Vgl. Trapp/Mittenzwei/Rischbieter/Schneider (1999), Bd. 2, S. 740.
(15) Erwin Piscator Papers, Special Collection/ Morris Library, Southern Illinois University, Carbondale, USA [Coll. 31, Box 4, Folder 9].
(16) Cf. Rutkoff/Scott (1986).
(17) Vgl. Probst, S. (2001), S. 224-225.
(18) 以下、ドラマティック・ワークショップ設立前後から活動当初の動きについては次を参照。 Willett (1978), p. 155-156 [ders. (1982), S. 110-112]; Kirfel-Lenk (1984), S. 70-87; Probst G. (1993), S. 69-74.
(19) Ley-Piscator (1970), p. 50.
(20) Piscator, Erwin: Der Schrei nach der Kunst. Zehn Jahre euopäisches Theater [1939]. In: ders. (1980), S. 171-181, hier S. 171; cf. also Willett (1978), p. 152, note 201 [ders. (1982), S. 157, Anm. 218]).
(21) Piscator, Erwin: The American Theatre. A Note or two on Playwrights. The Box Office and the Ideal, [In: *New York Times* vom 21. Januar 1940]; dt. in: Piscator (1968b), S. 141-143.
(22) Ebda., S. 142.
(23) Cited by Ley-Piscator (1970), p. 104.
(24) Cited by Willett (1978), p. 155 [ders. (1982), S. 111-112].
(25) Die Schule der Piscatorbühne. [Prospekt] (1929) In: EPS, Mappe 512, S. 4.
(26) Cited by Ley-Piscator (1970), p. 104. それぞれの原文は "to educate students to make a living in the theatre of today" "to lift the student's vision to the full possibilities of the living theatre, with its social and cultural potentialities".
(27) Vgl. Zuckmayer (1969), S. 416-418. ツックマイヤーは一九三五～三八年にヴィーンのマックス・ラインハルト・ゼミナールで劇作術と演劇史のゼミナールを担当したのち、ドラマティック・ワークショップに迎えられた。
(28) Vgl. Piscator (2009b), S. 163-164 [Brief an Brecht, o.D. [17.12.1939]].

第9章　新大陸から発せられる反戦の声——第二次世界大戦下の仕事

9.1　付設劇場スチューディオ・シアターでの演劇実践

前章で見たように、ピスカートアはアメリカでのキャリアをまず教員として開始し、演劇学校ドラマティック・ワークショップを設立した。ただし以後、単に教員として活動していたわけではなかった。そうではなく、引き続き演出家として、あるいはスーパーヴァイザーとして、同校で発表される演出作品の制作に繰り返し携わった。

図20　講堂内部写真を表紙にしたドラマティック・ワークショップの案内 (Ley-Piscator (1993), o.S)。

ニュー・スクールの講堂（四〇〇席）がドラマティック・ワークショップの付属劇場となり、一九二〇年代末のピスカートア・ビューネ付設の演劇学校名にちなんで〈スチューディオ・シアター〉と名づけられた［図20］。俳優となったのは主にドラマティック・ワークショップの学生だったが、主要な役の多くは、失業中あるいは駆け出しのプロの俳優によって演じられ、結果として学生たちはプロの俳優の仕事の実際を知ることになった。一方で彼らプロの俳優たちにとっても、当時のアメリカで模索されていた新しい演劇の形式を知るという意味で、その参加は有意義だった。

同校でピスカートア本人が手がけた演出の仕事についてみると、ニュー・スクール校長ジョンソンの求めを顧慮してのことだろう、それまでに展開されていたような、共産主義的メッセージを前面に出す演出は影をひそめた。とはいえピスカートアは、素材となる作品にもともと備わっている道徳的主張や経済的・社会的コンテクストを強調することはできた。すなわち、特定の政治的傾向を強調するか否かという点では異なるが、『群盗』演出(一九二六)で行われたような、テクストや場の変更・短縮・付加、あるいは前後の場の交換によって、舞台上の出来事を、近過去または上演時の現実世界で起きた／起きている実際の事件や出来事に即したものにする実践は引き続き行われた。その結果、ピスカートアがここで演出・発表した作品は、一九四〇年代当時の同時代世界の政治的状況を反映するとともに、同時代の政治・社会問題に対する観衆の関心を促すものになった。

『リア王』(一九四〇)

上記のようなアプローチはピスカートアがステューディオ・シアターで手がけた最初の演出である『リア王』(一九四〇年一二月上演)からすでに認められる(1)。選ばれた作品が同時代のそれではなく『リア王』だったのは、ピスカートアが望むような、同時代世界を反映する作品がほかに見つからなかったことにくわえ、『リア王』がそれに代わりうると彼が判断したからだった(2)。

ピスカートアは『ニューヨーク・タイムズ』紙のインタヴュー(一九四〇年一二月八日付)で、「こんにち私たちはリアを、世界地図をつくり直そうとする独裁者の仲間のひとりとして見る。彼が自分の王国を分割したさいに行ったことは、暴君のイデオロギーに通じる政治的必要性からのことだ(3)」と述べている。つまり彼のねらいは、観客がリア王の社会的な立ち位置を同時代の世界の政治的状況と重ね合わせて把握できるように同作を演出することだった。恐怖や抑圧によって国を治め、その延長線上で娘たちを教育した、独裁者としての王のイメージが構想の出発点だった。

上記のピスカートアの言明に鑑みれば、同作が一九四〇年当時の独裁と暴政のアレゴリーとして演出されたことは疑いない。ただしこれはナチズム下のドイツばかりでなく、同時代のアメリカの状況に対する批判としてとらえることもできた。というのも、ピスカートアはアメリカで、彼自身を含め、共産主義思想に与した人々に対して広がるヒステリーを許した、一見寛容なブルジョア的・民主的日常に対し、ファシストによるデモや人種差別に対するのと同様、厳しい眼差しを向けていたからである（この姿勢は第二次世界大戦後、マッカーシズムを糾弾したアーサー・ミラー作『るつぼ』の演出〔一九五四〕でより明確な形をとる）。

主演を務めたブロードウェイ俳優・ハリウッド俳優のサム・ジャフはピスカートアの意図を汲み、演出の核を、ナチス・ドイツにかぎらない、時代や場所を問わない政治的問題としてとらえた。『ニューヨーク・ヘラルド・トリビューン』紙のインタヴュー（一九四〇年一二月一日付）で彼は次のように述べている。

> 私が心がけたのは、リアを、こんにち私たちが向き合っているのと同じ社会的課題のなかにいる人間として示すことです。独裁はリアの時代、非常に卑俗な過ちだった。そしてこれはこんにちでも同じです。果てしない権力欲によって、老いた王は暴君となっていった。(4)

演出での具体的な工夫についてみると、ピスカートアはおそらくジョンソンの求めに配慮して、劇作上の介入を大々的にすることはなかった。一方で注目されるのは装置および空間に関する演出である。舞台には幕がなく、最大限の演技の場を獲得するために客席の最前列が取り払われていた。さらに客席と舞台は平らな台で接続され、俳優たちは客席から登場できるようになっており、客席の通路でも演技は行われた（『刑法二一八条』や『タイ・

図21　『リア王』舞台装置図 (Boeser/Vatkova (1986b), S. 53)。

ヤン』の演出が想起される)。そして場面転換を滑らかにする目的で回り舞台が使用され、その上には半円が同心円で重なる「巨大でいびつなウェディングケーキのよう」[5](『ニューヨーク・ジャーナル』紙)な塔状の壇がつくられた[図21]。

　また目を引く小道具として移動幕が使われ、舞台の進行中、観客に見えるように現われるスタッフがこれを携えていた[図22]。この移動幕の使われ方は『タイ・ヤン』の演出(一九三二)で使われていた幟のそれに似て、しばしば場所名が書かれてあり、場面の転換を示す目的で使われた。あるいは、劇が展開する場を象徴的に暗示する目的でもこの幕は用いられた。たとえば嵐の場面になると、回転する装置の段の、異なるレヴェルに立った複数のスタッフによってこれらの幕が掲げられた[6]。

　こうした一連の装置・小道具の使われ方は、批評家たちの目にはごく控えめなものに映った。たとえば『ポスト・ディスパッチ』紙は、「ピスカートアは実質的に舞台装置を使わなかった。回り舞台があり、いくつか未来派的な趣の岩や洞窟があって、ここにリアは精神を病んで隠遁する。横断幕や照明が場面転換を知らせる[7]」と伝

図 22 『リア王』の一場面 (Boeser/Vatkova (1986b), S. 61)。

えた。ただ、装置が控えめに使われた一方で、音響に関してのエ夫は手が込んでいた。舞台裏と客席には三二台のスピーカーが据えつけられ、たとえばリア王の役を演じる俳優の声の音量が大きくされることで、王の感情の爆発、あるいは嵐にあらがっての激高が表現された。

くわえて道化役についても工夫があった。この役が持つ硬軟ふたつの特徴が別々の俳優によって示され、さらに人形が活用された。一方に好戦的なアルルカン、ジェスターがおり、他方には没落する運命にある社会の皮肉屋である道化がいて、前者が後者を助ける、というのがそのコンセプトであり、前者は女性ダンサーのロッテ・ゴスラーが、後者はヘルベルト・ベルクホーフが演じた(両者はともにかつてドイツ語圏の舞台で活躍していたダンサーと俳優でもある)。そして、一方では人形と一体視されるジェスターが言葉を発さず身振りや表情で自分を表現し、他方では道化がリア王に対する批判の言葉を口にした。キルフェルーレンクが指摘するように、身振りと台詞を分離するこの演出は、政治的事件に対して何らかの立場をとることや自分の意見を表明すること、真実を直接表にすることは道化にとっても危険であり、そうした行いをするならば媒介者（人形）の助けを借りざるをえない、というメッセージとしてとらえることができた。さらに言えば、予測不可能な暴君の行いに付き合わざるをえないすべての人々が持つべき慎重さを勧めたものとして解釈しえた[8]。

このように『リア王』の演出は多くの工夫に満ちていたが、批評家らは「型破りのコンセプトに賛成しなかった」（マリーア・レイ＝ピスカートア）[9]。たとえば『ニューヨーク・サン』紙は、「渦巻く暴風雨は霧となり、偶発的な照明とスピーカーの驚異的な使用による偉大な劇が、リアの偉大な場面をただの混乱と当惑にする。舞台機構と戯曲が正面から出合って、戯曲が征服される[10]」と否定的な見解を示した。あるいは『ニューヨーク・ジャーナル・アメリカン』紙は、「この劇は、現代化したとされているその〈解釈〉によってというよりも、ピスカートアの制作のスタイルとメソッドによって傷ついている[11]」と非難した。またあるいは、『デイリー・ミラー』紙はプロとアマチュアの俳優の混在を揶揄して表題に「まるで子供の花火遊び」と記し、上演前半が「長く、ぎこちなく、信じられないほど退屈だ[12]」と突き放した。『ニューヨーク・ポスト』紙は、「息もつかせず展開するイリュージョン」が感じられず、一九二〇年代の舞台の改革の象徴とされた技術革新にピスカートアがなお固執していると難じた[13]。

こうした否定的評価はおそらく批評家たちの保守的な態度に起因していた。というのも、当時のアメリカでは文化政策の分野で潜在的な共産主義に対する追及が始まっていたからである。一九三〇年代の大不況時から政府の支援を受けていたフェデラル・シアター・プロジェクト――失業演劇人の活動を支え、同時代ソ連の演劇に関心を寄せる演劇人がその恩恵を受けていた――が三九年に解散したこともあって、一部の批評家は演劇が再びイデオロギー的な活動の場としての位置を獲得しないように目を光らせていた。すなわち彼らには、観る者の思考を刺激し、人間の共同生活の新しい見方を伝えるような演劇の形式を受け入れる用意がなかった。あるいは、社会秩序に欠けているものを明らかにするために利用しうる演劇の形式を受け入れる用意がなかった。『リア王』

演出に対する各紙の否定的評価はおおむね美的観点から異論を唱えたものだが、同時代アメリカの上記のような文化政策的背景を考えれば、これらは多分に、演出を政治的にとらえた場合の不快感を表明しないですむようにするための口実だったと判断してもよいかもしれない。

『戦争と平和』（一九四二）

『リア王』の上演から一年後、一九四一年一二月になると太平洋戦争が勃発し、アメリカでは日本とドイツという、東西の枢軸国からの脅威が感じられるようになってきた。翌四二年一月二九日、ドラマティック・ワークショップはシンポジウム「戦時についての演劇」を開催し、ピスカートア、ギャスナー、ゴアリク、演出家のジェイムズ・ライトが参加、さらにニュー・スクール校長のジョンソンが、あるいは二〇年代後半から三〇年代初めにアメリカの複数の新聞のベルリーン特派員として活動していたジャーナリスト・コラムニストのドロシー・トンプソンがスピーチに立った（「戦時についての演劇」はその後シリーズ化され、同時代の米ソ演劇について解説する講演が行われたり、作家本人が議論に参加したり、放送劇が紹介されたりした）[14]。そしてピスカートアはこのさい、戦時下の演劇教育の意義を説いた。すなわち、演劇は逃避のための場所ではなく、善を広め、悪に対し闘うという倫理的規準を認識する手立てであると主張した。かつて第一次世界大戦中の前線での経験を機に政治演劇を構想した彼にとって、ふたたび世界各地で今まさに展開している戦争から目をそらすことはまったく不可能なことだった。そして必然的に、彼がステューディオ・シアターで次に手がけることになっていた『戦争と平和』の演出では、同時代のヨーロッパにおける戦争を強く示唆するアプローチがとられた[15]。

この『戦争と平和』は前章で触れたトルストイ原作の小説の翻案であり、ピスカートアの渡米前から彼とノイマンとの共同制作が始まっていたが、上演の見通しが立たなくなっていたものである。同作は当初の計画から約四年遅れ、一九四二年五月二〇日にやっと日の目を見る運びになった。またその前年末からアメリカは第二次世界大戦に参戦していたが、これに先立ってナチス・ドイツがソ連への侵攻を始めており、この点で、ナポレオンのロシア侵攻を扱う『戦争と平和』は非常に大きなアクチュアリティを伴うことになった[16]。英語版の制作はドラマティック・ワークショップの劇作科の学生だったハロルド・L・アンダーソンとモーリス・クルツが担当、当時カリフォルニアに暮らしていたノイマンはこれを承諾した[17]。

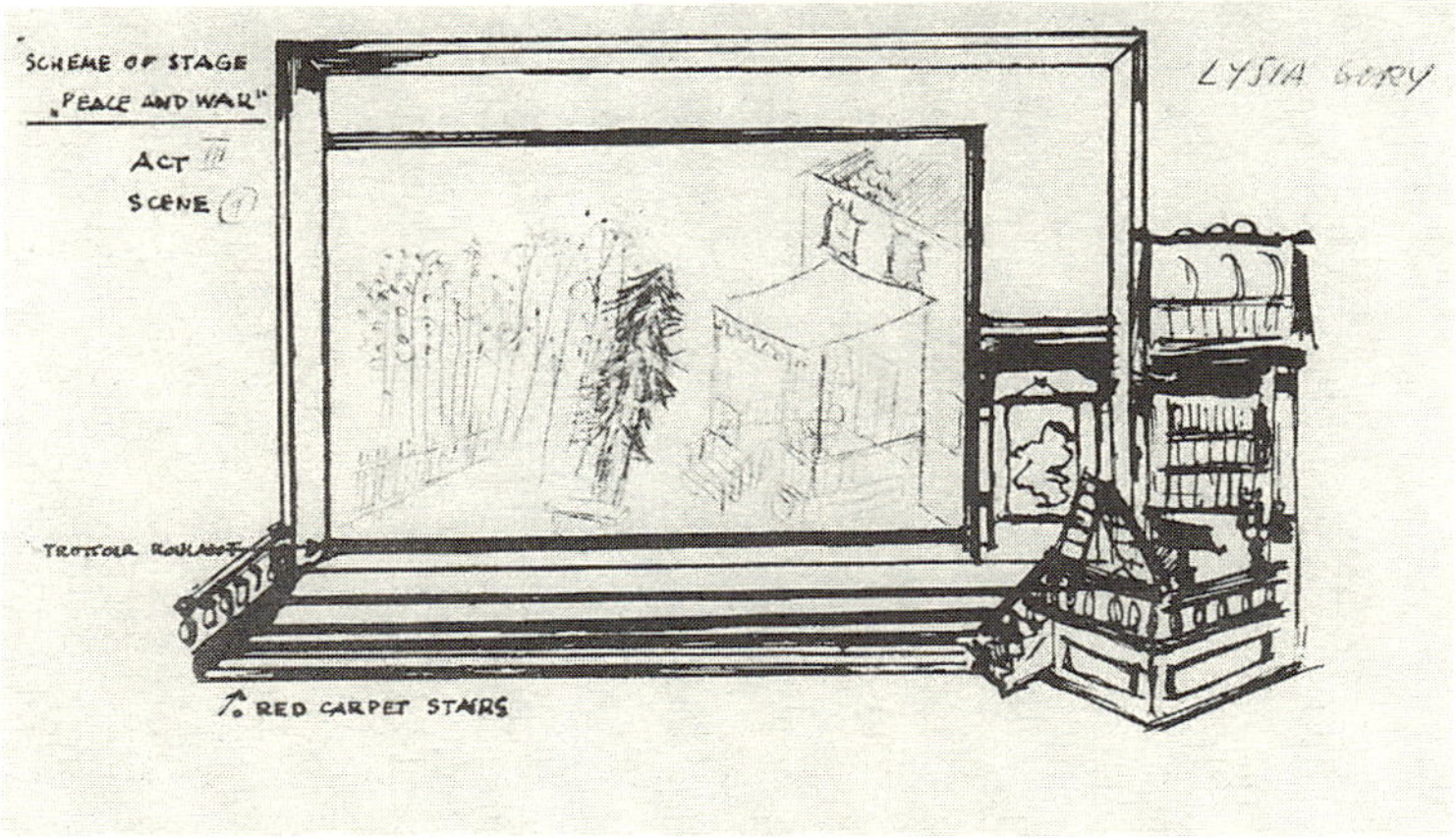

図 23　『戦争と平和』第三幕第一場の舞台装置図 (Boeser/Vatková (1986b), S. 70)。

　翻案は時代を一八一〇年に設定し、原作の小説第一巻の後ろ三分の一に基づく。物語の中心人物は原作と同じくピエール、アンドレイ、ナターシャの三人で、彼ら個人の運命が、彼らの生きる社会や同時代の出来事と結びつけられて作品の軸となっている。ただし原作と異なり、ピエールには語り手および解説者の機能が与えられた。空間的・時間的な展開は要約され、進行にはコメントが付され、そしてピエールの独白のなかで彼の思考と省察が展開された。さらにこの役は場面を切り替えることもし、あるいは直接観衆のほうを向いてともに考えることを促し、いわば舞台と客席を架橋する役割を担った。これにしたがって、観客は感傷的に反応するのではなく、理性を働かせることを促された。観客は上演中に示される対象に関する議論へいざなわれるものと位置づけられていた。

　この翻案をもとに仕上げられた英語版は全二五場で、場面転換のために幕が下ろされることはない。装置としては映像を映すためのスクリーンが上手にひとつあり、本舞台とピエール役の俳優が演技する前舞台、計ふたつの演技の場が設けられた〔図23〕。これらふたつの演技の場はいわば出来事の内側と外側の次元を示すためのものだったが、一方で『群盗』演出（一九二六）のときのように、場面を同時並行で進める目的でも活用された（たとえば第二場では三つの独白が同時に行われた）。

ところで、主人公に語り手の役回りを与えたり映像を使ったりするこの演出は、ちょうど活路を見出しかねていた劇作家テネシー・ウィリアムズに大きなヒントを与えていた。その二年前、彼が手がけ、シアター・ギルドがボストンで試演した『天使たちのたたかい』は大失敗に終わっていた。同作はピスカートアいわく「自然主義的なスタイルで、三幕に分けて書かれていた」が、それから間もなく、ウィリアムズは「叙事的に舞台化された作品〔『戦争と平和』〕を観た。それは語り手を持ち、複数の幕に分けられた構成ではなく、場が連続するものだった。そして彼は次の作品『ガラスの動物園』で初めてこの叙事的なスタイルを活用した」[18]。

実際、ウィリアムズは『戦争と平和』を観ていたばかりか、その稽古を手伝ってさえいた（レイ-ピスカートアによれば、ウィリアムズはピスカートアの秘書にまでなるつもりだったが、ウィリアムズ自身の仕事をするほうが重要だと確信していたピスカートアはこれを拒んだ[19]）。そして二年後に発表された『ガラスの動物園』（一九四四）では『戦争と平和』と同様、幻燈の指示が随所に盛り込まれた（場面のタイトルや、登場人物が声に出さない心の声を示す文章、あるいは舞台上で展開される出来事とは別の、空間的に戸外の、または時間的に過去の出来事を示す映像[20]）。また主人公は頻繁に語り手となって、核となる筋についての解説を観客に向かってすることになっている。

このようにウィリアムズの創作に大きなヒントを与えた『戦争と平和』だったが、演出は一部の批評家のもとでは不評だった。たとえば『ニューヨーク・ポスト』紙は一九四二年五月二二日付の評で「おのおのが自分の独白をまるで狂ったように行う」と記し、ピエールの役については「ファシズムがおのずと敵にする、あらゆる人々の代表であるということ」は認識するが、語り手としての働きに関しては共感していない。いわく「ピエールは腰を下ろし、トルストイの原作の内容を言い換えるのだが、彼が突然ポケットから小説のコピーを取り出してしばらく朗読したとしても、私たちは驚かなかっただろう」(21)。すなわち語り手の役は、ほかの役の数々とは活動の次元を異にする、ごく異質なものとしてとらえられ、一貫した物語の流れがないことを理由に『戦争と平和』は混沌とした作品だと判断された。ほかの批評についてみると、歴史的な出来事と個人的な出来事を併せて扱うことから起こる混乱を指摘したり、全体を舞台作品としてではなく、文学作品の失敗したパスティーシュとしてとらえるものがあったりした(22)。

とはいえ、好意的な反応もあった。たとえばギャスナーはピスカートアあての手紙(五月二七日付)で、「私がブロードウェイでこの一五年間に観てきたうちの、何よりも偽りなく創造的で、熟練した、そして率直なものだ」と評価した(23)。あるいは一九二〇年代にベルリーンでピスカートアと共同作業をし、一九四一年からアメリカに暮らしていたラーニアは、ニューヨークで刊行されていたドイツ系ユダヤ人の新聞『建設《アウフバウ》』紙上で、「どの場面も、トルストイの小説が持つ色鮮やかさ、内的な温もり、人間らしさを備えていた」と総括した(24)。ほかにも演出の巧みさを評価したものや、書き割りを控えめに使った機能的な舞台、画像の投影、照明があいまって魔法のような筋の流れ、入り組んだ時空間が実現されたと称える評があった(25)。

ただ気をつけたいのは、多くの評がピスカートアの仕事についてはほとんど触れていないことである。すなわち演出が評価されている場合であっても、ピスカートアの仕事の仕方や範囲について、つまり彼が集団としての仕事を重視し、かつ多くの場合で彼自身が関わっていたということはほとんど認識されていなかった。

くわえて、一九四二年に『戦争と平和』が上演されることの政治的な意義についても、多くの評は深く追究していない。平和に寄与する政治演劇の旗手であろうとし続けたピスカートアはこの年、『戦争と平和』演出に先立って『明日《トウモロウ》』誌に「未来の演劇」と題した論考を寄稿し、芸術家の社会的責任という視点から叙事演劇の本質と課題を定め、整理することを試みていた(26)。そして続く『戦争と平和』の上演で、第二次世界大戦という所与の状況に即して、侵略して平和を手に入れようとすることは不適当だと訴えた。だが上演は多くの批評家たちのもとで、原作の小説について多少は深い認識を得る、ないし叙事演劇の効果のあり方と機能を知る契機にとどまった。

さらに言えば、ドラマティック・ワークショップは先述のシンポジウム「戦時についての演劇」から発展したレクチャー・シリーズを通じ、ブレヒトやピスカートアの演劇に関する情報を提供していたのだが、これも多くの批評家に認知されていなかった。したがって彼らはおおむね、トルストイの小説を数時間の演劇上演にすることを暴挙として受け止めた。また彼らにとってはおそらく、みずからが共に考え、省察するように促されるということもまったく新しい経験であり、これが受け入れ難かったように見える。

9.2 ステューディオ・シアターの閉鎖とその後

ニューヨーク演劇界からの外圧

『戦争と平和』公演からおよそ半年後の一九四二年一一月二二日、ステューディオ・シアターではダニエル・J・ジェイムズの処女作『冬の兵士たち』が初演された。同作の主題はヨーロッパの地下活動で、ナチスがユーゴスラヴィアからロシアの前線へ軍需品を輸送するさい、経由する国々でのサボタージュによって妨害される様子が描かれている。[27] 同作は当初、演出家でプロデューサーのシェパード・トローブがブロードウェイで上演しようとしたが、一一場で四二人の俳優を要することもあり、六ヶ月経っても出資者が見つからなかった。このため、作者ジェイムズが契約を結んでいた劇作家協会は、より好条件での上演契約の可能性を作者のために探ることを断念し、制作費が安価で関係者への報酬が低額ないし無料で済む非商業劇場での上演を了承し、ステューディオ・シアターでの公演が実現したのだった。そしてこれが大成功を収め、ニューヨークの新聞・雑誌はステューディオ・シアターの力を次第に認めるようになった。

だがそれとともに商業演劇界はステューディオ・シアターの存在を意識し始めた。まもなく商業演劇の劇場や俳優の労働組合は、同劇場での制作公演はほぼプロのそれだという非難を表明した。特に労働組合は、ステューディオ・シアターが十分な報酬を提供できないにもかかわらず、一部プロの俳優が出演し、制作費が抑制されていると攻撃した。こうして同劇場は、もはやアマチュアの劇場ではなく職業俳優が出演する劇場のひとつと見なされて、出演する俳優は労働規程を遵守することが促された。さらに不運なことに、ニュー・スクールから助成を受けることが困難になってきつつもあった。またステューディオ・シアターとして使われていた講堂は、別の団体も使い始め、しばらくすると不十分な防火対策を理由に閉鎖されてしまった（この閉鎖を『建設《アウフバウ》』紙は一九四三年三月二六日付で報じている(28)）。

ステューディオ・シアターはこうしてわずか約二年強で幕を閉じたが、計八公演を制作し、主要な役を演じた失業中あるいは駆け出しのプロの俳優の働きにより、多くの成功を収めた。当時のニューヨークの演劇界では、商業的成功が見込まれないかぎり劇作家は作品発表の機会に恵まれなかったが、ステューディオ・シアターはこの状況にくさびを入れ、若手の劇作家に実験と発表の場を提供した。さらに、商業演劇を主としたブロードウェイの運営システムになかったレパートリー・システムによる公演を実現した点でも画期的だった。

くわえて、ドラマティック・ワークショップの活動およびステューディオ・シアターでの公演は、同時代社会の分析に重点を置いていた点で特筆される。ステューディオ・シアターの閉鎖が決定的となっていたころ、ピスカートアは『ニューヨーク・タイムズ』紙の編集部あてに手紙を書き（一九四三年三月一七日付）、同校で制作される演劇は、現代の人間の思考と行動の社会的・政治的原則を発見するための手段だと位置づけた。そして「単に演劇をすることはできない。簡単な、明らかに単なる〈演劇的な（theatrical）〉演劇をすることはできない。野心的な、難しい演劇をしなければならない」と主張し、それまでに制作された八作品はこの意図を反映したものだと総括した。[29]

『賢者ナータン』（一九四四）

ステューディオ・シアターはここに閉鎖された。だがこれをもってドラマティック・ワークショップの活動に終止符が打たれたわけではなかった。労働組合の批判をかわすためにプロの俳優が起用されなくなり、このことはたしかに学生にとって大きな不利益だったが、幸いワークショップからはすでに才能ある人材が出始めていた。また同じく組合からの批判に対する策として、上演がすべて原則非公開とされ、観客は聴講生として登録した者に限られた。つまり彼らは売り場で入場券を買い求めるのではなく、年間予約会員となって（これはのちに観客組織の形成につながった）、上演作品のテーマに関する講義を聴講[30]するとともに本読み稽古や立ち稽古を見学するものとされた。

こうしてドラマティック・ワークショップの公演は一九四三年以降、演劇学校での公演と見なされる枠に収まるべく、さまざまな制限が設けられた上で制作された（ピスカートアのアメリカ期のピスカートアの活動がこんにち広く知られていない大きな理由のひとつがここにある）。ブロードウェイでは役の数が多かったり観客に求められる知的水準が高かったりすることが理由で制作に至らない作品を、ドラマティック・ワークショップの観客は聴講生として享受していった。

以上のような条件のもとで制作された代表的な公演としては『賢者ナータン』（以下『ナータン』）がある。[31]一七七九年に書かれた同作はアメリカで一九一七年にようやく翻訳されていたものの上演には至っておらず、これをドラマティック・ワークショップは二度舞台にかけた。ステューディオ・シアターがまだ存続していた一九四二年と、閉鎖後の一九四四年である。

一九四二年の公演（三月一一日初演）はピスカートアの同僚ライトが演出し（ピスカートアはちょうど『戦争と平

和』演出の仕事を抱えていた）、ドイツ語から英語への翻訳はワークショップの教員でステューディオ・シアターの座付き劇作家となっていたブルックナーが手がけた。テクストの内容は原作のそれとはやや異なり、家族をめぐる筋よりも宗教的寛容というテーマが前面に出された。具体的には、登場人物同士の関係が簡略化され、イスラム教徒の王サラディン、キリスト教徒のテンプル騎士団の騎士、ユダヤ教徒の商人ナータンの養女レーハの三人を結びつける家族の物語全体が削られた。また騎士はサラディンともレーハとも血縁関係がないとされ、ナータンの養女ではなく実の娘であるレーハと結婚するものとされた。あるいは、サラディンの妹ズィッターや、ナータンの旧友で財務相としてサラディンに仕えるイスラム修道僧の役が削除された。その一方、作中の指環の寓話が重視され、理知と寛容を訴えるメッセージが強調された。文体に関しては、原作のそれの詩的価値を保つべく、英語のブランクヴァースへの置き換えが入念に行われた（文体に関して一部の評は否定的な態度をとり、硬直した熱弁調のものと言い表わしたり[32]、饒舌さや回りくどさを非難したりしている[33]。だが、こうしたことは、ほかの近世の作品に関しても同様に言える。『ナータン』英語版の不出来と判断するのは不見識だろう）。

一九四二年の『ナータン』は『リア王』や『戦争と平和』に比べて技術的手段の使用が目立たなかったためか、「その古典的な雰囲気とイデオロギー的な重みを何ひとつ失っていなかった」[34]と評価した『建設《アウフバウ》』紙を始め、おおむね肯定的に受け止められた。タイトルロールを演じたベルクホーフ（『リア王』での道化役）の、母語ではない英語のセリフはまったく批判されず、それどころか、彼のナータンが今シーズンで最も輝かしい上演に寄与したとまで称える評もあった[35]。こうした成功の背景には、ナチス・ドイツによる戦争の恐怖がアメリカで日増しに感じられてきたという上演時期のタイミングもあった[36]。

そしてその二年後の一九四四年、世界大戦の戦況は深刻さを増し（アメリカ参戦から三年後でもある）、ナチスによるユダヤ人迫害の悲惨は極まっていた。これを背景にして『ナータン』は再演に至る。ピスカートアは公演当日に用意されたプログラムの序文で、レッシング以前・以後の全芸術家の一生をかけた仕事があらゆる前線で大砲や飛行機によって守られ、また故郷でも守られなければならないと主張し、そのためにこの作品が寄与すると訴えた。[37] 彼はドイツに出自を持つ人間として、ユダヤ人と平和に共生するドイツ人像を、すなわちレッシングが属する、もうひとつのドイツの像を示そうとし、闘うべき相手であるナチス・ドイツに対置させようとしていた。

くわえて、彼に『ナータン』の再演を決断させた要因として、一九四四年当時のアメリカの内政上の状況もあった。ニューヨークやボストン、デトロイト、ロード・アイランドでユダヤ教会が傷つけられ、ユダヤ人商店に落書きがされ、ユダヤ人の子供が暴行を受けるなど、大規模な暴動が続いていた。つまり一九四四年の『ナータン』上演には、二年前のように寛容を唱えることにくわえ、反ユダヤ主義の慣習的な怨恨に対する抗議の意味もあった。さらに、ピスカートアは、おそらく自分自身の経験を踏まえ、「この国での出来事が、いまこのとき、わたしに不気味なかたちで、ドイツにおけるナチスの始まりを思い起こさせる」と『建設《アウフバウ》』紙にコメントしてもいる。[38] 一九四四年の『ナータン』は、単にユダヤ人擁護のためだけでなく、迫害され追われる立場にあるすべての人々への注意を促す強い訴えとして理解されるべきものでもあった。

再演時、本編のテクストや演出に変更はほとんどなかった。注目すべきはむしろ、本編の外で行われていたことだった。戯曲『ナータン』を上演するだけでピスカートアは良しとせず、劇場をいわば反ファシズムのキャンペーンのための演壇に変え、学術・芸術・政治の分野から毎回数人、総計約四〇人のゲストスピーカーに講演をさせた。登壇者にはニュー・スクール校長のジョンソン、ドラマティック・ワークショップ教員のギャスナー、アードラー、ラーニア、トンプソン、亡命者会議代表のポール・ティリッチ、ジャーナリストでラジオ解説者のH・v・カルテンボーン、評論家のギルバート・セルデス、ニューヨーク市立大学ハンター・カレッジ校長のジョージ・N・シュースター、アメリカン・フレンズ・オヴ・ジャーマン・フリーダム代表のラインホルド・ニーバー、イェール大学長のチャールズ・サイモアほかが名を連ねた。[39] そしてこれらは単なる講演ではなく、『ナータン』上演との関連を顧慮したスピーチであり、かつ講演者の立場からの報告だった。具体的には、ファシズムや反ユダヤ主義に対する対抗勢力を育てることや、一般市民に現実の出来事を認識させること、そして、この市民を味方にし、隣人に対する不寛容に反対する闘争へつなげることが訴えられた。ピスカートアも講演者のひとりだった。

こうした枠組みはもちろん、医師や弁護士ほかの人々にスピーチをさせた『刑法二一八条』の演出（一九三〇）に通じるものである。すなわちこの『ナータン』再演は、ピスカートアが政治的目標のために精力的に関与する力を保っていることを示すものだった。当時の彼はあるインタヴューで、「社会的メッセージを伝達することは演劇の課題であり、これは娯楽という課題と同じく重要だ」と、そして「単なる娯楽、〈芸術のための芸術〉は演劇演出の本質ではない」[40]と述べてもいる。なるほどこの時期、俳優が客席で演技をして観客に政治的な働きかけをするような一九三〇年前後の彼の演出は認められなくなった。しかしその一方、同時期の彼の、芸術作品の制作よりも同時代世界の政治的・社会的課題の解決に取り組もうとする実践は継続された。つまり、演劇が社会変革のための手段になるという彼の見解は、一九四四年も変わっていなかった。そして演劇という制度に関する受け手の理解に揺さぶりをかけ、同時代の社会に実際に掛かり合おうとする彼の姿勢も、ドイツ時代と何ら変わってはいなかった。

（1）以下、『リア王』については次を参照。Ley-Piscator (1970), p. 159-165; Kirfel-Lenk (1984), S. 128-141; Krohn (1990), S. 163; Probst G. (1991), p. 54. アメリカでのピスカートアの初演出はバーナード・ショー作の『聖ジョウン』で、これは欧州での戦争の犠牲者に対するアメリカ赤十字社のチャリティ公演として一九四〇年三月四日にワシントンで初演された。

（2）Cf. Piscator Reviving "Lear". Calls Tragedy An Indictment of Dictatorship. In: *New York Post*, 7.12.1940 [EPS, Mappe 301].

（3）EPS, Mappe 301; cited also by Ley-Piscator (1970), p. 160; zit. auch v. Kirfel-Lenk (1984), S. 129.

（4）Zit. v. Kirfel-Lenk (1984), S. 129-130.

（5）John Anderson: "King Lear". Staged by Studio Theatre. In: *New York Journal,* 16.12.1940 [EPS, Mappe 301].

（6）Cf. Anderson, op. cit.

（7）„King Lear". In: *Post-Dispatch* (St. Louis), 18.12.1940 [EPS, Mappe 301].

（8）Vgl. Kirfel-Lenk (1984), S. 134-135.

（9）Ley-Piscator (1970), p. 163.

（10）Richard Lockridge, in: *New York Sun,* December 16, 1940, cited by Probst (1991), p. 54.

（11）John Anderson, in: *New York Journal American,* December 16, 1940, cited by Probst (1991), p. 54.

（12）Robert Coleman, Newest „Lear" Like Children Using Firecrackers. In: *Daily Mirror,* 16.12.1940 [EPS, Mappe 301] ただし上演後半については、「目立って良くなる。心理的なもやが晴らされる」と一定の評価が示されている。

（13）John Mason Brown: Piscator's »King Lear« with Same Jaffe. In: *New York Post* [1940] zit. v. Kirfel-Lenk (1984), S. 138.

（14）Vgl. Kirfel-Lenk (1984), S. 180-181.

（15）以下、『戦争と平和』演出については次を参照。Kirfel-Lenk (1984), S. 141-173; Krohn (1990), S. 163; Probst G. (1991), S. 132-135; ders. (1993), S. 76-78.

（16）『戦争と平和』とならんで、アメリカの第二次世界大戦参戦によってアクチュアリティを得たもうひとつの素材が『シュヴェイク』である。ピスカートアはこれを、同じくアメリカに亡命中だったブレヒトと共同で改稿することを考えていたが、最終的にブレヒトは単独で作業を進めて『第二次世界大戦のシュヴェイク』を書き上げた（Vgl. Knust (1974), S. 125-146; Goertz (1974), S. 94）。

（17）ノイマンはのちに仕上がった草稿に満足して、ピスカートアへの手紙（一九四二年三月一三日付）で次のように伝えている。「いま新しいヴァージョンを読んだ。すばらしい。同時代の状況を参照させるプロローグがある。また主人公たちの人間関係を大きく展開させる第一幕は卓越している。［中略］翻訳は本当に驚くほどのレヴェルで、これこそ私たちが言いたかったことだ。とにかく私はあらためて希望を抱いている」（Erwin Piscator Papers, Special Collection/ Morris Library, Southern Illinois University, Carbondale, USA [Coll. 31, Box 11, Folder 4]; also cited by Probst G. (1991), p. 133）。

（18）Piscator, Erwin: Amerikanisches Theater. [In: Beilage „Lebendige Kunst" zu *Pädagogische Blätter* (Berlin 1955), Nr. 13-14, S. 1-3] In: ders

(1968b), S. 196-199, hier S. 199.

（19）Cf. Ley-Piscator (1970), p. 236-237.

（20）ただしこれら幻燈についての部分は上演では削除された。同時代のアメリカの観客の慣習に鑑みると極めて異質だととらえられたか、当時のアメリカで支配的だった俳優術であるスタニスラフスキー・システムと相容れないと考えられたことが理由として推測される。また幻燈についての部分を欠いたこの版が、日本ではまず翻訳出版された。幻燈の使用を前提とした『ガラスの動物園』が日本で広く知られるのは、当該の部分を初めて訳出した一九八八年の小田島雄志訳が刊行されて以降のことである。

（21）Zit. v. Kirfel-Lenk (1984), S. 170-171 [Vgl. auch S. 169, Anm. 261].

（22）Vgl. Probst G. (1993), S. 77-78, Anm. 16 [*New World Telegram,* 23.5.1942; *Billboard,* 6.6.1942].

（23）Erwin Piscator Papers, Special Collection/ Morris Library, Southern Illinois University, Carbondale, USA [Coll. 31, Box 11, Folder 8]; vgl. auch Kirfel-Lenk (1984), S. 173.

（24）Leo Lania: Piscators Tolstoi, in: *Aufbau* (New York), 5.6.1942, zit. v. Kirfel-Lenk (1984), S. 170.

（25）Vgl. Probst G. (1993), S. 77, Anm. 15 [*New York Sun,* 22.5.1942; *Brooklyn Eagle,* 24.5.1942; *South Norwalk Sentinel,* 2.6.1942].

（26）Vgl. Piscator, Erwin: The Theatre of the Future. In: *Tomorrow,* Jg. 1 (New York, Febr. 1942), Nr. VI, S. 14-19. [dt. in: Piscator (1968b), S. 144-148].

（27）Vgl. *Aufbau* (New York), October 23, 1942 und December 11, 1942 [EPS, Mappe 78].

（28）Vgl. Kirfel-Lenk (1984), S. 184, 187.

（29）Piscator an Editor. In: *New York Times,* 17.3.1943 [EPS, Mappe 22].

（30）代表的なものは主にギャスナーが担当したレクチャー・シリーズ「マーチ・オヴ・ドラマ」で、古典から同時代の作品に至るまで、各作品についての解説が公演と並行して行われた。

（31）以下、『ナータン』については次を参照。Ley-Piscator (1970), p. 169-172; Willett (1978), p. 167 [ders. (1982), S. 123]; Kirfel-Lenk (1984), S. 173-179; Krohn (1990), S. 163; Probst G. (1993), S. 82.

（32）Louis Kronenberger: A German Pleads For the Jews, in: *P. M.,* 3. 1942. Vgl. Kirfel-Lenk (1984), S. 175, Anm. 275.

（33）Richard Watts jr.: Men of Good Will, in: *New York Herald Tribune,* 12. 3. 1942. Vgl. Kirfel-Lenk (1984), S. 176, Anm. 276.

(34) *Aufbau* (New York), 20. 3. 1942, Rezension von K.H. [d.i. Kurt Hellmer], zit. v. Kirfel-Lenk (1984), S. 175, Anm. 273.

(35) Brooks Atkinson: Herbert Berghof is giving one of the most radiant performances of the season, in: *New York Times*, 12. 3. 1942, zit. v. Kirfel-Lenk (1984), S. 176, Anm. 278.

(36) ただしこの『ナータン』はその後、プロデューサーであるシューバート（一九三六年にニューヨークで『アメリカの悲劇』のピスカートアによる翻案の上演を実現）の尽力で、ブロードウェイのベラスコ・シアターで公演されたが、こちらはブロードウェイ公演としては実に短い二八回の公演にとどまった。おそらくブロードウェイの観衆はステューディオ・シアターのそれと異なり、『ナータン』にさほど魅力を感じていなかった（Vgl. Kirfel-Lenk (1984), S. 176-177）。

(37) Vgl. Probst G. (1993), S. 82.

(38) »Nathan der Weise« mit Kommentar, in: *Aufbau* (New York). 25. 2. 1944, zit. v. Krifel-Lenk, S. 178-179, Anm. 284.

(39) Vgl. Kirfel-Lenk (1984), S. 179.

(40) *Daily Worker*, New York, 12. 2. 1944, cited by Willett (1978), p. 167, note 249 [ders. (1982), S. 123, Anm. 265].

第10章　二度目の戦後——第二次世界大戦後のワークショップの展開

『ナータン』が再演された翌年の一九四五年五月にはドイツ、八月には日本が降伏し、第二次世界大戦が終結した。第一次世界大戦後のヴァイマル・ドイツに続き、ピスカートアにとっての二度目の戦後がここに始まった。そしてちょうど一度目の戦後のプロレタリア劇場時代のように、彼は決して平穏に仕事を行う環境には恵まれなかった。それどころかむしろ、より大きな苦難を強いられた。

10.1　学内外の圧力への対処

第二次世界大戦中、ドラマティック・ワークショップは開設から二年強のあいだ、実績を積み重ねてプロの劇団としての性格を強めた。すると多額の予算を要するようになり、ニュー・スクール学内の反発が大きくなって、これを背景のひとつとして、ステューディオ・シアターが閉鎖されるまでに至った。だが一九四五年に世界大戦が終結し、戦地から帰還した兵士に教育の機会と奨学金が与えられる制度が設けられ、アメリカの大学の学生数が飛躍的に増えると、ニュー・スクールもこの恩恵に与って、予算の問題は当面解決した(1)。

一方、ニュー・スクールは施設の狭隘化から拡張されることになった。そしてこの機会をピスカートアはとらえ、同じ一九四五年、劇場街の四八番街にある〈プレジデント・シアター〉を借りて、ニュー・スクール幹部の目を気にせずに公演制作を指揮できるようにした。同劇場は機構の整った舞台、緞帳、約三〇〇の客席、楽屋や小さな稽古場を備え、ピスカートアが理想としていたレパートリー・システム、および十全な観客組織を実現するための足がかりとなる場所だった。教育内容も拡充され、舞踊、映画、放送、テレビに関する授業が新設された。さらに「演劇研究《シアター・リサーチ》」の授業は一九四六〜四七年のシーズン以降、ピスカートアみずからが担当し、自分の叙事演劇理論について講義した。(2)

だがプレジデント・シアターが手に入っても授業や稽古のための空間は十分ではなく、一九四七年、ドラマティック・ワークショップはロウアー・イースト・サイドのヒューストン街にある劇団〈イディッシュ劇場〉の本拠地ナショナル・シアターから六階部分の空間を借り受けた。建物の最上階にあることから〈ルーフトップ・シアター〉と名づけられたこの劇場へ、追ってワークショップの一部の授業が、また稽古場が移された。客席は一二〇〇席で大規模な演出作品が適していたが、観客は十分に期待できた。というのも、劇場のあった場所にはヨーロッパに出自を持つユダヤ人の労働者・手工業者が多数住み、多くが演劇に親しんでいたからだった。さらにイディッシュ劇場のイディッシュ語上演を通じ、いくつかの作品がすでに知られてもいた。くわえてニューヨークの複数の高校とのあいだで、生徒が定期的に観劇をする契約が結ばれ、観客数はさらに保証された。(3)

こうして、一九四〇年一月にわずか二〇人の学生で開設されたドラマティック・ワークショップは、約五年半が経った第二次世界大戦終結後、数百の学生数を数えるまでに成長した。(4) 一九四七〜四八年のシーズンは二六作品のレパートリーを持ち、前期の半年間で一五作品を制作、二六〇回の公演を延べ五万人以上の観客が観、前後期の通年で同時代の劇作品が二一本制作された。(5) ギャスナーが主に担当したレクチャー・シリーズ「マーチ・オヴ・ドラマ」が世界大戦の最中から継続されてもいた。一九四五年一一月九日付の『建設《アウフバウ》』紙によれば、登録した受講者向けに、古典から同時代作品にわたる、公演に関連した解説が毎週土曜と日曜の午後八時半から行われており、(6) この受講者登録の制度からは、受講者同士の、および受講者と俳優のあいだでの密な連帯がおそらく生まれていた。

10.2　一九四〇年代後半の演出作品

さて、上記のように一九四五年以降大きく発展したドラマティック・ワークショップで、ピスカートアはどのような活動を行ったのだろうか。

一九四〇年代後半のピスカートアは演出を行うよりも上演作品を選定する作業に専念した。重視されたのは、内容が近過去や同時代の世界で実際に起きた／起きている事件に関連し、時代を問わないものでもあるような作品、また平和や民族間理解、抑圧からの解放といった理想を主題にした進歩的な作品だった。古典としてはアリストファネスやシェイクスピア、同時代のアメリカのものとしてはクリフォード・オデッツやアルバート・マルツ、リリアン・ヘルマンらの作品が選ばれた。さらにピスカートアは世界大戦の終結後、ヨーロッパと再び十分な連絡がとれるようになって以来、ジャン-ポール・サルトルやアルマン・サラクルー、ヴォルフガング・ボルヒェルトといった仏独の同時代劇作家の作品の紹介に努めたが、これらは劇作家たち自身の戦争体験、あるいはナチズムに対する抵抗運動の体験をつぶさに反映したものだった[7]。同時代社会の諸問題を積極的に舞台で示そうとするワークショップの設立以来の方針は、こうしてさらに充実していった。

『蠅』（一九四七）

欧米の近過去や同時代の事件に関するピスカートアの上記のような取り組みのなかで実現された公演の代表例として、サルトル作『蠅』が挙げられる（一九四七年四月一七日初演、またアメリカ初演でもあった[8]）。その実際についてやや詳しく見よう。

同作は青年オレステスをめぐるギリシャ神話に基づく。オレステスの父であるアガメムノン王が王妃クリュタイムネストラとその愛人アイギストスに殺害され、なおその城で生きるオレステスの姉エレクトラが、弟が帰還し母と愛人に復讐する日を待ち望む、というのが神話の物語の背景である。表題の「蠅」は、オレステスの生まれ故郷アルゴスの悲嘆に暮れる民を怨念で苦しめる復讐の女神フーリエを指す。

オレステスがアルゴスに戻ると、義父アイギストスがエレクトラを奴隷にし、アルゴスの民を下僕にしている。エレクトラは弟オレステスにクリュタイムネストラとアイギストスを殺すよう説得するが、そのとき彼らの上に蠅の群れが降りかかる。追ってエレクトラはゼウスの影響から良心の呵責に耐えられなくなり、オレステスと絶交する。一方、オレステスは自らの罪と罰を受け入れ、アルゴスの人々に生活を立て直すように勧めて去り、蠅の群れを自分に従えて行く(9)。

この結末を、ドラマティック・ワークショップによる公演を観た批評家バープは次のように伝えている。

オレステスは〔中略〕まったくの自由である。彼はフーリエを、〔中略〕ゼウスさえも恐れない。というのも、彼は自らの意志のなかに果てしない自由の力を見出したからであり、これは誰も屈服させられない。彼は、王として引き続き人々を不自由にするつもりもない――〔中略〕彼を追うが少しも害することができないフーリエを、彼は引き寄せて、ハーメルンの笛吹き男のように去っていく。人々は自由になる――「蠅」は退治された(10)。

『蠅』の世界初演は、ワークショップによる公演の四年前、第二次世界大戦のさなかだった一九四三年、ドイツ占領下のパリの〈シテ劇場〉(現市立劇場)でのことだった。作品の成立前、作者サルトルはドイツの収容所を脱走してパリに戻り、すべての階層の人々が団結して暴圧に抵抗する自由闘争であるレジスタンス運動に参加したが、この運動では最終的に自由が勝ち取られた一方、多くの人々の血も流されていた。つまりサルトルはおそらくオレステスと同様、抑圧者の手から故郷を守るよう呼びかけられたように感じており、自分が復讐の念からなお解放されないという点で、自分とオレステスを——自分の民族を暴君から解放するものの、蠅からは解放されない——重ねていた。

それから四年後、世界大戦の終結後にドラマティック・ワークショップが行った公演で、ピスカートアはスーパーヴァイザーとして関わった（演出はワークショップのポール・ランザムとマリーア・レイ-ピスカートアが担当）。装置としては回り舞台の上に、傾斜した台、柱、巨大なゼウス像が設けられ、ピスカートア演出のメルクマールとして知られていた幻燈や映画が紗幕の上や舞台奥に投影されるとともに［図24］、俳優たちは客席を通って登退場した。ゼウス役の俳優は、それまでのピスカートア演出で繰り返し行われてきたのと同様、語り手としての役も演じた。この役は「一種の精神分析的治療によって、エレクトラを救うことを申し出」「すべては必要不可欠なことだったと説明することで、エレクトラから罪悪感を取り去る」[11]（バーブ）役回りを負っていた。

そしてなかでも注目したいのは、紗幕に投影された画像・映像の内容と、それが示されたタイミングである。作品と時局との結びつきを示すため、上演本編の開始前、映画によるプロローグが導入されたが、これは一九四〇年にドイツ軍がパリに入る様子を映した記録映画だった。これはすなわち作品成立の背景をアメリカの観客に示すためのものだった。

映画の使用にあたっては稽古中に議論がなされ、作品の形式を損なうという意見があり、これを受けてピスカートアは映画のある公演とない公演を交互に行うよう指示した。その結果、映画のある公演に対し、たとえば『ヘラルド・トリビューン』紙は否定的に反応して、「演劇としての質は認められるが、多くの実存主義信奉者を獲得するのにふさわしいとは思えない」と記した。[12]だがそもそも、ピスカートアは実存主義哲学を云々するために同作を上演したのではなかった。そうではなく、彼が重視していたのは何よりも、同作が成立した第二次世界大戦中のナチス支配下のフランスという背景だった。だから『蠅』を「政治的・社会的なドキュメント」[13]と評し

図 24　『蠅』の一場面 (Boeser/Vatkova (1986), S. 92)。群衆の顔の数々が舞台奥に投影されている。

た『ビルボード』誌の受け止め方は彼にとって好ましく思えたはずである。また演出での映画使用を巡るさきの議論には、ちょうどサルトルとニューヨークを訪ねていた彼のパートナー、ボーヴォワールが参加しており、彼女は映画つきの公演に支持を表明して、「これは、演劇に自己満足的な単純さを越えさせ、観衆に主体的な役割を再び与える、数少ない舞台実験の例のひとつだ[14]」と肯定的に評価してもいた[15]。

『すべて王の臣下』（一九四八）

『蠅』とならんで、第二次世界大戦終結後のドラマティック・ワークショップで注目すべき公演として――ニューヨークでの一般的な公演の成功としては控え目だったと伝えられるが[16]――『すべて王の臣下』も挙げられる（一九四八年一月一四日、プレジデント・シアターで初演[17]）。原作はピュリッツァー賞を受賞したロバート・ペン・ウォレンの同名の小説（一九四六年成立）で、彼が批評家エリック・ベントレーの後押しを受け、ピスカートアと共同で翻案し、舞台化された。ピスカートアは『シュヴェイク』や『アメリカの悲劇』以来、久々に小説を舞台化する機会を得て作者ウォレンとのやりとりを重ねた。

原作の内容は、一九三〇年代、実在のルイジアナ州知事ヒューイ・P・ロングが権力を濫用し、暴力・買収・脅迫によって職に留まり続けた史実に基づく。この史実に基づくという点がおそらく、近過去の政治的・社会的事件を繰り返し題材として扱ってきたピスカートアには気に入った。

演出は主人公の強い権力欲を、そしてそれに翻弄される周囲の人々を示す、象徴的かつ動的なものだった。当時ドラマティック・ワークショップの学生で、のちに劇団〈リヴィング・シアター〉を興すジュディス・マリーナは上演を観たあと、とりわけ装置および空間［図25］に関する演出に注目し、一九四八年一月二一日の日記に次のように書きとめている。

図 25 『すべて王の臣下』の一場面 (Boeser/Vatkova (1986), S. 93)。

ピスカートアは、上や下、あるいはその周りで演じることのできる舞台空間を作った。螺旋階段が傾斜路の中央からそびえ、頂上の小さな壇は、権力を求める上昇の努力を生々しく表現することを許している。小さな舞台は拡張しているように見える。回転する壇は出来事の映画的な効果を動きのなかで与える。俳優たちはこのターンテーブルの上を歩くが、それは彼らと逆向きに回る。あるいは個々のスポットライトに照らされた顔は、動くキャメラやクロース・アップの、演劇における等価物として機能する。(18)

このマリーナの描写からうかがえるように、装置はかつての『シュヴェイク』演出の場合のそれと同様、俳優の歩みを一箇所に固定させ、出来事の流れを叙事的に淡々と示すことに寄与するものだった。

さらに、原作には登場しないある教授の役も目を引く。これはそれまでのピスカートアの演出でしばしば用いられていた、語り手の機能を負う役であり、劇の世界に観衆が意識を没入させることを阻んでいた。教授はまずこの公演を紹介したあと、劇の進行中、異なる場面のあいだの場つなぎをしたり、原作の小説に語り手として登場するジャーナリストを相手にして原作の特徴について議論したり、ほかの登場人物からの質問に答えたりした。(19)

10.3 「客観的演技」(一九四九)

ところで、上記の演出が展開された時期がドラマティック・ワークショップの最盛期だったが、そのさなかの一九四九年、ピスカートアは「客観的演技(Objective Acting)」と題した演技論を書いている。これは滞米中の彼が展開した演劇活動の核を知るために有効な手がかりのひとつとして位置づけられるものであり、同年刊行のコール/チノイ編『演技を語る俳優たち』に収められている。(20) 以下、その内容を点検しておきたい。

冒頭、ピスカートアは、自分の言う演技術が、ベルリーンでのかつての仕事仲間ブレヒトのそれと異なることを強調する。演技におけるリアリティを達成するためのふたつの方法として、「主観的演技（subjective acting）」と「客観的演技（objective acting）」を設定し、後者に焦点を当てるが、この「客観的演技」はブレヒトの異化とは異なるという。

自分の「客観的演技」は舞台の実験から成立すると主張するピスカートアは、一九二〇年代初めにベルリーンのプロレタリア劇場で行っていた実践を引き合いに出す。当時の彼らには「金がなく、観衆は労働者、舞台は空っぽ」で、背景を考えた末、「スクリーンを立て、その上に背景を描く」という解決策に至った。さらに「年代や事件など、必要な解説を、物語の始めに行う」ことをしたが、「この解説がまさに、観衆との直接的な関係をつくりだし」「事実、観衆も、舞台の上の人間とつながりができたことを喜んだ。劇場は彼ら観衆のものになった」。またここで開発されたのは「技術のための技術」ではなく、「素朴に表現する、理解してもらうやり方」であり、こうした「実験が俳優に新しい種の自由を与え」、結果として彼の俳優は「自分が自分であると同時に全体の一部であることが可能だという事実と向き合った」。そしてこの実験は最終的に「新種の芸術を創造し」「それまで受け入れられていた既存の演劇形式に対する革命を宣言した」。

その後、一九二〇年代の後半になってベルリーンでの活動が軌道に乗り、資金を得ると、より大きな劇場での制作が可能となり、ピスカートアは舞台美術家や技術者と実験を重ねる。ただしこれは舞台上の実験にとどまるものではなく、俳優を自由にし、客席にいる観衆とのコンタクトをつくるためのものだった。このとき「俳優のための自由なスタイルが実現し」「実験だったものがメソッドになった。これを私は叙事演劇（Epic Theatre）と呼んだ」と彼は述べる。そしてこの叙事演劇が「新しい俳優を求めた」。すなわち、客席とコンタクトを持たない「〈第四の壁〉の向こうで催眠にかかっているような俳優は要らない」という結論に彼は至った。

ここでピスカートアはあらためてブレヒトに言及し、自分の演技術との差異を説明する。彼はブレヒトの見解に一定の理解を示し、「「劇のなかで登場人物が展開する」行為／身振り（action）は、共感によって私たちを巻き込むよりも、私たちの前に置かれるべきである」とブレヒトが求めたのは正しかった」と述べる。また異化という考えに賛同し、「私たちの理性の役に立ち、私たちを事実により近づかせるだろうものである」と認識する。だが彼は感情にも重きを置いて、「人間をまるごととらえたい（get hold of the complete human being）」「私はただ、理性と感情をより高いレヴェルで再統合できるようにするために、両者を区別したいのだ」と主張する。

次にピスカートアは視点を変え、芸術の創造者としての俳優が持つ特異性について語る。彼の見方では、画家や音楽家、作家と違い、俳優は主体かつ客体であるがゆえに、芸術作品の創造にとって不可欠な客観性を知ることが困難である。そして演劇という芸術も特異であり、俳優と観衆、双方の存在があってのみ創造される。ピスカートアはこう記した上で、ここまでの彼の話に耳を傾けているであろう俳優を思い浮かべながら、俳優の義務について次のように語りかける。

> 俳優であるあなたは鏡となり、そのなかに観衆は自分自身を見ることができる。あなたの義務は彼ら観客に手を貸し、彼らが正しい結論に至って、真実ではない、実物より良く見える「私（I）」の絵を壊すようになることだろう。あなたの鏡としての観衆、観衆の鏡としてのあなたがいるのだ。(21)

注目したいのは、こうしてピスカートアが客観的演技の必要を主張する一方で、それに対置される主観的演技を決して否定はしていないことである。彼は次のように続ける。

> あなたはためらっているようだ。こわがっていて、少しがっかりしてもいるようだ。なぜかはわかるような気がする。私に聞きたいのは魔法や秘密のことだろう。劇場を魔法の箱にして、俳優にとって非常に楽しいものになる、そのための手だてになるイリュージョンやトランスのことだろう。これらすべてを、現代の俳

優に客観性を達成してもらうために捨て去るべきだろうか？　俳優は自分の主体的な生を諦めるべきだろうか？　決してそうではない。俳優は客観的になればなるほど、最高の個人的（主観的）形式に至ることができる。独白の、大胆で美しい建築がテクストに加わる。主観的演技と客観的演技はひとつになって最高の演技形式を生み出すのだ。(22)

このようにピスカートアは説き、自分の言う客観的演技が「冷たいルーティン」ではなく、「アーティストを貶め、貧しいオートメーションにしてしまう、商業演劇の恐ろしい成果」ではないと説明する（商業演劇は俳優を創造者ではなく解釈者、良くても職人にしてしまうと彼は否定的にとらえる）。ただし目下、この客観的演技を使いうる、「私たちの現代生活に見合った現代演劇」は今どこにもないとも彼は言う。

さらにピスカートアは続けて、こうした演技による客観性は「新たな形式主義をつくろうとするものではなく、逆に演劇を硬直した形式から解放するものである」と主張し、発達した舞台機構が俳優の演技に与える可能性を評価する。すなわち彼の見方では、「いまや俳優は同時並行舞台の上を、シェイクスピアの演劇と同様に動くことができる。張り出し舞台やアリーナ舞台を古代ギリシャの演劇と同様に使うことができる。観衆のなかへ、映画のクロース・アップのように歩み入っていくことができる」。そして「この新しい演劇は俳優に新しい次元を提供する」ものであり、その次元は「上下左右に動いたり回ったりする舞台によって強調される」。こうした舞台機構は彼の見方では「俳優を戸惑わせるものではなく、現代の生活において自然なもの、必要なもの」であり、「現代の人間が快適な生活のために使う機構を考えてみればいい」と彼は指摘する。

ピスカートアの俳優には一種の語り手であることが望まれるが、舞台の下にいて観衆に語りかけるだけの存在ではない。そうではなく、舞台上にいる相手を、そして観衆のなかにいる第三の相手を納得させる存在である。一方、単に役を演じるということもしない。彼の俳優は登場人物のコピーではなく、「人間のプロポーションを引き受けて三次元になる」。つまり、登場人物を演じる俳優であり、かつコメンテイターでもありうる存在であるのであって、そうあるためには理性も感情も重視して、その双方を示す力を、すなわち客観的演技と主観的演技の双方を身につけることが求められる。このようにピスカートアは主張し、「客観的演技を主観的演技と合わせることによって、俳優はもはや劇作家の手のなかにある単なる客体ではなく、創造者になる。自分を客観化することで主体になる。双方が作用することで俳優は生命を獲得するのだ（become alive）」と記してこの演技論を結ぶ。

論考「客観的演技」を収めた『演技を語る俳優たち』の編者コールとチノイによれば、同論考は「ブレヒトのそれとは異なる叙事演劇の演技術に至るアプローチを提案[23]」する。確かにピスカートアによる叙事演劇の理解はブレヒトのそれとは異なる。すなわち、ブレヒトもピスカートアも、演じる者と観る者の理性を喚起しようとする一方で、感情という要素や俳優の主観的な演技を排除してはいないが、ピスカートアの場合、後者の重みが目立つ。

一方、ピスカートアは明らかに、スタニスラフスキーの演劇の場合のように俳優がその注意を舞台上だけに集中させることには批判的である。彼の俳優は、物語を語る先の観衆がその場にいることをつねに意識していなければならない。俳優の注意の中心は、スタニスラフスキーの場合のように舞台上ではなく、客席のなかになければならない。それどころか、ピスカートアの俳優はしばしば注釈をし、これが観客との密なコンタクトをつくる。観客はそのようにして上演のプロセスへ含め入れられ、現実の事件や出来事を読み解くことに参加するものとされる。いわば俳優と観客はパートナーの関係にあって、一種の共同作業をする。

このように見てくると、ピスカートアが唱える演技術はスタニスラフスキーとブレヒトのそれを足して二で割ったような印象がある。そしてこれはひとえに、彼が一九四〇年代当時のアメリカに叙事演劇の構想を導入しようとした末の結果だった。

それまでのアメリカの演劇では、演技術に関し、スタニスラフスキー率いるモスクワ芸術座のアメリカ公演（一九二三〜二四年）以来スタニスラフスキー・システムが支配的だった。すでにスタニスラフスキー滞米中の一九二四年、彼の著書『芸術におけるわが生涯（*My Life in Art*）』がアメリカで翻訳刊行され、ふたつ目の著作『ある俳優の仕事（An Actor Prepares）』も、まずアメリカで一九三六年に、その二年後にソ連で刊行された（日本語訳はふたつの著作とも、英語からの重訳とロシア語からの訳がある。重訳の邦題はそれぞれ『スタニスラーフスキイ自伝』と『俳優修業』）。ピスカートアがステューディオ・シアターで共同作業をした俳優たちの多くもすでにスタニスラフスキー・システムの教育を受けていた。ひるがえって、ピスカートアがドイツで活動していたころからアメリカで知られていた彼の演出は、既成の劇作品のテクストに関して、稽古中、それを分解し、場合によっては一部のテクストの位置を置き換えたり、新たなテクストを付け加えたりするというものだった。これは当時のアメリカの演劇人たちにとって明らかに異質であり、多くの人々を戸惑わせるものだった。

さらに、ピスカートアは、共産主義的世界観を前面に出した渡米前の自分の仕事に対するアメリカの人々の目に配慮する必要もあった。理解され受け入れられることを望んでいた彼は、現地に適応することを強いられていた。よってアメリカでの彼は、俳優の演技術に関し、あらかじめ自分が準備した解を目指すようなことはしなかった。そうではなく、考えうる可能性を十分に吟味し、俳優個々の資質や教養、能力を顧慮して、その可能性を彼ら俳優たちに試させたり展開させたりし、その結果として最適な解に近づいていった。このようにして彼は徐々に、叙事的な演技術に対して周囲の人々がとっていた距離を克服していった。

以上を踏まえて「客観的演技」に見るピスカートアの態度について考えると、確かにこれは、ブレヒトによる叙事演劇の構想に照らせば一種の尻込みに見えるかもしれない。だがこれは、アメリカという国の演劇の伝統や社会構造を弁えた上で変化を引き起こそうとする、ピスカートアなりの試みだった。実際、彼は当時のアメリカで行われていた演劇実践を軽視してなどいなかった。アードラー、あるいはストラスバーグ（一九四七年に俳優術と演出を講義[24]といった、スタニスラフスキー・システムに基づいて俳優術の指導をしていたドラマティック・ワークショップの講師たちに対し、彼が自分の見解を強要した形跡はない。

だから「客観的演技」で展開された演技論は実のところ、ドラマティック・ワークショップでの教育実践において、そして卒業生たちが行った実践において、最終的には部分的な受容にとどまったかもしれない。実際、ピスカートアはワークショップでの彼の活動が結びを迎えた一九五〇年代初め、その時点までに自分が見聞したアメリカ演劇について、「既存のものをこえて前進し、新しい人間像や社会像を形成する、という発想はごくわずかしか示されない[25]」という見解だった。

では結局、叙事演劇を当時のアメリカ演劇に導入しようとした彼の努力は実らなかったのだろうか。結果として、叙事演劇を例に取れば、ブレヒトのそれがより広く知られることになったのが実情だろう。ただ、ピスカートアの取り組みは術語や理論という点ではなく、実践の場で確かに醸成され、次世代へ引き継がれた。

たとえば、観客の感情移入を促す演技と、それを阻む異化効果を生む演技、その双方をひとりの俳優が用い、適宜これらを切り替える演技術――論考「客観的演技」でピスカートアが唱えた、いわばスタニスラフスキー式に「役に入る」こととブレヒト式に「役から下りる」ことを使い分ける演技術――は、ウィリアムズの出世作『ガラスの動物園』での、主人公を演じる俳優の果たすべき役回りに見て取れる。あるいは、同じくドラマティック・ワークショップに学び、『蠅』でコロスのリーダーを務め、『すべて王の臣下』も観たマリーナが夫ジュリアン・ベックと興したリヴィング・シアターによる一九五〇・六〇年代の実験的な演劇実践は、ピスカートアが「客観的演技」で俳優たちに伝えたような考えをまさに体現している。すなわちリヴィング・シアターの仕事も同様、観客の存在を忘れず、演技するさいの注意の中心を観客のいる客席へ向けるものである。

10.4 ワークショップの独立とピープルズ・シアター構想

ところで一九四〇年代後半、活動を大きく展開したドラマティック・ワークショップでは、ロングラン・システムではなくレパートリー・システムによるプログラムが実現できるようになっていた。これを受けてピスカートアは、かつて二〇年代半ばに活動の場としていたベルリーン・フォルクスビューネを手本に、そのアメリカ版とも言うべき〈ピープルズ・シアター〉を設立する構想を描き始めた。

それまでのアメリカでは制作プロセスとして、ピスカートア本人が描写するように「興行主が作品を入手し、それに自分の会社の印を捺す、そこから作品は彼の所有物（property）となる。その後、彼は作品をスターに送る（スターが演じたいかどうかにかかわらず）。作品が制作されることになれば、彼はブロードウェイに小屋を借りる」という流れが一般的だった。[26] これと一線を画し、専属の劇団と観客組織を持つ劇場を彼は計画したのだった。[27]

背景にはドラマティック・ワークショップの財政難があった。一九四七年時点での年間支出は二万から三万ドルで、拡大する活動規模と人件費を考えれば予算は増額されてしかるべきだった。だがニュー・スクール内部では、ドラマティック・ワークショップは非常に人気があるが莫大なコストを要する部門と見なされ、これを閉鎖すべきかが真剣に議論されていた。

ピスカートアはドラマティック・ワークショップの性格を根本的に変えることを考え始めた。そして一九四七年五月一五日、演劇に関心を持つ企業の組合、学生、市民団体、労働者向け報道機関の代表者との会合で〈マーチ・オヴ・ドラマの友の暫定委員会〉の設立を提言した。目指されたのは、助成を期待できる労働組合とのコンタクトをつくること、そして労働者を中心に一〇万人の観客を組織することだった。[28] 彼は「この劇場を、セミプロのそれから完全にプロのそれへ育てたい」[29]とも明言した。

こうしたプロ化の背景ないし青写真をうかがい知ることができる手がかりが、翌一九四八年にピスカートアがドイツの『フランクフルト新報』紙に寄せた文「〈ドラマティック・ワークショップ〉をニューヨークのフォルクスビューネに」である。彼はまず、演劇をめぐる現地の環境がヨーロッパ大陸の国々と大きく異なることを指摘し、アメリカに国立・市立の公共劇場がないことを特に強調する。またそれと関連して、いくつかの例外を除いて「軽く、〈無害な〉」作品しか上演されないことを問題視する。そしてこの状況を打開する糸口として、四〇〇人の学生とふたつの劇場を擁するドラマティック・ワークショップが一定の役割を果たしうることを、また同校がアメリカにおけるフォルクスビューネになりうることを示唆している。(30)

そして一九四九年、ついにドラマティック・ワークショップは独立組織となった。名称は〈ドラマティック・ワークショップ・アンド・テクニカル・インスティテュート〉と改められ、ピスカートアが代表となり、以後ここで〈民衆芸術劇場《ピープルズ・アート・シアター》〉の設立計画が進められた。安価で良質の演劇を、それらに接触する機会がまったくなかった大多数の人々に提供すること、現代の政治・社会問題を反映したプログラムで若者の創造的才能を育てること、恒常的なアンサンブルをつくり、若い作家も加えること、訓練・養成のためのワークショップを設け、その芸術的完成を目指すこと、シリーズ化された催しを通じ、高い芸術性を備え、かつ社会に貢献する演劇への関心と要請を促すこと、あらゆる国々の古典・同時代作品のレパートリーを提供することなどがその課題だった。

10.5 ワークショップでのピスカートア——活動総括

ただし上記の取り組みは——次章の内容を一部先取りして述べてしまうが——翌々年の一九五一年、ピスカートアが西ドイツ（当時）へ渡ったことで終息する。同年まで、彼は約一〇年間アメリカで活動し、その間にステューディオ・シアター、プレジデント・シアター、ルーフトップ・シアターのいずれかを公演場所にして、戯曲の完全版や短縮版、あるいはリーディング公演など、総計で二〇〇以上の公演が行われた。ピスカートアはそのほとんどに直接・間接に関わり、彼のもとで、ブロードウェイでは行われていなかった実践のさまざまな可能性が探られ、示された。従来の慣例から離れて、芸術に真摯に取り組み、観衆を現代の生活に直面させる演劇の形式が、すなわち「気晴らしや逃避のそれではない」「挑発とコミットメントの演劇」[31]（ルトコフ／スコット）が探求された。

ただし、第一次・第二次ピスカートア・ビューネで行われていたような、長時間を要する緻密な準備作業はニューヨークの劇場や組合の人々に対しては望めなかった。劇場の技術的手段も乏しかったために、ピスカートアがドイツで手がけていたような手間のかかる作品の演出はできなかった。そしてドラマティック・ワークショップでの、語り手や横断幕、幻燈を活用した演出は、なるほどヴァイマル共和国期の彼の演出を思い起こさせはするが、観客を能動化する直接的効果は減じられており、演出は象徴主義的な色合いを帯びることになった。この点で、ドラマティック・ワークショップで彼が主導した演出はいくらか妥協的なものと言えた。

だがその一方、ドラマティック・ワークショップの活動が全体としてアメリカの同時代演劇に確かな影響を及ぼしていたことは疑いない。何より同校は一九四〇年代のアメリカで約一〇年間、同時代ヨーロッパの戯曲作品に関しての、最も重要な情報発信地だった。さらに、同時代の社会が抱える問題に真摯に向き合い、受け手のモラルを喚起する芸術としての演劇を志向し、そして政治的にコミットした実験的演劇というコンセプトがつねに念頭に置かれていた点で、非常に独特な制作の場だった[32]。

なるほど政治演劇という概念は、アメリカに移ってからのピスカートアの演劇の構想にはもはや現われない。とはいえ、分析的・叙事的な演出、あるいは「客観的演技」で主張されたような、俳優に自分の演技を客観視させる方針は一貫して変わらず、つくり手と受け手に政治参加を求める姿勢は失われていなかった。リヴィング・シアターの共同創設者である前出の演出家マリーナは、自分の劇団がその政治／駆け引き（politics）を表現するためにピスカートアの演出を引き継いできたと近著に記しているが、[33]この記述は一九四〇年代のピスカートアの取り組みが政治性を失っていなかったことを裏づけるものである。そして、ドラマティック・ワークショップが劇作家のウィリアムズやミラーを輩出し、彼らが間もなく同時代アメリカの政治的・社会的問題を見据えた作品を繰り返し発表していることも、決して偶然のことではない。[34]ドラマティック・ワークショップはさまざまな外圧にもかかわらず、影響力ある演劇人を多く輩出した。そして彼らは単なる娯楽にとどまらない演劇、同時代の政治的・社会的問題を追究する演劇を探究しようとする姿勢で共通していた。

ピスカートアはドイツの公共劇場および演劇教育のシステムを、ロシアでのエンゲルス計画を経由して、アメリカの演劇シーンに移植したとも言える。彼はいわば、一九二〇・三〇年代のドイツとロシアでの経験をアメリカで活かし、ブロードウェイの商業演劇とは異なった、また映画を始めとするハリウッドの娯楽産業からの影響を排した構造・伝統・機能を持った演劇を、すなわちショー・ビジネスの外に位置し、進歩的な事柄に掛かりあう演劇を確立することに努めた。そしてこの取り組みは確実に、次世代のアメリカ演劇の担い手たちに引き継がれたのだった。

（1）Cf. Rutkoff/Scott (1986), p. 189; vgl. Krohn (1990), S. 165; Probst G. (1993), S. 71. このさいドラマティック・ワークショップに入学したひとりに、のちにヒット曲「バナナ・ボート」の歌手としても名を知られるようになるハリー・ベラフォンテがいる。彼は陸軍を離れた一九四七年に学生となり、その後四年、繰り返し在籍した（Vgl. Kirfel-Lenk (1984), S. 191）。

（2）以上、プレジデント・シアターとその前後の動きについては次を参照。Kirfel-Lenk (1984), S. 191-193; Rutkoff/Scott (1986), p. 189; Trapp/Mittenzwei/Rischbieter/Schneider (1999), Bd. 2, S. 740-741.

（3）以上、ルーフトップ・シアターについては次を参照。Ley-Piscator (1970), S. 262; Kirfel-Lenk (1984), S. 194; Krohn (1990), S. 165; Trapp/Mittenzwei/Rischbieter/Schneider (1999), Bd. 2, S. 740-741.

（4）Probst G. (1993), S. 71.

（5）Vgl. Kirfel-Lenk (1984), S. 195; Krohn (1990), S. 165.

（6）Vgl. *Aufbau* (New York), Nr. 45, 9.11.1945 [EPS, Mappe 193].

（7）ウィレットによれば、ボルヒェルト作『戸口の外で』（一九四七）がニューヨークで最初に上演された戦後ドイツの戯曲である（Cf. Willett (1978), p. 160 [ders. (1982), S. 117]）。

（8）以下、『蠅』については次を参照。Ley-Piscator (1970), p. 205-209; Willett (1978), p. 160 [ders. (1982), S. 116-117]; Kirfel-Lenk (1984), S. 198-199.

（9）Cf. The Flies. Dramatic Workshop of the New School of Social Research, New York. In: *The Billboard*, 3.5.1947 [EPS, Mappe 300].

（10）Bab, Julius: Jean Paul Sartre: "The Flies". Dramatic Workshop. In: *Staatszeitung und Herold*, New York, 16.4.1947 [EPS, Mappe 300].

（11）Bab, a.a.O.

（12）Howard Barnes: The Theatres. "The Flies". Protest Against Tyranny. In: *Herald Tribune*, New York, 18.4.1947 [EPS, Mappe 300].

（13）The Flies. Dramatic Workshop of the New School of Social Research, New York. In: *The Billboard*, 3.5.1947 [EPS, Mappe 300].

（14）Cited by Ley-Piscator (1970), p. 207.

（15）こうした肯定的評価におそらく勇気づけられたのだろう、ピスカートアは『蠅』の一年間の上演権を取得し、ブロードウェイ作品を制作する試みに着手したが、不発に終わった（Cf. Willett (1978), p. 160 [ders. (1982), S. 117]）。このさいもおそらく一九四四年の『ナータン』と同様、政治性を疎んじるプロデューサーや観客層が不成功の理由だった。この点で『ビルボード』誌による次の指摘は的を射ていた。「［『蠅』は］現代人と、現代人が抱える恐怖、空想、宗教的・政治的な衝動への激しい非難だ。そしてそこに潜在的な商業的難しさがある。サルトルの鋭く力強い作品とニュー・スクールの実に立派な公演が、その挑発的な考えのために痛手をこうむるのではないかという大きな危険がある」（*The Billboard*, op. cit.）［強調は原文のまま］。

（16）Cf. Probst G. (1991), p. 83.

（17）以下、『すべて王の臣下』については次を参照。Ley-Piscator (1970), p. 211-213; Kirfel-Lenk (1984), S. 200-201.

（18）Malina (1984), p. 17.

（19）Cf. Probst G. (1991), p. 58.

（20）Cf. Piscator, Erwin: Objective Acting. In: Cole/Chinoy (1970 [1949]), p. 301-307 [dt.: Piscator (1968b), S. 158-166].

（21）Piscator in: Cole/Chinoy (1970 [1949]), op. cit., p. 305.

（22）Id.

（23）Cole/Chinoy (1970 [1949]), p. 301.

（24）Cf. Willett (1978), p. 155 [ders. (1982), S. 111].

（25）Piscator, Erwin: Das Theater und sein Verhältnis zur Zeit. Rohmanuskript eines Vortrags, etwa 1951/52. Fotokopie im Besitz der Akademie der Künste der DDR, Rep. 03 Sammlung Erwin Piscator. Zit. v. Kirfel-Lenk (1984), S. 101.

（26）Piscator, Erwin: Amerikanisches Theater. In: Beilage „Lebendige Kunst“ zu *Pädagogische Blätter* (Berlin 1955), Nr. 13-14, S. 1-3; auch in: Piscator (1968b), S. 196-199, hier S. 196.

（27）以下、ドラマティック・ワークショップの再組織化については Kirfel-Lenk (1984), S. 203-205 を参照。

（28）Cf. Meeting, May 15, 1947. Notes. Erwin Piscator Papers, Special Collection/ Morris Library, Southern Illinois University, Carbondale, USA [Coll. 31, Box 18, Folder 9]; vgl. auch Kirfel-Lenk (1984), S. 203, Anm. 341.

（29）Ebda.; vgl. auch Kirfel-Lenk (1984), S. 203, Anm. 344.

（30）Vgl. Piscator, Erwin: Vom “Dramatic Workshop” zur Volksbühne in New York. In: *Frankfurter Neue Presse,* 5.1.1948. [Geringf. verändert in: *Dionysos,* Jg. 1 (Berlin-Charlottenburg, 30.1.1945), Nr. III, S. 24-26 u.d.T. “’The Dramatic Workshop‘ in New York.“] In: Piscator (1968b), S. 155-157.

（31）Cf. Rutkoff/Scott (1986), p. 186-187.

（32）Id., p. 195.

（33）Malina (2012), p. 193.

（34）このほかにドラマティック・ワークショップで学んだ代表的な演劇人として、俳優のマーロン・ブランドやトニー・カーティスらがいる。

第Ⅳ部　西ドイツ期——故郷での不遇と復活、政治的沈黙への抗議

一九六五年のピスカートア（中央）。『追究』稽古時、作者ヴァイス（右）と（Boeser/Vatková (1986b), S. 250）。

アメリカ・ニューヨークのドラマティック・ワークショップの活動は第二次世界大戦の終結後しばらくは順調だった。だが冷戦が始まり、共産主義者および元共産主義者を対象にした非米活動委員会の排斥運動、いわゆる赤狩り《レッド・スケア》が展開されると、ピスカートアはその標的となり、ヴァイマル・ドイツとソヴィエト・ロシアでの不遇に続き、三たび活動の場を奪われることになる。非米活動委員会の追及が本格的に始まる前に彼は離米の決断をし、一九五一年、故郷のある、そしていまやドイツ連邦共和国（西ドイツ）と呼ばれるようになった国へと移住、以後この地で活動を展開していく。

一九五〇年代のピスカートアは、それまで組織の長だったのが一転して、自分の劇場も劇団も持つことが叶わず、西ドイツの各都市でフリーランスの演出家としての仕事をするにとどまった。このことは、かつての盟友ブレヒトが東ベルリーンで自分の劇場と劇団を持ち、その上演の成功によって大きく称えられたのとは非常に異なっていた。

不遇をかこったピスカートアだったが、その取り組みは地道に継続され、ついに実を結ぶ。ドイツ帰還から実に約一〇年後の一九六二年、西ベルリーンのフライエ・フォルクスビューネの劇場監督に就任し、六六年に没するまでの約四年間のあいだに、のちに記録演劇（ドキュメンタリー演劇）と称される一連の作品を演出して、再び「ドイツ演劇」の歴史に大きく名を残すことになった。

以下は、西ドイツにおけるピスカートアの活動を、フライエ・フォルクスビューネ劇場監督への就任を境目とし、第11章（一九五一～六二年）と第12章（一九六二～六六年）のふたつの章に分けて追う。

第11章　異郷での演劇学校長から故郷でのフリーランスの演出家へ

11.1　祖国からの声

一九四五年、第二次世界大戦が終結し、亡命していたドイツの演劇人の多くはただちに故国に戻った。そして一部の人々はかつての仕事仲間であるピスカートアに繰り返し手紙を送り、ドイツに帰還して演劇の再建に手を貸すように求めた（たとえばブレヒトは一九四七年、ベルリーンの演劇の復興についてピスカートアと意見交換をしている(1)）。だがピスカートアは当座ニューヨークから動かなかった。

彼の心は間違いなく揺れていた。世界大戦終結の前年、妻マリーアが入国後五年の待機期間を経てアメリカ国籍を得た一方で、ピスカートアにはその決定が下りていなかった。そして三年後（一九四七年）、彼の国籍取得申請は最終的に却下されてしまい(2)、そこへドイツからの誘いがあったのだった。だが彼はドラマティック・ワークショップでの教育・演劇活動を軌道に乗せており、あとに残る講師陣や俳優のことをおそらく考えて、ただちにドイツへ戻ることを躊躇した。ドイツからの正式な招聘状がないということもあった(3)。

さらに、ドイツからの誘いは、ピスカートアの価値を評価してのことだった一方、ニューヨークに確固たる仕事の足場を築いていたピスカートアの功績を必ずしも十分に顧慮したものとは言えなかったようで、逆に彼がアメリカにとどまる理由のひとつになったようにも見える。たとえば一九四七年九月、ピスカートアはヴォルフにあてた手紙で次のように主張した。

私がここでした仕事を過小評価してほしくないし、この仕事は簡単に失われていいものではない。ニュー・スクールの一部であるドラマティック・ワークショップは単に俳優学校であるだけでなく、先進的な演劇のために先頭を切って闘っていて、その発展の可能性はまだ全然尽きていない。(4)

だがその後もドイツからの呼びかけは続いた。一九四八年、ドイツのソ連占領地域とそれ以外の地域との対立が先鋭化してベルリーン空輸が行われ、そのベルリーンではブレヒトの『母アンナの子連れ従軍記』が上演され、一方のニューヨークではドラマティック・ワークショップがニュー・スクールからの独立を準備していたころ、ヴォルフはピスカートアに、再建中のフォルクスビューネでピスカートアが活動できるように努めていることを伝えた。(5) あるいは翌四九年の二月、ブレヒトはピスカートアに手紙を書き、(6) 彼を劇場監督に迎えようとしているフォルクスビューネの開場が五〇～五一年のシーズンになる見込みであることを伝えるとともに、それよりも前に〈ベルリナー・アンサンブル〉で演出をするために来られるかどうかを尋ねた。そしてこの演出の仕事をツューリヒ劇場で行えるよう手配することもできると書き添えて（ここで言及された作品はのちにブレヒト作『コミューンの日々』へ発展する）、続けてピスカートアを次のように説得した。

君が来ることは絶対に必要だし、遅すぎてはならない。今がその時だと思う。［中略］君は本当にごく自然に迎えられるだろう。君はすぐに必要とされている。とにかくすぐに決断しなければならないと思う（こういうことはすぐに進むものだ）。八週間から一〇週間［滞在する予定で］ここへ来るとか、たとえば遅くとも九月に。(7)

「九月」とは、まさにブレヒトがヴァイゲルとともに〈シフバウアーダム劇場〉でベルリナー・アンサンブルの活動を開始しようとしていたころである。そしてこの強い呼びかけに対して、ドラマティック・ワークショップを独立組織化するか否かという大きな決断の前後だったピスカートアの心は、少なからず動いたに違いない。だが彼は結局、なお残る不信について次のように述べ、引き続きアメリカにとどまる考えを暗に伝えた。

> 君が私に書いて伝えてくれている計画のいろいろは見通しが明るくて素晴らしい。だから私はすぐにでも行きたい。ただし、私のここ［アメリカ］での仕事がそれを許せばの話だ。今まで私は帰還という問題を取り上げることから距離をとっていた。［中略］イェーリングが私にフォルクスビューネへの招聘を約束してくれたことは嬉しいし、［昨年］一二月半ばに彼はこの話を私に伝えていたが、数日後には送られるということだった招聘状も何も届かなかった。あとになって彼は私に伝えてくれたのだが、何も送られないという。［中略。我が家の］屋根はふたつの大陸に及んでいて、その真ん中に大洋が広がっている。よく訓練した海峡渡りの泳ぎ手たちでも、いつも［ゴールに］到着したわけではない。この見積もりのなかには未知のことがたくさんある。(8)

11.2 アメリカでの活動の終止符――冷戦の開始と非米活動委員会からの圧力

ドラマティック・ワークショップの活動は第二次世界大戦が終結して以来、国からの支援を受けたこともあり、順調に展開するかに見えた。だがその運営は次第に立ち行かなくなり、ニュー・スクールからの援助も途絶えてしまう。ピスカートアを擁護してきたかつての校長ジョンソンはすでに一九四五年に退任しており、彼からの支援は望み薄となっていた。ドラマティック・ワークショップの独立組織化という方策も財政面での解決にはならず、その規模は縮小され、一九五〇年二月には同校の活動全体がプレジデント・シアターで行われることになり、追ってそれがルーフトップ・シアターへと移った。[9]

さらにこのころ、ピスカートア本人も窮地に立たされていた。反米的活動に関する調査のための〈非米活動委員会〉が、ナチスへの協力者を対象にしていた当初の方針を変え、次第に色濃くなってきた冷戦の情勢を受けて、共産主義者および過去に共産主義と関わりを持った人々へ調査対象を広げてきた。この関連ではすでにブレヒトやアイスラーが召喚されてきたが、一九五〇年二月にマッカーシー上院議員が非米活動委員会の長に就き、いわゆる赤狩りに本格的に乗り出すと、ピスカートアも標的のひとりになった。問題視されたのは第二次世界大戦中の一九四三年、〈マディソン・スクエア・ガーデン〉で催された『希望の集会』での群集劇の演出だった。[10]

この劇は、ヨーロッパで弾圧を受けているユダヤ人を支援する目的で行われたデモの一環で制作された「一種の子供のための聖史劇」[11]（バーブ）であり、若い世代の命が救われるように願ってのものだった。脚本は『ベルリーンの商人』（一九二九）の作者メーリングが担当し、ニューヨーク在住のユダヤ系アメリカ人児童約一〇〇〇人と、ドラマティック・ワークショップ在籍のメンバーを中心とした俳優、さらに歌手が出演し、オーケストラが伴奏をした。舞台はヨーロッパの形をした巨大なアリーナ舞台だった。ヨーロッパの形をしていた。ナチスによって両親と故郷を失った子供たちがさまざまな国々を巡り、どの場所でも邪魔者扱いされ、最後に見知らぬ海岸にたどり着くが、そこがパレスティナであり、温かく迎えられるというのがその進行で、ヨーロッパをめぐるこの子供たちに、ワークショップの教員で俳優でもあったアードラーが語り手役として寄り添った。そして『建設《アウフバウ》』紙によれば、上演は次の言葉で締めくくられた。「我らは集う。神のみもと、敵の矢よりも忌まわしい、我らのともがらの沈黙への反対を訴えるために。そしてヨーロッパの、追放された子供たちとの、我らの強い連帯を表明するために[12]」――非米活動委員会の言い分は、確かにこの劇は反ナチスを唱えたものではあるが、それは共産主義的な立場からだったというものだった[13]。

一九五〇年三月（非米活動委員会の委員長にマッカーシーが就任した翌月）、ピスカートアはドイツのヴォルフにあてて手紙を送り、ドイツで自分が待ち望まれているのかどうか、何をすべきなのかを尋ねた[14]。彼の離米が現実味を帯びてきていた。しかし不運なことに時すでに遅く、ドイツの人々とのやりとりでそれまで話題に上っていた仕事を得る可能性はいまやなくなってしまっていた。それでもピスカートアはドイツへ帰還することを決めた。彼が離れた後のドラマティック・ワークショップの運営はアメリカ市民権を得た妻のマリーアへ託された[15]。

11.3　一九五〇年代の西ドイツでの仕事——政治演劇改め信条告白の演劇

ピスカートアが離米を決断した一九五〇年当時、ドイツの政治的状況は、ブレヒトらが帰還した一九四七年ごろとはまったく異なっていた。一九四九年にドイツ連邦共和国（西ドイツ）とドイツ民主共和国（東ドイツ）のふたつの国家が成立したが、いずれの国でもピスカートアは歓迎される身ではなく、西ドイツでは元共産主義者として、東ドイツではソヴィエト・ロシアを捨ててアメリカへ亡命した裏切り共産主義者として見なされた。このことはブレヒトを始め、アメリカに亡命していたほかの多くのドイツの演劇人たちについても言えたが、彼らはピスカートアとは異なり、アメリカでの仕事よりもドイツでの活動再開を第一に考え、東西ドイツ両国家の対立が本格化する前に帰還していたために、ピスカートアがこうむった不運をまぬかれていた。

一九五一年、ピスカートアは結局、生まれ故郷ヘッセン州のある西ドイツへと渡ったが、以上のような背景から、かつての仕事仲間たちとは違い、劇場監督を任されることはなく、以後一九五〇年代のすべてを通じ、フリーランスの演出家として地方都市での招聘演出の仕事に甘んじるほかなかった。拠点となる劇場を持たず、各地でのホテル住まいを転々とする彼の活動は、一九六二年にフライエ・フォルクスビューネが西ベルリーンに設立され、彼がその劇場監督に就任するまで一〇年強も続く。

帰還後の約一〇年、ピスカートアはどのような考えに基づいて、どのような演出を行ったのだろうか。その特徴は時とともに変化していったのだろうか。こうした問いを以下、五〇年代の彼の代表的なふたつの演出作品である『るつぼ』（一九五四）と『戦争と平和』（一九五五）、およびその前後の仕事を手がかりにして追う。

『るつぼ』（一九五四）――ドイツで問われる群集心理

かつてドラマティック・ワークショップに在籍していた、つまりピスカートアの教え子のひとりと言っていいアーサー・ミラーの『るつぼ』は、ピスカートアが離米した翌々年、一九五三年にアメリカで発表された。ピスカートアの演出によるドイツでの上演はドイツ語初演として、彼の西ドイツ帰還から約三年後の一九五四年九月二〇日、西ドイツ南部マンハイムの〈マンハイム・ナショナル・シアター〉で行われた(16)。

戯曲成立の背景には、一九五〇年代初めの当時アメリカで展開され、ピスカートア離米の大きな理由でもあった、マッカーシーを中心とした非米活動委員会による政治的扇動のキャンペーン、いわゆる赤狩りがあった。疑いの目は作者のミラーへも向けられており、ミラーはその背景にある群集心理やヒステリーを、一七世紀末のアメリカ・マサチューセッツの町セイラムでの魔女裁判を引き合いに出すことによって問題化した(17)。

一方、ピスカートアは同時代西ドイツの演劇の傾向に対し不満を感じていた。当時はおおむね、ナチス・ドイツという近過去から目を背け、さらに同時代の現実社会の趨勢からも距離を置いた、〈芸術のための芸術〉の態度が支配的で、これに対する失望を、ピスカートアは『るつぼ』演出にさいして行われたインタヴューで言明した(18)（マンハイム・ナショナル・シアターのパンフレットに掲載）。

なるほど、第二次世界大戦終結直後のドイツで、戦中の出来事を扱った戯曲として、たとえばツックマイヤーの『悪魔の将軍』（一九四六）やボルヒェルトの『戸口の外で』（一九四七）が書かれてはいた。だがこれらは、

図 26 『るつぼ』の一場面 (Huder (1971), S. 149)。

戦中のドイツの反骨的な軍人や終戦直後の帰還兵といった個々人の行いや心の動きに大きな光を当てた戯曲であり、同時代を批判する視点には乏しく、人物の描かれ方については、ごく英雄的、あるいは自己憐憫の感が強い。かたやピスカートアが志向し、求めていたのは何よりも、近過去や同時代の現実に真摯に向き合う態度で制作される演劇だった。

こうした考えのもとにピスカートアは『るつぼ』を取り上げ、その内容をヨーロッパおよびドイツの歴史と結びつけて観衆に示すアプローチをとった。たとえば装置として、舞台下手にはアメリカ・セイラム周辺の地図――『ロシアの日』演出（一九二〇）での装置を思い起こさせる――が示された。上手後方から前方にかけての壁には、歴史的事件とその発生年を記した年表があったが［図26］、これはソクラテスの処刑からキリストの磔刑、異端審問、フランス革命、共産主義者の追放、強制収容所を経て一九四四年七月二〇日のヒトラー暗殺未遂事件まで、集団的な残虐行為の歴史を示し、その多くは「国家による凶行の絵図」[19]（『ドイツ新聞』）を暗示した。舞台上には壇が、上手奥に螺旋階段が設けられたが、壇の床面は鉄のすのこで覆われ、その下に投光装置が据え付けられていた。俳優の真下から照明を当てるという新機軸を備えたこの舞台は「光舞台（Lichtbühne）」と呼ばれた。

光舞台についてピスカートアは、「人間たちが光の上を歩けるならば――彼らは空間を問わなくなる。〈場所を問わない〉舞台があるだけでなく、〈空間を問わない〉舞台もあることにもなる。〔中略〕人間はその空間のなかに浮かぶ。人間は人間それそのものになる」[20]と述べる。すなわち、ある時点の特定の場所に登場人物が特徴づけられるということがなく、ある時点の特定の空間に俳優が特徴づけられるということがなく、登場人物として、俳優が俳優として際立つということを彼は強調する。また続けて「光舞台はテクノロジーからの自由をもたらす。というのも、そこではテクノロジーが、決定的で本源的な、静謐きわまりない表現になるからだ」[21]と解説する。ここから読み取れるのは、テクノロジーに関するピスカートアの態度が、戦前の仕事の場合と比べ、より控え目なものへ明らかに変化していることである。装置壁面に示された年表についてみても、これは同じような出来事や事件が上演時の現在まで繰り返されている歴史を示す点で『ゴットラントを襲う嵐』の演出（一九二七）に通じる工夫である一方、テクノロジー、およびそれのもたらすダイナミズムが減じられている点で、戦前の彼の仕事とははっきりと異なっていた。

ただしこうした演出、すなわち、政治や歴史にまつわる考察を、また緊張を観客に求める演出は、当時の西ドイツで一般的だったものとは大きく趣を異にしたものであり、少なくとも批評家には肯定的に受け止められなかった。たとえば『ドイツ新聞』のバイアーは、「ピスカートアは魔女狩りを、ほぼ四時間で観客の受容能力を仕留める追い猟に仕立てあげた」と上演時間の長さに苦言を呈し、続けて「はっきり言おう。ヴァーグナー〔・オペラ〕的な長さのストレートプレイでは、結末の効果は容易に、作者が意図するものとは逆になる。絞首台への主人公の歩みはもはや、震撼ではなく救いとして感じられる」[22]とその印象を記した。

だが芸術作品としての上演の出来を問うようなこうした反応は、ピスカートアの意に介するところではなかった。というのも、当時の西ドイツで支配的だった、「芸術のための芸術」を志向した演劇とは一線を画した仕事を彼は主眼にしていたからである。また前出のインタヴューの結びで彼は、『るつぼ』の上演および現代の演劇一般の特別な目標は何だと考えるかという問いに対し、「知識〈Kenntnis〉、認識〈Erkenntnis〉、信条告白〈Bekenntnis〉だ」とまず答え、そして「私たちは劇場を再び〈道徳的施設〉として理解しなければならない」、とシラーの言葉を引いて強調してもいる[23]。つまりピスカートアの観客には、近過去および同時代の事件や出来事に関連する「知識」を得、それらの事件や出来事が上演時の自分の生活世界と通底するものだと「認識」し、そして上演時の同時代社会の課題に対する自分の道徳的な態度を決定し表明する、すなわち「信条告白」に至る、という一連のプロセスが求められていた。

『戦争と平和』（一九五五）――冷戦下の西ベルリーンという場での問題提起

一方、『るつぼ』制作と並行してもうひとつの仕事が開始されていた。同作がマンハイムで上演される二ヶ月前の一九五四年七月二三日、ピスカートアは西ベルリーンの〈シラー劇場〉および〈シュロスパルク劇場〉の劇場監督だった演出家ボレスラウ・バルロークからベルリーンでの招聘演出を提案され、これに応え、かつてニューヨークで手がけた『戦争と平和』を選んでいた。すでにドイツに帰還した一九五一年、共同翻案者だったノイマンへ同作の新しい翻案を依頼してもいた。ただしノイマンは翌五二年一〇月に没していたため[24]、ベルリーン公演のための新版はピスカートアとグントラム・プリューファーによって準備された。そしてバルロークの打診から半年強、一九五五年三月二〇日にシラー劇場で『戦争と平和』が上演された。ベルリーンでのピスカートアの仕事は一九三一年に彼がドイツを離れて以来、実に二四年ぶりのことだった[25]。

演出は基本的にニューヨーク公演時（一九四二）のものが踏襲された。幕はなく、舞台の最奥には世界の出来事が展開される「運命の舞台（Schicksalsbühne）」が設けられた。これは客席側に傾斜し、『るつぼ』の場合と同様、下から照明で照らされる光舞台だった。その前方には「銅鑼を扱い、枠組みとして司会を務める」[26]語り手が登場する舞台が、さらにその手前と両脇には登場人物個々の出来事が展開される「行動の舞台（Aktionsbühne）」が設けられた［図27］。

そしてニューヨーク公演の場合と大きく異なり、注目すべき演出として、人形の使用があった。その使用法は、ときおり光舞台の上にヨーロッパの地図が示され、その上に兵隊の人形がいくつもチェスの駒のように置かれ、これを俳優が動かすことによって戦況が示されるというものだった。さらにこの人形は光舞台の下の照明の熱にさらされていたために、いわゆる錫の兵隊を思わせ、戦中の人命のはかなさ、戦争の空しさを強調することに大きく寄与していた。

第二次世界大戦中のニューヨークで行われた上演は賛否両論だったが、大戦の終結から約一〇年、一九五〇年代半ばの西ドイツでの上演に対しての評もふたつに割れた。

たとえば批評家のルフトは、「必然的な削除をともなって、侯爵アンドレイとナターシャ、ピエールとその敵たち、マリーヤと侯爵ニコラーイ、フェージャとその他の人々、それぞれのあいだの出来事が、暗転で終わる寸劇のように起こる」と全体を否定的に伝え、ナポレオン役の俳優が「運命の舞台」の上で「地下鉄のトンネルのなかにいるかのように足踏みをした」と表現した。またトルストイの原作を舞台化することは「海をバケツで汲みつくそうとするようなもの」であって、「ここでトルストイは特集にされ、断片化された」ととらえ、上演全体を「味気のないテーゼ演劇」だと断じた[27]。

他方、肯定的な評価もあった。なかでも興味深いのは、ニューヨーク公演時に否定的な見解を示していたクラーマンその人が公演を観劇し、前向きにとらえていることである[28]。彼はまず小説の舞台化という問題に関し、さ

図 27 『戦争と平和』の一場面 (Boerser/Vatkova (1986b), S. 148)。

きのルフトとは違った見解を示す。すなわち『戦争と平和』の演出は「小説を舞台化しようと試みるものではない。ただ説明しようとしているだけで、そこからの社会的な帰結をいくつか描き出そうとしているだけだ」とし、「この処理は、小説の価値が舞台上で再生産されることを期待する人々に衝撃を与える〈所詮、そのようなことは期待できないのだが〉」と記して、ピスカートアのアプローチに関して受け手に一定の理解を求めている。そして「詩《ポエトリー》を通じたリアリティ、リアリティを通じた詩《ポエトリー》として私が定義する、〈私のたぐい〉の演劇ではないけれども」と、自分の演劇とは一線を引いて断った上で、演出を称え、その理由を次のように述べる。

> 演劇は、思うに、みずからを娯楽の単純な形式に制約してはならない。感情《エモーション》の演劇は結構だが、〈知的な〉演劇の場所もなくてはならない。［中略］ピスカートアの『戦争と平和』は［中略］小説の図解だ。だがこれは立

派に、時には巧妙に描き出されていて、そこには舞台の可能性の数々についての際立ったセンスがある。これが従来のように心を動かすものではないこと、叙事詩よりも教訓であること、「肉と血」がほとんどないこと、（ロシアの）色合いあるいは（トルストイの）人間性を最小限にしか持っていないこと、こうしたことはこの演出を、私の目からすれば、演劇として無効にするものではない(29)。

一方、観衆はどのような反応を示したのだろうか。ルフトによれば観衆は、「忠誠心からだったのか？　好奇心からだったのか？　不確かさからだったのか？——始めはそっけない拍手、だがそれからほどほどの喝采を送った」といい、「すべてがうまくいっていなかった。舞台上で、そして、無批判なひいき客のいる平土間ではもちろんそうだった。二重の意味で憂鬱な晩だった」と評を結んでいる(30)。他方、観客のこうした反応をピスカートアは肯定的なそれとして判断し、ルフトを始めとする一部の批評家たちの非を『バーデン総合新聞《バーディッシェ・アルゲマイネ・ツァイトゥング》』紙上で次のように指摘した。いわく、「批評が示す不快感は、批評家たちの、政治的にあいまいな態度に根差している。彼らは美的・形式的側面についての抗議に逃避した。真実が革命的に語られているときに。観衆は逆にこんにち、実際、ある〈非常に健全な民衆の感覚〉を備えている。ありのままの真実を愛している(31)」。

一部の評の否定的な反応の根拠を「批評家たちの政治的にあいまいな態度」に求めたこの指摘は多分に的を射ていた。というのも、ピスカートアが演出した『戦争と平和』は、一九五〇年代半ば、東西陣営の対立による冷戦の構図がますます決定的になるなかで、東ドイツに周囲を取り囲まれた西ベルリーンにおいて上演されたからである（上演の約二ヶ月後、西ドイツは北大西洋条約機構〔NATO〕に加盟し、再軍備を進める）。すなわち、こうした政治的・社会的な状況のなかで、おそらく一部の批評家はピスカートアの平和主義的な演出に対し、手放しで歓迎の評を公にできる状況にはなかった。少なくともその政治性が批評で言及され評価される余地はほとんどなかった。

結果として『戦争と平和』ドイツ語版の初演は、アメリカで上演された英語版の場合と同様、大きく推賞されるには至らなかった。批評家たちの反応は割れ、感情的なものもあった。そしてこの構図はほとんど、戦前の一九二七年にピスカートアがベルリーン・フォルクスビューネで『ゴットラントを襲う嵐』を演出したさい、同時代の時局を暗示するそれが議論の的になっていたのと同じだった。[32] ところで、ピスカートア本人は『戦争と平和』演出にさいし、芸術をめぐる環境と政治の関係について、次のような憂慮を示していた。

完成を実現することに対する強い欲求、要求は〔中略〕つねに存在している。〔中略〕完璧な形がどうあらねばならないかを知ることに関しての、本能も、批判的な理性も。だがやはり〔中略〕危機についての意識は、迅速かつ強烈に、そのような芸術的懸念を打ち負かす。懸念を自動的に排除する。私たちの時代の要請、政治的状況は、打ち負かすだけではない。懸念を禁止している。[33]

つまりピスカートアはこの演出で、ドイツで喫緊の政治的・社会的課題について議論するための契機をつくることを第一のねらいとし、観衆が同時代ドイツの政治的状況について熟慮するようになることを重視した。演出に関する彼のこうした姿勢は、戦前のヴァイマル共和国期の演出のときのそれとほぼ同じと言っていいだろう。ただ、彼の演劇はもはや政治活動に直接結びつくような演劇ではなかった。戦後の西ドイツで彼が実践した演劇はそうではなく、むしろ観客の良心に働きかける演劇だった。

この関連で注目したいのは、一連の否定的な『戦争と平和』評に対してピスカートアが行った反論である。これは西ドイツのNATO加盟から三週間後、一九五五年五月二八日にベルリーンで開催された社民党の〈社会主義フォーラム〉で発表され、「信条告白の演劇、そして批評が示す不快」と題されていた。彼は次のように主張している。

［ドラマティック・ワークショップで］わたしはよく、人間的なふるまいや性格、社会を検査する実験室としての劇場について講義をした。かつてわたしは［自分の］演劇を政治演劇と呼んだが、いまは実際のところ、これを信条告白の演劇（Bekenntnistheater）と呼びたい。疑念や、あざとい不信心にこそ、信条告白を対置するのだ。[34]

ここでのキータームである「信条告白」は、これに先立つ前出の『るつぼ』演出（一九五四）のさいにピスカートアが受けたインタヴューでも使われていたが、さらにそれよりも前、西ドイツに帰還してまもなくの時点で、彼はこの言葉をすでに使っていた。すなわち一九五二年五月二一日掲載の『バーデン新報《バーディッシェ・ノイエステ・ナーハリヒテン》』紙のインタヴューで、彼は米独の観衆の態度の違いに触れ、「ドイツほど、素晴らしい、知的浄化を心にかけている観衆がいるところはない。アメリカでは商業演劇が支配的だ。私が求めるのは信条告白の演劇だ[35]」と口にしている。

これらのことからうかがえるのは、帰還後の彼が、第二次世界大戦が終結してまもなくの西ドイツの観衆の関心が第一にどこにあるのか、どこにあるべきかということを一貫して考えていたということである。一方、ピスカートアの見方では、周囲の演劇のつくり手や批評家は、同時代の政治的・社会的問題から往々にして距離を置いていた。彼らに対してピスカートアは帰還以来、つねに批判の目を向けていた。

西ドイツの観衆への政治的配慮

ところで、ピスカートアは一九五〇年代、演劇学校長や劇場監督といった組織の長の職には恵まれなかったが、おそらくそのような立場にいなかったからこそ、自由になる時間を活かして取り組めたことがあった。すなわち彼はヴァイゼンボルンやレーフィッシュといったかつての仲間とともに、ハンブルクの〈ドイツ舞台芸術アカデミー〉の設立（一九五六年開設）に尽力し、みずから初代代表となったのである。その活動はまさにピスカートア・ビューネでの〈シュトゥーディオ〉やエンゲルス計画、あるいはドラマティック・ワークショップでの実践を活かしたものだった。演劇学校としての機能はなかったが、演劇に加えて映画・ラジオ・テレビも視野に収められ、多くの主導的な作家や演出家、俳優、舞台美術家、作曲家や指揮者がメンバーとして名を連ね、会議やセミナーが開催された。

その一方、舞台演出の仕事もピスカートアは継続的に行った。先述の『戦争と平和』の招聘元だったバルロークのもとでは、ウィリアム・フォークナー作の『尼僧への鎮魂歌』（原作一九五一年成立、一九五五年一一月一〇日初演、一年半後にパリでも上演）、ゲオルク・ビューヒナー作の『ダントンの死』（一九五六年五月四日初演）、そしてロシア一幕物三作品の演出（一九五七年五月一六日初演）を手掛けた。アメリカで演出したウォレン作『すべて王の臣下』のドイツ語版である『月の上の血』[36]を制作したり、シラー作『ドン・カルロス』の演出（一九五九年九月、ミュンヒナー・カンマーシュピーレ）をしたりもした。あるいはソヴィエト・ロシアで接触していたマクシム・ファレンティーンの手引きで、東ベルリーンのゴーリキー劇場でドライサーの『アメリカの悲劇』を演出する計画もあった（一九五八年三月）。

こうしてみると、当時のピスカートアの主な演出の仕事は、社会問題を扱った小説の翻案およびその演出、ならびに古典の演出であり、この傾向は一九二〇年代の『シュヴェイク』や『群盗』の場合と重なる。つまり彼は一九五〇年代後半も同様、制作時に展開されている政治的・社会的状況を反映した戯曲、およびそうした状況について観衆に考えさせるような同時代の戯曲を見出せなかったがゆえに、代わりに小説や古典を素材とし、これに手を加えていたのだった。

ただし、一九二〇年代のヴァイマル・ドイツの場合、演出の背景となる政治的・社会的状況に関する知識や体験、あるいは価値観をピスカートアと共有していた観衆が多くいたのに対し、一九五〇年代の西ドイツでは事情が大きく違っていた。たとえば『戦争と平和』が上演された西ベルリーン・シラー劇場でピスカートアが追って演出した『ダントンの死』の上演（一九五六）について、批評家のシューマッハーは次のように綴っている。

［舞台美術家］カスパー・ネーアーは彼［ピスカートア］に、タトリンの〈第三インターナショナル塔〉のやり方で螺旋形の歩行板を高い場所につくった。この上でピスカートアは自分の革命の火薬に火をつけたが、言葉の花火が大きく音を立てれば立てるほど、アクションが激しくなればなるほど、観衆は驚いて後ずさりしているように見えた。「私たちに欠けていたのは彼だ……」と私は自分のために書きとめた。「ここにいる人々は、この政治的なアクチュアリティをほとんど理解していない」。基本的な印象は次のようなものだった。かつての彼の政治演劇へ戻る道はない。新しい道も開かれない。まったく駄目なのだ、この特に腐敗した（muffig）、ヒステリー的なアンチ・コミュニズムの刻み込まれた五〇年代半ばの西ベルリーンでは。(37)

シューマッハーがこうして伝えるように、ピスカートアが一九二〇年代に制作の前提としていた、共産主義の世界観や労働者運動に共鳴する観衆は、一九五〇年代の西ドイツではほとんど存在していなかった。したがってピスカートアはいまや、かつて行っていた演出を図式的に繰り返さず、西ドイツでの発展を受けて変化した問題設定に応じることができるよう、新しい解決策を探し求める必要があった。そしてこのことを、彼はおそらく十分承知していた。というのも、一九五〇年代後半の西ドイツの観衆が持つ志向に配慮した、実際の事件や出来事との関連や傾向性を強く前面には出さない演出も、彼は手がけているからである。その代表例が一九五七年一月の『群盗』演出である。

これは同作の初演一七五周年を記念した公演で、初演の地であるマンハイムの、マンハイム・ナショナル・シ

図28　『群盗』の一場面 (Boeser/Vatkova (1986b), S. 171)。

アターの改築新劇場の柿落《こけらおと》し公演として上演された。同劇場は前出の『るつぼ』が上演された場所でもあるが、その『るつぼ』、また前出の『戦争と平和』と同様、ピスカートアはここでも光舞台を使った。彼は『るつぼ』演出のさい、光舞台を用いることによって舞台が「場所を問わなくなる」と述べ、示される出来事がいつの時代や場所にも通じるようにする意図を主張していたが、おそらく『群盗』でも同様、過去の特定の時空間に設定された作品世界を、時空間を問わないものにする意図から光舞台を使った。舞台の形状についてみると、これは細長いアリーナ舞台で、両側を客席が挟み、幕を欠いていた。舞台の片方には螺旋階段があり、俳優の登退場は舞台両側と螺旋階段を通じてなされ、全体として観客の視線や注意の方向を最大限に多様化していた［図28］。

演出は肯定的に評価された。たとえば

『南ドイツ新聞』は、「ファンタジーは〔中略〕ピスカートアの強みではまったくなかった。彼は決して創造者ではなかった」と前置きをするものの、「しかしつねに、空間力学の傑出した技術者だった[38]」と記している。『フランクフルトの展望《フランクフルター・ルントシャウ》』紙は上演の速い進行に触れて、「幕のないこの〈アリーナ〉でピスカートアはしばしば力強いテンポの演出をし、このテンポは俳優と観客にほとんど息をつかせなかった」と伝えたのち、「密度の濃い、表現力に富む動きや群集場面、そして小さな場面も入念に仕上げられていた[39]」と評価している。あるいは『フランクフルト新報《フランクフルター・ノイエ・プレッセ》』は、舞台上の動きにくわえ、俳優たちが発する言葉についても配慮が行き届いているとして、「ピスカートアはかつて技術を愛した演出家だったが、ここでは舞台上での暗示や、照明、そして、なお荒々しく舞い上がる、革命的な息遣いをともなった詩人の言葉によってのみ仕事をした[40]」と伝えている。『群盗』は、戦前の一九二六年、ピスカートアがフォルクスビューネで演出し、作品世界を同時代すなわち革命後のロシアに重ねて物議を醸した作品だが、一九五〇年代後半、西ドイツでの彼は演出上の新味を与えつつ、原作の内容も尊重したことにより、全体として肯定的な評価を得たのだった。

以上、一九五〇年代のピスカートアは西ドイツに帰還してのち、同時代の同国の政治的・社会的状況を見据え、それを観客に暗示する『るつぼ』や『戦争と平和』といった演出を行う一方で、ごく現実的に——おそらく今後の仕事の足場を確かにするために——政治的な尖鋭さを抑えた演出も手がけた。さらに、先に触れたように、ハンブルクのドイツ舞台芸術アカデミー関連での仕事も展開し、人的ネットワークをより確かなものにしていった。こうした一連の活動は、それまで複数の亡命地で彼が学んだ処世術、あるいはバランス感覚のなせる業だったと言っていいかもしれない[41]。そしてその努力は一九六〇年代に入ってようやく実を結び、彼は西ベルリーンの劇場、フライエ・フォルクスビューネの劇場監督に就任するに至る。

ただし、そうして確固たる足場を築いてからの彼の仕事は、既存の芸術制度としての演劇に安住しようとするものではまったくなかった。それどころか、その仕事はむしろ、一九五〇年代の一部の仕事よりもさらに尖鋭的に、同時代のドイツ社会に大きなショックを与えるものだった。演出する作品をみずからの判断で選ぶことのできる劇場監督という地位を得た彼は、同時代の観衆に対する政治的・社会的な問題提起を、より大々的に展開するのである。

（1）Vgl. Brecht (1998b), S. 411-412, 413-414. ただし両者が意見の一致を見ることはなかった。同じ劇場での共同作業をピスカートアが望んでいた一方、ブレヒトはそれぞれが別々の劇場で独自のスタイルを展開するのがよいという見解だった（Vgl. Kirfel-Lenk (1984), S. 213）。

（2）Vgl. Kirfel-Lenk (1984), S. 184, Anm. 296, S. 211-212.

（3）Cf. Willett (1978), p. 165 [ders. (1982), S. 120].

（4）Piscator an Wolf, 8.9.1947 [EPS, Mappe 31], auch in: Piscator (2009c), S. 96-99, hier S. 97.

（5）Wolf an Piscator, 9.6.1948, in: Piscator (2009c), S. 181.

（6）Brecht an Piscator, 9.2.1949. In: Brecht (1998b), S. 496-498.

（7）Ebda., S. 497-498.

（8）Piscator an Brecht, o.D. In: Boeser/Vatková (1986b), S. 101 [„vermutlich März 1949"]; auch in: Piscator (2009c), S. 208-210, hier S. 209.

（9）以上、第二次世界大戦終結後のドラマティック・ワークショップの経営難については次を参照。Kirfel-Lenk (1984), S. 210; Rutkoff/Scott (1986), p. 189.

（10）以下、『希望の集会』での群集劇の演出については Kirfel-Lenk (1984), S. 182 を参照。

（11）Bab, Julius: Die Botschaft der Kinder. »Rally of Hope« im Madison Square Garden, in: *Aufbau* (New York), 11. 6. 1943 [Zit. v. Kirfel-Lenk (1984), S. 182].

（12）*Aufbau* (New York), 28. 5. 1943 [Zit. v. Kirfel-Lenk (1984), S. 182].

（13）Vgl. Trapp/Mittenzwei/Rischbieter/Schneider (1999), Bd. 2, S. 740-741.

（14）Piscator an Wolf, New York, 25.10.1949, abgesandt 5.3.1950 [EPS, Mappe 31]; auch in: Piscator(2009c), S. 230-233.

（15）マリーアはニューヨークにとどまり、さらに数年ドラマティック・ワークショップを率いた（一九五三年五月二〇日に執行部を去る）。一方、プレジデント・シアター、ルーフトップ・シアターは間もなく手放され、活動全体は〈キャピトル・シアター〉を二階分間借りして継続された。ドラマティック・ワークショップは一九五九年に解散、マリーアは一九六六年にピスカートアが没すると、ニューヨークに〈ピスカートア財団〉を設立し、その遺産を守った（Vgl. Kirfel-Lenk, S. 210）。

（16）以下、『るつぼ』の演出については Wannemacher (2004), S. 50-54 を参照。

（17）『るつぼ』発表の翌年末、マッカーシーによる政治的扇動キャンペーンはアメリカ上院で排撃されることになるが、ピスカートア演出による西ドイツでの上演はこれに先行する。

（18）Gespräch mit Erwin Piscator. [In: *Nationaltheater Mannheim. Bühnenblätter. 1954-55,* Nr. 2, S. 10-11, S. 14-15 (Arthur Miller »Hexenjagd«, 20.9.1954)] In: Piscator (1968b), S. 173-176, hier S. 174.

（19）Bayer, Hans: „Hexenjagd“ als Parforcejagd. In: *Deutsche Zeitung* (Stuttgart), 25.9.1954 [EPS, Mappe 279].

（20）Piscator, Erwin: Gedanken zu einer Erneuerung der Bühnenkunst durch das Licht. [In: *Nationaltheater Mannheim, Bühnenblätter. 1954-55,* Nr. 2, S. 15 und 17 (Arthur Miller »Hexenjagd«, 20.9.1954)] In: ders. (1968b), S. 177-178, hier S. 177.

（21）Ebda., S. 178.

（22）Bayer, a.a.O.

（23）Piscator, a.a.O., S. 176.

（24）ノイマンは『戦争と平和』のニューヨーク公演時にはカリフォルニアにおり、またベルリーン公演よりも前に没したため、結果、ピスカートアの演出には立ち会えずじまいだった。

（25）以下、ベルリーンでの『戦争と平和』演出については Wannemacher (2004), S. 54-62 を参照。

（26）Luft (1982), S. 265.

（27）Ebda., S. 265-266.

（28）Clurman (1958/60), pp. 238-239.

（29）Id., p. 239.

（30）Luft (1982), S. 266.
（31）anonym/H.G.S.: Piscator über sein Bekenntnistheater. In: *Badische Allgemeine Zeitung* (Karlsruhe), 14.6.1955 [EPS, Mappe 324].
（32）ドイツでの評価はこのように割れたが、『戦争と平和』はその後、パリ国立劇場での公演（一九五六）を始め、多くの国々で上演された（Vgl. Wannemacher (2004)）。日本でも一九七三年に俳優座が上演している。
（33）Piscator (1968b), S. 191.
（34）Piscator, Erwin: Bekenntnistheater und das Unbehagen der Kritik [Quelle: Erwin Piscators Ausführungen vor dem „Sozialistischen Forum" der Berliner SPD, in: *Der Rückschritt* (Berlin: Sozialistisches Forum 1955), S. 6-9]. In: ders. (1968b), S. 188-195, hier S. 194.
（35）Dr. G. F.: Wir sprachen mit Erwin Piscator. Der Theater-Revolutionär verlor nichts von seinem Jugendelan. In: *Badische Neueste Nachrichten* (Karlsruhe), 21.5.1952 [EPS, Mappe 200].
（36）Piscator, Erwin: Blut auf dem Mond: ein Schauspiel in 3 Akten / von Robert Penn Warren; in der Bühnenbearbeitung von Erwin Piscator; Deutsche Fassung von Erwin Piscator und Hellmut Schlien. Emsdetten (Westf.) (Lechte) o. J. [1958].
（37）Schumacher (2006), S. 451.
（38）K.H. Ruppel: Neue Bühnen und alte Stücke. In: *Süddeutsche Zeitung*, 27.1.1957 [EPS, Mappe 326].
（39）anonym/J.B.: Piscator inszenierte die „Räuber". In: *Frankfurter Rundschau*, 21.1.1957 [EPS, Mappe 326].
（40）anonym/H.D.: Festlicher Aufakt in Mannheim. In: *Frankfurter Neue Presse*, 14.1.1957 [EPS, Mappe 326].
（41）この関連では、一九六〇年代になってピスカートアが初のオペラ演出も手がけていることが注目される。これはゲアハルト・フォン・ヴェスターマンの台本、ボリス・ブラッハーの作曲による『ロザムンデ・フローリス』で（原作は一九三七年成立のゲオルク・カイザーによる同名の戯曲）、西ベルリーンの〈ドイツ・オペラ座〉で一九六〇年九月二一日に初演された。

第12章　記録演劇の確立——近過去と現在についての自省を促す演劇

12.1　西ベルリーン、フライエ・フォルクスビューネ劇場監督に

一九五〇年代から六〇年代初めにかけて、西ドイツで展開された演劇の一般的な傾向は、前章で見たようなピスカートアの一連の試みの逆と言えるものだった。すなわち、第二次世界大戦後の経済復興を第一の目標として掲げ、のちに「経済の奇跡」と呼ばれる時代を築いたアデナウアーとエアハルト両首相の体制下、戯曲作品も演出作品も、社会的・政治的問題に関与する姿勢をほとんど示さず、自国の新しい現実を正面から扱いはしなかった。したがって、同時代の戯曲に描かれる西ドイツ社会は、ごく抽象的なものにとどまり、またその代表例としてフリードリヒ・デュレンマットの『老貴婦人の訪問』が、あるいはマックス・フリッシュの『ビーダーマンと放火犯たち』（一九五八）や『アンドラ』（一九六一）が挙げられるが、デュレンマットやフリッシュはスイス人であり、彼らのようないわば一歩引いた立場にいた者の目で同時代の西ドイツは観察され描かれざるをえなかったと言える。

一方、たとえばブレヒトの一連の作品は、東ベルリーンでの暴動（一九五三年六月一七日）を受けてブレヒトが東ドイツの政権党・社会主義統一党の第一書記ウルブリヒトにあてて送ったメッセージが同党機関紙で不十分に引用され、党との連帯を表明するという文だけが広まったことがあって(1)、西ドイツではおおむねボイコットさ

れ、上演には至らなかった。さらに当時はアヌイやベケット、イヨネスコといった劇作家による不条理劇の上演が盛んだったが、これらの作品はピスカートアの関心を強く引きはしなかった。結果として彼の主な取り組みは、小説の翻案の演出、もしくは古典の演出となり、同時代の劇作家の作品を彼が演出することはほとんどなかった。そして彼の、今まさに展開されている政治・社会の状況について考えさせる演出を前にして、受け手は不寛容か無理解の態度を示すことがしばしばだった。

だがそうした状況はしだいに変化してきていた。ピスカートアが不遇に屈せず、地道に演出の仕事を重ねるうち、彼を見る周囲の目は変わってきていた。というのも、一九五〇年代には刻々と、西ドイツ内外の政治・社会状況が変化していたからである。五三年にはスターリンが他界、五六年にはフルシチョフによるスターリン批判があり、一方西ドイツでは社民党の勢力が伸張し、ブラントが五七年に西ベルリーン市長に選出された（彼はのちに西ドイツ首相となり、東側諸国への「東方外交」を展開する）。こうした経緯から西ドイツの政治的な空気は確実に変化し、ピスカートアのような元共産党員への処遇は軟化してきた。

その一方、ピスカートアは前出の『るつぼ』や『群盗』が上演されたマンハイム・ナショナル・シアターのハンス・シューラー(2)を始め、西ドイツ各都市の劇場の劇場監督との協力関係を保ち、着実に実績を重ねた。そして六〇年代に入り、ベルリーンの壁が建設されると（六一年八月一三日）、東西ドイツの対立はいよいよ決定的となり、それまでフリーランスの演出家としてマンハイム、西ベルリーン、ミュンヒェンといった西ドイツ諸都市の劇場で繰り返し仕事をしてきたピスカートアに対し、西ドイツの演劇人やジャーナリストたちの目はさらに親しみを持ったものへと変化していた。

こうした一連の背景があって、一九六二年、ついにピスカートアは西ベルリーンのフライエ・フォルクスビューネ（「自由民衆舞台」の意）の次期劇場監督に指名される。そしてその記念公演として、同劇場で一〇月七日、彼の演出でゲアハルト・ハウプトマン作『アトレウス四部作』が上演された。同作が選ばれた理由は、これが

「ヒトラーの野蛮を神話の衣につつんで表現したもの」[3]（ピスカートア）ととらえられたからだった。つまり公演の主眼はそれまでの彼の演出の場合と同じく、近しい過去を観衆に直視させることだった。[4]

ところでこのフライエ・フォルクスビューネは、一九四九年の東西ドイツ分裂およびベルリーン市の分断からフォルクスビューネが東ベルリーンに属することになったのを受け、西ベルリーンに新設された組織である。拠点となる劇場は第二次世界大戦中、ほぼ完全に破壊されていたが、五〇年代に再建、その後改築され、六三年に再開場した。この時の新しい劇場監督というのがピスカートアだった。すなわち彼は『ゴットラントを襲う嵐』の演出（一九二七）後にフォルクスビューネを離れてから実に三五年後、組織はやや異なるが、フォルクスビューネへと舞い戻ってきた。[5]そして彼のフライエ・フォルクスビューネ劇場監督就任はベルリーンの壁が建設されて間もなくのこと、つまり、西ベルリーンを代表する同劇場が担ってきた、西側文化のショウ・ウィンドウとしての機能がよりいっそう強まった時期のことであり、この時期にこの劇場を任されるということは、西ドイツのほかのどの劇場を任されるよりも重い責任を伴うものだった。

一九六三年四月三〇日、フライエ・フォルクスビューネ新劇場の柿落とし公演『ロベスピエール』（ロマン・ロラン原作、ピスカートア／ガスバラ翻案、ピスカートア演出）の初日を翌日に控え、ピスカートアはあるスピーチをした。その表題は同公演のタイトルロールの台詞の一部をとって「人間を称えよう」[6]というものだった。彼はそのさい、フォルクスビューネの草創期である一九世紀末に大きな役割を果たした演出家ブラームの言葉「フォルクスビューネは人間の最良の思考と理想の住みか（ein Haus der besten Gedanken und Ideen des Menschen）」に触れ、冷戦の極まった今まさに進行しているベルリーンの危機を前にしての、芸術および劇場の役割を問うた。また続けて、人間や政治に対するアリストテレスの考え方に言及しつつ、社会に資する演劇を次のように訴えた。

私にとって政治的なものとは、たとえばアリストテレスにとってのそれだったものにほかなりません。彼は人間を、共同体をつくることのできる生き物、共同体をつくる必要がある生き物、そして共同体を形成する生き物である〈ゾーン・ポリティコン（zoon politicon）〉と定義し、共同体的な機能や利害が共同体的な基礎の上に秩序づけられる空間〈ポリス（Polis）〉に生きる生き物だと定義しました。

政治的な芸術、政治的な演劇とはこの意味で、共同体的なものを、あるいは――より近代的な言葉で言えば――社会的なものを対象として選び、社会的な振る舞いを求め、社会的な反応を喚起する芸術および演劇なのです。(7)

フォルクスビューネ創立時の過去に、また演劇の始原とも言える過去に言及し、そしてなかんずく、政治や社会と演劇との密接な関わりを強調するピスカートアのスピーチはさらに、同時代の観衆が経験した近過去にまさに言及する。第二次世界大戦で失われた人命に聴衆の注意を促して、彼は次のように呼びかける。

みなさん、私に手を貸してください、この劇場を、魂の、平和の、そして人間らしさの拠りどころにするために！

暴力によって命を落とした一億以上の人々が、私の世代の道の両脇に並んでいる。私たちにこの劇場を使わせてください、暴力を締め出すことによって、再び人間らしくなるために！(8)

ピスカートアのスピーチはこのあと、『ロベスピエール』からの次の引用で結ばれた。「人間を称えよう！　人間に、あらゆる情熱の、最も清らかなものを注ぎ込もう、つまり人間の、人間に対する畏怖だ！　この人間にこそ私たちの努力は向けられている！　これこそ私たちの目指すところだ！(9)」――ピスカートアはここに、観客が第二次世界大戦後の同時代に生きる人間のありかたについて熟慮することを、またその理想的なありかたを追求することを促す演劇を訴えたのだった。

では彼が強調し唱道した、「人間の、人間に対する畏怖」の追求を促す演劇は、実践においてどのような形をとり、展開されたのだろうか。先取りして言えば、ガスバラが再編集した『政治演劇』新版が早くも一九六三年八月に公刊されたことに象徴されているが、ピスカートアは再びドイツ全域の政治的議論に刺激を与える人物となった。特に劇場監督就任から六六年に没するまでの約四年間、のちに記録演劇（ドキュメンタリー演劇）と呼ばれる数々の記念碑的な演出を手がけたことが決定的だった。以下はその代表的な三つの演出を追う。

12.2 記録演劇（ドキュメンタリー演劇）――三つの代表的演出

『神の代理人』（一九六三）

まずその記録演劇の先駆けとして位置づけられるロルフ・ホーホフート作の『神の代理人』[10]だが、ピスカートアはまさに劇場監督に指名されたころにホーホフートに出会い、演出を即座に決断していた。それから約一年後、フライエ・フォルクスビューネ新劇場が開場する前の一九六三年二月二〇日、同作は初演の運びとなった。

作品の主題は第二次世界大戦中のローマ教皇ピウス一二世で、作中、教皇は多くのユダヤ人に救いの手を差しのべたが、ナチスのユダヤ人政策を公には非難しなかった事実が示される。主な登場人物は三人で、第一に教皇、第二にはこれも実在した人物の、ナチス親衛隊員ゲルシュタインだが、彼はガス処理メカニズム改善の任務を負う化学者兼エンジニアである一方、体制に懐疑的で信仰心が篤い。そして第三に、こちらは架空の人物、イエズス会神父のリカルドである。

戯曲の始まりは、ゲルシュタインがベルリーンの教皇庁大使館に駆け込み、アウシュヴィッツで見聞した事実を伝える場面である。その場にはリカルドが居合わせる。一方、教皇のいるローマでもドイツと同様、ユダヤ人たちが連れ去られている。教会は追放された人々を匿ったり、旅券や資金を提供したり、死の危険が迫る人々へ修道院を開放したりしているが、ときの政治情勢に対して教皇は距離をとる。すなわち、ヒトラー打倒への加担は、教会にとってそれ以上の敵であるスターリンを利することになると考えて、ナチスを直接批判はしない。教皇の姿勢は、リカルドが強く働きかけても動かない。リカルドは深く心を痛め、教会を去る決断をする。助けられたユダヤ人のひとりがつけていたユダヤの星型のワッペンを自分の法服につけ、リカルドはアウシュヴィッツに入り、人々の苦痛と死を共にする。この彼の結末が示されたところで作品は結びとなる。

戯曲は実際の記録文書に基づきつつ、劇的緊張を高めていくための工夫を施したものだった。批評家ルフトの言い方を借りれば「直近の過去の、舞台を用いた記録（szenisches Protokoll）」であると同時に、「ドキュメント、舞台のロジック、高揚、関与、これらの混合[11]」と言えた。あるいは、戯曲の序文でピスカートアが言い表わすところによれば、「学術的に手にした材料を、芸術的に処理してくりひろげ」「すぐれた劇作家の用いる手段を駆使して、整理、分類している[12]」ものだった。

同作が見出されたことをピスカートアは大いに喜んだ。いわく「政治的・歴史的事態と取り組もうとする上演計画の、その中心となるに適した作品があるとすれば、ここにその作品がある」「こういう作品であればこそ、芝居をやる甲斐がある」。そして「この作品の出現によって、劇場にはふたたび任務というものが与えられ、劇場は価値を獲得し、必要となる[13]」と述べ、劇場監督就任時に示した制作姿勢、すなわち、同時代社会の動きを見据えながら人間性を重視する姿勢との深い関連を強調する。くわえて一九五〇年代の一連の仕事で掲げていたキーワード「信条告白」を引き合いに出し、次のように原作者を称賛する。「この新しい作者ロルフ・ホーホフートは、単に優れた脚本家であり詩人であるばかりでなく、信条告白者（Bekenner）だ！　沈黙の世界、空虚、無内容、無益な沈黙の世界において、このような信条告白者が発見されたのは、快く心慰められることだ[14]」。

ピスカートアはまた、一九五〇年代からさらに遡り、戦前の二〇年代に制作していた演劇と関連づけ、「叙事的・学術的、叙事的・ドキュメンタリー的、といった叙事的作品、わたしが三〇年以上前からそのために戦ってきたと言える、叙事的、〈政治的〉劇場のための作品」[15]として、『神の代理人』を位置づける。二〇年代当時、ピスカートアは第一次世界大戦での経験を通じ、「政治的・経済的・社会的抑圧」を経て「政治的・経済的・社会的闘争」を開始した。「どのような現実、どのようなさまざまの現実を計算に入れるべきかを教えられ」た彼にとって、劇場は「これらもろもろの現実が拡大鏡の下に置かれて検討される場」となった。しかしこうした現実を「作品のなかに繰り入れようと努力した劇作家」は「ごくわずかで、トラー、ブレヒト、メーリングその他二、三であった」。そして「彼らの努力はいつも実ったわけではない」がゆえに、演出家のピスカートアが「作品そのものには含まれていなかったものを、自分で付け足さねばならなかった」[16]のが実情だった。だがそれから約三〇年後、何かを「付け足」す必要は『神の代理人』において、もはやなかった。

ただし同作を実際に上演することを考えた場合、登場人物が多数であることにくわえ、解説やト書き、注に至るまで、事細かに記された戯曲があまりに長大だったため、必然的に大幅な削除が必要になった。最終的に全体量は半減し、四〇人以上の登場人物が二〇人弱にまで削られた。また複数の場面が削除され（親衛隊の将校らの歓談の場面、強制収容所の囚人やポーランド、ソ連の捕虜がクルップ社の工場で虐待・搾取される場面など）、全体はユダヤ人迫害に対する教皇の態度を軸にした筋へと集約させられた。さらに、興味深いことに――おそらく観衆のなかでの議論を喚起しようとする意図だろう――、教会側の反論、教皇を擁護する代理人の反論も強調するという、戦前の『刑法二一八条』演出を思わせる工夫もあった。くわえて戯曲の結び、ピウス一二世へのあてつけとして語り手役が口にする台詞「アウシュヴィッツ最後の囚人は赤軍兵士によって解放された」が削除されたが、これはおそらく冷戦下、周囲を東ドイツに囲まれた西ベルリーンでの初演という状況を考慮した結果と思われる。

上演の進行は、ピスカートアの演出ノートによれば次のようなものである。[17]幕開き、客席がまだ明るいあいだ、教皇の紋章を示す紗幕に光が当たり、ラテン語のカトリック唱歌の録音が聴こえる。客席がゆっくりと暗くなる

図 29 『神の代理人』舞台装置画 (Boeser/Vatkova (1986b), S. 213)。

と、紗幕上に、これもゆっくりと、鉄条網の画像が映し出されていく（以降の流れは『シュヴェイク』演出の冒頭部に似る）。やがて客席は真っ暗になり、唱歌の音量が大きくなる。鉄条網の画像の後ろに、人間が磔にされている十字架が見えてくるが、さらに、これもゆっくりと、五つの窓枠のなかに、鉄条網の後ろで待機している人々の顔のイラストが見て取れるようになってくる。同様の顔の画像は紗幕上にも現われ、これにより十字架は、その周囲から顔の画像で囲まれる形になる［図29］。教皇役の俳優が現われ、彼に光の筋が当たる。彼が祈ると合唱隊の歌が途切れ、歌は、最終的に六つから七つになる別の声でも中断される。ゆっくりと教皇役の俳優が去り、顔と十字架の画像が消え、音が引いていく。入れ替わりに街頭の画像が現われ、間を置いて「ラオホ通り一〇番、ベルリーン、一九四二年八月」という文字が紗幕に現われる。紗幕の後ろに教皇庁大使館の部屋のセットが設けられ、部屋に光が入る。窓枠のなかと紗幕上の顔の画像がぼやけていき、紗幕が上がる。ここからようやく戯曲に書かれた内容が始まる。

最初の場面の結び、アウシュヴィッツの様子をゲルスタインが伝え、彼が去ると、照明が素早く消え、紗幕が速やかに下ろされる。このあとに前半で三景、休憩を挟んで後半で三景が演じられるが、景と景のあいだでは繰り返し紗幕が使われ、破壊されたベルリーンの街の画像や戦中のユダヤ人向けの注意書きの画像といったスナップ写真、すなわち〈現実の断片〉が挟まれ、各景が展開される日時や場所を示す文字が示されていった。

上演の結びには、暗転中、アウシュヴィッツの部屋のセットが入ってくる。ノックの音が聴こえ、照明が入る。その光はまず医師役の俳優に、次いで部屋に、最後にその外側の演技の場に当たっていくが、最後の演技の場は舞台後方いっぱいにまで伸びている。場面が演じられるあいだ、舞台上にいる俳優たちの顔はだんだんと明るく照らされていき、場の結びになると、彼らの顔がまったく見て取れないほどの明かりになる。そして最後、上演時のドイツ人とユダヤ人の融和を祈念するように、一九世紀末にドイツの作曲家ブルッフがユダヤ教の典礼歌にインスピレーションを受けて作曲したとされる〈コル・ニドライ〉が響いて幕となる。

この上演に対し、批評家らはどう反応しただろうか。たとえばリッシュビーターは評の表題を「時事劇にとっての新たなチャンス？　新しいドイツの劇作の傾向」とし、一九二〇年代後半の時事劇と『神の代理人』を関連づけた。そして、テレビを主とした同時代のメディアとの競争を顧慮した場合、近過去および現代の事件や問題のルポルタージュ的な再提示という時事劇の形式がなお有効かどうか疑われていたが、その疑いは『神の代理人』で払拭された、とその可能性を評価した。[18] あるいは、ルフトは上記の一連のテクスト改編の手続きに関して、「巧みな」短縮が「効果的、かつ、静かで劇的な強度をともなっていた」と称えるとともに、上演が大きな拍手で迎えられ、ブーイングは散発的で弱いものにとどまったと伝え、そして自らも「この不幸な劇場で長く待たれた、もっとも活力に満ちた最高の一晩」だという賛辞を贈った。[19]

ただ、上演はルフトが言う「一晩」の演劇公演としての出来事では済まなかった。初演時、劇場には警官が配され、ロビーにはあらゆる集会を禁止する旨を記した張り紙が掲示されていた[20]。この事実からもうかがえるように、上演が西ドイツの同時代社会に対し、非常に大きな影響力を持っていることは誰の目にも明らかだった。そして実際、『神の代理人』[21]はその後発表されていく一連の記録演劇の起爆剤となった一方で、アドルノからホーホフートあての公開書簡に代表される新聞・雑誌上での「記録演劇論争」の発端ともなった。あるいはデモが行われ、国内外の議会や教会を巻き込んだ論争も展開されたが[22]、こうした論争は西ドイツやヨーロッパにとどまらず、さらにアメリカでの上演時も同じく展開された[23]。くわえて、同作はナチス国家による暴力に共同責任を負う人物や機関を鋭く追及する初の演劇だったことで、西ドイツの「過去の克服」の動きを促す大きな契機のひとつとなった。フランクフルト・アム・マインでいわゆるアウシュヴィッツ裁判が始まったのは初演から一〇ヶ月後の、一九六三年一二月二〇日のことである。

当時の西ドイツの、演劇だけでなく社会の動きにまでこうした影響を与えた点で、同時代における『神の代理人』の意義を認め、これを世に出すべく尽力したピスカートアの功績は絶大だった。

『オッペンハイマー事件』(一九六四)

近過去・同時代のドイツおよび世界の政治的・社会的な問題を正面から取り上げた作品を、あるいは、実際に起きた事件について書き留められた記録をもとに書かれた作品を見出し、もしくはその制作を促し、上演への道筋をつけ、これを演出するというピスカートアの仕事はその後も継続された。次に大きな反響を呼んだのは、一九六四年一〇月初演のハイナー・キップハルト作『オッペンハイマー事件』の演出である。

同作の成立は初演の約一〇年前、一九五〇年代半ばにまで遡る[24]。五五年秋、ピスカートアは、西ベルリーン・シラー劇場で『戦争と平和』を演出してから約半年後、第二次世界大戦の終結後初めて東ベルリーンを訪ね、当時ドイツ劇場のドラマトゥルクだったキップハルトと知り合った[25]。キップハルトはピスカートアとの共同作業に大きな関心を示し、やがて、ふたりが出会う前年の、当時世界的な関心を呼んでいたいわゆるオッペンハイマー事件――水爆開発に携わったアメリカの物理学者オッペンハイマーが受けたワシントンでの尋問――が素材として取り上げられた。尋問の背景にはアメリカのマッカーシー時代があり、まさにその始まりを経験していたピスカートアは、素材を間違いなく身近に感じていた。さらに、二度の世界大戦を苛烈な形でみずから経験・見聞していたピスカートアが、核武装・軍備競争に反対する五〇年代半ばからの平和運動に対して大きな関心を寄せていたことも、作品成立の背景のひとつだった。一九五九年七月になると『オッペンハイマー事件』の制作は具体化に至り、キップハルトとのあいだで手紙のやりとりが行われた[26]。

キップハルトが一九六四年の初演時にフライエ・フォルクスビューネの機関紙上で記したところでは、同作は、五四年五月にアメリカ合衆国・原子エネルギー委員会が公にした、オッペンハイマーに対する調査手続きの、タイプ原稿三〇〇〇枚を数える記録に基づく。キップハルトの意図は、「舞台上で示すことが可能で、真実［調査手続き記録から知ることのできること］を傷つけない、調査手続きを簡略化したイメージ（Bild）を伝えること」で、「その真実が［演劇上の］効果に脅かされるように見えたときは、その効果のほうを犠牲にした[27]」という。

では具体的に、どのような工夫がテクストに施されたのだろうか。キップハルトによれば実際の審問は一ヶ月以上続き、四〇人の証人が質問されたが、彼は登場人物を六人で足りるとし、「言葉に忠実であることを、意味に忠実であることへ交換するように努めた」。つまりテクストは必ずしも実際の審問で発言されたものではなかった。たとえば場と場のあいだで、そのときに軸となる人物が行う独白がそうである。キップハルトはこの独白を、「人物たちがヒアリングのさいに、あるいは別の機会にとった態度から展開することに努めた[28]」。幕切れについても同様で、戯曲では結びに委員会の決定が読み上げられるが、この決定は実際には後日書面で届けられた。また実際の審問では、結びの言葉を口にする機会はオッペンハイマーに与えられてはいなかった[29]。

このように、素材を戯曲化するさい、さまざまな劇作上の工夫がなされていたが、これはキップハルトが同作を「演劇作品（Theaterstück）であり、ドキュメンタリー的な素材のモンタージュではない」と見なしていたからだった。だがキップハルトは素材の持つ強度に半ば脱帽し、「この問題に関するドキュメントや報告から明らかになる事実に、自分がしばられているとはっきり思う」[30]と書き留めた。

　こうして仕上がったテクストの大まかな流れは次のようなものである。戦争目的での水爆使用を案じてその開発を遅らせたオッペンハイマーが弾劾され、保安委員会に尋問される。だが、始め彼だけが釈明を求められるものの、まもなく多くの概念が疑問視され、委員会の関心は最終的に、調査対象である人物や事件から離れていく。そして原告と弁護人、被告と訴追者がほぼ協同して、正当性の立脚点が相対化した世界における真実を、また信頼に足る行動規則を見出そうと努める。

図 30　『オッペンハイマー事件』の一場面 (Boeser/Vatkova (1986b), S. 274)。

　このテクストに基づき、ピスカートアは次のような演出を行った。舞台後ろ上方には巨大なスクリーンが設けられ、ここへ数式や実在の人物の顔写真がたびたび投影された。その前方、舞台上には法廷の装置があり、両脇には被告人席と弁護人席が、後方のやや高いところには議長席が、そしてその前方には証人席が配置された〔図30〕。この結果、証人役の俳優は議長役の俳優に背を向けてその質問に答えるという、実際にはない位置関係になった。これに対して批評家のイェニーは苦言を呈しているが(31)、この演出はむしろ、すべての俳優が観客と向き合って語ることにより、観客が傍観者としての位置をとることを防ぐ工夫として、評価されるべきものである。さらに、この簡素な装置――イェニーいわく「家具の乏しい板のバラック」(32)――には後方に窓があり、ここにときおり、白い制服を着た軍の警官を演じる俳優が巡視するのが見て取れて、審理の閉鎖的な雰囲気が示された。上演の始まりにはマッカーシーの扇動的なスピーチの録音が流れた。

「オッペンハイマーの〈支離滅裂〉を、彼の時代、彼の社会の〈支離滅裂〉と向き合わせる演出によって、初めて舞台本来の可能性が、またこの作品の時局性のすべてが利用しつくされる」(33)とイェニーは記しているが、演出はまさに、かつてピスカートア本人が置かれていた、赤狩りという当時のアメリカの時代状況をつぶさに伝えるものだった。くわえて、西ドイツで不遇をかこった彼の立場を顧慮すれば、この演出は、彼を始め、かつて共産主義に与し、その平和主義的態度が黙殺された人間に対する処遇への批判としても解釈できた。

この演出に対し、たとえば批評家ルフトは次のように否定的な態度を取った。

> ピスカートアは〔一部は原作者の指示で〕不当な判断をする。それは、『閉じた集団（geschlossene Gesellschaft）』を、ものごとが演じられる場の危険な狭さを、映像を投影することで離れるときだ。このことによって、蓋が繰り返し鍋から外される。彼がキップハルトの独白の数々を舞台の高さいっぱいのスクリーン上へも移動させたり〔テクストの一部がスクリーン上で示される〕、下のほうに生《なま》で見て取れる顔の数々〔舞台上の俳優たちが演じる実在の人物の顔写真〕を、建物数階分の大きさで、同時にワイドスクリーンの上に見せ、〔実在の人物が発したとされる言葉を俳優たちに〕語らせたりするとき、様式の不統一にぞっとする。(34)

とはいえ、まさに「様式の不統一」こそ、おそらくピスカートアのねらいだった。別の言い方をすれば、彼ははなから様式の統一など気にかけてはいなかった（戦前に彼が関わったベルリーン・ダダでの実践が想起される）。彼は多分に、主題によっては統一された様式のない舞台でこそ、同時代の真実がむしろ感じ取れると考えていた。そして観衆は、統一された様式が欠如していることで初めて可能な舞台を目にし、その舞台でこそ初めて感じ取れる現実を認識した。

実際、観衆は上演の最中、芸術作品としての演劇を鑑賞するというよりも、むしろ現実の出来事をめぐる討論の場に立ち会っている感覚を抱いていた。観客の反応についてルフトは次のように書き留めている。

最初はまだ観衆が安直な〈左の〉デモンストレーションをこのオッペンハイマー特集に見ているように思えた。彼らは軽はずみにも場面の最中に拍手をしたが、それは進歩をめぐる引用文に賛同してのものだった。あとになると、反対意見に対して同じく熱烈な拍手が送られた。[35]

つまり観衆はすでに上演中から、俳優たちの演じる、劇中で議論を展開する各登場人物に対して、観衆個々の立場からの支持表明を行っていた。そしてこの演出は、どの登場人物にも特別に肩入れせず、主題をどう判断するかを観客に委ねる『刑法二一八条』（一九三〇）の演出に通じるものだった。観客に多くの判断が委ねられ、彼らの介入をしばしば許す状況を生み出す演出は、独自のものとして一定の評価を受けた。たとえばイェーリングは、「真の、すぐれた時事劇、ただしブレヒトの詩的造形はない」と指摘するが、「とはいえ、問題を明らかにする、警鐘を鳴らす時事劇であり続け、ドイツ国内外の現代の演劇に多くのことを語るものである」[36]、とその価値を評価している。

『追究』（一九六五）

『オッペンハイマー事件』をイェーリングは上記のように、「問題を明らかにする、警鐘を鳴らす時事劇」と言い表わした。あるいは前出のルフトは、「困惑と大喝采で終わった一晩。深く考えをめぐらせる作品が、ある観衆の前にある。その観衆は明らかに、劇場で考えをめぐらせている。多くの演劇人は、日ごろから考えをめぐらせている」[37]と、皮肉を込めてはいるが、観衆に対する上演の効果について、一定の評価をした。同時代や近過去の問題を強く突きつけ、それについて観衆に考えさせるピスカートアの演出は、次の大きな反響を呼んだペーター・ヴァイス作『追究』の演出の場合も同様だった[38]。

『追究』はフォルクスビューネ設立七五周年記念公演として、一九六五年一〇月一九日に初演された。主題はアウシュヴィッツ強制収容所での戦争犯罪を裁く、いわゆるアウシュヴィッツ裁判だが、注目すべきことに、裁判と、作品の執筆および公演の制作はほぼ同時に進行していた。裁判は初演の二年前、一九六三年一二月二〇日にフランクフルトで開始され、初演二ヶ月前の一九六五年八月一九日に結審したが、主要な新聞は裁判の模様をほぼ連日のように伝えていた。この点で『追究』は、これ以上ないほど時局に即した時事劇だった。

内容について見ると、その焦点は収容所の管理・運営をめぐる構造に当てられており、ヴァイスによれば、大部分が「ユダヤ人抹殺時のドイツの大企業の役割を扱う」ものである。また彼は自分の制作意図について、「ガス室を顧客として使う資本主義に烙印を捺したい」とも主張した[39]。このように言明するヴァイスの『追究』に対し、資本主義国家である西ドイツの新聞・雑誌の一部は否定的な評価を下したが、これにピスカートアは反駁した。彼は当日プログラムに寄せた文、「ある大きなテーマについてのコメント」[40]でこうした否定的反応に言及し、「まるで彼［ヴァイス］がアウシュヴィッツというテーマを単に反西側アジテーションの道具として使っているかのようだ。しかしこれは、事態を知らないことからくる、あくどい邪推である」と断じた[41]。アウシュヴィッツ裁判が扱う事柄は「とっくに知られており、すでに記録として公にされている」ものであって、「ホーホフートもすでに『神の代理人』で触れている」とピスカートアは指摘し、「ペーター・ヴァイスは、アウシュヴィッツという名の、かの〈事実〉だけに取り組んでいる」[42]との見解を記して、次のように続けた。

ここにあるのは恐怖の集積ではまったくない。恥ずかしいほど詳細な、吐き気を催すような殺戮についての解説でもない。ここでは、〈良心に反して命令を遂行しなければならない状況〉についてのあらゆるおしゃべりにもかかわらず道徳的な決定の自由を持っていた人々が、自分たちの行いに向き合わされる。その事実性を彼らは否認する。後悔は感じず、自分たちの罪の償いを無理な要求だと退ける。事実を目にした観客の自由に制限はない。観客は自分自身の道徳的な責任を、邪魔されずに定められる。自分の判断／判決（Urteil）に行き着こうとする陪審員になれる。観客はその量刑も決める（それが実際にはどれだけのものとすでに見積もられているかは関係ない）[43]。［強調は原文のまま］

つまりピスカートアは、作中で判決が下されず、ごく即物的に、アウシュヴィッツについて考える手がかりを同作が提供し、観客みずからが考えるように促していることを重視した。観客は、裁判で言えば傍聴人ではなく、陪審員として位置づけられた。別の言い方をすれば、観客は傍観者ではなく、参加者として上演に立ち会うものとされていた。

では実際の演出はどのようなものだったのだろうか。まず注目したいのは『追究』の副題「一一の歌によるオラトリオ」である。オラトリオとは「聖譚曲」または「聖歌隊席」を意味するが、後者の「聖歌隊席」が裁判での被告席や原告席になぞらえられている。ダンテを研究し、自分の「地獄篇」を書こうとしていたヴァイスはここで、判事が一八人の被告に質問をし、その合間に証人が証言をする進行形式をとった。その結果、「死の収容所の恐怖が、証言資料を典礼のような叙唱にまで高める賛美歌となって」[44]（レーマン）表現されることになった。

図 31　『追究』の一場面 (Boeser (1986b), S. 259)。

そして作品の副題にある「オラトリオ」が意味する聖歌隊席に倣い、黒く、装飾の一切ない舞台〔図31〕の下手に三段の壇が設けられ、その壇上には計一八脚の簡素な椅子が置かれ、スーツ姿の被告役の俳優一八人が座り、彼らの前に譜面台が置かれた。一方、上手には判事と原告を演じる俳優が配され、下手と上手のあいだには弁護士役の俳優が位置した。さらに証人を演じる俳優が計九人、そのつど舞台中央に歩み出て証言をするのだが、彼らはそのさい、客席に背を向け、本舞台よりも一段下がった前舞台に長くとどまった。彼らの衣装はすべて灰色の作業着やスーツで、ある評によれば「まるで地下の世界からの過去の灰色の影のよう」だった[45]。また全一一幕の幕間には、嘆きや叫びを想起させるルイージ・ノーノ作曲の電子音楽が挟まった[46]。

ピスカートアはおそらく、観客に考えさせる作品だと自分がとらえた同作の特徴を傷つけまいとする意図から、そして『刑法二一八条』や『神の代理人』の演出のときと同様の意図から、主題をどう判断するかを、上演への参加者とも位置づけられる観客へ委ねた。一方、劇評は、ほぼ同時に進行していたアウシュヴィッツ裁判に対する高い関心も背景としてあったのだろう、演出について問うよりも、ヴァイスの戯曲『追究』を論じたものが多く認められる。たとえばベルリーンの『クリーア』紙は、「これはドラマではなく、裁判の報告、ドイツ最大の刑事訴訟の公判のレプリカである」[47]と伝えた。あるいは、第二次世界大戦中に亡命したドイツ系ユダヤ人が中心となって発刊された新聞であるニューヨークのドイツ語紙『建設《アウフバウ》』は、「これはもはや〈演劇〉とは何の関わりもない。このオラトリオ形式は、判事、検事、そしてそれに対抗する、弁護士、被告らの、問いと答えの絶え間ないやりとりに徹している」[48]と記した。

では、『追究』上演のさい、ピスカートアの功績はそれほどなかったのだろうか。決してそのようなことはなく、むしろ逆に、彼の働きがあってこそ、同作は大きな反響を得た。というのも、同作に強い関心を示したピスカートアは、ヴァイスと刊行元のズーアカンプ社がとった異例の手続き——初演日だけを決め、上演権をあらゆる劇場に提供する——にいち早く反応し、東西両ドイツの劇場に同時上演を積極的に呼びかけ、これに計一四の劇場が直ちに応じていたからである（最終的にはさらに多くの劇場での同時上演が実現した）。こうした経緯からは、同時代と近過去の問題を正面から見据える作品を積極的に世に知らせ、公の議論の契機にしようとしていたピスカートアの姿勢が顕著にうかがえる。

その後の反響は、『神の代理人』のときと同様、演劇界だけでなく同時代のドイツ社会全体を巻き込んだ一大論争になった。ピスカートアとヴァイスは脅迫さえ受け、ジャーナリズムの中傷キャンペーンが始まった。

こうした一連の動きに対し、ピスカートアは週刊新聞『時代《ツァイト》』への寄稿「こんにちの政治演劇」で応答した。「まるで、みずからの過去の、ある特定の非常に嫌な時期から逃れようとするある民族が、歴史なき民族になる途上にいるかのようだ」と彼は呆れてみせ、「この過去と向き合うことを拒むことによって、必要な結論を、つまり過ぎ去ったことからのある教訓を、引き出すことを避けて通る」[49]と警鐘を鳴らす。そして批評家リッシュビーターによる危惧を例にとって、次のように反駁する。

ヘニング・リッシュビーターは次のように問う。「それにしても、きまり悪そうに直近のドイツの過去と呼ばれるものによって、現代は、とりわけドイツのそれは、ユートピアへの力と気力を失くしてしまったのではないか?」と。リッシュビーターは政治的な演劇の動機としてユートピアを要求する。疑いなく、ユートピア的なものはどんな規模であれ、政治的な演劇の、社会的な変化を目指す傾向に内在している。だが私には、未来のヴィジョンの数々を、ある明らかにされていない、意識の点で確かにされていない現代という地面に描くことは間違いに見える。この現代は、明らかにされず、確かにされないままであらざるをえない。例の過去がそのあらゆる結果とともに、やむをえず当の現代に組み入れられるかぎり。(50)

さらにピスカートアは、政治演劇の美的・理論的イメージのために「アウシュヴィッツを不可避的にありありと思い浮かべることはあらゆる未来を閉ざすのではないか」、とリッシュビーターが問うていることに対し、「これは現代の劇作に対して危険な態度だと思う」と警告する。ピスカートアの判断では、そこには「熟慮が欠けている。過去の特定の出来事の繰り返しを避けようとするある演劇が、すでに十分未来を目指しているかどうかについての熟慮が、そう、まさに、未来を確かにすることを目標としているかどうかについての熟慮が(51)[欠けている]」。

より深刻だとピスカートアに思われたのは『世界《ディー・ヴェルト》』紙のツェームの見解である。素材と形式という観点から見て作品が内的に分裂している、というツェームの読みを、「裁判がすなわちアウシュヴィッツであるという誤解の結果として生じている」とピスカートアは判断する。ツェームによる、「思考はこの作品を前にしてその座を明け渡し、あらゆる批判的な省察から身を引く」という異議は「真実でない」。そしてツェームの、「この素材の前では芸術的な具現化はすべて冒瀆だ」という主張にピスカートアは反駁し、「だれひとり論証をしていない。とりわけこの作品においてこそ、いかに高い程度に形式が作品の芸術性を規定するかが明らかになるのだ」

と断言して、文芸批評家ヴァルター・イェンスのコメントを引き合いに出す。すなわち、『追究』では「高い芸術理解によって精緻に練り上げられたイメージの連続」が「よく構成され慎重に陰影づけられたもの」として明らかになり、唱歌のなかでクライマックスとアンチクライマックスが相互作用を起こしている、というものである。これをふまえてピスカートアは、ヴァイスがあらゆる芸術的組織化を断念したというツェームの主張に真っ向から対立する。そして「ツェームはただ自分のイデオロギー的な目標しか見ておらず、間違ったモティヴェーションと邪推を必要としている」と結論づける。[52]

だが分析はさらに続く。翌一九六六年、「事後の追究（Nach-Ermittlung）」と題した稿でピスカートアは公演当時を振り返り、ツェームを始めとする一部の紙誌の批評家たちの背後にある問題にもう一歩踏み込んで、次のように指摘した。

『追究』は［中略］ある国民全体に向けられ、舞台上で個々人の罪に対しての審理を行うが、この個々人は、多くの他者を代表して法廷に立っている。だから、たとえばヴァルデン、ツェーム、クラーマー、ザンダーの各氏──後ろ三人は全員同じコンツェルン［『世界』発行元のアクセル・シュプリンガー社］に雇われていた──が、ある別の事実関係に対する作者の政治的な態度を、彼の作品の中の、悪意ある傾向に転換して利用することに、最高の熱意で取り掛かっていたのは不思議なことではなかった。邪推と中傷の応酬だった。ツェーム氏は美的・文学的評価を隠れ蓑にして、ある洗脳についての自分の非難を示そうとした。[53]

何よりもピスカートアに憂慮されたのは、これら批評家たちの見解がおそらく彼らの内だけにとどまるものではないということである。みずからの近過去に対する同時代西ドイツの多くの人々の態度を案じて、彼は次のように続ける。

この作品〔『追究』〕に対して申し立てられたイデオロギー的な留保は例の意識からきている。つまり、二〇年後のいま、ひとつの時代の否定を求め――その時代にみずからの最大の自己満足を見出していたにもかかわらず――、かつ、罪があるとは信じていない、例の意識だ。この罪を告発する者たちはすでにいつも疑いの目で見られているが、ペーター・ヴァイスというある男の政治的な信条告白をもってまずひとり、ということならば、さらにどれだけ多くの人々がそうなのだろう。ドイツの中央を貫いて走る境界のこちら側〔西ドイツ〕では、反対側〔東ドイツ〕に共感することや、反対側を冷静に観察することは、すでに、すべての政治的な問題における不適格を意味する。ここ〔この稿が掲載された雑誌〕では別の箇所ですでに新聞・雑誌の反応について書かれているが、私は次のことだけは断言できる。こうした反応の数々がまさに、この作品の受容がいかに重要だったかを認めるものだったということだ。(54)

この稿「事後の追究」が公にされた一九六六年にピスカートアは没するが、近過去や同時代の時局に即した題材を扱う近年の舞台に関する「記録演劇論争」は、『追究』をめぐる議論、およびピスカートアの死をもって終息することはなかった。アドルノが発表したホーホフートあての前出の公開書簡（一九六七）や、同時進行していたヴェトナム戦争を扱ったヴァイスの次作『ヴェトナム討論』の発表（一九六八）もあって、論争はさらに広がりを見せ、継続されていった。

術語「記録演劇（ドキュメンタリー演劇）」についての確認

上記のようにピスカートアは「事後の追究」で、みずからの近過去に対する同時代西ドイツの人々の意識の問題をあぶりだす作品『追究』の重要性を説いたが、あわせて注目されることに、記録演劇（ドキュメンタリー演劇）という概念で特徴づけられる劇作が『追究』によって決定的に広がりを見た、ということを彼は指摘している。彼の言葉で言えばこの劇作は、「現実――歴史はもちろん、現代［のそれ］も――から芸術作品を蒸留する」。そしてこの芸術作品は「ひとつの演劇作品が求めるものに即しており、またその内容しだいで、実際の事件や出来事との関連性、ないし政治的な衝撃の、ひとつの度合いに達する。この度合いは劇文学がおそらくこれまでほとんど有していなかったほどのものである[55]」。

この劇作の価値を、またその結果である作品群の価値をピスカートアは大きく認めていた。彼がフライエ・フォルクスビューネ劇場監督に就任して以降の、これまでに取り上げた三つの代表的な演出は、ヴァイマル共和国期の彼の仕事と同様、記録文書を活用したものではあったが、大量の記録文書による情報を観客に提供したり、俳優が客席にまで現われて記録文書に基づく情報を伝達したりするものではなかった。そうではなく、記録文書は劇作家の手ですでに戯曲に取り込まれており、文書の内容を観客が反芻できるよう、ピスカートアは努めていたのだった（たとえば『神の代理人』演出での画像や文字の使用は『どっこい』のそれに似るが、各景の最中では示されない）。戦前の、同時代の歴史を直視するように観客を説き伏せるようなアプローチに代わり、同時代の歴史に対する観客自身の省察を促すことが目指された。その結果、「政治に直接的な影響をもたらそうとする野心ではなく、ましてや演劇の因習的なドラマトゥルギーでもなく、むしろ拒絶や批判を引き起こしたその傾向[56]」（レーマン）にその本質を持つ、記録演劇（ドキュメンタリー演劇）が生まれるに至った。第二次世界大戦の終結後、西ドイツの演劇で取り上げられたテーマは純芸術的・非政治的なものに限られる傾向で、経済的な復興のなか、過去の事実は多かれ少なかれ忘却・改変・美化されるきらいがあった。そうした動きとピスカートアは一線を画し、上記のような仕事を通じ、つくり手と受け手が過去から目を背けようとするのを阻もうとしたのだった。

こうした姿勢に基づくピスカートアの一連の仕事に対し、批評は純芸術的・非政治的な立場からのものが多く、彼の仕事は批判的に、あるいは一定の距離をとって扱われることが多かった。だが彼のこの姿勢をまさに評価する声もあった。たとえば『同時代演劇《テアーター・デア・ツァイト》』誌の批評家コークスは、「ピスカートアの問題は〔中略〕西側世界のイデオロギー的議論そのものの問題と重なっている。劇作家が社会参加を避けるなら、自分たちの時代の核心となる問いに取り組む作品を、どこから手に入れればよいのか？　芸術家が自らの良心を表に出さないなら、どうやって観客の良心や認識を喚起すればよいのか？(57)」と問うた。そしてこの関連では、上記の一連の仕事のあと、ピスカートアの死と同日に発表された彼の稿が、「今世紀が形づくられるさいの、道徳的施設としての舞台」と題され、直接的にシラーの言葉「道徳的施設としての舞台」との関連が示されていることも注目される(58)。つまり、ピスカートアは単に同時代の社会を挑発しようとしていたわけではなかった。そうではなく、同時代の人々がみずからの道徳的立ち位置について考えるよう、繰り返し促していた。そのようにしてピスカートアは、シラー以来の伝統にごく忠実に、すなわち、同時代の問題を直視して観衆がそれについて考える場として機能する舞台という理念に、ごく忠実であろうとしていたのだった。

12.3　理念は次世代へ——実験演劇祭エクスペリメンタ

ところで、ピスカートアの一九六〇年代前半の仕事——フライエ・フォルクスビューネの劇場監督就任という転機を経ての仕事——を総括して、リッシュビーターは「演劇の制作という点では実りの乏しい数年間だった」と判断し、ピスカートアは「強力な劇団をつくれなかった」、また「息せき切って計画をし、あまりに長く決断を下さないままで、そのためにフリーランスの演出家たちとの縁ということでは不運だった(59)」と伝えている。あるいはウィレットは、ピスカートアの「戦後のドイツの意識との取り組み」が、彼に「新しい機動力を与えたが、かつての力はなかった」と評し、「主導権をとったのは彼ではなく作家たち(60)」だったと結論づける。

だが本当に当時のドイツ演劇界でピスカートアが主導権をとることはなかったのかというと、決してそうとは言えない。リッシュビーターは、ピスカートアの制作スケジュール面での不運が「ベルリーンという土地柄の問題」だとし、「重要なことは、ピスカートアは七〇歳になって、ドイツの新しい劇作が生まれるために最も重要な、舞台における介添人になったということである[61]」と指摘する。「介添人」、別の言い方をすればプロモーターとして、ピスカートアが一九六〇年代のドイツの演劇界で決定的な役割を果たしたことは明らかである。『追究』の場合に見るように、彼は劇場の舞台だけでなく、いわば同時代のドイツ社会までを舞台にし、これをこそ、一連の記録演劇（ドキュメンタリー演劇）を手がかりに演出していた。彼はこのとき、舞台の外、劇場の外の出来事までを演出する、プロモーターとしての役割を兼ねた演出家だった。

さらに、プロモーターということでは、一九六六年に始まった国際実験演劇祭〈エクスペリメンタ〉との関連でピスカートアの果たした役割も見過ごせない。同演劇祭は一種の前衛演劇フォーラムだが、母体は前出の、一九五六年に設立されたハンブルクのドイツ舞台芸術アカデミーだった[62]。ここで彼は、一九三〇年代に推し進めたオリンピアーデ、あるいは実現されずに終わったヴェルサイユ平和祈念フェスティヴァル、あるいはニューヨークで催された『希望の集会』でのプロモーターとしての経験をおそらく活かし、同時代の現実世界に深く掛かり合う演劇祭の設立を繰り返し唱えていた。そしてこれに批評家ペーター・イーデンほかの人々が共鳴し、彼らが核となって演劇祭エクスペリメンタの構想が展開された。そして一九六二年にドイツ舞台芸術アカデミーがフランクフルトへ移ったことにより、同市がエクスペリメンタの開催地として予定され、準備は進んでいった。

一方、一九六四年にはベルリーンで、西ドイツ各地の劇場の主要な演出作品が招待されて上演される〈テアータートレッフェン〉――日本では「ベルリーン演劇祭」の名称でも知られる――が始まり、以降、西ドイツの多くの若手演出家の名が広く知られるようになった。またこれと前後して、劇作家よりも演出家の仕事を軸とする、いわゆる演出演劇《レジーテアーター》に対する評価が高まってきてもいた（たとえばペーター・ツァデクは〈ブレーメン劇場〉で劇場監督クルト・ヒュープナーの後押しを受け、多くの演出作品で成功し、全国的に知られるに至った）。こうした一連の動きを、ドイツ舞台芸術アカデミーに関与していた人々、およびエクスペリメンタを準備していた人々は顧慮して、独自の演劇祭の計画を具体化させていった。

そしてドイツ舞台芸術アカデミー設立からちょうど一〇年後の一九六六年、フランクフルトで第一回エクスペリメンタが開催され、ここでまさにドイツの演劇史上、記念碑的な上演の数々が行われる。ペーター・ハントケ作『観客罵倒』の初演、あるいは美術家ヨーゼフ・ボイスのパフォーマンスがそれである。そして二年後の一九六八年に世界各地で起こった学生運動の流れを受けて、さらにリヴィング・シアターの演劇を始め、社会変革と連動した演劇が数多く生まれていく。一九六九年の第三回エクスペリメンタでは、寺山修司の天井桟敷が『犬神』と『毛皮のマリー』を上演、日本の演劇変革者との結びつきも深まった。

ただ、これらの出来事に立ち会うことなく、ピスカートアは第一回エクスペリメンタが開幕する直前、ミュンヒェンの郊外にあるシュタルンベルク湖のサナトリウムで息を引き取っていた。あと数年生きていたならば、彼は上記の一連の〈革命〉を喝采して迎えていたに違いない。

ピスカートアの死後、フライエ・フォルクスビューネは約一世代存続したが、東西ドイツの統一（一九九〇）を受け、西ベルリーンの舞台芸術面でのショウ・ウィンドウとしての存在意義を失った。そして統一ベルリーン市の財政難もあり、一九九九年にその歴史を閉じた。ただしその施設は維持されて、〈ベルリーン芸術祭会館〉として機能し、現在、テアータートレッフェンを始め、ベルリーンで開かれるさまざまな催しの運営拠点となっている。

（1）Vgl. Völker (1997), S. 172.

（2）Vgl. Meyer (1979).

（3）Piscator, Erwin: Vorwort, a.a.O., S. 302.［ピスカートル「序」、R・ホーホフート、森川俊夫訳『神の代理人』所収、白水社、一一頁］。

（4）Vgl.: Über die Atriden-Tetralogie von Gerhart Hauptmann. In: *Theater am Kurfürstendamm. Haus der Freien Volkabühne Berlin (1962-63)*, Nr. 1, S. 2f. [Programmheft zu Gerhart Hauptmann, Die Atriden-Tetralogie, 7.10.1962. – ähnlich in: *Deutsche Rundschau,* Jg. 88 (Baden-Baden 1962), Nr. XI, S. 977-988. – auch in: Piscator (1968b), S. 293-300].

（5）実のところ、一九六二年よりも前からピスカートアをフライエ・フォルクスビューネの劇場監督にしようとする動きはあった。彼のもとで一九二〇年代に俳優として活動し、三〇年代のエンゲルス計画にも参加していたシュテッケルが、五八年にフライエ・フォルクスビューネの新劇場監督に就き、後任のルードルフ・ノルテが六〇年に退くと、劇場幹部とピスカートアのあいだで交渉の機会が持たれていた。このときは結局ギュンター・スコープニクが後任に決定したが、六一年一〇月六日、ピスカートアがフライエ・フォルクスビューネで『セールスマンの死』を演出し、ここでシュテッケルが主演したこともあって、ピスカートアと同劇場との縁が再び深まったのだった。

（6）Piscator, Erwin: Verherrlichen wir den Menschen. Ansprache bei der Schlüsselübergabe der „Freien Volksbühne“ am 30. April 1963. [In: *Blätter der Freien Volksbühne Berlin,* Jg. 17 (1963), Nr. III, S. 66-68] In: ders. (1968b), S. 306-310.

（7）Ebda., S. 306-307.

（8）Ebda., S. 309-310.

（9）Ebda., S. 310.

（10）以下、『神の代理人』については次を参照。Piscator, Erwin: Vorwort, a.a.O.［ピスカートル「序」、前掲］; Rischbieter, Henning: Neue Chancen für das Zeitstück? Tendenzen der neuen deuschen Dramatik (1963). In: Boeser/Vatková (1986b), S. 205-211, bes. S. 207, 210; Luft (1982), S. 467-471; Wannemacher (2004), S. 157-171; Reichel (2007), S. 217-227.

（11）Luft (1982), S. 467-468.

（12）Piscator, Erwin: Vorwort, a.a.O., S. 303.［ピスカートル「序」、前掲、一二頁（訳は一部変更）］。

（13）Ebda., S. 303.［同、一二頁（訳は一部変更）］。

（14）Ebda., S. 305.［同、一五頁（訳は一部変更）］。
（15）Ebda., S. 304.［同、一三頁（訳は一部変更）］。
（16）Ebda.［同、一四頁（訳は一部変更）］。
（17）Vgl. Piscator, Erwin: »Der Stellvertreter«, Arbeitsnotizen zu Projektionen und Ton, Typoskript, EPC. In: Boeser/Vatková (1986b), S. 212-214.
（18）Rischbieter, Henning: Neue Chancen für das Zeitstück? Tendenzen der neuen deuschen Dramatik (1963) [In: *Theater heute*, Jg. 4 (1963), Nr. 4, S. 8ff.]. In: Boeser/Vatková (1986b), S. 205-211, hier S. 205. ただし細部については、俳優の演技に関しては称賛されている一方、装置については「趣味が非常に良いとは言えない自然主義的な書き割り」（S. 211）と苦言が呈されている。
（19）Luft (1982), S. 468, 470.
（20）Vgl. Reichel (2007), S. 218.
（21）Adorno, Theodor: Offener Brief an Rolf Hochhuth. In: *FAZ*, 10. 6. 1967; vgl. auch Ismayr (1977), S. 190-191. 匿名性を特徴とする恐怖が人物や筋に具現化されることをアドルノは批判した。彼の主張に従えば、リカルドやゲルシュタインといった人物を通じて極限状況下の個人を描くようなことは、つまるところ極限状況下の個人の生を容認することにつながる。
（22）Vgl. Reichel (2007), S. 222-226.
（23）Cf. Bentley (1964).
（24）以下、『オッペンハイマー事件』については次を参照。Vgl. Herbert Ihering: Berlin – Hauptstadt des Theaters. In: *Die Andere Zeitung* (Hamburg), 22.10.1964 [EPS, Mappe 319]; Luft (1982), S. 474-475; Wannemacher (2004), S. 201-207.
（25）この一九五五年秋、ピスカートアは初めてベルリナー・アンサンブルを訪ね、ブレヒト作『母アンナの子連れ従軍記』を観劇したが、これに先立つ同年四月、フランクフルトで『コーカサスの白墨の輪』を観てもいる。このころの彼はブレヒト作品への関心を高くしていたと思われるが、ブレヒトは翌年に他界した（一九五六年八月一四日）。ブレヒト作品をピスカートアが演出したのはそれからしばらく経った後、六〇年代に入ってからである（六〇年二月二〇日初演のカッセルでの『母アンナの子連れ従軍記』、および六二年二月一五日初演のミュンヒナー・カンマーシュピーレでの『亡命者の対話』）。
（26）Vgl. Boeser/Vatková (1986b), S. 235.

(27) Kipphardt, Heinar: »In der Sache J. Robert Oppenheimer« Zum Verhältnis des Stückes zu den Dokumenten. In: Schmückle / Busse ([1975]), S. 103-104, hier S. 103-104. [auch in: Boeser/Vatková (1986b), S. 236].
(28) Ebda., S. 104. [auch in: Boeser/Vatková (1986b), S. 236].
(29) Vgl. Ebda., S. 104. [auch in: Boeser/Vatková (1986b), S. 236].
(30) Ebda.
(31) Vgl. Jenny, Urs: »In der Sache Oppenhheimer«, Uraufführung von Heinar Kipphardts Stück in Berlin und München. [In: *Theater heute*, Jg. 5 (1964), Nr. 11] In: Boeser (1986b), S. 240-248, hier S. 248.
(32) Ebda.
(33) Ebda.
(34) Luft (1982), S. 476.
(35) Ebda., S. 475.
(36) Herbert Ihering: Berlin – Hauptstadt des Theaters. In: *Die Andere Zeitung* (Hamburg), 22.10.1964 [EPS, Mappe 319].
(37) Luft (1982), S. 476.
(38) 以下、『追究』については次を参照。Schmückle/Busse（[1975]), S. 111-114, 118-121; Ismayr (1977), S. 178-190; Michael/Daiber (1989), S. 155-156.［ミヒャエル／ダイバー (1993)、二六七頁］; Wannemacher (2004), S. 207-217; Reichel (2007), S. 228-241.
(39) Zit. v. Piscator (1968b), S. 321-322.
(40) Piscator, Erwin: Anmerkungen zu einem großen Thema, in: *Freie Volksbühne Berlin (1965-66),* Nr. 12, S. 1-5. [Programmheft zu: Peter Weiss, *Die Ermittlung,* 19.10.1965] In: ders. (1968b), S. 321-325.
(41) Ebda., S. 322.
(42) Ebda.
(43) Ebda., S. 323.
(44) Lehmann (1999), S. 91.［レーマン (2002)、七一頁］。
(45) Hellmut Kotschenreutner: Das Auschwitz-Oratorium des Peter Weiss. In: *Mannheimer Morgen,* 21.10.1965 [EPS, Mappe 311].
(46) Vgl. Hellmuth Karasek: Ermittlungen zur „Ermittlung". In: *Stuttgarter Zeitung,* 21.10.1965 [EPS, Mappe 310].

(47) Friedrich Carl Fromm: Die Szene als Tribunal. In: *Der Kurier* (Berlin), 20.10.1965 [EPS, Mappe 310].
(48) C. F. W. Behl: Das Auschwitz – Oratorium des Peter Weiss. In: *Aufbau* (New York), 5.11.1965 [EPS, Mappe 310].
(49) Piscator, Erwin: Politisches Theater heute. Wo die ganze Nation betroffen ist, darf das Theater nicht hintenan stehen. [In: *Die Zeit* (Hamburg, 26.11.1965)] In: ders. (1968b), S. 333-340, hier S. 335.
(50) Ebda.
(51) Ebda., S. 335-336.
(52) Ebda., S. 337.
(53) Piscator: Nach-Ermittlung. [In: *Kürbiskern.* (München) (1966) 2, S. 100-102] In: ders. (1968b), S. 326-329, hier 328.
(54) Ebda., S. 328-329.
(55) Ebda., S. 329.
(56) Lehmann (1999), S. 91. ［レーマン (2002)、七一頁］。
(57) Coox (1965), S. 27.
(58) Piscator, Erwin: Die Bühne als moralische Anstalt in der Prägung dieses Jahrhunderts. [In: *Telegraf* (Berlin, 20.3.1966), S. 44] In: ders. (1968b), S. 348-351.
(59) Rischbieter (1966a), S. 12.
(60) Willet (1978), p. 190; ders. (1982), S. 147.
(61) Rischbieter (1966a), S. 12.
(62) Vgl. Rischbieter (1966b); Löhndorf (2001).

終章　ピスカートアの仕事の演劇史的意義とその遺産

これまでに記してきたピスカートアの全仕事は、彼の亡命を境に、ヴァイマル共和国期のドイツでのものと、その後のものに大きく分けられる。以下はそのそれぞれについて振り返り、個人史と時代史と演劇史が三位一体であったような彼の歩みと仕事を、二一世紀のこんにち、どう評価しうるかについて総括したい。

まずヴァイマル共和国期のドイツでピスカートアがつくりだした演劇についてだが、これは以下三点の革新を促したことで特筆される。すなわち第一に演劇／劇場制度の革新、第二に同時代の劇作の革新、そして第三に同時代の演劇観衆の知覚の革新である。

制度としての演劇／劇場に対する問題提起

ヴァイマル共和国期のピスカートアの演劇が主眼としていたのは、戯曲に記されている内容の論理的な経過や登場人物の心理を追求するようなことではなかった。また、既存の劇場や新設の劇場を前提に反資本主義的・プロレタリア的な戯曲作品を採り上げて上演することでもなかった。そうではなく、主眼はむしろ、同時代の現実の政治的状況に即した上演を形づくることにあって、その演劇は、観客を政治的な能動性へ仕向けるという課題を満たすためのものだった。つまり彼のもとでの上演は、完成されるべき芸術作品や到達すべき目標としてではなく、観客を政治的に動機づけるという、別の目標に至るための手段として位置づけられていた。

別の言い方をすれば、ピスカートアは劇場を、上演によって戯曲の世界を再現するための場から、みずからの主張を展開できる創造の場へと変化させた。再現芸術としての演劇、現実の写し絵としての演劇ではなく、現実社会に直接働きかける演劇の実践を彼は主張し、この演劇を通じて観衆に同時代社会の矛盾をつきつけた。演劇史家リューレの表現を借りれば、「詩人の仕事が形をとる場所」を「アクチュアルなメディアへと発展させた(1)」のだった。

あるいは、ブレヒトはヴァイマル共和国期のピスカートアの仕事について、「演劇を政治に転換すること(2)(Wendung des Theaters zur Politik)」と特徴づけ、別の文で次のように言い表わしている。

ピスカートアの舞台は喝采を受けることをあきらめてはいなかったが、より議論を求めていた。それは観客に体験を得させようとするだけでなく、それにくわえて、現実の生活に積極的に介入する(in das Leben tätig eingreifen)ための実際的な決断を観客から引き出そうとしていた(Entschluss abringen)。これを達成するためには、その舞台におけるどんな方法も納得のいくものだった。[中略]美的な観点は完全に、政治的なそれの下位におかれていた(3)。

ブレヒトが指摘するとおり、「政治演劇」の名のもとにピスカートアが展開していた仕事は、演劇の社会的機能を政治化するという側面を持っていた。そしてこのことは、ダダイスムや未来派、シュルレアリスムに代表される、歴史的アヴァンギャルドと総称される運動のなかにいた同時代の人々の姿勢と軌を一にしていた。すなわち彼の演劇は既存の芸術のあり方に対する異議申し立てをし、それまで一般的に理解されていた、制度としての芸術を否定する姿勢をとっていた。ピスカートアは一九二九年の講演で、「あなたがたがわたしのすべての上演で体験されたことは、演出の成果ではなく、ブルジョア社会によってつくられた演劇形式の破壊行為だったのです」(4)と口にしているが、自分の演劇制作(であると同時に旧来の演劇形式の破壊)作業についての彼のこうした見解は、ブルジョア社会において芸術作品を芸術作品として存立させてきた、制度としての芸術を破壊しようとする歴史的アヴァンギャルドの特徴にまさに直結する。ピスカートアは疑いなく、当時の同時代のアヴァンギャルド芸術家のひとりだった。

ピスカートアは、現実には達成されない観衆の要求を演劇によって満たすということを考えてはいなかった。そうではなく、要求が実現されていない現実の世界をさまざまな事例で示し、観衆を説得し、奮い立たせ、現実の変革にとりかからせることを目指していた。このような彼の試みは結果として、演劇においてさまざまな様式や手法が並立しうる可能性を切り開くとともに、その可能性を同時代の人々に認識させ、演劇という概念が指すものを多様化した。

同時代の劇作への影響――演劇言語の多様化

演劇という概念が指すものが多様化されたのと並行して、同時代のドイツの劇作には相当の影響が及んだ。これがピスカートアのヴァイマル共和国期の仕事の第二の特徴である。

ピスカートアは、最新の時局の流れを知らせて同時代社会の問題を示し、より良き共生を目指す共産主義革命へ観衆を動機づけるという目的を達成するためには、既成の戯曲を単に上演するだけでは不十分だと考えた。そこで戯曲本編の前へプロローグを導入したり、戯曲に備わっている政治的傾向をテクスト改編によって尖鋭化させたり、幻燈や映画、ベルトコンベア、同時並行舞台といった技術的手段を活用したりした。すなわち、彼は既成の戯曲を新たに解釈して演出したり、演出を主体とした「演出演劇」を創造したりすることに加え、同時代に発展を見ていた映画やフォトモンタージュの技法を応用して、既成の戯曲をあくまで素材として(すなわちモンタージュの要素として)とらえ、舞台上で初めて作品をつくりあげるというアプローチをとった。したがって彼のもとでの劇作は、もはや虚構の劇の登場人物各自による行動を構成した結果としてではなく、内容的・形式的に異質な複数の素材を構成したモンタージュとしての形をとった。

これは一種、部品の組み立て作業として工業製品の生産プロセスにも似るが、この関連ではブレヒトの仕事を念頭に置いたベンヤミンの講演「生産者としての作家（Autor als Produzent）」（一九三四）が想起される。ベンヤミンはここで、演劇における作家の位置づけの変化、作家・作品・観衆の関係の変化を論じているが、これらの変化を促したブレヒトの仕事の背景にピスカートアの演劇があったと言っていい（ブレヒトは一九四〇年前後、ピスカートアはただの一場面も書きはしなかったが、自分を除けば唯一の才能ある劇作家だったと記している(5)）。

あるいは、新しい劇作ということでは、ピスカートアの仕事を評した同時代の批評家ディーボルトの次の記述も注目される。

わたしたちがこれまで「戯曲」と呼んできたあの文学的現象は、〔劇作家によって〕形づくられる言葉の優位を、考え出される対話の優位を失って、全体の思索的あるいは心理的な構造を断念する。演劇作品（Theaterstück）の言語は視覚的になる。その言語は、顔や体を使った物まねによって、身振りによって、舞台上の動きによって、目に語りかける(6)。

「目に語りかける」、つまり書かれる言葉によるものではない、質的にまったく新しい戯曲がピスカートアのもとでつくりあげられ、演劇作品という概念は再構築された。ディーボルトはまた「ピスカートアはできの悪いドラマから良質の作品をつくる。〔中略〕今季の彼のふたつの初演〔『どっこい』と『ラスプーチン』〕は未来のドラマのための試みである(7)」とも記すが、「未来のドラマ」を予感させる劇作という点については、ピスカートアの仕事をおおむね肯定的に評していたディーボルトだけでなく、保守的な批評家たちも認めるところだった。たとえばバープは「これは純粋な、舞台による詩だ」[8]と記し、文学的志向の強い批評を書いていたヴィーグラーも「これは戯曲の死か？　いや、その境界の拡張だ」[9]と認識を新たにした。事実、ピスカートアの一連の仕事は、同時代の時局に即した内容を旨とした時事劇の流行の起爆剤となった。また上演中に文字、あるいはスナップ写真や記録映画といった映像によって史実や時局に即した情報を挿入する演出は、ドキュメンタリー的な性格を伴わせる叙事化の手続きとして、のちにブレヒトが理論化する叙事演劇のための大きなヒントになった[10]。

さらに、ピスカートアは演劇言語の多様化を促す上のような作業を通じ、演劇をプラットフォームとして多くの芸術形式を組み合わせる実践をしていた。すなわち、彼の演劇は当時の各分野の芸術家の集団作業として成立するとともに、彼らの交流の結節点として、互いに刺激を与えあう場として、大きな機能を果たしていた。フォトモンタージュ作家のハートフィールド、風刺画家のグロッス、作曲家のマイゼル、舞踊家のヴィーグマンやゲルトほか、同時代の芸術各分野の指導的人物がピスカートアのもとで共同作業をし、ピスカートアはいわば、彼らによって準備された素材や構成要素を独自の芸術作品へと組み立てる、芸術における組立工《モンテウーア》（Monteur）としての仕事をしていた。

組立工としての彼の仕事は、先述のモンタージュという制作方法とも関連する。つまり彼は劇作家の地位を絶対視せず、さまざまな分野の芸術家たちを集団作業の形で束ね、彼らの仕事の成果からなるモンタージュを形成し、芸術家の集団作業としての総合芸術を確立した。そして組立工としての仕事を旨としたために、ピスカートアは、たとえばブレヒトのように劇作家として革新的・進歩的内容の劇作を手がけることはなかった。ブレヒトは一方、同時代の諸芸術から刺激を受けつつも文芸作品としての演劇の制作を第一としていた（ブレヒトが唱えた「Literarisierung des Theaters」は、第3章で触れたように、幻燈による字幕など、文字による表現手段を舞台上で用いる「演劇の文書化」という意味に解される一方、文芸作品としての演劇を目指すことはなかったピスカートアの姿勢とは異なる「演劇の文学化」あるいは「演劇の文芸作品化」という意味にもとれる）。

くわえて、「組立工」ピスカートアのもとでの集団作業は、ピスカートア・ビューネ付設の〈シュトゥーディオ〉の活動に見るように、テクストの制作作業にも及んだ。すなわちプロレタリア劇場以来の制作原則だった集団作業がピスカートア・ビューネで組織化され、「生産的集団作業」[11]が唱えられるに至った。「詩人はブルジョア世界に過大評価されているが、わたしにとっては〈草稿を仕上げる人間〉でしかない。わたしは〔中略〕集団作業から生まれる芸術作品を提供するのだ」[12]とピスカートアは『どっこい』の制作時に述べているが、実際、ピスカートア・ビューネでは個々の作品ごとに共同作業によるテクスト制作が行われ、たとえばトラーとピスカートアによる『どっこい』[13]が、あるいはトルストイとシチェゴレフの原作をラーニア、ピスカートア、ブレヒトが改訂した『ラスプーチン』が、またあるいはハーシェク原作の小説をブロートとライマンが戯曲化したものにブレヒト、ガスバラ、ラーニアが手を加えた『シュヴェイク』が生み出されていった[14]。

変化する観衆の受容のあり方

そして、上記、演劇／劇場制度の革新と劇作の革新を促したことに加え、ヴァイマル共和国期のドイツでピスカートアが行った仕事の第三のメルクマールとして、当時の観客の、上演を受容するさいの慣習を変化させたことが挙げられる。

ピスカートアが実現した空間は、上演中に稼動する舞台構築物、投影される幻燈・映画ほかの効果によって、著しく動的なものになっていた。さらに舞台上の俳優の演技とスナップ写真、あるいは記録映画というように、空間的・時間的に次元を異にする複数の出来事がモンタージュとして組み合わされ、これらが同時に展開するようにもなっていた。

『どっこい』では三階建ての「階層舞台」がつくられ、小分けにされた計八つの空間が舞台の場面になったり、ここへ幻燈や映画が投影されたりし、しばしばこれら複数の空間で起こる出来事が同時並行でも展開した。この階層舞台の発展形が『ラスプーチン』での「分割地球儀舞台」である。回り舞台を底面にした半球の内部が二層構造にされ、表面が映写幕で覆われ、全体が場面に応じて回転し、特定の表面が開いて俳優の演技が示され、映像がそれと前後して、あるいは同時並行で、半球の表面や、舞台前方に下ろされる映写幕・紗幕へと投影された。『シュヴェイク』に至っては、大小のスクリーン上に各場面のタイトルや舞台上の出来事に関する説明が、あるいは背景が投影され、さらに原作の小説の叙事的な進行を表わすために、また戦争を含む出来事の数々が絶え間なく続く状態を表わすために、たがいに逆方向に動かすことも可能な二本のベルトコンベアが舞台の床に据えつけられた。リズミカルかつ同時並行で展開する複数の出来事の提示によって、観客はかつてない時空間を体験し、彼らにはまったく新しい知覚の能力が要求されることになった[15]。そしてそこで示される出来事の数々はモンタージュの原理に根ざし、有機的にまとめあげられることのないまま、相互に対立していることがしばしばだった。

その結果、演出はふたつの相反するヴェクトルを孕むことになった。その演出は一方では、幻燈や映画、統計によって同時代の諸事象を提示・解説し、観客が劇の登場人物に感情移入する可能性を繰り返し阻み、彼らが視点を多様化させ、現実世界を俯瞰して多面的にとらえることを迫った。つまり観客の理性に訴えかけ、舞台で示される出来事の社会的・政治的・経済的関連について彼らを啓蒙しようとした。だが他方でその演出は一部、上演中に起こる出来事へ観客を参加させようとするもの、観客に強い心理的影響を及ぼそうとするものであり、観客の関心をひとつの方向に集約することで彼らに何らかの態度決定を迫ってもいた。さらに、単に芝居の内容を提供するだけでなく、テンポやダイナミズム、同時並行で展開する出来事、リズムなどによって特徴づけられる極めて感覚的な側面がしばしばあり、そこで観客はおそらく批判的な考察を妨げられていた（ブレヒトは後年、ピスカートアの当時の仕事について、多くの技術的手段を最大限に活用して劇場を近代化し、大きな素材を扱うことを可能にしたと評価するが[16]、一方、当時の実験的な演劇全般について、観衆が神経の点で魅了されればされるほど、そのぶん何かを学ぶ状態ではなくなったと書き留めてもいる[17]。こうしてみると、ピスカートアの観衆は往々にして、上演中、目の前で展開される出来事を批判的に観察することを促される一方、その出来事から距離をとってこれを見ようとする批判的な思考をしばしば麻痺させていた。

以上のことをふまえると、ピスカートアの当時の演劇は、そのプロパガンダとしての目標と成果を考えると高くは評価できない点があることは否めない(18)。だが明らかに画期的だったことがある。当時の演劇観衆が持つ知覚の慣習に著しい変化を促したことがそれだ。批評家キーンツルは『どっこい』の上演で、従来の額縁舞台の次元をこえて示される出来事のダイナミズムに注目し、「わたしたちの二次元的な慣習をひっくり返す、全舞台空間の活用(19)」と評した。別の批評家アルトマイアーは『にもかかわらず!』上演後の感覚について、「このようなレヴューを観たあとは、まるで水浴をしたかのようだ。〔中略〕街路で上手に泳ぐことも、船をこぐこともできる。往来や光、轟音や技術には意味があったのだ(20)」と記し、劇場を出て眼にした戸外の光景が完全に異なって知覚されたことを認めた。ピスカートアの演劇は、すべてが虚構と思わせるような演劇の構造を、またすべてが虚構と考える観客の態度を改めようとするものであり、プロレタリアかブルジョアかを問わず、演劇の観客の、それまで多かれ少なかれ同じように機能してきた受容の慣習を変化させたのだった。

「昨今、ピスカートアの演劇革新の試みを革命的なものとしてとらえる傾向がある。それはしかし〔戯曲の〕生産（Produktion）に関してのものでも政治に関してのものでもなく、ただ演劇に関してのものである(21)」というブレヒトの言葉を受けて言えば、ピスカートアのもとでは確かに、文字によるテクストである戯曲の生産は促されず、また、政治的効果がプロレタリアの観客だけでなくブルジョアの観客にも及ぼされたかということに関して、その成果は乏しかった。ピスカートアの当時の仕事の意義はそのような側面に関してのものではなく、ブレヒトが「演劇に関しての」と言い表わす、演出面での革新にあった。なるほど彼の仕事は最終的に、共産主義革命・労働者革命に直接つながりはしなかった(22)。だがその一方で彼の仕事は、「約三〇〇年、多かれ少なかれ同じように機能してきた」「受容者の〈目〉と〈耳〉を新たに〈設定〉した(23)」とフィッシャー＝リヒテが言うように、演劇を受容する観客の感覚面での慣習を根本から変え、西洋の文化に革命的な影響を及ぼした大きな刺激のひとつだった。

社会的公正さの追求、劇場の外の現実との直接的な取り組み

ただ、ヴァイマル共和国期のドイツでピスカートアが展開した一連の仕事は、一九三〇年代初めの彼の亡命を機に、大きくその形を変えた。彼は演出家であるのと並行して、映画監督や国際演劇組織の代表、また教育者としても活動した。それにしたがって、観客を共産主義革命に動員するという彼の当初の基本的姿勢は、スターリンの支配が始まる前後のソヴィエト・ロシアや、マッカーシーの赤狩りが始まる前後のアメリカといったように、滞在した場所の当時の政治情勢につねに条件づけられ、変わらざるをえなかった。そうしたなかで、彼の演劇の課題は、ブルジョアかプロレタリアかを問わない、より大きな啓蒙や同時代社会の分析へと変化していった。

とくに、アメリカで展開された仕事について言えば、それはもはや、かつて彼が否定していた芸術の概念を容認したものとさえ言えた。あるいはその後、当時の西ドイツに移ってからの彼の活動も、亡命前の仕事との関連はないように見える。たとえば彼は一九五五年、『戦争と平和』演出との関連で、「観衆が熟考することを求めるならば、疲れさせてはならず、過大な要求をしてはならない。熟考するためには、まさに緊張の緩和が必要だ」(24)と、自らの戦前の仕事の対極を志向するような発言をしている。

だがピスカートアは、同時代で展開されている政治的・社会的問題に真っ向から向き合い、社会的な公正さを追求していた点で、戦前から戦後まで一貫していた。彼は終始、過去や同時代の社会が抱える問題から目をそらさず、世の中のここがおかしくはないか、という問いから目を背けなかった。

たとえばニューヨークでのピスカートアは、ドラマティック・ワークショップを拠点として、社会的な公正さを追求するための場を構築し、これを充実させようとつねに努めていた。キルフェルｰレンクの言い方を借りれ

ば、一九四〇年代のアメリカの演劇においては「作品の成功を測るバロメーターはエンターテインメントとしての価値」であり、その成功も「強大な力を持つ新聞・雑誌に見過ごされれば」「収益にならないから」「何の役にも立たない」というのが実情だった。そして、この新聞・雑誌が定める規準に従って観衆が公演を選ぶということ、いわば「観衆が保護監督下に置かれ、利益に対する出資者の関心にのみ役立つ、ということ」を問題視していたのはピスカートアだけではなかったが、「そこから課題を導き出し、観客の解放を目的とした教養プログラムを構築する試みを行ったのはピスカートアだけだった」(25)［強調は引用者］。

また過去や同時代の社会が抱える問題を観衆に直視させるさいの基本的な演出方針、すなわち、可能な限り虚構を避け、史実や時局に即した、記録文書に基づく情報を前面に出すという方針も、戦前から戦後まで大きく変わることはなかった。この点についてはウィレットの次の記述に注目したい。

> これ［ピスカートアの演劇］が実際意味していたのは、次のことだった。すなわち、演劇はその時代に最も関連する政治的テーマ――一九二〇年代は社会的・経済的な大転換、一九五〇・六〇年代はナチスの過去の克服、そしてつねに、ミリタリズムとの闘い――を扱わねばならず、そうしてその問題を徹底的に詳説しなければならず、観衆を議論に参加させなければならない、ということである。この徹底性を貫徹するための、また歴史的・経済的関連を明らかにするためのあらゆる技術的手段の助けによって、それ［演劇］は時事的な問題と直接対峙しなければならない(26)。

またウィレットは続けて、ピスカートアのもとで「芸術は主要な目標の下に置かれ、そうして学習プロセスの一部になる」(27)と記すが、学習プロセスの一部という点では、『戦争と平和』ベルリーン初演の翌年、一九五六年に行われたインタヴューでのピスカートアの次の発言が興味深い。

観客に想像力が欠けてはいないだろうか？　あまりに〈無垢〉ではないだろうか？　いかにしてヒトラーは権力の座に就いたか？　どのようにナチスの犯罪があれほどの広がりを見ることができたのか？

　そして、どうして観衆が二〇時から二二時までは想像力を備え、二二時から次の晩まではそれがなくてよいだろうか？　すべてを観客に説明しなくてはならない。だから語り手が、コメンテイターが必要なのだ。ある意味こう言える。観客はともに演じる者に変えられなければならないし、演じ手はともに見る者に変えられなければならない。(28)


　このような、観衆を近過去や同時代の政治をめぐる議論に参加させようとするピスカートアの演出に関しては、観衆と批評家のあいだで受け止め方にしばしば差があった。観衆が好意的な反応を示した一方、批評家は往々にして、冷戦開始前後のアメリカ、冷戦下の西ドイツといったように、ときのイデオロギー的な状況や支配層の影響を受けていた。批評は演出の政治的・社会的な文脈については多く言及せず、代わりにその美的側面について述べた。観客が生きる現実の生活世界と虚構の物語との関連をつくりだす語り手の役を、あるいは、記録文書を始めとする〈現実の断片〉を繰り返し活用し、社会的な公正さを追求するピスカートアの演出はしばしば、批評家たちのもとではもろ手を挙げては評価されず、煙たがられたり無視されたりした。それでもピスカートアは屈せず地道な努力を続け、ついに一九六〇年代――同じく社会的な公正さを第一に掲げ「ドイツの良心」と称された西ベルリーン市長ブラントの西独首相就任とほぼ並行するように――、西側世界を代表する西ベルリーンの劇場フライエ・フォルクスビューネの劇場監督に迎えられた。

　西ドイツでピスカートアの演劇はもはや、ヴァイマル共和国期に行われていたような、政治活動に直接結びつく演劇ではなかった。それは、観衆の良心に働きかける演劇だった。その一方、彼は戦前も戦後も変わりなく、同時代社会の矛盾や問題を直視しようとしない観衆に対し、揺さぶりをかけることに努めていた。つまり、彼の理想は一貫して、観衆がいまそのとき生きている世界の問題を、またその背景にある歴史を、観衆みずから認識し、現在の世界を変革・改善するよう動機づけられることだった。この意味で、ピスカートアの演劇は終始、観衆が同時代の政治的・社会的問題を考えるための起爆剤として、社会変革の手段であり続けた。それはつねに、世界を読み解くだけでなく、世界を変化させるものであろうとしていた。(29)

現代の「ドキュメンタリー演劇」との接点——作品の美学に先立つ作用の美学

世界を読み解くだけでなく、世界を変化させようとする、別の言い方をすれば、劇場と現実の生活世界とを切り結びつつ、社会的公正さを追求する営みを展開し続けたピスカートアは、そのための手段として、たとえば戯曲や演出に記録文書の一部や記録映画という〈現実の断片〉を挿入してドキュメンタリー的な性格を付与した。あるいは、ドキュメンタリー的な性格を備えた戯曲の特徴を最大限に際立たせた。こうした彼の試みは、芸術作品よりも現実社会で実際に起きる出来事を重視し、芸術を手段としてこれに介入しようとする試みだった。あるいは、芸術と、現実社会での出来事を密に連関させ、その境界を積極的に無効にしようとする試みだった。

ヴァイマル共和国期、一九二〇年代半ばの彼の演劇について言えば、それはなるほど、同時代社会のさまざまな事件をできるだけ忠実に示そうとして、出来事をあまりにも多くかつ高速で示したために、しばしば観客の注意が分散した、あるいは上演の内容ではなく演出自体が関心の対象となっていたことが推測される。だがその一方で、そこでは疑いなく新しい演劇実践が行われていた。すなわち、劇場を芸術作品の享受の場から政治参加意識の覚醒の場へ変化させようとする意図から、幻燈が映す写真や映画といった、当時芸術と見なされていなかった要素を加えたモンタージュが行われ、その結果として演劇および劇場の社会的機能が問い直され、上演のための空間と実際の生活空間との境目が不明確にされていた。さらに、ハイ・アートである旧来の演劇に対置される、ロー・アートとしてのレヴューやサーカスなどの要素をとり入れ、演し物を次々と繰り出していく演出は、同時代の大都市に暮らす人々の生活のリズム、すなわち日常生活のなかで次から次へと新しいものが現われては消えることに慣れた／慣らされつつあった都会人の知覚に即しており、この点でも観衆の、芸術作品を受容するための知覚と実際の生活世界での知覚が近づけられていた。

あるいは一九二九年の世界恐慌後、経済的な制約から技術的手段を多用できなくなると、ピスカートアは舞台機構や幻燈・映画を使用する代わりに、しばしば俳優を客席に登場させ、上演中に行われる出来事への参加を観客に求めた。その結果、劇場で起こる出来事の体験は、観客としてというよりもむしろ、出来事への参加者としてなされるものとなった。こうしてピスカートアは演劇体験が教養あるいは娯楽体験のひとつとして制度のなかに組み込まれるのを阻止しようとし、観客を上演に参加させ、単なる観劇という枠をこえた体験を生み出そうとした。つまりこの場合も同様、芸術作品を受容するための知覚と実際の生活世界での知覚との境界の撤廃が促されていた。

その後、亡命先のアメリカでの制作に関しては、なるほどそれはアメリカにあった旧来の演劇制度を相当に引き受けた、既存の枠組みの制約を受けたなかでの活動だった。だがそれでも、演出家も劇作家も俳優も同等に参画する集団作業の原則が導入された。あるいは虚構の世界の再現を旨とする演出よりも、同時代の政治・社会情勢を顧慮した、時局に即した演出が重視された。つまり観衆が目の前の戯曲・演出作品ではなく、現実の生活世界で起きた／起きている事件について考える契機となる演劇を重んじる姿勢は引き続き保たれた。

さらに、一九六〇年代に展開された記録演劇について言うと、『追究』を例にとれば、そこでの取り組みは、「記録を「ドラマ化」したかもしれないが、同時に尋問や報告、審判を表現するやり方においてオラトリオに似た形式、すなわち儀式へのあきらかな傾向を示している」(30)とレーマンが指摘するように、「儀式」、すなわちそれまで了解されていた演劇制度の枠組みの外を志向するものだった。つまりこの場合も、芸術作品を受容するための知覚と実際の生活世界での知覚が明確に分かたれてはいなかった（また当時のピスカートアは、一九六〇年代末からの前衛芸術運動、いわゆる〈ネオ・アヴァンギャルド〉の先駆けと位置づけられる。ネオ・アヴァンギャルドの人々の仕事は、一九二〇年代のアヴァンギャルドを歴史的・古典的なものとして再発見・展開し、演劇の概念を深化・多様化し、演劇の枠組みや可能性を拡大するものだったが、そのための大きな手掛かりのひとつとして、間違いなく、記録演劇をめぐってのピスカートアの仕事があった）。

くわえて、実際の生活世界での出来事と芸術を密に連関させるということについては、ピスカートアの仕事が特に亡命後、ほかのどの演出家の場合とも大きく違い、演出家であると同時に国際演劇組織の代表や演劇学校の主宰でもあったという彼の独特な立ち位置を背景にしたものだったことが強調される。また彼の演劇教育についても、同時代の政治的・社会的事件をつねに顧慮していた彼の演出作品と同じく、舞台上や劇場内で起きる出来事だけを念頭に置いたものではなかった。

このように、ピスカートアの演劇は終始、上演時の現実世界でまさに展開されている出来事に掛かり合おうとするものだった。それどころか、その演劇はしばしば、当の出来事であろうとさえしていた。一九六五年の『追究』演出に至っては、「戦慄の議事録」[31]と言い表わされ、あるいは「舞台の上の真実と現実」[32]という題で評され、ひいては「これはもはや〈演劇〉とは何の関わりもない」[33]と断じられさえした。

ウィレットが指摘するように、ピスカートアの演劇はプロパガンダという点では多数の受け手に働きかけるラジオやテレビに比べると確かに非力だっただろうが、その一方、演劇が「アクチュアルなテーマに取り掛かる可能性を生み出し、新しい方法や技術を開発するための刺激を与え」「演劇の意義深い拡張」を行った[34]。言い換えれば、その仕事はつねに、彼の制作時まで広く了解されていた演劇の枠組みをこえることを志向していた。『神の代理人』演出にさいしてリッシュビーターは、ブレヒトが「演劇によってその境界を拡張しつつ、しかしその境界を破壊することなく詩作した」のに対し、ピスカートアは「おそらく以前からいつも、自らの使命が演劇において演劇の境界をこえることだととらえていた」[35]と書き留めているが、この指摘の通り、ピスカートアは一貫して、演劇とは何か、とその概念自体を問うていた。彼はつねに既成の枠組みを揺さぶることに努め、観客がふだん生活する現実世界と切り結ぶ可能性を探り続けていた。

そして、演劇という概念自体を問うというこの点で、彼の仕事は一九九〇年代以来の、戯曲《ドラマ》を主導原理としない「ポストドラマ演劇」（レーマン）を準備した仕事とも位置づけられる。

たとえばピスカートアは――特にヴァイマル共和国期――、劇作家の書き上げる戯曲を絶対視せず、それ以外の表現の可能性を追求するなかで、舞台機構や映像技術といった数々の技術的手段を投入し、都会人の日常の知覚に即した演出を展開した。[36]このアプローチはこんにちの、同じく都市で上演され、たとえばインターネットを通じた同時中継やポータブル・ビデオカメラによるライヴ映像といった多様な技術的手段を活用する、現代の観客の知覚に応じたポストドラマ演劇に通じる。[37]そこでは、「観客の課題はもはや固定された像（イメージ）を心に復元することや、それを再創造し忍耐強くなぞることではなく、提供されたそのプロセスへの参加を実現するために、自分の反応や体験能力を結集すること」[38]であり、「言語のかなたにあるさまざまな演劇手段がテクストと同等になり、テクスト抜きでも統一的な体系をなすと考えられ」「虚構され創案されたテクストという宇宙の優位を示す」状況が「もはや存在しない」[39]。このように描写される特徴の数々は、ピスカートアの演劇のそれを繰り返し思い起こさせる。

あるいは、これもポストドラマ演劇の一例とされる、劇作家・演出家のルネ・ポレシュの演劇では、しばしば客席が上演空間の構想に組み入れられ、そして俳優がいわゆる役を演じているのか否かがもはや判然としない。観客は舞台上の出来事をフィクションと現実のどちらと見なして反応すればいいのかを問うことになり、「リアルなものに対する演劇のこのような越境」が「観客の決定的な優位性を不安定なものにし」「観客が自らの観客としての存在を無害で社会的な行動様式として体験する無自覚な安全性と確実性が揺らぐ」[40]。またあるいは、同じくポストドラマ演劇の旗手としてしばしば名の挙がるグループ、リミニ・プロトコルのプロジェクトの多くでは、俳優を職業としていない人々が、素人としてというよりも、選定されたテーマに関する詳細な知識を持った、あるいはそのテーマを体現する、「エキスパート」――彼らをリミニ・プロトコルのメンバーらはこう呼ぶ――として登場し、観客はエキスパートらと、本職の俳優ではないという点で共通するがゆえに、「観る客」ではなく、むしろ「参加者」として位置づけられることが珍しくない。こうしたポレシュやリミニ・プロトコルの観客はまさに、ピスカートアの観客、特に世界恐慌直後のそれに通じる。すなわち彼らは、「観る客」の立場、傍観者の立場から引きずり出され、観る者にも演じる者にもなりうる場に、別の言い方をすれば、芸術制度の枠内での出来事と、実生活における出来事とが綯い交ぜになる「境界領域の状態」（フィッシャー＝リヒテ[41]）に身を置いていた。あるいは戦後にピスカートアが演出した一連の記録演劇の場合でも、観客は傍観者ではまったくなく、実際の近過去あるいは現在進行中の事件に立ち会う当事者としての性格を帯びていた。

あらためて強調したい。ピスカートアの仕事は文芸性や芸術性以上に、観衆への直接的な作用を重視していた。彼はつねに、観客が同時代の政治的・社会的状況に真摯に向き合うことを目指し、劇場の外の現実を見据え、演出作品の完成よりもむしろ、舞台上の出来事と上演時の政治的・社会的状況との連関をできるかぎり直接的に示すことを主眼にしていた。それゆえに、その上演はしばしば「作品」というよりも、多くの人々の議論を喚起する「出来事」であろうとしていた。その結果、彼の仕事は作品としての形や輪郭、境界が明確な芸術作品としては評価されにくくなり、批評の場でも研究の場でも大きな光はこれまで当てられてこなかった。

しかし文学作品や演出作品としての形を成さなければ、定まった輪郭を持たなければ、演劇ではないのかと言うと、そのようなことはまったくない。作品を指向した「作品の美学」に基づく演劇がある一方で、作用を指向した「作用の美学」に基づく演劇がある。フィッシャー＝リヒテの『パフォーマンスの美学』での言い方にならって、「再現の秩序」ではなく「現前の秩序」に基づいた演劇と言ってもいい[42]。そしてまさに「現前の秩序」を旨として、ピスカートアは同時代の社会を見据え、これに切り込み、その公正さを観衆とともに追求する演劇を目指していた。

「現前の秩序」を旨として現実の生活世界での出来事に直接介入しようとする演劇は、こんにち数々のつくり手のもとで制作されている。そしてそれらはしばしば「ドキュメンタリー演劇」の名で呼ばれ、演劇研究の新たな研究対象として脚光を浴びている。たとえばドイツではリミニ・プロトコルやシー・シー・ポップといったグループ、あるいは演出家フォルカー・レッシュの仕事が注目を集めているが、これらは、俳優と観客の区分け、戯曲、劇場といった制度的枠組みに関して問題提起を行うものであり、そのような枠組みにしばられない演劇／パフォーマンスとして、大きな反響を得ている。そしてそれらは、実際に起きた／起きている事件や出来事を題材にし、その記録をテクストとして活用したり、ひいてはその事件や出来事の当事者本人を舞台に上げたりすることから、しばしば「ドキュメンタリー演劇」と形容されている。

だがその一方で、ピスカートアの取り組みの一部がかつて記録演劇（ドキュメンタリー演劇）と呼ばれていたにもかかわらず、ドキュメンタリー演劇の名で特徴づけられるこんにちの演劇の数々がピスカートアの仕事との関わりで論じられることはごく少ない。これは決して見過ごされてよいことではない。彼の仕事はこんにちの演劇と多くの接点を持ち、そのルーツのひとつとして位置づけられる。

くわえて、ピスカートアは演劇史上、独特の立ち位置を持ってもいる。レーマンはポストドラマ演劇について、「ドラマの伝統に対する新たな演劇の反発と論争であり、一九二〇年代の歴史的アヴァンギャルドと五〇～六〇年代のネオ・アヴァンギャルドに始まった［…］ドラマに対する「具体的否定」の数々として理解すべきものである」(43)と書き留めているが、まさにこのふたつの時代である一九二〇年代と六〇年代の両方で仕事をし、後者の時代を生きなかったメイエルホリドやブレヒトとは異なって、いわばふたつのアヴァンギャルドの橋渡しをした人物というのがピスカートアである。あるいは、フィッシャー＝リヒテは『パフォーマンスの美学』において、上演／パフォーマンスを主軸に据えてこれを追究するさい、一九二〇年代の歴史的アヴァンギャルドの人々の取り組みをパフォーマンス的転回として、一九六〇年代のネオ・アヴァンギャルドの人々のそれを二度目のパフォーマンス的転回としてとらえているが、同様、この双方ともに関わった人物として、ピスカートアは稀有な存在である。彼の仕事は演劇／上演／パフォーマンス（史）研究上、もっと注目されていい(44)。

いま、現実に対する観客の認識の変化を促そうとする演劇のつくり手が、どの手段をどう利用すればどのような効果を観客に及ぼしうるか、その先にどのような展開がありうるか、こうした問題を追究するとき、ピスカートアの仕事は実に大きな参照項となる。現代の演劇の次の展開を探るヒントのひとつとして、彼の仕事を顧みることの意味は決して小さくはない。

ピスカートアにとって、演出とは、作品を完成させること以上に、出来事を生起させることだった。没年の前年、自分が手掛けた『追究』の仕事を言い表わした彼の次の言葉は、その一生を通じて彼が目指し続けた演劇のありようを言い表わしたもののだったようにも思われる。

「世間でよく行われている芝居の夕べではない。〈作品〉ではないのだ(45)」。

（1）Rühle, Günther: Rede über die zehn Taten des Erwin Piscator, in: ders. (1972), S. 153-169 [Urspr. in: *Theater heute*. Jg. 12 (1971), H. 11, S. 3-7], hier S. 158.

（2）Brecht, Bertolt: Der Messingkauf [1939-1941], in: ders. (1993b), S. 695-766, hier S. 763.［ベルトルト・ブレヒト、千田是也訳「真鍮買い」『ベルトルト・ブレヒト演劇論集1　真鍮買い　演劇の弁証法　小思考原理』河出書房新社、一九七三年、一二二頁］。

（3）Brecht, Bertolt: Über experimentelles Theater (1939/40), in: ders. (1993a), S. 540-557, hier S. 545.

（4）Piscator, Erwin: Rechenschaft (1). Vortrag, gehalten am 25. März 1929 im ehemaligen Herrenhaus, Berlin (Gekürzte Fassung). In: *Die Junge Volksbühne*, Jg. 1 (1929), Nr. III, S. 3-5; Auch in: ders. (1968b), S. 49-55, hier S. 50.

（5）Vgl. Brecht, Bertolt: Verhältnis des Augsburgers zum Piscator, aus: Der Messingkauf (1939-1941), in: Brecht (1989-2000), Bd. 22.2, S. 695-766, hier S. 763.

（6）Diebold (1928a), S. 37.

（7）Ebda., S. 34.

（8）Bab (1928), S. 229.

（9）Paul Wiegler in: *B.Z. am Mittag*, Nr. 233, 5.9.1927, in: Mildenberger (1961), S. 172, Anm. 63; auch in: Schwind (1995), S. 68.

（10）Vgl. Zum 65. Geburtstag des Regisseurs, der ein Politisches Theater wollte und das Epische Theater entdeckte – Erwin Piscator. In: *Stimme des Friedens* (Düsseldorf), Nr. 51-52 (5.6.1958), S. 6. [Interview: Gerd Semmer. – auch in: Piscator (1968b), S. 226-229].

（11）Vgl. Piscator (1986 [1929]), S. 132.

（12）*Vossische Zeitung*, 5.9.1927, zit. v. Schwind (1995), S. 66.

（13）トラーはピスカートアと『どっこい』を制作した後、同じく集団作業によるテクスト制作を試みている。すなわち、ハーゼンクレーファー、ケステンと三人で著した『ブルジョアはやっぱりブルジョア』（一九二九年、モリエール『町人貴族』の翻案）、および、ケステンとふたりで制作した『アメリカの奇蹟』（一九三一年、同年一〇月一七日にマンハイムで初演）である。ただし、いずれも大きな成功は収めなかった（ベンスン（1986）、二五頁および一一〇頁参照）。

（14）ピスカートア・ビューネの一九二七／二八年の年間予約会員募集パンフレット上では、今後の予定として、さらにブレヒトの作品が『小麦粉（Weizen）』の題で上演されることになっているが、これは結局上演されなかった（Piscator (1986 [1929]), S. 121、森川 (1984b)、四五頁参照）。

（15）この傾向が顕著になったのは一九二〇年代半ばからだが、その理由は、ピスカートアが異なる社会層の観衆を念頭に置き、ほぼ労働者だけからなる観衆の扇動を主眼にしたそれまでの姿勢を転換して、演出作品の制作を重視したからだった。いまや彼は、「決まり文句のような形式やポスターに掲げられるような主張によってある世界観を宣伝するのではなく、この世界観、そしてそこから導かれるすべてのことが、わたしたちの時代にとって唯一有効である、ということの証明を行うこと」（Piscator (1986 [1929]), S. 63）をねらいとしていた。

（16）Vgl. Brecht, Bertolt: Über experimentelles Theater (1939/40), in: ders. (1993a), S. 540-557, hier S. 544ff.

（17）Ebda., S. 547.

（18）さらに言えば、異なる社会層の観衆が同じ場に居合わせたという事実それ自体も、プロパガンダとしての効果の減少につながっていた。観客が一体となって政治的な合意を形成することのなかったフォルクスビューネやピスカートア・ビューネでの上演では、ピスカートアの当初の目標、つまり同時代社会の現実と矛盾を観客に意識させ、共産主義革命へ動機づけるという目標は、彼の期待ほどには達成されていなかった。また第三次ピスカートア・ビューネの上演は、観客が匿名の、受け手であるだけの存在になるのを阻む試みとしては有意義だったが、最終的に観客は意志の統一された集団とはならなかった（たとえば『刑法二一八条』の上演は、観客各自の世界観・倫理観・生命観の対立を際立たせ、観客は個人の立場に立ち返ることを促された）。ピスカートアの当時の演出は、なるほど観客が能動的になるように繰り返し働きかけるものだったが、その能動化の試みが、つねに彼がねらった政治的効果として評価できるものだったかどうかは不確かである（特に第一次・第二次ピスカートア・ビューネでの上演は、観客を単に能動化するだけでなく、世界を変革する必要性の認識へ、また政治行動という形での社会参加へ促すものだったとは認め難い）。彼の当時の演出において観客の能動化が政治的なそれへと転化したかどうかは、上演の場の客層次第だった。

（19）Hermann Kienzl in: *Leipziger Neueste Nachrichten*, 7.9.1927, aus: Schwind (1995), S. 69, Anm. 15.

（20）Jakob Altmeier in: Frankfurter Zeitung, aus: Piscator (1986 [1929]), S. 68; auch in: Boeser/Vatková (1986a), S. 65.

（21）Brecht, Bertolt: Piscatortheater, in: ders. (1989-2000), Bd. 21, S. 197-198.

（22）戦後、東独で『ドイツ演劇史』（一九五九）を著したクヌートセンは、ピスカートアが「共産主義に寄与する政治演劇の旗手だった」と記しはするが、彼の演劇が「その後ドイツにとって悪しき時代を招いた人々［ナチス・ドイツに与した人々］にとっては軽い演劇であり、共産主義の演劇に対抗する彼らのプロパガンダを信じ込ませるためのものだった」（Knudsen (1959), S. 350-351）と位置づけて、その演劇を共産主義のプロパガンダとしては評価していない。ウィレットも、ヴァイマル共和国期のピスカートアの演劇がフォルクスビューネ運動の分裂、および当時のドイツの政治における左派分裂に手を貸したとして、プロパガンダとしてはむしろ逆効果だったと指摘している（Cf. Willett (1978), p. 192 [ders. (1982), S. 149]）。

（23）Fischer-Lichte (1993), S. 118.

（24）Piscator, Erwin: Über das Zuhören. In: *Schiller-Theater Berlin (1954-55)*, Nr. 44, S. 1-2 [Programmheft zu: Leo Tolstoi, Krieg und Frieden, 20.3.1955]; auch in: Piscator (1968b), S. 185-187, hier S. 186.

（25）Kirfel-Lenk (1984), S. 172.

（26）Willett (1978), pp. 189-190 [ders. (1982), S. 146].

（27）Id., p. 190 [ders. (1982), S. 146].

（28）Erwin Piscator über Theater. Gespräche mit Angélica Hafner für die Zeitschrift »théâtre populaire« (1956) [In: *Théâtre populaire* (Paris, Juli 1956), Nr. 19, S. 1-8] In: Piscator (1968b), S. 203-209, hier S. 209.

（29）ピスカートアの一連の仕事は、ミュラーが指摘するように、みずからが二度経験した世界大戦を背景にした反戦の訴えとも総括しうる（Müller, André (1963): Piscator heute. In: *Theater der Zeit*, Jg.18 (1963), H. 21, S. 25-26, hier S. 26）。そしてその取り組みに対する反響は必ずしも制作時・上演時の政治・社会情勢に限られず、受容も決して一過性のものではなかった。現に、足掛け数十年にわたる制作期間を経て上演された『戦争と平和』は、冷戦が深刻化した一九六〇年代（ベルリーンの壁の建設は一九六一年）、実際に展開する世界の動きと再び強く結びつき、東西ドイツ内外のほかの演出家によって繰り返し演出された（Cf. Willet (1978), p. 35-36 [ders. (1982), S. 254-255]）。

（30）Lehmann (1999), S. 91［レーマン (2002)、七一頁］。

（31）Hans Ulrich Kersten: Protokoll des Grauens. In: *Bremer Nachrichten,* 21.10.1965 [EPS, Mappe 310].

（32）Walther Karsch: Wahrheit und Wirklichkeit auf der Bühne. In: *Tagesspiegel,* 21.10.1965 [EPS, Mappe 310].

（33）C. F. W. Behl: Das Auschwitz – Oratorium des Peter Weiss. In: *Aufbau* (New York), 5.11.1965 [EPS, Mappe 310].

（34）Willett (1978), p. 192 [ders. (1982), S. 148].

（35）Rischbieter, Henning: Neue Chancen für das Zeitstück? Tendenzen der neuen deuschen Dramatik (1963). [In: *Theater heute.* Jg. 4 (1963), Nr. 4, S. 8ff.] In: Boeser/Vatková (1986b), S. 205-211, hier S. 211.

（36）技術的手段による表現の可能性を徹底的に追究したというその点ですでに、ピスカートアが展開した仕事はこんにちの多くの演劇実践に通じる。その仕事は技術的に必ずしもつねに首尾よく行われていたわけではなかったが、科学技術が飛躍的に進歩した二〇世紀にふさわしい水準にまで演劇を進化させ、こんにちの演劇の技術的な発展の基礎をつくったことは疑いない（森川 (1984b)、五八頁参照）。

(37) Vgl. Lehmann (1999), S. 102.［レーマン、七九頁参照］。

(38) Lehmann (1999), S. 242.［レーマン (2002)、一八〇頁］。

(39) Ebda., S. 89.［レーマン (2002)、七〇頁］。

(40) Ebda., S. 177.［レーマン (2002)、一三〇〜一三一頁］。

(41) Vgl. Fischer-Lichte (2004), S. 305-314.［フィッシャー＝リヒテ (2009)、二五七〜二六四頁］。

(42) Vgl. Fischer-Lichte (2004), S. 255-261.［フィッシャー＝リヒテ (2009)、二一六〜二二一頁］。

(43) レーマン (2014)、二二三頁。

(44) さらに言えば、亡命期のピスカートアの演劇には、日本での従来の演劇研究の枠組みで言う「ドイツ演劇」と「アメリカ演劇」の接点が、あるいはどちらにも分類しがたいがゆえに追究されないできた、研究の隙間がある。当時の彼の活動を追究することは、劇作家ではなく演出家の仕事を対象にし、また「ドイツ演劇研究」や「アメリカ演劇研究」といった研究の枠組みをこえ、これまで見過ごされてきた演劇史の一端を明らかにすることにつながる。くわえて彼の亡命期の仕事は、現在の、複数の文化圏や異なる政治的状況の場所で展開される演劇についての研究が参照すべき大きな事例でもある。二一世紀の現在、盛んに行われている、異文化間の芸術交流を考えるためのヒントとしても、ピスカートアの亡命期の仕事は大いに顧みられていい。

(45) Piscator, Erwin: Anmerkungen zu einem großen Thema, in: ders. (1968b), S. 321-325, hier S. 324.

あとがき

本書は演出家エルヴィーン・ピスカートアの、一九二〇年代から六〇年代にいたるまで、生涯にわたる仕事を追った研究である。筆者がこれまで研究の主軸としてきた、彼の仕事に関するリサーチの、いわば総括である。序章にも記したが、ピスカートアの仕事は大きく次の四つの時期に分けられる。⑴一九二〇年代を中心としたヴァイマル・ドイツ期、⑵三〇年代を中心としたソヴィエト・ロシア期、⑶四〇年代を中心としたアメリカ期、そして⑷五〇・六〇年代の西ドイツ期である。

研究はヴァイマル・ドイツ期のピスカートアの仕事に関するそれから始まった。ドイツ・ベルリーンの芸術アカデミー付属資料室が所蔵する一次資料の調査が主な活動だったが（この作業はのちに助手職を得ることになる早稲田大学演劇博物館での企画展『集団の声、集団の身体〜一九二〇・三〇年代の日本とドイツにおけるアジプロ演劇』〔二〇〇七〕につながった）、じきにピスカートアの全仕事が研究対象となった。追って亡命期の彼の仕事を主眼にした研究で科学研究費補助金を得て、二〇〇九年夏、ピスカートアのアメリカ期に関する一次資料を多く所蔵する、アメリカ・南イリノイ大学カーボンデール校モリス・ライブラリーで調査を行い（それまでほとんど縁がなく、動き慣れなかったアメリカで、亡命期のピスカートアの心境が少しうかがえた思いがした）、そして最後に西ドイツ期のピスカートアの仕事について調べを進め、全体の輪郭を描くに足る手がかりがそろったという次第である。

一方、二〇〇九年から一三年までのあいだに、ドイツのグループ、リミニ・プロトコルの来日公演／滞日制作で仕事をする機会に三度も恵まれた。取材や稽古のさいの通訳、字幕翻訳、制作、操作、出演（！）がその内容だが、現代のドキュメンタリー演劇の旗手と言っていい彼らの制作現場での経験からは、一九六〇年代に「記録演劇（ドキュメンタリー演劇）」の名で形容されたピスカートアの仕事を考えるうえで、極めて大きなインスピレーションを得た（リミニ・プロトコルおよび他の実験的な同時代のつくり手たちの仕事について、本書の結論部で触れたが、さらに詳しくは藤井慎太郎編『ポストドラマ時代の創造力　新しい演劇のための12のレッスン』〔二〇一四〕を参照されたい）。

研究は一定の成果がまとまるごとに論文や学会発表で公にしてきた。そしてこれらの内容が部分的に使われ、本書の一部が書かれている。よって本書は書き下ろしとは言い難い。とはいえ、これらの論文・学会発表を並べて「初出一覧」とするのにも無理がある。そこで、以下、本書の特定の章を示し、そのあとにそれぞれ、関連する論文・学会発表を記しておくことにしたい。ご関心の向きはさらに参照していただければ幸いである。

（第3章）「「上演の日まで『完成した作品』というものはない」（ピスカートア）——トラーとピスカートアの共同制作『どっこい、おれたちは生きている！』（1927）」〔早稲田大学21世紀COE演劇研究センター『演劇研究センター紀要』2（二〇〇四年一月）一六三〜一七二頁〕

（第6章）〔訳注〕「ドイツ語文献解題A：ソ連にいたドイツからの亡命者たち——トラー、ヴォルフ、ピスカートア、ライヒ」〔早稲田大学演劇映像学連携研究拠点テーマ研究「演劇研究基盤整備：舞台芸術文献の翻訳と

公開」（二〇一四年三月）〕
http://kyodo.enpaku.waseda.ac.jp/trans/modules/xoonips/detail.php?id=2013germany06
（第6章〜第12章）「佐野碩とピスカートア——異郷で繰り返された接触からの活動の展開」〔菅孝行編『佐野碩　人と仕事　1905-1966』（藤原書店、二〇一五年）一六五〜一八六頁〕
（第9章〜第10章）「一九四〇年代のアメリカ演劇におけるピスカートアの影響——ウィリアムズの場合を軸として」〔日本演劇学会『演劇学論集』52（二〇一一年五月）二七〜四三頁〕
（第10章）「〈Objective Acting〉——1940年代のアメリカにおける演出家ピスカートアの演技論」〔日本演劇学会二〇〇八年度全国大会（二〇〇八年六月）発表〕

一連の研究のあいだ、非常に多くの方々にお世話になった。個々のお名前を挙げられずたいへん申し訳ないが、これまで籍を置いた慶應義塾大学、東京大学、ベルリーン自由大学、早稲田大学、現在の職場である明治大学の先生方、日本演劇学会分科会・西洋比較演劇研究会の皆さん、東京外国語大学名誉教授・谷川道子先生主宰の研究会、通称〈谷川塾〉の皆さんからたくさんの助言やご教示をいただいたことに対し、心からお礼を申し上げる。リミニ・プロトコルとの仕事でご一緒したフェスティバル／トーキョー関係者の方々にも感謝したい。

本書の刊行計画が具体化して以降は、内容に関し、谷川道子先生、早稲田大学教授・秋葉裕一先生、同・藤井慎太郎先生から数々の重要なコメントをいただき、たいへんお世話になった。心からの感謝の念を表したい。またロシア（語）関係の事項に関してご指摘をくださった伊藤愉さんに、あわせてお礼を申し上げたい。

本書の上梓については幸運にも、明治大学人文科学研究所叢書としての刊行を認めていただいた。明治大学、同人文科学研究所に心から感謝したい。また出版を引き受けていただいたにもかかわらず、校正・編集の作業では何度も森話社・大石良則さんのお手をわずらわせてしまった。わがままな要望に忍耐強く応えていただき、ひたすら恐縮、感謝するばかりである。
最後に、本書が形になるまでの長い間、何よりの心の支えだった家族に感謝したい。とりわけ母・薫、妻・アネリに、心からのお礼を言う。本当にありがとう。

二〇一七年一月　東京・中野にて

萩原　健

1966（昭和 41）年 1 月～ 3 月【第 12 章】

演出作品：(1)ハンス・ヘルムート・キルスト／ピスカートア『将校たちの蜂起』。

3 月　東ベルリーンのアカデミーによる『政治演劇』再版のための後記を執筆。 3 月 2 日　(1)、於フライエ・フォルクスビューネ。 3 月 20 日　ピスカートア没。於バイエルン、シュタルンベルク・サナトリウム。	1 月　劇団東俳、『オッペンハイマー事件』上演。於俳優座劇場。 3 月　鈴木忠志・別役実らによる〈早稲田小劇場〉結成。

1966（昭和 41）年 4 月～ 1973（昭和 48）年【第 12 章】

1966 年 6 月　第 1 回エクスペリメンタ開催。 1967 年 6 月　第 2 回エクスペリメンタ開催。 1969 年 5 月～ 6 月　第 3 回エクスペリメンタ開催。天井桟敷参加（6 月）。	1966 年 10 月　齊藤憐・串田和美らによる〈自由劇場〉結成。 1967 年 1 月　寺山修司らによる〈天井桟敷〉結成。 1967 年 5 月　俳優座、『追究』上演。 1971 年　民藝、『神の代理人』上演。 1973 年　俳優座、ノイマン／ピスカートア／プリューファー『戦争と平和』上演。

4月30日　フライエ・フォルクスビューネ新劇場、西ベルリーンに開場。ピスカートア、スピーチ。
5月1日　(2)、於フライエ・フォルクスビューネ。
6月18日　(3)、於テアトロ・コムナーレ（フィレンツェ）。
8月　『政治演劇』再版（ガスバラ監修）。
10月　西ベルリーン・ドラマトゥルク会議でスピーチ。
10月21日　(1)、巡演開始。
12月1日　(4)、於フライエ・フォルクスビューネ。

秋　ハインツ、ラングホフからドイツ劇場の劇場監督を引き継ぐ。
11月　ケネディ米大統領暗殺。
12月20日　アウシュヴィッツ裁判、フランクフルトで開始。

1964（昭和39）年【第12章】

演出作品：(1)サルトル『悪魔と神』；(2)リヒャルト・シュトラウス『サロメ』；(3)ヘルベルト・アスモーディ『明らかに罪のある人の疑いを晴らそうとする無駄な試み』（ヴィリ・トレンク－トレービッチとの共同演出）；(4)ハイナー・キップハルト『オッペンハイマー事件』；(5)ショー『アンドロクレスと獅子』。

3月21日　(1)、於フライエ・フォルクスビューネ。
5月31日　(2)、於テアトロ・コムナーレ（フィレンツェ）。
6月18日　(3)、於フライエ・フォルクスビューネ。
10月11日　(4)、同上。
12月16日　(5)、同上。

8月　在ヴェトナム米軍、トンキン湾攻撃。
10月　東京五輪開催。東海道新幹線開業。

1965（昭和40）年【第12章】

演出作品：(1)キップハルト『オッペンハイマー事件』；(2)ハウプトマン『馭者ヘンシェル』；(3)ペーター・ヴァイス『追究』。

1月19日　(1)、於ブリュッセル、テアトル・ロワイヤル・デュ・パルク。
4月1日　(2)、於フライエ・フォルクスビューネ。
5月14日　劇場建築会議（於西ベルリーン芸術アカデミー）でスピーチ。
10月19日　(3)、於フライエ・フォルクスビューネ。
12月22日　『戦争と平和』、ヴォルフガング・ハインツ演出で再演（於ドイツ劇場）。

2月　ジョンソン米大統領による北ヴェトナム爆撃指令。
2月　ベ平連（ベトナムに平和を！市民連合）結成。
6月　日韓基本条約調印。
8月20日　フランクフルトでのアウシュヴィッツ裁判結審。

5月～8月　主にイタリア北東部のグラードに滞在。 9月19日　(4)、於フランクフルト、小劇場。 10月6日　(5)、於クアフュルステンダム劇場。ピスカートア、戦後のフォルクスビューネで初の演出。 10月29日　(6)、於エッセン。	8月　ベルリーンの壁建設。 11月9日　ラーニア、ミュンヒェンで没。

1962（昭和37）年【第12章】

演出作品：(1)ブレヒト『亡命者の対話』（ピスカートア翻案）；(2)シュテルンハイム『1913年』；(3)ジャン・ジュネ『バルコニー』；(4)ゲアハルト・ハウプトマン『アトレウス四部作』（ピスカートア翻案）；(5)アヌイ『洞窟』。

2月　ロルフ・ホーホフート、ピスカートアに初めて会う。 2月6日　『戦争と平和』（ヴァル・メイ演出）、於ブリストル、オールド・ヴィック劇場。 2月15日　(1)、於ミュンヒェン、カンマーシュピーレ。 2月17日　(2)、於テュービンゲン。 3月31日　(3)、於フランクフルト市立劇場。 春　次期フォルクスビューネ劇場監督に任命される。 10月7日　(4)、於クアフュルステンダム劇場。フライエ・フォルクスビューネ委嘱作品。 12月16日　(5)、於クアフュルステンダム劇場。フライエ・フォルクスビューネ委嘱作品。	夏　ヴォルフガング・ハインツ、東ベルリーン・フォルクスビューネ劇場監督就任。 9月6日　ハンス・アイスラー、東ベルリーンで没。 10月　キューバ危機。 10月7日　ブレヒト『コミューンの日々』（パリッチュ／ヴェクヴェルト演出）、於ベルリナー・アンサンブル。 10月7日～12月30日　グロッス展、西ベルリーン・アカデミー。 11月　唐十郎らによる〈状況劇場〉結成。

1963（昭和38）年【第12章】

演出作品：(1)ロルフ・ホーホフート『神の代理人』；(2)ロマン・ロラン『ロベスピエール』（ピスカートア／ガスバラ翻案）；(3)ヴェルディ『群盗』；(4)シェイクスピア『ヴェニスの商人』。

2月20日　(1)、於クアフュルステンダム劇場。 3月26日　『戦争と平和』、イギリス、グラナダTV局で放映。 4月10日　『戦争と平和』（ヴォルフガング・ハインツ／ハンネス・フィッシャー演出）、於東ベルリーン・フォルクスビューネ。	1月　文学座メンバーの一部が脱退、〈劇団雲〉結成。

1959（昭和 34）年【第 11 章・第 12 章】

演出作品：⑴『群盗』；⑵カイザー『平行』；⑶マックス・フリッシュ『ビーダーマンと放火犯』；⑷シラー『ドン・カルロス』；⑸ストリンドベリ『死の舞踏』第 1 部・第 2 部。

2 月 24 日　⑴、於エッセン。 5 月 4 日　⑵、於タリア劇場（ハンブルク）。 5 月 22 日　⑶、於マンハイム、ナショナル・シアター、小劇場。 5 月〜 6 月　ディレンブルクでゲルト・ゼンマーとのインタヴュー録音。 夏　ルードルフ・ノルテ、シュテッケルの後継として西ベルリーン・フライエ・フォルクスビューネの劇場監督に就任（1 年間）。 8 月 16 日　ドイツ芸術アカデミー会員の前でスピーチ（於バイロイト）。 9 月 28 日　⑷、於ミュンヒェン、カンマーシュピーレ。 11 月 21 日　⑸、於マールブルク。	2 月　新協劇団と中央芸術劇場が合同、東京芸術座結成（村山知義主宰）。 3 月 23 日　ブレヒト『アルトゥロ・ウイの抑えることもできた興隆』（ペーター・パリッチュ、マンフレート・ヴェクヴェルト演出）、於ベルリナー・アンサンブル。 7 月 5 日〜 6 日　グロッス、西ベルリーンで没。アメリカから帰還直後。

1960（昭和 35）年【第 12 章】

演出作品：⑴ブレヒト『母アンナの子連れ従軍記』；⑵サルトル『出口なし』；⑶ブラッハー『ロザムンデ・フローリス』（カイザーによるテキスト）；⑷シュテルンハイム『1913 年』；⑸『出口なし』。

2 月 20 日　⑴、於カッセル。 5 月 2 日　⑵、於エッセン。 夏　西ベルリーンのフォルクスビューネと交渉、しかしギュンター・スコープニクがノルテの後継となる（2 年）。 9 月 21 日　⑶、西ベルリーン、市立オペラ座。 11 月 17 日　⑷、於ミュンヒェン、カンマーシュピーレ。 11 月 24 日　⑸、於マールブルク。	6 月　日米安全保障条約改定。 6 月 9 日　レーフィッシュ、スイスで没。

1961（昭和 36）年【第 12 章】

演出作品：⑴ジャン・アヌイ『ベケット—神の名誉』；⑵『出口なし』；⑶ハンス・ヘニー・ヤーン『埃をかぶった虹』；⑷シュテルンハイム『1913 年』；⑸ミラー『セールスマンの死』；⑹『1913 年』。

1 月 5 日　⑴、於エッセン。 2 月 9 日　⑵、於テュービンゲン。 3 月 17 日　⑶、於フランクフルト、小劇場。	

10月26日　東独芸術アカデミーの通信会員に選ばれる。 11月21日　(4)、於クレーフェルト。	10月　スエズ戦争。英仏とイスラエル、エジプトへ侵攻。ブダペシュトでの蜂起、ソヴィエト軍に鎮圧される。 10月　日ソ共同宣言、国交回復。 10月1日　『アンネの日記』(バルローク演出)、於シュロスパルク劇場。 12月　日本、国際連合加盟。

1957（昭和32）年【第11章】

演出作品：(1)シラー『群盗』；(2)ピランデッロ『本当の私を捜して（お気に召すまま)』；(3)トルストイ『諸悪の根源』、チェーホフ『熊』『プロポーズ』；(4)『戦争と平和』；(5)ストリンドベリ『死の舞踏』第1部・第2部（フランツ・ヘレリング翻案)。

1月13日　(1)、於マンハイム、ナショナル・シアター。新劇場落成および初演175周年記念。 2月　ドイツ劇場で『リチャード3世』を招聘演出（ブッシュ出演)。 5月2日　シラー劇場制作『ある尼僧への鎮魂歌』、パリ国立劇場で上演される。 5月16日　(3)、於シュロスパルク劇場。 6月28日　(2)、於ヴェルテンベルク-ホーエンツォレルン州立劇場（テュービンゲン) 10月25日　(4)、於ウプサラ。 11月24日　(5)、於タリア劇場（ハンブルク)。	10月1日　ブラント、西ベルリーン市長に就任。

1958（昭和33）年【第11章・第12章】

演出作品：(1)オニール『喪服の似合うエレクトラ』；(2)シラー『ヴィルヘルム・テル』；(3)ゲオルク・カイザー『ガス』第1部・第2部；(4)ミラー『るつぼ』。

1月　(1)、於エッセン、市立劇場。 6月6日～8日　フォルクスビューネ運動の会議（於マンハイム)。ピスカートアによる講演「作家と演出家」。 6月7日　(2)、於マンハイム、ナショナル・シアター、小劇場。 夏　エッセンのフォルクヴァング学校に演劇部門の設置を計画。 夏　シュテッケル、シューの後継として西ベルリーン・フライエ・フォルクスビューネの劇場監督に就任（1年間)。 9月28日　(3)、於ボーフム、シャウシュピールハウス。 11月23日　(4)、於エッセン、市立劇場。	3月　ファレンティーン、東ベルリーンでの『クライド・グリフィス事件』上演を望む。

7月23日　西ベルリーン・シュロスパルク劇場およびシラー劇場の劇場監督ボレスラフ・バルローク、ピスカートアを客演演出家に招聘。	7月　ブレヒト『母アンナの子連れ従軍記』（ベルリナー・アンサンブル制作）、於パリ・国立劇場。
	7月　保安庁改組。防衛庁・自衛隊発足。
9月20日　(2)、於マンハイム、ナショナル・シアター、小劇場。	夏　東ベルリーン・フォルクスビューネ、ビューロー広場（現ルクセンブルク広場）の旧劇場に移転。
10月～11月　(3)、於テュービンゲン。	
	12月2日　米上院、マッカーシズムを処分。

1955（昭和30）年【第11章】

演出作品：(1)ミラー『るつぼ』；(2)ピスカートア／ノイマン／プリューファー『戦争と平和』；(3)ミラー『るつぼ』；(4)サルトル『歯車』；(5)『戦争と平和』；(6)フォークナー『ある尼僧への鎮魂歌』；(7)パオロ・レーヴィ『ピネードゥース事件』。

1月17日　戦後初めてベルリーンを再訪。	
2月8日　(1)、於イェーテボリ民衆劇場。	
3月20日　(2)、於シラー劇場。	3月12日　プリフィーア、スイスで没。
4月20日　(3)、於マールブルク。	
4月29日　フランクフルトで『コーカサスの白墨の輪』を観る。	
5月28日　西ベルリーンでの社民党の集会で〈信条告白の演劇〉についてスピーチ。	
6月15日　(4)、於テュービンゲン。	8月　第1回原水爆禁止世界大会、広島で開催。
9月19日　(5)、於ダルムシュタット、州立劇場。	
10月24日～25日　最初の東ベルリーン訪問。イェーリング、ハートフィールド、アイスラー、ヴァンゲンハイム、ゼーガース、ラングホフほかに会う。	10月4日　ツックマイヤー『冷たい光』（バルローク演出）、於シラー劇場。
11月2日　『母アンナの子連れ従軍記』をベルリナー・アンサンブルで観る。	11月　保守合同、自由民主党結成。55年体制成立。
11月10日　(6)、於シュロスパルク劇場。	
12月30日　(7)、於マンハイム、ナショナル・シアター、小劇場。	

1956（昭和31）年【第11章】

演出作品：(1)フォークナー『ある尼僧への鎮魂歌』；(2)ビューヒナー『ダントンの死』（ネーアー装置）；(3)『戦争と平和』；(4)同。

2月16日　(1)、於イェーテボリ民衆劇場。	2月　フルシチョフ、モスクワの第20回ソ連共産党大会で極秘演説。
5月4日　(2)、於シラー劇場。	
6月24日　(3)、於テュービンゲン。	
夏　シラー劇場制作の『戦争と平和』、パリ国民劇場で上演される。	8月14日　ブレヒト、東ベルリーンで没。

6月　ジャン・ヴィラーとパリで会い、国立民衆劇場（TNP）に『戦争と平和』上演を打診する。	夏　マクシム・ゴーリキー劇場（東ベルリーン）、ファレンティーン劇場監督のもと開場。
9月11日　⑶、於ツューリヒ劇場。	10月　警察予備隊、保安隊へ改組。
10月27日　⑷、於ギーセン。	10月3日　アルフレート・ノイマン、ルガーノで没。
11月2日　⑸、於マールブルク。	

1953（昭和28）年【第11章】

演出作品：⑴ショー『アンドロクレスと獅子』；⑵ホーホヴェルダー『聖なる実験』；⑶シェイクスピア『マクベス』；⑷サルトル『歯車』（オスカー・ヴェルターリーン翻案）。

1月1日　⑴、於コメーディエ（デン・ハーグ）	1月　ミラー『るつぼ』、ニューヨークで初演。
2月14日　⑵、同上。	
5月　グントラム・プリューファーとハンブルクで『戦争と平和』改訂作業。	5月5日　スターリン没。
5月20日　マリーア・ピスカートア、ドラマティック・ワークショップを退く。	
6月　ガスバラをイタリアに訪ねる。	
夏　オスカー・フリッツ・シュー、西ベルリーン・フォルクスビューネ劇場監督に就任（任期5年）。	7月17日　東ベルリーンで暴動。 7月27日　朝鮮戦争休戦。
9月1日　⑶、於オルデンブルク。	
9月27日　⑷、於フランクフルト市立劇場・小劇場。	10月5日　ヴォルフ没。
冬　マックス・ホルクハイマーとフランクフルトでの演劇学校設立について話し合う。	

1954（昭和29）年【第11章】

演出作品：⑴ショー『シーザーとクレオパトラ』；⑵アーサー・ミラー『るつぼ』；⑶同（ヴァルター・ピーチ装置）。

1月　ヘッセン州政府、ピスカートアにゲーテ・メダル授与。	3月　ベルリナー・アンサンブル、シフバウアーダム劇場を引き継ぐ。
	3月　アメリカ、ビキニ環礁で水爆実験。第五福竜丸被曝。
	4月　俳優座劇場開場。
6月15日　⑴、於コメーディエ（デン・ハーグ）。	4月12日～5月14日　J・ロバート・オッペンハイマー、ワシントン・原子力委員会の保安委員会（Atomic Energy Commission Security Board）で審問される。

2月～3月　ヴォルフ、ブレヒト、イェーリング、共同でピスカートアをフォルクスビューネおよびブレヒトのベルリナー・アンサンブルの演出家として獲得しようとする。 3月1日　(1)、於プレジデント・シアター。 9月1日　西ベルリーンのフライエ・フォルクスビューネ、クアフュルステンダム劇場に開場。	秋　ふたつのドイツ国家成立。ドイツ連邦共和国とドイツ民主共和国。後者でヴィルヘルム・ピークが大統領となる。

1950（昭和25）年【第11章】

演出作品：(1)ジョン・F・マシューズ『スケープゴート』（カフカ『審判』翻案）。
ヴォルフ、在ポーランド東ドイツ大使に就任。アイスラー、東ベルリーンに定住。ジョセフ・マッカーシー、上院非米活動委員会委員長に就任。

3月　ルーフトップ・シアター、手放される。 4月19日　(1)、於プレジデント・シアター。	4月　劇団民藝結成。 6月25日　朝鮮戦争開戦。 夏　フリッツ・ヴィステン、東ベルリーンのフォルクスビューネ劇場監督に就任。 8月　警察予備隊発足。

1951（昭和26）年【第11章】

演出作品：(1)シェイクスピア『マクベス』；(2)フリッツ・ホーホヴェルダー『ヴァージニア』。ピスカートア、ドイツに戻る。

2月28日　(1)、於ニューヨーク。 10月6日　アメリカを去り、ドイツ連邦共和国へ。マリーア・ピスカートア、ドラマティック・ワークショップに残る。ハンブルク劇場とベルリーン・シュロスパルク劇場、『戦争と平和』に関心を示す。ピスカートア、ノイマンに新版を依頼。 12月4日　(2)、於ハンブルク劇場。	5月17日　ドイツ社会主義統一党（SED）、芸術・文学におけるフォルマリズムに反対する決議を制定。 5月17日　ブレヒト／パウル・デッサウ『ルクルス』非公開公演。於東ベルリーン、国立オペラ座。 9月　サンフランシスコ講和会議。日米安全保障条約調印。

1952（昭和27）年【第11章】

演出作品：(1)『人間の基本法』（一人芝居プログラム）；(2)レッシング『賢者ナータン』；(3)ペーター・ウスチノフ『四人の大佐の恋』；(4)ビューヒナー『レオンスとレーナ』；(5)ビューヒナー『ダントンの死』。

3月16日　(1)、於ハンブルク、カンマーシュピーレ。 5月14日　(2)、於マールブルク。	

4月17日　サルトル『蝿』（ポール・ランザム演出）、於プレジデント・シアター。
春　ドラマティック・ワークショップ、ルーフトップ・シアターを〈ピープルズ・シアター（「フォルクスビューネ」）〉として手に入れる。当初の会員1630名。
春　ヴォルフ、ドイツのソ連占領地域でのフォルクスビューネ再開に従事。ピスカートアを演出家として獲得しようとする。

2月6日　ルート・フィッシャー、弟のゲルハルト・アイスラーを非米活動委員会に告発する。
2月11日　ヴォルフ『カタロの水兵たち』（ブッシュ演出・出演、グナス出演）、於シフバウアーダム劇場。
5月　ハンス・アイスラー、カリフォルニアで尋問される。
5月　日本国憲法施行。
7月31日　ブレヒト『ガリレオの生涯』（ジョセフ・ロージー演出、アイスラー音楽、ロートン出演）、於コロネット・シアター（ロサンゼルス）。
9月24日　ハンス・アイスラー、非米活動委員会に招致される。
10月31日　ブレヒト、非米活動委員会による尋問後、アメリカを離れツューリヒに向かう。
12月3日　ウィリアムズ『欲望という名の電車』（カザン演出、ブランド出演）、於エセル・バリモア・シアター。

1948（昭和23）年【第10章・第11章】

演出作品：(1)ロバート・ペン・ウォレン『すべて王の臣下』（ウォレンとピスカートアによる翻案）

1月14日　(1)、於プレジデント・シアター。

5月1日　ニュー・スクール、ドラマティック・ワークショップの1948/49年度末での閉鎖を決定。

1月13日　カールハインツ・マルティーン没。
6月20日　ドイツ西部占領地区での通貨改革、ベルリーン封鎖、ドイツ東西分断。
10月22日　ブレヒト、ベルリーンに戻る。『母アンナの子連れ従軍記』の制作準備。
11月　東京裁判でA級戦犯25被告に有罪判決。

1949（昭和24）年【第10章・第11章】

演出作品：(1)ヴォルフガング・ボルヒェルト『戸口の外で』。ドラマティック・ワークショップ、ニュー・スクールから分かれ、独自の指導部を持つ。代表ピスカートア。
ブレヒト、『演劇の小思考原理』刊行。

1月11日　ブレヒト『母アンナの子連れ従軍記』（ブレヒト／エンゲル演出、ヴァイゲル出演）、於ドイツ劇場。

8月5日　(1)、於エセル・バリモア・シアター。	12月　ブレヒト、サンタ・モニカでチャールズ・ロートンと『ガリレオ』翻案の仕事を開始。

1945（昭和20）年【第10章】

演出作品なし。

1月　ドラマティック・ワークショップ、40～60名の正規学生および約250名の聴講生を抱える。 6月　〈シアター・オヴ・オール・ネイションズ〉のためのブレヒト『支配民族の私生活』演出を断念、ベルトルト・フィアテルが引き継ぐ。 10月　ドラマティック・ワークショップ、プレジデント・シアターへ移る（西48丁目）。 12月27日　ブリン・J・ホヴド（Bryn J. Hovde）、アルヴィン・ジョンソンの後を継ぎニュー・スクール校長に就任。	5月7日　ヒトラー自殺、ベルリーン陥落。ドイツ無条件降伏。 6月12日　ブレヒト『支配民族の私生活』（フィアテル演出、アイスラー音楽）、於シティー・カレッジ（ニューヨーク）。 8月　アメリカ軍、6日に広島、9日に長崎に原爆投下。 8月15日　日本、無条件降伏。日中戦争・太平洋戦争終結。 8月15日　ヘッベル劇場（ベルリーン）、マルティーン劇場監督のもと、『三文オペラ』で再開場。 9月7日　ドイツ劇場、ヴァンゲンハイム劇場監督のもと、『賢者ナータン』で再開場。 10月　日本、治安維持法撤廃。

1946（昭和21）年【第10章】

演出作品なし。

6月4日　ベルリーンに戻ったヴォルフ、ピスカートアを映画監督として招聘。 9月　イタリアのガスバラ、ピスカートアと再びコンタクトをとる。	6月28日　ゴーリキー『どん底』（マルティーン演出、ブッシュ出演）、於ヘッベル劇場。 9月　ヴォルフガング・ラングホフ、ヴァンゲンハイムの後を継ぎドイツ劇場の劇場監督となる。フリッツ・ヴィステン、シフバウアーダム劇場の劇場監督となる。 10月1日　ニュルンベルク裁判、結審。 11月　日本国憲法発布。 12月14日　ツックマイヤー『悪魔の将軍』（ヒルパート演出、ネーアー装置）、於ツューリヒ劇場。

1947（昭和22）年【第10章・第11章】

演出作品なし。

ジュディス・マリーナ、ジュリアン・ベックと劇団〈リヴィング・シアター〉を創設。グループ・シアターの元メンバー、ニューヨークにアクターズ・ステューディオを開設。ジョセフ・マッカーシー、上院議員に選出される。

5月　(1)、於ステューディオ・シアター。4週間公演。	
5月　テネシー・ウィリアムズ、ドラマティック・ワークショップでの自作『地獄のオルフェウス』の上演を期待。	6月　ミッドウェー海戦。
11月28日　ダニエル・ルイス・ジェイムズ『冬の兵士たち』、於ステューディオ・シアター。同劇場をプロの劇場として扱うことを劇場組合が決定。これを受けて発生する諸経費のため、ピスカートアはニュー・スクールに2万ドルの支援を求める。	11月19日　スターリングラードでロシア軍が反撃開始、ドイツ第6師団を包囲。

1943（昭和18）年【第9章】

演出作品：(1)オニール『喪服の似合うエレクトラ』（学生出演）、ステューディオ・シアター閉鎖。

3月6日　ブレヒトの夕べ、於ステューディオ・シアター。ヘルツフェルデ、ペーター・ロレ、エリーザベト・ベルクナー出演。	2月　ブレヒト、ニューヨークに到着、5月まで滞在。
3月～4月　ブレヒト作『支配民族の私生活』（『第三帝国の恐怖と悲惨』英語翻案）のピスカートアによる演出準備（ドラマティック・ワークショップのノンプロフェッショナルな公演として）。実現せず。	2月4日　ブレヒト『ゼチュアンの善人』（シュテッケル演出）、於ツューリヒ劇場。
春　マーロン・ブランド、ニューヨークに到着し、ドラマティック・ワークショップに学籍登録。	9月3日　連合軍、イタリアに侵攻。イタリアで停戦。
10月　シアター・ギルドのための『罪のない旅』（リチャード・ヒューズの『ジャマイカの烈風』の翻案）制作を断念。	9月9日　ブレヒト『ガリレオの生涯』（シュテッケル演出）、於ツューリヒ劇場。
10月15日　(1)、於ルーフトップ・シアター（ニューヨーク）。	11月15日　ポール・オズボーン『罪のない旅』（オズボーン演出、オスカー・ホモルカ、ベルクホーフ出演）、於ベラスコ・シアター。

1944（昭和19）年【第9章】

演出作品：(1)アーヴィング・ケイ・デイヴィス『終点』。ニュー・スクール指導部、ドラマティック・ワークショップの閉鎖について議論するが、これを翌年に延期。
アンナ・ゼーガース『第七の十字架』がフレッド・ジンネマンによって映画化される。

2月21日　『賢者ナータン』再演、於ステューディオ・シアター、22公演。劇場組合の協力による。	2月　千田是也ら、俳優座を結成。 3月　ブッシュ、ベルリーンで大逆罪のかどで4年の禁固刑を受ける。
6月～7月　マーロン・ブランド、セイヴィルのピスカートアの〈シアター・グループ〉メンバーとなるが追い出される。	6月6日　連合軍、ノルマンディー上陸。 8月25日　パリ解放。 12月　ウィリアムズ『ガラスの動物園』、シカゴで初演。

3月10日　(1)、於ベラスコ・シアター（ワシントン）

9月　ステューディオ・シアター設立。ニュー・スクールの講堂。

12月14日　(2)、於ステューディオ・シアター。

2月23日　ドロシー・トンプソン／フリッツ・コルトナー『もうひとつの太陽』、コルトナー演出、カルザー、ヨハンナ・ホーファー出演。於ニューヨーク、ナショナルシアター。

春　ドイツ軍、デンマーク、ノルウェー、オランダ、ベルギー、フランスに侵攻。フランス、ミュンツェンベルク、メーリング、ブッシュ、ヴォルフほかを収容。ブッシュ、ゲシュタポに拘束される。ミュンツェンベルク、何者かに射殺される。ヴォルフ、ソ連へ逃げのびる。

9月　日独伊三国軍事同盟調印。

10月　大政翼賛会発足、文化部長に岸田國士。

1941（昭和16）年【第9章】

演出作品なし。

3月24日　クラーブント『白墨の輪』、ジェイムズ・ライト演出、於ステューディオ・シアター。

6月3日　フィリップ・ヨルダン『どんな日も今は Any Day Now』、ロバート・クライン演出、於ステューディオ・シアター。

夏　ブレヒト『ゼチュアンの善人』演出についてシアター・ユニオンと議論。『アルトゥロ・ウイ』も計画。

11月　フランク・ガブリエルソン『わたしたちの若き日々 Days of Our Youth』、ライト演出、於ステューディオ・シアター。

12月20日　ブルックナー『犯罪者たち』、サンフォード・マイスナー演出、於ステューディオ・シアター。

3月13日　ブレヒト、フィンランドを離れる。

4月19日　ブレヒト『母アンナの子連れ従軍記』、リントベルク演出、於ツューリヒ劇場。

6月22日　ヒトラー、宣戦布告せずソ連に侵攻。

7月　土方与志帰国。治安維持法違反で検挙される。

7月21日　ブレヒト、ソ連経由でロサンゼルスに到着。サンタ・モニカに住む。

12月7日（日本時間8日）　日本軍、ハワイ真珠湾攻撃。アメリカ参戦。太平洋戦争開戦。

1942（昭和17）年【第9章・第11章】

演出作品：(1)ピスカートア／ノイマン『戦争と平和』。

3月　レッシング『賢者ナータン』（ブルックナー翻案、ライト演出、ベルクホーフ出演）、於ステューディオ・シアター。さらにベラスコ・シアター（ニューヨーク）で28公演。

2月～3月　ドイツ語劇団によるアメリカ巡演の組織をサム・シュピーゲルと試みる。シュテッケル、カルザー、グラナッハほかをメンバーに予定。

6月　ギルバート・ミラーとの契約。アルフレート・ノイマンとピスカートアによる『戦争と平和』翻案、および同作のピスカートアによるニューヨークとロンドンでの演出。

11月　ミラー、『戦争と平和』の第4幕と第5幕を拒否。

12月24日　ピスカートア夫妻、ニューヨークへ海路出発。

1月8日　モスクワ・メイエルホリド劇場解散。

3月11日　ヒトラー、オーストリアを占領。

4月　日本、国家総動員法公布。

6月　久保栄作・演出『火山灰地』、新協劇団により築地小劇場で上演。

8月7日　スタニスラフスキー没。

10月1日　ヒトラー、ムッソリーニ、チェンバレン、ダラディエによるミュンヘン会議。ズデーテン地方のドイツ編入が認められる。

11月　ブレヒト、『ガリレオの生涯』脱稿。

11月　秦豊吉率いる宝塚少女歌劇団のベルリーン訪問公演。

1939（昭和14）年【第7章・第8章・第11章】

演出作品なし。

5月9日　『戦争と平和』第2稿完成。

6月30日　フェデラル・シアター・プロジェクト終了。

3月15日　ヒトラー、チェコスロヴァキア全土を占領。

3月末　スペイン共和国崩壊。

5月22日　トラー、ニューヨークで自殺。

5月26日　シラー『ヴィルヘルム・テル』、イェスナー演出、グラナッハ、エルンスト・ドイチュ出演。於ロサンゼルス、エル・カピタン劇場。

6月　メイエルホリド、レニングラードで逮捕される。

8月19日　独ソ不可侵条約締結。

9月1日　ドイツ、ポーランド侵攻。第二次世界大戦始まる。

1940（昭和15）年【第8章・第9章】

演出作品：(1)ショー『聖ジョウン』；(2)シェイクスピア『リア王』。

1月　ドラマティック・ワークショップ、ニューヨークのニュー・スクール・フォー・ソーシャル・リサーチ内に開校。ピスカートア校長就任。

2月2日　メイエルホリド、モスクワの軍事部地下室で銃殺される。

3月13日　ドライサー／ピスカートア『クライド・グリフィス事件』（新タイトル）上演。リー・ストラスバーグ演出、モリス・カルノフスキー、ルーサー・アードラー、エリア・カザン、ジョン・ガーフィールド、およびグループ・シアター出演。於ニューヨーク、エセル・バリモア劇場。
春　エンゲルス・国立ドイツ語アカデミー劇場の俳優たちが訓練のためモスクワへ。ファレンティーン、トレプテ、ベルンハルト・ライヒ、エンゲルスで現地のアマチュアと共同作業。
初夏　ピスカートア、プリフィーア、グスターフ・レーグラー、ヴォルガ共和国を訪ねる。
6月8日　メジュラッポム映画社解散。
7月～9月　MORTの任務で西欧へ。
10月　ヴィルヘルム・ピーク、ソ連に戻らないようピスカートアに助言。MORT解散。

2月　2・26事件。
3月　ヒトラー、ラインラントを再占領。
4月3日　ミューザームの妻ツェンツル、モスクワで拘束される。
5月　人民戦線、フランス総選挙で勝利。人民戦線政府成立。
5月末　エイゼンシテインの新作映画『ベジン高原』プレヴュー。フィルムの破棄が指示される。
6月18日　ゴーリキー没。
春～夏　フェデラル・シアターによる〈生きた新聞〉プログラム、ニューヨークほか米国各都市で上演。
7月18日　国粋主義者の蜂起によりスペイン内戦始まる。
8月　モスクワでジノヴィエフ、カーメネフほかの裁判。
11月4日　ブレヒト『まる頭ととんがり頭』、アイスラー音楽、於コペンハーゲン。

1937（昭和12）年【第6章・第7章】

演出作品なし。マリーア・レイと結婚。
パリ万博開催。ソ連で拘束相次ぐ。

1月　ヴォルフ『トロイの木馬』（ライヒ演出）、於ドイツ国立劇場（エンゲルス）。追って劇団は解散、ドイツ人メンバーはモスクワへ戻る。
2月　ヨーゼフ・マックス・ヤーコビと『シュヴェイク』映画化のための会社設立。ラーニア、ブレヒト、アンリ・ジャンソンが参加。
3月16日　ブレヒト、演劇制作者（ピスカートアを含む）による〈ディドロ協会〉を提案。実現せず。
6月　ヤーコビ、『シュヴェイク』計画から撤退。

1月　モスクワで2回目の大裁判。
6月21日　ブリュームによるフランス人民戦線政府崩壊。
7月　盧溝橋事件（日中戦争開始）。
7月　新築地劇団、〈キノドラマ〉『嗤ふ手紙』を上演。ピスカートアの実践を参考にした千田是也と衣笠貞之助による制作。
8月　土方与志、モスクワからパリへ亡命移住。
9月　岸田國士ら、文学座を結成。
9月28日　ブレヒト／ヴァイル『三文オペラ』、於パリ・エトワール劇場。仏語上演、F・ド・メンデルスゾーン演出。
10月27日　ミュンツェンベルク、ドイツ共産党から除名される。
12月19日　メイエルホリド、『プラウダ』紙上で攻撃される。

1938（昭和13）年【第7章・第11章】

演出作品なし。

夏　プラハでE・F・ブリアンと会う。その後パリを訪問。

8月　第1回ソヴィエト作家会議。トラー、ヘルツフェルデ、プリフィーアほか参加。ピスカートア、メッセージを送る。

10月5日　『漁民の反乱』公開。

7月　日本のメザマシ隊、検挙され解散。

7月9～10日　ミューザーム、オラーニエンブルク強制収容所で殺害される。

8月　土方与志、第1回ソヴィエト作家同盟で日本代表として報告。そのまま亡命生活へ。

9月　村山知義の呼びかけにより新協劇団結成。

11月8日　ヴォルフ『マムロック教授』、於ツューリヒ劇場。

12月1日　S・M・キーロフ、レニングラードで殺害される。ソ連における粛清の開始。

12月10日　ヴォルフ『カタロの水兵たち』(ゴールドマン演出)、シアター・ユニオンによる上演、於ニューヨーク。

1935（昭和10）年【第6章・第8章】

演出作品なし。ドライサー／ピスカートア『アメリカの悲劇』第1回公演。

4月　ドライサー／ピスカートア『アメリカの悲劇』、於ペンシルヴェニア州モイラン、ヘッジロウ劇場。

4月～5月　ピスカートア、モスクワ演劇会議を開催。ブレヒトが参加、メイエルホリドやタイーロフ、エイゼンシテインに会う。同時期にハラルド・クラーマン、ゴードン・クレイグ、グラナッハ、テオ・オットー、梅蘭芳が訪問。

5月　ドイツ語巡回劇団設立（於ウクライナ、ドニェプロペトロフスク)、マクシム・ファレンティーン、クルト・トレプテ、およびコロンネ・リンクスのメンバーが参加。

夏　ピスカートアとヴォルフ、ヴォルガ共和国代表と演劇計画について議論。

11月　ブッシュ、MORTおよびトレチヤコフの招きでモスクワを訪ね、2年滞在。

1月5日　クリフォード・オデッツ『レフティを待ちながら』、労働者演劇リーグによる上演。於ニューヨーク。

3月～4月　ヴォルフ、アメリカを訪ねる。アメリカ作家リーグ（国際革命作家同盟と連携）第1回会議に参加。

6月21～25日　〈文化擁護のための第1回作家会議〉、於パリ。

7月14日　人民戦線、フランスで組織される。

11月19日　ブレヒト／アイスラー『母』、シアター・ユニオンによる上演。於ニューヨーク（ヴィクター・ウォルフソン演出、ゴアリク装置)。

1936（昭和11）年【第6章・第7章・第8章】

演出作品なし。

カローラ・ネーアー、グラナッハ、マリア・ライコ、オットヴァルトがソ連で拘束される。

1月　ピスカートアとユーリウス・ハーイ、映画『真実の映画』（仮題、未完）製作計画のためヴォルガ共和国を訪ねる。

1月28日　反ショスタコーヴィチの『プラウダ』紙記事、反フォルマリズムのキャンペーンを展開。

7月　ルカーチ、『左旋回』誌上で、ルポルタージュ、モンタージュ、ドキュメンタリー的アプローチ、およびオットヴァルトの作品を攻撃。 8月　トラー、レーフィッシュ、ヴォルフ、ツックマイヤー、ブレヒト、クレデ、ランペル、プリフィーア、ナチスの『フェルキッシャー・ベオバハター』紙上で、望まれない作家のリストに載る。 11月9日〜14日　MORT第二回プレナム。ピスカートア、書記および理事に選出される（前者についてはA・ピークも。後者についてはヴォルフ、ヴァンゲンハイムも）。	4月11日　ベルリーン・ラジオ、ブレヒト『食肉市場の聖ヨハンナ』を放送（上演を受け入れた劇場がなかったため）。 4月23日　ソヴィエト中央委、全芸術関連組織を解散させる。 5月　5・15事件（犬養毅首相暗殺）。 6月1日　フォン・パーペン、首相就任。文化ボリシェヴィズム反対のキャンペーンを宣言。 7月20日　プロイセン政府（社民党）解散。 7月31日　帝国議会選。ナチス235議席、共産党89議席。 8月22日　バウハウス、デッサウ市当局により解散。 10月29日〜11月3日　ソヴィエト作家中央組織委、社会主義リアリズムの原則を宣言。 11月　ナチス、1000万票獲得。34議席減。 12月23日　ハーイ『神、皇帝、農夫』、於ドイツ劇場（マルティーン演出）。

1933（昭和8）年【第5章・第6章】

演出作品なし。

1月12日　グロッス、アメリカへ亡命。 春　フォルクスビューネ解散。シュレッサー、〈帝国ドラマトゥルク〉に任命される。 8月　ソ連で『シュヴェイク』の映画化を構想。 8月14〜16日　ピスカートア、第1回MORT会議（モスクワ）でスピーチ。9ヶ国からのグループによる〈演劇オリンピアード〉開催。これに参加したドイツのアジプロ隊〈コロンネ・リンクス〉がソ連にとどまる。	1月30日　ヒトラー、首相就任。 2月　小林多喜二、拷問死。 2月27日　ドイツ帝国議会炎上。 3月　日本、国際連盟脱退。 8月　ブレヒト、デンマークへ移住。 9月19日　プドフキン監督『脱走者』封切り（於モスクワ）。 10月24日　ハンス・オットー（ベルリーン俳優労組幹事長）、ナチスにより殺害。 11月30日　ブルックナー『人種』（於ツューリヒ劇場）。

1934（昭和9）年【第5章・第6章】

映画『ザンクト・バルバラの漁民の反乱』（メジュラッポム社）。ピスカートアがMORTの代表に。『政治演劇』ソ連版発刊。

1月　『ニュー・シアター』誌の共同編集委員に（クレインボルグ、リー・ストラスバーグほかと共同）。 春　『漁民の反乱』最初の上映。	1月22日　ショスタコーヴィチ『ムツェンスクのマクベス夫人』、於国立音楽劇場（モスクワ）。 7月　プロット解散。

4月2日　ベルリーン市警察、政治集会でのアジプロ公演を禁止。
4月中旬　ピスカートアとカッツがモスクワへ。カッツは国際労働者支援会（IAH）本部の映画部門に就職。

6月25日～7月2日　MORTの議長団、モスクワで会合。ピスカートアがスピーチ「国際的な労働者演劇について」。

10月24日　メジュラッポム映画、ピスカートア、リヒター、バラージュを常時契約メンバーとして発表。

3月11～13日　久保栄、『東京朝日新聞』に「捕われたピスカトール」を発表。
久保栄、雑誌『プロレタリア科学資料月報』4月号書評欄に「ピスカトール著『左翼劇場』」を発表。
5月　ヴォルフ、モスクワへ（メジュラッポム映画の脚本執筆のため）。イェーリング、モスクワに2ヶ月滞在。ハートフィールド、自作展覧会のため来ソ、1年滞在。
9月　柳条湖事件（満州事変勃発）。
10月　メイエルホリド劇場、改修のため1年間閉鎖。
10月　プロット、国際労働者演劇同盟（IATB）加盟を決議。
10月28日　カッツェンエレンボーゲン、詐欺のかどでベルリーンで逮捕される。
11月　千田是也帰国。
11月17日　パープストの映画『同志』、ベルリーンで封切り。オットヴァルト、ランペル、ヴァイダ脚本、ブッシュ、グナス出演。
12月　東京左翼劇場、築地小劇場で〈赤色ヴァライエティ〉『赤いメガホン』を上演（～翌年1月）。
12月9日　トリヴァスの映画『ノーマンズランド』ベルリーンで封切り。アイスラー音楽。

1932（昭和7）年【第5章・第6章】

演出作品なし。

1月12日　ブレヒト／アイスラー『母』、於ヴァルナー劇場。青年俳優集団および若いフォルクスビューネ。

春　ブレヒト、モスクワを訪ねる。グロッス、ニューヨークへ。当地で教鞭をとる。
5月30日　ドゥードウ監督『クーレ・ヴァンペ』ベルリーンで封切り。ブレヒト／オットヴァルト脚本、アイスラー音楽。

1月　千田是也、〈プロレタリア演芸団〉に加わり、島公靖らによる『青いユニフォーム』の制作に参加。千田の意見で団は〈メザマシ隊〉と改称。
3月　満州国建国宣言。
3月　東京演劇集団（TES）による『乞食芝居』上演（ブレヒト『三文オペラ』脚色。土方与志演出、千田是也、丸山定夫、細川ちか子、滝沢修、小野宮吉、友田恭助、田村秋子、東山千栄子、長岡輝子、榎本健一出演）。
4月10日　ヒンデンブルク、大統領に再選される。

4月3日　(1)、於ヴァルナー劇場。8週間公演。
4月4日　メイエルホリド劇場、シュトレーゼマンシュトラーセ劇場で引っ越し公演。ピスカートア、『吼えろ、中国！』を観劇。
5月6日　フォルクスビューネから特別部門が分離、〈若いフォルクスビューネ〉設立。
6月末　第1回MORT会議（モスクワ）。ピスカートア、映画製作契約署名のためモスクワを訪ねる。
8月31日　(2)、於レッシング劇場。4週間公演、のちヴァルナー劇場に引き継がれる。
10月29日　(1)、ヴァルナー劇場で再演。
11月23日　ピスカートア、〈若いフォルクスビューネ〉の設立会議でスピーチ（於ヴァルナー劇場）。

3月　社民党連立内閣崩壊。ブリューニング首相就任、憲法第48条（緊急命令）に則って統治。
3月16日　マヤコフスキー『風呂』、メイエルホリド劇場（モスクワ）で初演。
4月　〈東京左翼劇場〉の「移動部門」が〈プロレタリア演芸団〉として独立。
4月11日　マヤコフスキー自殺。
8月1日　バウハウスでの国際労働者支援会（IAH）の活動を理由にマイヤーが解雇される。マイヤーは教授としてモスクワへ。
8月31日　トラー『ボイラーの火を消せ』（ヒンリッヒ演出、ネーアー装置）、於シフバウアーダム劇場。
9月14日　帝国議会選。社民党850万票、共産党450万票、ナチス650万票。ナチス、107議席を獲得（前回12議席）。
11月6～15日　国際労働者作家同盟（MORP）第2回会議（ハリコフ）。
11月8日　ヴォルフ『カタロの水兵たち』、於フォルクスビューネ、ブッシュ出演。
11月19日　オットヴァルト『毎日四つ』（ノイバウアー演出）、於ヴァルナー劇場。
11月28日　ビル-ベロツェルコフスキー『左からの月』（ケルプ演出）、於ヴァルナー劇場。
12月10日　ブレヒト／アイスラー『処置』。ベルリーン労働者合唱団出演。

1931（昭和6）年【第4章・第5章・第6章】

演出作品：(1)ヴォルフ『タイ・ヤンは目覚める』。

1月　1928年以来の脱税のかどで逮捕される。トレチヤコフがドイツ講演旅行でベルリーンを訪ねる。
1月15日　(1)、於ヴァルナー劇場。のち巡演に。
2月17日　グレーボフ『インガ』（別名『前線の女』）、匿名演出（特にピスカートア）。

1月　村山知義監訳で『政治演劇』刊行（邦題『左翼劇場』）。
2月　ヴォルフ、中絶法（刑法218条）違反のかどで逮捕される。
3月　プドフキン、ハンブルクでメジュラッポム映画社のために『脱走者』を制作。
3月　千田是也、ヴァンゲンハイム率いる〈劇団1931〉に参加。
3月5日　ツックマイヤー『ケーペニックの大尉』（ヒルパート演出）、於ドイツ劇場。

3月20日　(1)、於ケーニヒグレッツァーシュトラーセ劇場。 3月25日　ピスカートア、特別部門の〈貴族院〉会議で発言。 4月21日　ミューザーム『サッコとヴァンゼッティ』（リントベルク演出、ブッシュ、グナス、および元ピスカートア俳優たちによる11月スタジオ・グループ出演）。 4月22日　ピスカートアとイェーリングの対談、ベルリーン・ラジオで放送。 8月末　国際労働者演劇同盟（IATB/MORT、のちにIRTB/MORT）、モスクワで創設される。A・ピーク、マルガレーテ・ローデ、ヴァンゲンハイム、バラージュがドイツ代表。ピスカートアは協力者として名を連ねる。 9月　『左旋回』、ピスカートア・ビューネの非政治的なレパートリーについて報じる。 9月6日　(2)、於ノレンドルフプラッツ劇場。4週間公演。 9月　(3)、於ノレンドルフプラッツ劇場。 9月6日　ヴォルフ『青酸カリ』（ヒンリッヒ演出、青年俳優グループ出演）、於レッシング劇場。のちにソ連巡演。 10月　『左旋回』、(2)を「悪しき発展」と批判。 10月3日　クロップファー、ピスカートアの名をノレンドルフプラッツ劇場から撤去するとともに彼を追放、第二次ピスカートア・ビューネの終焉。 11月23日　(4)、於マンハイム。ピスカートア・コレクティーフ（第三次ピスカートア・ビューネ）による西部ドイツ巡演最初の公演。	2月　プロット（日本プロレタリア演劇同盟）結成。 2月13日　マヤコフスキー『南京虫』（メイエルホリド演出、ロトチェンコ装置、ショスタコーヴィチ音楽）、モスクワで上演。 4月　築地小劇場分裂。劇団築地小劇場と新築地劇団に。 5月1日　ベルリーン警察、デモ隊に発砲。 7月　ブレヒトによる最初の〈教育劇〉2作上演、於バーデンバーデン。 8月1日　プロレタリア革命作家同盟月刊誌『左旋回』第1号。 8月31日　ブレヒト／ヴァイル『ハッピー・エンド』、於シフバウアーダム劇場。 秋　マルティーン、フォルクスビューネ劇場監督を引き継ぐ。ファレンティーンのアジプロ隊〈赤いメガフォン〉、ソ連巡演。 雑誌『劇場街』10月号、「劇場ABC　ヘルベルト・イエリングとエルウィン・ピスカトオルのラジオ対談」（久保栄訳）を掲載。 10月3日　シュトレーゼマン没。ドイツにおける穏健的政治の終焉。 10月28日　ウォール街の株式市場破綻、世界恐慌始まる。 11月9日　トレチヤコフ『吼えろ、中国！』、於フランクフルト（ラーニア訳）。

1930（昭和5）年【第4章・第5章】

演出作品：(1)クレデ『刑法218条』（1929年と同様）；(2)プリフィーア『皇帝の苦力（クーリー）』；ピスカートアの妻ヒルデ、彼のもとを去る。

1月　『政治演劇』についての批判的なラスクの書評、『左旋回』に載る。	1月　フリックがテューリンゲン州教育相に（初のナチス党員による要職）。 1月　イェスナー、プロイセン国立劇場を離れる。後任にレガール。

1月8日　〈シュトゥーディオ〉第1回公演、ユング『郷愁』（シュテッケル演出、ハートフィールド装置、アイスラー音楽）。
1月23日　(1)、於ノレンドルフプラッツ劇場。4月12日まで上演される。
3月　レッシング劇場を第二の劇場として貸借する。
3月1日　〈シュトゥーディオ〉第2回公演、シンクレア『歌う常習犯』（レンナー演出）、於レッシング劇場。
4月10日　(2)、於レッシング劇場。5月3日まで上演される。
4月29日　〈シュトゥーディオ〉最後の公演、ミューザーム『ユダ』（レーオポルト・リントベルク演出）。
6月　第一次ピスカートア・ビューネ、税金未納により破産。ピスカートア、ライセンスを俳優たちの緊急共同体に引き渡す。
7月7日　メイエルホリド、パリ『ル・モンド』紙のインタヴューでピスカートアを批判。
10月16日　ギュンター・ヴァイゼンボルン『ユーボートＳ４』、於フォルクスビューネ（当初、ピスカートアの〈シュトゥーディオ〉のための公演）。
10月19日　プロレタリア革命作家同盟(BPRS)、IVRSのドイツ支部設立。ピスカートア、会員に。
11月　ピスカートア、ブレヒト、フリッツ・シュテルンベルク、『夜打つ太鼓』制作を議論。
12月2日　P・M・ランペル『感化院の暴動』（デッペ演出）、於タリア劇場（ピスカートアのもとにいた俳優たちの〈青年俳優グループ〉による公演）。

1月　ヨハネス・R・ベッヒャー、小説『ルイサイト』が理由で起訴される。
2月　マイヤー、グロピウスの後を継ぎバウハウス校長になる。
3月　日本、〈プロレタリア劇場〉と〈前衛劇場〉が再合同、〈東京左翼劇場〉（〈左翼劇場〉）が成立。
4月14日　J・R・ブロッシュ『最後の皇帝』（マルティーン演出）、於ノレンドルフプラッツ劇場。
4月30日～5月8日　第1回プロレタリア作家会議（モスクワ）。
5月　ドイツ社民党、帝国議会選勝利（900万票獲得）、〈大連立〉政権主導。外相シュトレーゼマン。
5月5日　アシャール『マルボロー、戦場へ』（カルザー演出）、於ノレンドルフプラッツ劇場。
7月18日　マックス・ヘルツ釈放。
8月　二世市川左團次一座によるソ連公演。
8月31日　ブレヒト／ヴァイル『三文オペラ』（エンゲル演出）、於シフバウアーダム劇場。
10月　日本の雑誌『戦旗』10月号、ピスカートア「プロレタリア劇場の基礎及び任務」（千田是也訳）を掲載。
10月23日　フェルディナント・ブルックナー『犯罪者たち』、於ドイツ劇場。
秋　アーシャ・ラツィス、ソヴィエト交渉派遣団（ベルリーン）で映画担当に。
秋　モスクワ・ユダヤ国立劇場（グラノフスキー主宰）、ベルリーン客演。
12月　グロッスとヘルツフェルデ、シュヴェイクの素描ポートフォリオ「背景」のかどで罰金を科される。
12月25日　小山内薫没。

1929（昭和4）年【第3章・第4章】

演出作品：(1)アンダーソン／ストーリングス『ライヴァル』（ツックマイヤー翻案）；(2)メーリング『ベルリーンの商人』；(3)シラー『群盗』；(4)クレデ『刑法218条』；『政治演劇』執筆・出版（ピスカートア唯一の著書）。
イェーリング、『ラインハルト、イェスナー、ピスカートア、あるいは古典の死？』刊行。ヒルデ・ピスカートアとテオドア・プリフィーア、プリフィーアの『皇帝の苦力』を共同で舞台化。モスクワでルナチャルスキーが教育人民委員の任を離れる。

1927（昭和2）年【第2章・第3章】

演出作品：(1)ハインリヒ・マン『もてなしのいい家』；(2)ハウプトマン『織工』；(3)ヴェルク『ゴットラントを襲う嵐』；(4)トラー『どっこい、おれたちは生きている！』；(5)A・トルストイ／P・シチェゴレフ『ラスプーチン』。

1月21日　(1)、於ミュンヒェン、カンマーシュピーレ。 2月15日　(2)、ベルリーン、失業中の舞台関係者のための公演。 3月　グローピウスがトータルシアター計画に参加。カッツ、ピスカートアの新しい劇団の制作担当に。 3月14日　フォルクスビューネの青年支持層による会議。より政治的なプログラムが求められる。 3月23日　(3)、於フォルクスビューネ。これにより引き起こされたフォルクスビューネの内紛から、ピスカートアは同劇場を離れざるを得なくなる。 3月30日　フォルクスビューネ〈貴族院〉による、ピスカートア支持のための会議。トラー、イェスナー、マルティーンほかが参加。	
春～夏　トラー、『どっこい、おれたちは生きている！』を執筆。ラーニア、『景気』の最初の2場を執筆。ヘルツォーク、ピスカートアの主任ドラマトゥルクとしての職を解かれる。 7月12日　フォルクスビューネ〈特別部門〉、新設のピスカートア・ビューネ支援のために設立される。	5月　千田是也、ドイツ留学。 6月　トランク劇場、〈プロレタリア劇場〉に改称。
9月3日　(4)、於ノレンドルフプラッツ劇場。11月7日まで公演、その後フランクフルト、マンハイム、ケルンを巡演。 10月16日　〈シュトゥーディオ〉を創設。 11月10日　(5)、於ノレンドルフプラッツ劇場。1月20日まで公演。	10月5日　ソヴィエトのアジプロ隊〈青シャツ隊〉、ドイツを12月18日まで巡演。 11月　日本の前衛座、〈前衛劇場〉に改称。 11月15日～16日　第1回モスクワ革命作家会議、国際同盟組織形成（IVRS、のちにMORP）

1928（昭和3）年【第3章】

演出作品：(1)ハーシェク『実直な兵士シュヴェイクの冒険』（ブロート／ライマン翻案）；(2)ラーニア『景気』

第6回コミンテルン会議（モスクワ）開催。共産主義インターナショナルが採択される（社会民主主義と対立）。第一次五カ年計画最初の年。トロツキー、モスクワから追放される。

5月2日　(4)、フォルクスビューネのための制作、於中央劇場。 7月12日　(5)、於グローセス・シャウシュピールハウス、ドイツ共産党大会のための制作。 9月　(6)、於ミュンヒェン、カンマーシュピーレ。	4月28日　エイゼンシテイン『ストライキ』、モスクワで初公開。 6月14日〜9月14日　「新即物主義」展（於マンハイム）。 7月　ドイツ共産党大会。党首テールマン、モスクワの方針を順守。 10月　ロカルノ条約、ドイツと西側列強との間で締結。 10月14日　バウハウス、活動再開（於デッサウ）。 10月20日　クラーブント『白墨の輪』（ラインハルト演出）、於ドイツ劇場。 12月　日本プロレタリア文芸連盟設立。 12月22日　ツックマイヤー『愉しきぶどう山』、於シフバウアーダム劇場。

1926（大正15／昭和元）年【第2章・第3章】

演出作品：(1)オルトナー『ミヒャエル・フンダートプフント』；(2)パケ『海嘯』；(3)ツェヒ『酔いどれ舟』（グロッス画像）；(4)ストリンドベリ『爛酔』；(5)シラー『群盗』；(6)ゴーリキー『どん底』。

1月　国際労働者支援会（IAH）の映画配給会社〈プロメテウス〉、エイゼンシテインの新作『戦艦ポチョムキン』を配給。マイゼル、伴奏音楽を作曲、ピスカートア、検閲通過を助ける。 1月17日　(1)、於トリビューネ。 2月20日　(2)、於フォルクスビューネ。 3月4日　ルナチャルスキー『解放されたドン・キホーテ』（ホル演出）、於フォルクスビューネ。 3月5日　IAH、ドイツでの爵位剝奪を知識人に呼びかけ。ピスカートア署名。 5月21日　(3)、於フォルクスビューネ。 6月7日　(4)、於ミュンヒェン、カンマーシュピーレ。 夏　フランス・バンドルへ。トラー、エンゲル、ヘルツォーク、カッツ同行。 秋　ドゥリユーを通じてカッツェンエレンボーゲンに紹介され、財政的支援を得る。 9月11日　(5)、於プロイセン国立劇場。 11月10日　(6)、於フォルクスビューネ。ゴーリキーに会う。	1月23日　トレチヤコフ『吼えろ、中国！』、於モスクワ・メイエルホリド劇場。 2月　日本、〈トランク劇場〉、共同印刷争議の応援のために「初出動」。 3月／5月　トラー、ソ連に旅行。 4月29日　『戦艦ポチョムキン』ドイツ公開。 5月29日　ドイツ労働者演劇同盟第9回大会。左派勢力がドイツ共産党の主導で形成される。アルトゥーア・ピーク、ベルリーン支部代表に。 12月　〈トランク劇場〉の一部俳優により〈前衛座〉設立。 12月　大正天皇崩御、昭和天皇即位。

	11月3日　カイザー『平行』上演（フィアテル演出、グロッス装置。フィアテル主宰の〈部隊〉（ベルリーン）による公演） 11月9日　ヒトラーとルーデンドルフによるミュンヒェンでのビアホール・クーデター、警察によって鎮圧される。 12月　土方与志、帰国。

1924（大正13）年【第2章】

演出作品：⑴アルフォンス・パケ『旗』；⑵ピスカートア／ガスバラ『赤いレヴュー』；⑶オニール『カリブ諸島の月』およびブルスト『南海の劇 Südseespiel』。
キッシュのルポルタージュ『韋駄天レポーター』刊行。国際労働者支援会（IAH）、モスクワの〈ルーシ映画スタジオ〉を〈メジュラッポム（「国際労働者支援会」）・ルーシ〉へ改組。

5月26日　⑴、於フォルクスビューネ。 6月　共産党員の芸術家による〈赤いグループ〉（グロッスとヘルツフェルデが主導）のメンバーになる。 1 1月22日　⑵、ドイツ共産党の選挙キャンペーンのため。 12月21日　⑶、於フォルクスビューネ。	1月21日　レーニン没。 2月16日　グロッスとヘルツフェルデ、『エッケ・ホモ』を理由に起訴される。 3月19日　ブレヒト、『エドワード二世』の自らによる翻案をミュンヘンで演出。 5月　ドイツ帝国議会総選挙。共産党は370万票、社民党は600万票を獲得。 6月13日　小山内薫・土方与志、築地小劇場を開設。以後、カイザー『朝から夜中まで』（村山知義美術）ほか上演。 7月　小林一三、宝塚大劇場を開設。 7月16日　トラー釈放。 9月　ブレヒト、ラインハルトのドラマトゥルクとしてベルリーンでの活動を開始。 12月　地方政府の右傾化により、バウハウスがヴァイマルを離れる。

1925（大正14）年【第2章】

演出作品：⑴レーフィッシュ『誰がユッケナックのことで泣くだろう』；⑵ラスク『解放』；⑶レーオンハルト『水平線上の帆』；⑷シュミットボン『助けて！　子供が天から落ちてきた』；⑸ピスカートア／ガスバラ『にもかかわらず！』（ハートフィールド装置）；⑹ヨースト『愉快な街』。
グロッスとヘルツフェルデ、『危機にある芸術』を出版、議論を呼ぶ。

2月1日　⑴、於フォルクスビューネ。 3月8日　⑵、於中央劇場。 3月14日　⑶、於フォルクスビューネ。	2月28日　エーベルト没。 3月　日本、普通選挙法成立。 4月　日本、治安維持法公布。 4月26日　ヒンデンブルク、第2回選挙で帝国大統領に選出される。

1922（大正 11）年【第 1 章】

演出作品：⑴ゴーリキー『小市民』；⑵ロマン・ロラン『時は来らん』。

夏　グロッス、国際労働者支援会の仕事で5ヶ月ソ連に滞在。

9月　構成主義者とダダの会議（於ヴァイマル）、ダダ運動の終焉。『敵対者』誌、最終号。

9月29日　⑴、〈中央劇場〉（ベルリーン）最初の公演。ピスカートアとレーフィッシュ、〈プロレタリアのフォルクスビューネ〉形成の試み。

11月17日　⑵、於中央劇場。

1月　村山知義、ドイツ留学（～1923年1月）。

4月　独ソ、ラッパロ条約締結。

4月25日　モスクワでクロムランク作『堂々たるコキュ』上演（メイエルホリド演出、ポポーヴァ装置）。

6月　ラーテナウ、国粋主義者に暗殺される。

6月12日　メイエルホリド、モスクワで〈ビオメハニカ〉の演技論を公にする。

7月　日本共産党結成。

9月　独立社民党（USPD）、社民党に合流。

11月　保守派政権（クーノ首班）。

11月　土方与志、ヨーロッパ演劇研究に出立。

1923（大正 12）年【第 1 章】

演出作品：⑴トルストイ『闇の力』。

〈青シャツ隊〉結成（ソ連初のアジプロ隊）。タイーロフ、チェスタトン『木曜日だった男』をヴェスニンの構成主義的装置で演出。

1月　⑴、中央劇場、最後の上演。以後、劇場はロッター兄弟が引き継ぐ。

秋　ホル、フォルクスビューネ劇場監督に就任。

1月　フランス軍、ルール地方を占領。

3月～4月　オストロフスキイ／トレチヤコフ『どんな賢者にもぬかりはある』上演（エイゼンシテイン演出、於モスクワ、プロレトクリト劇場、映画の挿入あり）。

4月　ドイツのインフレーション、統制不能に。

4月　タイーロフのカーメルヌイ劇場、ドイツ劇場で来独公演。

6月／7月　エイゼンシテイン「アトラクションのモンタージュ」、『レフ』誌に掲載。

7月　第1回バウハウス展（於ヴァイマル）。グローピウス、スローガン「芸術と技術～新しい統一」を宣言。

8月　シュトレーゼマン政権下で通貨安定。

9月1日　関東大震災。

10月21日　テューリンゲンでの共産党蜂起、鎮圧される。2日後のハンブルクでの蜂起も同様。

1月　『破産』誌の刊行停止、月刊誌『敵対者』への合流。ヘルツフェルデ、共同編集者に。	1月　国際連盟発足。日本加盟（常任理事国）。
1月10日　ストリンドベリ『幽霊ソナタ』のアルケンホルツを演じる（オスカー・シュパウン演出、シュパウンとピスカートアの劇団〈法廷〉による公演。於ケーニヒスベルク市庁舎）	
1月20日　(1)、〈法廷〉公演。 1月30日　(2)、同。 2月17日　(3)、同。	3月　右翼のカップ一揆、鎮圧される。ゼネスト。ルール地方での左翼の蜂起が軍によって鎮圧される。
6月5日　第1回ベルリーン・ダダ展覧会（於ギャラリー・ブルヒャルト）	6月　社民党、多数派にもかかわらず政府から離脱。
8月4日　警視総監リヒター、ピスカートアとシュラーによる新生〈プロレタリア劇場〉（ベルリーン）創設を却下。	
10月　『敵対者』誌2巻4号、プロレタリア劇場特集号。『ロシアの日』脚本とピスカートア「プロレタリア演劇の基礎と課題」所収。	
10月14日　(4)、プロレタリア劇場旗揚げ公演、於ベルリーン各地集会場。 11月10日　(5)、プロレタリア劇場公演。 12月5日　(6)、同。	11月7日　モスクワ〈ロシア共和国第1劇場（RSFSR1）〉公演『曙 Les Aubes』（ヴェルハーレン Verhaeren 作）、メイエルホリド演出。

1921（大正10）年【第1章】

演出作品：(1)フランツ・ユング『まだくたばらないのか、ブルジョアの正義という娼婦め』；(2)ユング『土人たち』。

1月8日　(1)、於プロレタリア劇場。 3月8日　ベルリーン市警察、プロレタリア劇場の運営許可更新を却下。	3月～4月　マックス・ヘルツ主導の中部ドイツ・マンスフェルトでの共産主義者蜂起失敗。
4月　(2)、プロレタリア劇場最後の上演。同劇場、4月21日閉鎖。	
4月　グロッスとヘルツフェルデ、ポートフォリオ「神はわれらとともに」を糾弾され、ベルリーンで起訴される。	
8月12日　ミュンツェンベルク、レーニンの要望で国際労働者支援会（IAH）を創設。グロッス、パケなど参加。	8月　レーニンの新経済政策、ロシアにおける革命期の終結。
10月1日　ピスカートア、新しく組織された〈ロシアの飢餓のための芸術家による救援会〉書記に。	
12月　IAH第1回集会（ベルリーン）。	11月　原敬首相暗殺。

1919（大正 8）年【第 1 章】

	1 月 5 日〜 15 日　スパルタクス団の勢力伸張（ベルリーン）。リープクネヒトとローザ・ルクセンブルクの殺害（極右の義勇軍メンバーによる）。
	1 月 19 日　国民議会のための選挙。左派が 45％を獲得。
2 月 16 日　フォルクスビューネに「若い性格俳優」および演出助手の仕事を求める。	2 月　エーベルト（社民党）が国民議会で帝国大統領に選出される。ヴァイマルで国民議会が開かれる。
	春　ホリッチャー、ルビーナー、ゴルトシュミット、ベルリーンで〈プロレタリア文化同盟〉を結成する。
3 月　不定期刊の雑誌『破産』第 1 号刊行（ヘルツフェルデ編集、グロッス画）。	3 月　朝鮮半島で三・一独立運動。
	3 月 21 日　ハンガリーで評議会政府が樹立される（首班クーン）。
	4 月〜 5 月　バイエルン評議会共和国樹立、武力鎮圧される。トラーとミューザーム、収監される。
	7 月 31 日　ヴァイマル国民議会で共和国憲法が可決される。
	8 月 1 日　ハンガリー評議会崩壊、ホルティによる白色テロ。
秋　俳優として東プロイセン、ケーニヒスベルクへ行く。	9 月 1 日　カールハインツ・マルティーンとコルトナー、トリビューネ（演壇または観覧席の意）劇場をベルリーンに政治的劇団として設立（ほかにローデンベルク、レーオンハルトなど）。
	9 月 30 日　トラー『変転』（マルティーン演出、於トリビューネ劇場、コルトナー主演）
	10 月　イェスナー（社民党員）、プロイセン国立劇場（ベルリーン、旧法廷）を引き継ぐ。
12 月 7 日および 13 日　ダダの夕べに参加（於トリビューネ劇場）。	12 月 14 日　クランツ『自由』（マルティーン演出）、プロレタリア文化同盟が支援した〈プロレタリア劇場〉唯一の上演。

1920（大正 9）年【第 1 章】

演出作品：⑴ヴェーデキント『死と悪魔』およびH・マン『ヴァリエテ』；⑵ヴェーデキント『ヴェッターシュタイン城』；⑶カイザー『ケンタウルス』；⑷K・A・ヴィットフォーゲル『障碍者』、L・ザース（アンドル・ガーボル）『門の前で』、L・バルタ『ロシアの日』（装置：ハートフィールド）；⑸ゴーリキー『敵たち』；⑹シンクレア『プリンス・ハーゲン』（装置：モホイ－ナジ）。ヒルデ・ユーレツュスと結婚。

年　譜

以下はピスカートアの演出・著述の仕事に関する年譜である。各年冒頭には関連する章を示し、左列にはピスカートアの生い立ちや演出・著述の仕事に関する情報を、右列には主に独・ソ・米および日本での主な歴史的・演劇史的出来事や事件を記した。作成に当たっては Willett (1978), p. 13-36 および ders. (1982), S. 221-255 を中心に、谷川道子／秋葉裕一編『演劇インタラクティヴ　日本×ドイツ』（早稲田大学出版部、2010）ほかを参照し、適宜手を加えた。

1893 ～ 1913（明治 26 ～大正 2）年【第 1 章】

1893（明治 26）年 12 月 17 日、ドイツ・ヴェッツラー近郊の村ウルムに生まれる。家族が移った先のマールブルクで 1913（大正 2）年まで民衆大学（フォルクスホーホシューレ）に通う。その後ミュンヒェン大学で独文学、独語学、哲学、美術史を学び、演劇史学者クッチャーおよびヘルマンの授業を受ける。

1914 ～ 1918（大正 3 ～ 7）年【第 1 章】

1914 年夏　ミュンヒェン宮廷劇場の無給エキストラに。	1914 年 8 月 2 日　第一次世界大戦開戦。
1915 年 2 月 1 日　志願兵としてゲーラで訓練を受ける。	1915 年 1 月　日本、対華 21 ヵ条要求。
1915 年春　第一次世界大戦でのベルギー・イーペル戦線で通信兵を務める。前線で 2 年間従軍、負傷。	
1915 年および 1916 年　反戦詩が『行動』誌（ベルリーン）に掲載される（計 6 点）。	
1917 年夏　〈前線劇場〉に参加。ヴィーラント・ヘルツフェルデに会う。前線休暇。	
1918 年　前線休暇中、ベルリーンを初めて訪ねる。	
1918 年 2 月 18 日　第 1 回ダダの夕べ（於ベルリーン）。	
1918 年 11 月　兵士評議会（ベルギー・ハッセルト）成立時にスピーチ、その後マールブルクへ帰還。	1918 年 11 月　休戦、ドイツ革命。
1918 年 12 月 31 日　グロッス、ヘルツフェルデ兄弟とともに、新しく結党されたドイツ共産党（KPD）の党員に。	

――(1993a)『ドイツ・悲劇の誕生　ダダ／ナチ　1913-1920』（せりか書房）
――(1993b)『ドイツ・悲劇の誕生 2　ダダ／ナチ　1920-1925』（せりか書房）
――(1994)『ドイツ・悲劇の誕生 3　ダダ／ナチ　1926-1932』（せりか書房）
正木喜勝 (2014)「『左翼劇場』の演劇史的意義」［ピスカトール (2014)、369 ～ 374 頁］
ハンス－ティース・レーマン (2014)「ポストドラマ演劇はいかに政治的か？」［F/T ユニバーシティ・早稲田大学演劇博物館編／藤井慎太郎監修『ポストドラマ時代の創造力　新しい演劇のための 12 のレッスン』（白水社）、226 ～ 241 頁］

セルゲイ・エイゼンシテイン (1989)（佐々木能理夫訳）『映画の弁証法』（角川書店）
マーティン・エスリン (1963)（山田肇・木桧禎夫・山内登美雄訳）『ブレヒト　政治的詩人の背理』（白凰社）
亀山郁夫 (1996)『ロシア・アヴァンギャルド』（岩波書店）
桑野隆 (1996)『夢みる権利　ロシア・アヴァンギャルド再考』（東京大学出版会）
アルカージー・ゲルマン／イーゴリ・プレーヴェ (2008)（鈴木健夫／半谷史郎訳）『ヴォルガ・ドイツ人　知られざるロシアの歴史』（彩流社）［原書 2002 年刊］
古賀保夫 (1973)「P. ヴァイス「追究」について」［中京大学教養部『中京大学教養論叢』第 14 巻第 2 号 (1973.9.25)、155-169 頁］
――(1979)「E. トラー「どっこい , おいらは生きている！」試論」［中京大学教養部『中京大学教養論叢』第 20 巻第 3 号 (1979.12.30)、455 ～ 468 頁］
斎藤偕子 (2001)「訳者あとがき」［クリストファー・イネス（斎藤偕子・堀真理子・伊藤ゆかり・小菅隼人・佐藤達郎・川浪亜弥子・常山菜穂子訳）『アバンギャルド・シアター　一八九二～一九九二』（カモミール社）2001、395 ～ 399 頁］
――(2003)『黎明期の脱主流演劇サイト　ニューヨークの熱きリーダー 1950-60』（鼎書房）
篠田正浩 (1983)『エイゼンシュテイン』（岩波書店）
千田是也 (1975)『もうひとつの新劇史　千田是也自伝』（筑摩書房）
谷川道子 (2002)「可能性としての演劇、あるいは「ポストドラマ演劇」？　訳者あとがきに代えて」［レーマン (2002)、345 ～ 358 頁］
塚原史 (1994)『言葉のアヴァンギャルド　ダダと未来派の 20 世紀』（講談社）
――(1997)『アヴァンギャルドの時代　1910 年～ 30 年代』（未来社）
シルヴァン・ドンム (1984)（大木久雄訳）『演出　アントワーヌからブレヒトまで』（現代出版）
棗田光行 (2000)『時代と闘うドイツ演劇』（近代文芸社）（特に第七章「ドラマと社会の関係　トラー『おっとっと、僕らは生きとるぜ！』」、166 ～ 197 頁）
新野守広 (1998)「フランク・カストルフとフォルクスビューネ　統一後のドイツ演劇におけるカストルフの位置」［『ドイツ文学』、100 号（1998 春）、179 ～ 188 頁］
――(2005)『演劇都市ベルリン』（れんが書房新社）
萩原健 (2007)（編）『集団の声、集団の身体～ 1920・30 年代の日本とドイツにおけるアジプロ演劇』［早稲田大学坪内博士記念演劇博物館特別展図録］
平井正 (1980)『ベルリン　1918-1922　悲劇と幻影の時代』（せりか書房）
――(1981)『ベルリン　1923-1927　虚栄と倦怠の時代』（せりか書房）
――(1982)『ベルリン　1928-1933　破局と転回の時代』（せりか書房）
――(1991)『ゲッベルス』（中央公論社）

Nölle (Theatermuseum München). München o.J. [1975]
Schofer, Simone (2001): Zwei »Aufstände« - Niederlage und Sieg. Die Erzählung und der Film. In: May/Jackson (2001), S. 112-133.
Sloterdijk, Peter (1983): Kritik der zynischen Vernunft. 2 Bde, Bd. 2. Frankfurt a. M. (Suhrkamp), bes. S. 876-897: Hoppla – leben wir? Neusachliche Zynismen und Geschichten vom schwierigen Leben.［ペーター・スローターダイク (1996)（高田珠樹訳）『シニカル理性批判』（ミネルヴァ書房）（特に第二部第四篇第十三章「どっこい、おいらは生きている、か」、488 ～ 501 頁）］
Smith, Wendy (1990): Real life drama: the Group Theatre and America, 1931-1940. New York (Knopf); Distributed by Random House
Szondi, Peter (1956): Theorie des modernen Dramas. Frankfurt a.M. (Suhrkamp) [Abschnitt zur politischen Revue bei Piscator].［ペーター・ションディ（市村仁・丸山匠訳）(1979)『現代戯曲の理論』（法政大学出版局）］
Trapp, Frithjof / Mittenzwei, Werner / Rischbieter, Henning / Schneider, Hansjörg (1999) (Hrsg.) Handbuch des deutschsprachigen Exiltheaters 1933-1945. 2 Bde. München (Saur)
Treusch, Hermann / Mangel, Rüdiger (1992) (Hrsg.): Spiel auf Zeit. Theater der Freien Volksbühne 1963 bis 1992. Mit Beiträgen von Günther Rühle, Martin Wiebel, Burkhard Mauer u.a. Berlin (Hentrich)
Tytell, John (1995): The Living Theatre: art, exile, and outrage. New York (Grove Press), c1995
Völker, Klaus (1997): Brecht-Chronik. Daten zu Leben und Werk. München (Deutscher Taschenbuch Verlag)
Wächter, Hans-Christof (1973): Theater im Exil. Sozialgeschichte des deutschen Exiltheaters 1933-1945. München (Hanser)
Willett, John (1988): The Theatre of the Weimar Republic. New York (Holmes & Meier)
池田浩士 (1980)『闇の文化史　モンタージュ 1920 年代』（駸々堂）
市川明・木村英二・松本ヒロ子 (2005)（編）『世紀を超えるブレヒト』（郁文堂）
岩淵達治 (1966)「解説」［ペーター・ヴァイス（岩淵達治訳）『追究　アウシュヴィッツの歌』（白水社）1966、250 ～ 272 頁］
――(1982)『ブレヒト　戯曲作品とその遺産』（紀伊国屋書店）
岩本憲児 (2007)『サイレントからトーキーへ　日本映画形成期の人と文化』（森話社）
内野儀 (2001)『メロドラマからパフォーマンスへ　20 世紀アメリカ演劇論』（東京大学出版会）
浦雅春 (1986)「アトラクションのモンタージュ」［解説および注］［岩本憲児（編）『エイゼンシュテイン解読』（フィルムアート社）、38 ～ 45 頁］
ドーン・エイズ (2000)（岩本憲児訳）『フォトモンタージュ　操作と創造　ダダ、構成主義、シュルレアリスムの図像』（フィルムアート社）

社)]

Meyer, Herbert (1979): Das Nationaltheater Mannheim 1929-1979. Mannheim u.a. (Bibliographisches Institut)

Michael, Friedrich / Daiber, Hans: Geschichte des deutschen Theaters. Frankfurt am Main (Suhrkamp) [フリードリヒ・ミヒャエル/ハンス・ダイバー (1993)(吉安光徳訳)『ドイツ演劇史』(白水社)]

Mildenberger, Marianne (1961): Film und Projektion auf der Bühne. Emstetten (Lechte)

Möbius, Hanno (2000): Montage und Collage. Literatur, bildende Künste, Film, Fotografie, Musik, Theater bis 1933. München (Fink)

Patterson, Michael (1981): The Revolution in German Theatre, 1900-1933. Boston, London and Henley (Routledge & Kegan Paul)

Pfützner, Klaus (1959): Das revolutionäre Arbeitertheater in Deutschland 1918-1933. Skizze einer Entwicklung. In: Schriften zur Theaterwissenschaft, Bd. I. Berlin: Henschel 1959. S. 375-493.

-- (1966): Ensembles und Aufführungen des sozialistischen Berufstheaters in Berlin. In: Schriften zu Theaterwissenschaft, Bd. 4, Beriln (Henschel), S. 11-244.

-- (1968): Die Produktivität des Probierens. Material und Beschreibung einer Zusammenarbeit Friedrich Wolfs mit Erwin Piscator an „Tai Yang erwacht“, 1930. In: *Theater der Zeit*. Blätter für Bühne, Film und Musik, Jg. 23 (Berlin 1968), H. 24, S. 4-7.

Pollatschek, Walther (1958): Das Bühnenwerk Friedrich Wolfs. Ein Spiegel der Geschichte des Volkes. Berlin (Henschel)

Reichel, Peter (2007): Erfundene Erinnerung. Weltkrieg und Judenmord in Film und Theater. Fraunkfurt a.M. (Fischer) [= München, Wien: Carl Hanser 2004]

Rischbieter, Henning (1999) (Hrsg.) Durch den eisernen Vorhang. Theater im geteilten Deutschland 1945 bis 1990. Hrsg. in Zusammenarbeit mit der Akademie der Künste. Berlin (bes. H.R. [Henning Rischbieter]: Politisierung, Revolte, Theater in den sechziger und frühen siebziger Jahren. Piscator, Hochhuth, Kipphardt, Weiss und das neue politische Theater. (S. 137-162))

Rühle, Günther (1999): Blick zurück nach vorn – eine Bilanz. War da was? Und was war da? Ein Theaterjahrhundert passiert Revue! In: Theater 1999. Das Jahrbuch der Zeitschrift „theater heute“. Berlin 1999, S. 24-43.

-- (2007): Theater in Deutschland 1887-1945. Seine Ereignisse – seine Menschen. Frankfurt a. M. (S. Fischer)

Rühle, Jürgen (1957): Das gefesselte Theater. Vom Revolutionstheater zum Sozialistischen Realismus. Köln, Berlin (Kiepenheuer & Witsch)

Schmückle, Hans-Ulrich / Busse, Sylta ([1975]): Theaterarbeit. Eine Dokumentation. Hrsg. von Eckehart

ミール社)]

Ismayr, Wolfgang (1977): Das politische Theater in Westdeutschland. Meisenheim am Glan (Hain) (Hochschulschriften: Literaturwissenschaft, Bd. 24)

Jarmatz, Klaus / Barck, Simone / Diezel, Peter (1979): Exil in der UdSSR. Leipzig (Reclam)

Klatt, Gudrun (1975): Arbeiterklasse und Theater. Agitprop-Tradition – Theater im Exil – Sozialistisches Theater. Berlin (Akademie-Verlag)［グドルン・クラット (1979)「労働者階級と演劇」［所収:ルートヴィヒ・ホフマン／グドルン・クラット (1979)（千田是也・佐藤祐司訳）『労働者階級と演劇』（未来社)、81 ～ 337 頁]]

Knust, Herbert (1974) (Hrsg.): Materialien zu Bertolt Brechts ›Schweyk im zweiten Weltkrieg‹. Vorlagen (Bearbeitungen), Varianten, Fragmente, Skizzen, Brief- und Tagebuchnotizen. Frankfurt a.M. (Suhrkamp)

Kracauer, Siegfried (1958): Von Caligari bis Hitler. Ein Beitrag zur Geschichte des deutschen Films, Hamburg (Rowohlt)［S.［ジークフリート・］クラカウアー (1970)（丸尾定訳）『カリガリからヒトラーへ　ドイツ映画 1918-33 における集団心理の構造分析』（みすず書房)]

Kunstamt Kreuzberg, Berlin / Institut für Theaterwissenschaft der Universität Köln (1977) (Hg.): Weimarer Republik. Berlin; Hamburg (Elefanten Press)

Laquer, Walter (1974): Weimar. A Cultural History 1918-1933. London (Weidenfeld and Nocolson)［ウォルター・ラカー (1980)（脇圭平・八田恭昌・初宿正典訳）『ワイマル文化を生きた人びと』（ミネルヴァ書房)]

Lehmann, Hans-Thies (1999): Postdramatisches Theater. Frankfurt am Main (Verlag der Autoren)［ハンス - ティース・レーマン (2002)（谷川道子・新野守広・本田雅也・三輪玲子・四ツ谷亮子・平田栄一朗訳）『ポストドラマ演劇』（同学社)]

Lindner, Burkhardt / Schlichting, Hans Burkhard (1978): Die Destruktion der Bilder: Differenzierungen im Montagebegriff. In: *alternative*, 21. Jg. (1978), H. 122/123, S. 209-224.

Löhndorf, Marion (2001): Das Fest im Kinderzimmer. Wie die Experimenta 7 in Frankfurt das junge Theater feierte. In: *Neue Zürcher Zeitung*, 7. Juni 2001

Lüdke, W. Martin (1976) (Hg.): ›Theorie der Avantgarde‹ Antworten auf Peter Bürgers Bestimmung von Kunst und bürgerlicher Gesellschaft. Herausgegeben von W. Martin Lüdke. Frankfurt a.M. (Suhrkamp)

McLuhan, Marshall (1964): Understanding media: the extensions of man. New York (Signet)［マーシャル・マクルーハン (1987)（栗原裕・河本仲聖訳）『メディア論　人間の拡張の諸相』（みすず書房)]

Melchinger, Siegfried (1974): Geschichte des politischen Theaters. 2 Bde. Frankfurt am Main (Suhrkamp)［ジークフリート・メルヒンガー（1976）（尾崎賢治・蔵原惟治訳）『政治演劇史』（白水

-- (2000) (Hrsg.): „Hier brauchen sie uns nicht". Maxim Vallentin und das deutschsprachige Exiltheater in der Sowjetunion 1935-1937. Briefe und Dokumente. Berlin (Siebenhaar) (akte exil, Bd. 1)

Eisenstein, Sergej M. (1998[1923]): Montage der Attraktionen. In: Brauneck, Manfred: Theater im 20. Jahrhundert. Reinbek (Rowohlt) 1982, 81998, S. 260-265.［セルゲイ・エイゼンシテイン (1988)「アトラクションのモンタージュ」（所収：『ロシア・アヴァンギャルド　テアトルⅡ　演劇の十月』（国書刊行会）、1988、473 ～ 480 頁）］

Fähnders, Walter / Rector, Martin (1974) (Hrsg.): Literatur im Klassenkampf. Zur proletarisch-revolutionären Literaturtheorie 1919-1923. Frankfurt a. M. (Fischer) (= München: Carl Hanser 1971)

Fiebach, Joachim (²1975): Von Craig bis Brecht. Studien zu Künstlertheorien in der ersten Hälfte des 20. Jahrhunderts, Berlin (Henschel)

Fischer-Lichte, Erika (2004): Ästhetik des Performativen. Frankfurt am Main (Suhrkamp)［エリカ・フィッシャー - リヒテ (2009)（中島裕昭・平田栄一朗・寺尾格・三輪玲子・四ツ谷亮子・萩原健訳）『パフォーマンスの美学』（論創社）］

Gay, Peter (1970): Weimar Culture. The Outsider as Insider. New York; Hagerstown; San Francisco; London (Harper Torchbook)［ピーター・ゲイ (1999)（亀嶋庸一訳）『ワイマール文化』（みすず書房）］

Greul, Heinz (1971): Bretter, die die Zeit bedeuten. Die Kulturgeschichte des Kabaretts. München (DTV)［ハインツ・グロイル (1983)（平井正・田辺秀樹訳）『キャバレーの文化史［Ⅰ］道化・風刺・シャンソン』『キャバレーの文化史［Ⅱ］ファシズム・戦後・現代』（ありな書房）］

Hillach, Ansgar: Allegorie, Bildraum, Montage. Versuch, einen Begriff avantgardistischer Montage aus Benjamins Schriften zu begründen. In: Lüdke (1976), S. 105-142.

Hodge, Alison (2000) (ed.): Twentieth century actor training. London; New York (Routledge)［アリソン・ホッジ (2005)（編著）（佐藤正紀ほか訳）『二十世紀俳優トレーニング』（而立書房）］

Hoffmann, Ludwig / Hoffmann-Ostwald, Daniel (1977): Deutsches Arbeitertheater 1918-1933. 2 Bde. 3. Aufl., Berlin (Henschel)［第 1 巻所収の序文のみ、次の邦訳あり。ルートヴィヒ・ホフマン「ドイツの労働者演劇」（所収：L. ホフマン／ G. クラット (1979)（千田是也・佐藤祐司訳）『労働者階級と演劇』（未来社）、6 ～ 75 頁）］

Hoffmann, Ludwig (Hg.) (1980): Theater der Kollektive. Proletarisch-revolutionäres Berufstheater in Deutschland 1928-1933. Stücke, Dokumente, Studien. Herausgegeben von Ludwig Hoffmann, unter Mitarbeit von Klaus Pfützner. 1. Band. Berlin (Henschel) 1980

Innes, Christopher D. (1993): Avant garde theatre, 1892-1992. London; New York (Routledge)［クリストファー・イネス (2001)（斎藤偕子・堀真理子・伊藤ゆかり・小菅隼人・佐藤達郎・川浪亜弥子・常山菜穂子訳）『アバンギャルド・シアター　一八九二～一九九二』（カモ

www.erwin-piscator.de/03%20Inszenierungen/Set-04.htm.

【二次文献（2）：間接的にピスカートアに関連するもの】

Adorno, Theodor W. (1977): Ästhetische Theorie. Herausgegeben von Gretel Adorno und Rolf Tiedemann. 3. Auflage. Frankfurt am Main (Suhrkamp)［テオドール・W・アドルノ (1985)（大久保健治訳）『美の理論』（河出書房新社）］

Arnold, Jasmin (2003): Die Revolution frisst ihre Kinder. Deutsches Filmexil in der UdSSR. Marburg (Tectum)

Balázs, Béla (1930): Der Geist des Films. Halle/Saale (Wilhelm Knapp)［ベラ・バラージュ (1984)（佐々木基一・高村宏訳）『映画の精神』（創樹社）］

Baur, Detlev (1999): Der Chor im Theater des 20. Jahrhunderts: Typologie des theatralischen Mittels Chor. Tübingen (Niemeyer)

Becker, Peter von (2002): Das Jahrhundert des Theaters. Das Buch zur Fernsehserie. Herausgegeben von Wolfgang Bergmann. Köln (DuMont)

Benjamin, Walter (1977[1936]): Das Kunstwerk im Zeitalter der technischen Reproduzierbarkeit. Frankfurt am Main (Suhrkamp)［ヴァルター・ベンヤミン（高木久雄・高原宏平訳）「複製技術の時代における芸術作品」（所収：ヴァルター・ベンヤミン（佐々木基一編集・解説）『複製技術時代の芸術』（晶文社）1999、7 ～ 60 頁）］

Benson, Renate (1984): German Expressionist Drama. Ernst Toller and Georg Kaiser. London; Basing Stoke (Macmillan)［レナーテ・ベンスン (1986)（小笠原豊樹訳）『ドイツ表現主義演劇　トラーとカイザー』（草思社）］

Blumer, Arnold (1977): Das dokumentarische Theater der sechziger Jahre in der Bundesrepublik Deutschland. Meisenheim am Glan (Hain) (Hochschulschriften: Literaturwissenschaft, Bd. 32)

Brauneck, Manfred (1982, [8]1998): Theater im 20. Jahrhundert. Programmschriften, Stilperioden, Reformmodelle. Reinbek bei Hamburg (Rowohlt)

Bürger, Peter (1974): Theorie der Avantgarde. Frankfurt a. M. (Suhrkamp)［ペーター・ビュルガー (1987)（浅井健次郎訳）『アヴァンギャルドの理論』（ありな書房）］

Cole, Toby/Chinoy, Helen Krich (1970[1949]) (ed.): Actors on Acting. The Theories, Techniques and Practices of the Great Actors of All Times as Told in Their Own Words. (3rd Edition) Edited with Introductions & Biographical Notes by Toby Cole and Helen Krich Chinoy. New York (Crown)

Diezel, Peter (1978): Exiltheater in der Sowjetunion, 1932 – 1937. Veröffentlichung der Akademie der Künste der DDR. Berlin (Henschelverlag)

-- (1993) (Hrsg.): «Wenn wir zu spielen – scheinen». Studien und Dokumente zum Internationalen Revolutionären Theaterbund. Bern (Peter Lang)

時代後期の演出作品分析」［東京大学文学部独文科研究室『詩・言語』第 39 号、1992、59 ～ 76 頁］
萩原健 (2002)「千田是也演出『噛ふ手紙』(1937) にみる映画の使用について　戦前の日本におけるあるピスカートア受容」［東京大学大学院総合文化研究科超域文化科学専攻『超域文化科学紀要』第 7 号、149 ～ 165 頁］
――(2004)「「上演の日まで『完成した作品』というものはない」（ピスカートア）　トラーとピスカートアの共同制作『どっこい、おれたちは生きている！』(1927)」［早稲田大学演劇博物館『演劇研究センター紀要　II　早稲田大学 21 世紀 COE プログラム〈演劇の総合的研究と演劇学の確立〉』、2004、163 ～ 172 頁］
――(2011)「一九四〇年代のアメリカ演劇におけるピスカートアの影響　ウィリアムズの場合を軸として」［日本演劇学会紀要『演劇学論集』52 号、27 ～ 43 頁］
――(2013)「ドイツ語文献解題Ａ：ソ連にいたドイツからの亡命者たち　トラー、ヴォルフ、ピスカートア、ライヒ」［文部科学大臣認定　共同利用・共同研究拠点　演劇映像学連携研究拠点　演劇研究基盤整備：舞台芸術文献の翻訳と公開「ヨーロッパの舞台表象の変容・転移としての〈1938 年問題〉／ドイツ」］http://kyodo.enpaku.waseda.ac.jp/trans/modules/xoonips/detail.php?id=2013germany06
――(2015)「佐野碩とピスカートア　異郷で繰り返された接触からの活動の展開」［菅孝行（編）『佐野碩　人と仕事 1905-1966』（藤原書店）、165 ～ 186 頁］
藤田賢 (1965)「ピスカートルの政治演劇と民衆舞台における《実験》」［東京教育大学独文研究室『影』第 5 号、1965、1 ～ 14 頁］
松本ヒロ子 (1984)「ピスカートアとヴォルフ　『タイ・ヤンはめざめる』初演について」［ワイマル友の会日本 - DDR ゲルマニスティク交流促進協会『研究報告』第 9 号、1984、64 ～ 78 頁］
丸本隆 (1984)「ピスカートアとフォルクスビューネ」［ワイマル友の会日本 - DDR ゲルマニスティク交流促進協会『研究報告』第 9 号、1984、9 ～ 25 頁］
森川進一郎 (1984a)「「ピスカートアの政治演劇　現実に対する演劇の先駆的実験」解題」［ワイマル友の会日本 - DDR ゲルマニスティク交流促進協会『研究報告』第 9 号、1984、3 ～ 8 頁］
――(1984b)「1928 年のピスカートア舞台における『シュヴェイク』上演」［ワイマル友の会日本 - DDR ゲルマニスティク交流促進協会『研究報告』第 9 号、1984、45 ～ 63 頁］
山口泰代 (1988)「ピスカートア　演劇理論とその実践」［『大阪明浄女子短期大学紀要』第 3 号、1988、55 ～ 76 頁］

Wannemacher, Klaus (2001): Chronologisches Inszenierungsverzeichnis. Online verfügbar unter: http://

Schwind, Klaus (1994): Das „selbständige Spielgerüst“ einer revolutionären „Theatermaschine“. Erwin Piscators Inszenierung von Ernst Tollers ‚Hoppla, wir leben!‘ (1927). In: Mennemeier, Franz Norbert / Fischer-Lichte, Erika (Hrsg.). Drama und Theater der europäischen Avantgarde. Tübingen, Basel (Francke) (Mainzer Forschungen zu Drama und Theater, Bd. 12). S. 287-316.

-- (1995): Die Entgrenzung des Raum- und Zeiterlebnisses im “vierdimensionalen” Theater. Plurimediale Bewegungssystemen in Piscators Inszenierung von *Hoppla, wir leben!* (1927) In: Fischer-Lichte, Erika (Hg.): TheaterAvantgarde: Wahrnehmung - Körper - Sprache. Tübingen; Basel (Franke), S. 58-88.

Teroerde, Heiner (2009): Politische Dramaturgien im geteilten Berlin: Soziale Imaginationen bei Erwin Piscator und Heiner Müller um 1960. Göttingen (V&R unipress)

Taketsugu, Genzō (1997): Die theatralischen Versuche Erwin Piscators 1920-1931. In: *Miyazaki Sangyô Keiei Daigaku Kenkyû Kiyô*. Bd. 9, Nr. 2 (1997.3), S. 33-52.

Tharandt, Beate Elisabeth (1989): Walter Gropius’ Totaltheater revisited: A phenomenological Study of the Theater of the Future. Carbondale: Southern Illinois University

Völker, Klaus (1991): Hašeks „Schwejk“-Roman auf der Bühne – Die Piscator-Inszenierung von 1928: Von Brod zu Brecht und die Folgen. In: Pazi, Margarita / Zimmermann, Hans Dieter (Hrsg.): Berlin und der Prager Kreis. Würzburg 1991, S. 225-241.

Wannemacher, Klaus (2004): Erwin Piscators Theater gegen das Schweigen. Politisches Theater zwischen den Fronten des Kalten Kriegs (1951-1966). Tübingen (Niemeyer) (Theatron, Bd. 42)

Willett, John (1978): The theatre of Erwin Piscator: half a century of politics in the theatre. London (Eyre Methuen) [dt.: -- (1982): Erwin Piscator. Die Eröffnung des politischen Zeitalters auf dem Theater. Frankfurt a. M. (Suhrkamp)]

Woll, Stefan (1984): Das Totaltheater. Ein Projekt von Walter Gropius und Erwin Piscator. Berlin (West) (Gesellschaft für Theatergeschichte e.V.)

市川明 (1984)「ピスカートアとトラー “Hoppla, wir leben!” の 1927 年上演をめぐって」［ワイマル友の会日本 - DDR ゲルマニスティク交流促進協会『研究報告』第 9 号、1984、26 ～ 44 頁］

笠原仁 (1979)「ピスカートルの叙事的演劇　序」［明治大学文学部紀要『文芸研究』第 41 号、1979、143 ～ 159 頁］

――(1980)「ピスカートルの叙事的演劇　二〇世紀演劇に於ける一つの試み」［明治大学文学部紀要『文芸研究』第 43 号、1980、73 ～ 108 頁］

小宮曠三 (1975)「ピスカートル」［『悲劇喜劇』1975 年 11 月号、6 ～ 12 頁］

杉浦康則 (2010)「エルヴィン・ピスカートルの叙事的演劇に見られる群集表現」［北海道大学ドイツ語学・文学研究会『独語独文学研究年報』第 36 号、41 ～ 61 頁］

武次玄三 (1992)「制度批判のドラマトゥルギー　エルヴィン・ピスカートアのヴァイマール

Innes, Christopher D. (1972): Erwin Piscators Political Theatre. The Development of Modern German Drama. Cambridge (Cambridge University Press)

Kirfel-Lenk, Thea (1984): Erwin Piscator im Exil in den USA 1939–1951. Eine Darstellung seiner antifaschistischen Theaterarbeit am Dramatic Workshop der New School for Social Research. Berlin (Henschelverlag)

Knellessen, Friedrich Wolfgang (1970): Agitation auf der Bühne. Das politische Theater der Weimarer Republik. Emstetten (Lechte)

Krohn, Claus-Dieter (1990): Erwin Piscators Theaterarbeit in New York 1939-1951. In: Exil. Literatur und die Künste nach 1933. Hrsg. von Alexander Stephan. Bonn (Studien zur Literatur der Moderne, Bd. 17), S. 154-170.

May, Rainhard / Jackson, Hendrik (2001) (Hrsg.): Filme für die Volksfront. Erwin Piscator, Gustav von Wangenheim, Friedrich Wolf – antifaschistische Filmemacher im sowjetischen Exil. Berlin (Stadtkino Berlin).

McAlpine, Sheila (1990): Visual aids in the productions of the first Piscator-Bühne: 1927-28. Frankfurt am Main; Bern; New York; Paris (Lang) (Europäische Hochschulschriften; Theater-, Film- und Fernsehwissenschaften, 40)

Probst, Gerhard F. (1991): Erwin Piscator and the American Theatre. New York, San Francisco, Bern u.a. (Peter Lang) (American University Studies, Ser. 26, Theatre Arts, 6)

-- (1993): Erwin Piscator in Amerika 1939-1951. In: Amlung (1993), S. 69-84.

Probst, Stefanie (2001): Anfänge, Erfolge und Katastrophen – Erwin Piscator. In: May/Jackson (2001), S. 209-229.

Rorrison Hugh (1980): Piscator's Production of "Hoppla, wir leben", 1927. In: *Theatre Quarterly*, Vol. X, No. 37 (1980 Spring), p. 30-41.

-- (1987): Erwin Piscator: politics on the stage in the Weimar Republic. Cambridge (Chadwyck-Healey in association with the Consortium for Drama and Media in Higher Education)

Rühle, Günther (1972): Theater in unserer Zeit. Frankfurt am Main (Suhrkamp) [bes. „Rede über die zehn Taten des Erwin Piscator" (S. 153-169, urspr. in: *Theater heute*. Jg. 12 (1971), H. 11, S. 3-7)]

-- (2005): Zurück auf Anfang. Die schwierige Heimkehr Erwin Piscators: der lange Weg aus dem Exil durch die Provinz an die Berliner Volksbühne. In: *Theater heute*. Jg. 46 (2005), Nr. 12, S. 28-36).

Rutkoff, Peter M. / Scott, William B. (1986): New School. A History of the New School for Social Research. New York (Free Press) [esp. (Chapter 9:) Politics on Stage. Piscator and the Dramatic Workshop. (p. 172-195)]

Schemel, Bianca (2001): Erwin Piscator und »Wosstanije rybakow« (Aufstand der Fischer). In: May/ Jackson (2001), S. 89-111.

Unter Mitarbeit von Gennadij Bordjugow. München (Fink) (West-östliche Spiegelungen. Neue Folge. Russen und Deutsche im 20. Jahrhundert. Bd. 2), S. 987-1020.

Ditschek, Eduard (1989): Politisches Engagement und Medienexperiment. Theater und Film der russischen und deutschen Avantgarde der zwanziger Jahre. Tübingen (Narr) (Mannheimer Beiträge zur Sprach- und Literaturwissenschaft, Bd. 17; zugl.: Berlin, Freie Univ., Diss., 1987)

Dreßler, Roland (1980): Erwin Piscators „Räuber"-Inszenierung von 1926. In: *Weimarer Beiträge*. Zeitschrift für Literaturwissenschaft, Ästhetik und Kulturtheorie, 26. Jg., 1980.5, S. 60-76.

Fiebach, Joachim (1966): Erwin Piscator – seine theaterhistorische Leistung. In: *Theater der Zeit*. Blätter für Bühne, Film und Musik, Jg. 21 (Berlin 1966), H. 24, S. 18-21.

Fischer-Lichte, Erika (1993): Politisches Theater als (kultur-)revolutionäre Aktion. Zum Montage-Verfahren in Piscators Theater in der Weimarer Republik. In: Fritz, Horst (Hg.): Montage im Theater und Film. Tübingen; Basel (Franke) (Mainzer Forschungen zu Drama und Theater, Bd. 20), S. 97-119.

Gleber, Klaus (1979): Theater und Öffentlichkeit. Produktions- und Rezeptionsbedingungen politischen Theaters am Beispiel Piscator 1920-1966. Frankfurt am Main; Bern; Las Vegas (Lang)

Goergen, Jeanpaul (1993): Wosstanije rybakow („Aufstand der Fischer"). UdSSR, 1934. Ein Film von Erwin Piscator. Eine Dokumentation. Berlin

Goertz, Heinrich (1974): Erwin Piscator in Selbstzeugnissen und Bilddokumenten. Reinbek b. Hamburg (Rowohlt)

Haarmann, Hermann (1991): Erwin Piscator und die Schicksale der Berliner Dramaturgie. Nachträge zu einem Kapitel deutscher Theatergeschichte. München (Fink)

-- (2000) (Hrsg.): Abschied und Willkommen. Briefe aus dem Exil 1933-1945. Berlin (Bostelmann & Siebenhaar) (akte exil, Bd. 3)

-- (2002) (Hrsg.): Erwin Piscator am Schwarzen Meer. Briefe, Erinnerungen, Photos. Herausgegeben von Hermann Haarmann. Berlin (Bostelmann & Siebenhaar) (akte exil, Bd. 7).

Haarmann, Hermann / Schirmer, Lothar / Walach, Dagmar (1975): Das „Engels"-Projekt. Ein antifaschistisches Theater deutscher Emigranten in der Sowjetunion (1936-1941). Worms (Heintz)

Hagiwara, Ken (2000): Erwin Piscators Theaterbauprojekt vom „Totaltheater" und Inszenierung von „Hoppla, wir leben! In: Evolationen. Gedächtnis und Theatralität als kulturelle Praktiken. Beiträge der Tateshina-Symposien 1998 und 1999. herausgegeben von der Japanischen Gesellschaft für Germanistik. München (iudicium) 2000, S. 207-218.

Haß, Ulrike (1998): Auge oder Ohr? Piscators »Politisches Theater« und Tollers Hoppla, wir leben! in Berlin 1927. In: Berliner Theater im 20. Jahrhundert. Herausgegeben von Erika Fischer-Lichte, Doris Kolesch und Christel Weiler. Berlin (Fannei und Walz), S. 117-131.

Hintze, Joachim (1993): Erwin Piscator im Moskauer Exil (1931-1936). In: Amlung (1993), S. 59-68.

24, S. 21-22.
-- (1970): Im Wettlauf mit der Zeit. Erinnerungen aus fünf Jahrzehnten deutscher Theatergeschichte. Berlin/DDR (Henschel)
Rischbieter, Henning (1966a): Piscator und seine Zeit. Ein großer Theatermann starb. In: *Theater heute*. Zeitschrift für Schauspiel, Oper, Ballett. Hannover, Jg. 7 (1966), H. 5, S. 8-12
-- (1966b), »EXPERIMENTA. Theater und Publikum neu definiert«, in: *Theater heute*, Jg.7 (1966), H. 6, S. 8-17
Rühle, Günther (1972): Zeit und Theater. 3 Bde., Bd. 2. Von der Republik zur Diktatur 1925-1933, Berlin (Propyläen)
-- (1988): Theater für die Republik. 2 Bde., Bd. 2; 1926-1933. Berlin (Henschel)
Schumacher, Ernst (2006): Mein Brecht. Erinnerungen 1943 bis 1956. [Leipzig] (Henschel)
Toller, Ernst (1930/78): Quer durch. Reisebilder und Reden. Berlin: Gustav Kiepenheuer 1930. [Reprint (1978): Mit einem Vorwort zur Neuherausgabe von Stephan Reinhardt. Heidelberg (Wunderhorn)]
Wolf, Friedrich (1958): Briefe. Eine Auswahl. Berlin (Aufbau)
Zuckmayer, Carl (1969): Als wär's ein Stück von mir. Horen der Freundschaft. Frankfurt a.M. (Fischer)
黒田礼二 (1927)「『どっこい、生きてる』【四】 ノレンドルフ座にトラア新作をのぞいて」［朝日新聞、昭和 2(1927) 年 11 月 22 日］

【二次文献（1）：直接ピスカートアに関連するもの】

Amlung, Ullrich (1993) (Hrsg.): »Leben – ist immer ein Anfang!« Erwin Piscator 1893-1966. Der Regisseur des politischen Theaters. Hrsg. in Zusammenarbeit mit der Akademie der Künste, Berlin. Marburg (Jonas)
Birri, Ursula (1982): Totaltheater bei Meyerhold und Piscator. Analyse der Inszenierungen «Mysterium buffo» von Wladimir Majakowski und «Rasputin» nach Alexej N. Tolstoj und P. E. Schtschegolew. Zürich (Universität Zürich)
Buehler, George (1978): Bertolt Brecht – Erwin Piscator. Ein Vergleich ihrer theoretischen Schriften. Bonn (Bouvier) (Abhandlungen zur Kunst-, Musik- und Literaturwissenschaft, Bd. 250)
Coox, Georg (1965): Theater in Westberlin: 3. Die Bühne Piscators. In: *Theater der Zeit*. Blätter für Bühne, Film und Musik, Jg. 20 (Berlin 1965), H. 7, S. 26-28.
Diezel, Peter (2004): Im ständigen Dissens. Erwin Piscator und die Meshrabpom-Film-Gesellschaft. In: *Filmexil*, Jg. 20 (Filmmuseum Berlin / edition text + kritik 2004), S. 39-56.
-- (2006): Deutsches Staatstheater Engels. Erwin Piscator, Maxim Vallentin und die Verleumdung der deutschen Emigranten als „bourgeoise Nationalisten“. In: Eimermacher, Karl / Volpert, Astrid (Hrsg.): Stürmische Aufbrüche und enttäuschte Hoffnungen. Russen und Deutsche in der Zwischenkriegszeit.

Hay, Julius (1971): Geboren 1900. Reinbek bei Hamburg (Christian Wegner Verlag)

Huelsenbeck, Richard (1964) (Hg.): Dada. Eine literarische Dokumentation. Reinbek (Rowohlt)

Ihering (Jhering), Herbert (1926): Piscators „Räuber"-Inszenierung. Staatstheater. In: *Berliner Börsen-Courier*, 13.9.1926, auch in: ders. (1958/59), Bd. 2, S. 223-225.

-- (1928): [Ursachen des Scheiterns der Piscator-Bühne]. In: *Berliner Börsen-Courier*, Nr. 256, 4.6.1928 [auch in: Ihering (1958/59) (s.u.), Bd. II, S: 340ff.]

-- (1929): Reinhardt, Jessner, Piscator oder Klassikertod? Berlin: Ernst Rowohlt 1929. [auch in: ders. (1948), S. 149-194]

-- (1948): Die zwanziger Jahre. Berlin: Aufbau [Inhalt: Der Kampf ums Theater -- Aus der "Aktuellen Dramaturgie" -- Die vereinsamte Theaterkritik -- Reinhardt, Jessner, Piscator oder Klassikertod? -- Ein Zwischenwort 1948 -- Der Volksbuhnenverrat -- Die getarnte Reaktion]

-- (1958/59): Von Reinhardt bis Brecht. Vier Jahrzehnte Theater und Film. 3 Bde. [Bd. 1 und 3: 1958; Bd. 2: 1959] Hrsg. von der Deutschen Akademie der Künste zu Berlin unter Mitarbeit von Edith Krull. Berlin/DDR (Aufbau)

Jessner, Leopold (1927): Politisches Theater. Zur diesjährigen Volksbühnentagung in Magdeburg. In: *Vossische Zeitung*, Nr. 294, 14.6.1927. [auch in: Leopold Jessner. Schriften. Theater der zwanziger Jahre. Hrsg. von Hugo Fetting. Berlin/DDR 1979, S: 92-94]

Jung, Franz (1921): Die Kanaker. In: *Rote Fahne* 4, Nr. 163, 13.4.1921, aus: Fähnders/Rector (1974), S. 216-219.

Kazan, Elia (1988): A Life. New York (Knopf)

Kerr, Alfred (1982): Mit Schleuder und Harfe. Theaterkritiken aus drei Jahrzehnten. Herausgegeben von Hugo Fetting. Berlin (Severin und Siedler)

Lacis, Asja (1971): Revolutionär im Beruf. Berichte über proletarisches Theater, über Meyerhold, Brecht, Benjamin und Piscator, hrsg. von Hildegard Brenner, München (Rogner & Bernhard)

Ley-Piscator, Maria (1970): The Piscator Experiment: The Political Theatre. Carbondale; Edwardsville (Southern Illinois University Press) [New York (James H. Heineman) 1967]

-- (1993): Der Tanz im Spiegel. Mein Leben mit Erwin Piscator. Reinbek bei Hamburg (Rowohlt) [Engl.: Mirror People. New York, 1989]

Luft, Friedrich (1982): Stimme der Kritik I. Berliner Theater 1945-1965. Frankfurt a.M. (Ullstein)

Malina, Judith (1984): The Diaries of Judith Malina, 1947-1957. New York (Grove Press)

-- (2012): The Piscator Notebook. London; New York (Routledge)

Müller, André (1963): Piscator heute. In: *Theater der Zeit*, Jg. 18 (1963), H. 21, S. 25-26.

Ottwalt, Ernst (1934): Piscators erster Film. In: *Neue Weltbühne*, 30. Jg. (1934), Nr. 42, S. 1326-1329.

Reich, Bernhard (1966): Meine Begegnungen mit Piscator. In: *Theater der Zeit*, Jg. 21 (Berlin 1966), H.

von Werner Hecht, Jan Knopf, Werner Mittenzwei, Klaus-Detlef Müller. 30 Bde. Berlin und Weimar (Aufbau) und Frankfurt am Main (Suhrkamp)
-- (1991): Schriften 4. Texte zu Stücken. Berlin und Weimar, Frankfurt (BFA, Bd. 24)
-- (1992): Schriften 1. Schriften 1914-1933. Berlin und Weimar, Frankfurt (BFA, Bd. 21)
-- (1993a): Schriften 2. Schriften 1933-1942. Teil 1. Berlin und Weimar, Frankfurt (BFA, Bd. 22.1)
-- (1993b): Schriften 2. Schriften 1933-1942. Teil 2. Berlin und Weimar, Frankfurt (BFA, Bd. 22.2)
-- (1998a): Briefe 1. Briefe 1913-1936. Berlin und Weimar, Frankfurt (BFA, Bd. 28)
-- (1998b): Briefe 2. Briefe 1937-1949. Berlin und Weimar, Frankfurt (BFA, Bd. 29)
Brod, Max (1929): Piscator und Schwejk. In: *Die Weltbühne*, Jg. 25, Nr. 49 (3.12.1929), S. 844-846.
Clurman, Harold (1975[1945]): The fervent years: the story of the Group theatre and the thirties. New York (Da Capo)
-- (1958/60): Lies like truth: theatre reviews and essays. New York (Grove Press)
-- ([1974]): All people are famous (instead of an autobiography). New York (Harcourt Brace Jovanovich), c1974
Diebold, Bernhard (1927): Das Piscator-Drama. Kritischer Versuch. In: *Frankfurter Zeitung*, 1. Morgenblatt (20.11.1927), Nr. 864, S.1.
-- (1928a): Das Piscator-Drama. Kritischer Versuch. In: *Die Scene*. Blätter für Bühnenkunst, 18. Jg., 1928, H. 2, S. 33-40, auch in: *Frankfurter Zeitung*, 20.11.1927. [EPS, Mappe 180]
-- (1928b): Anarchie im Drama. Kritik und Darstellung der modernen Dramatik. 4., neu erw. Aufl. Berlin (Keller)
Durieux, Tilla (1976): Meine ersten neunzig Jahre. Erinnerungen. Die Jahre 1952-1971 nacherzählt von Joachim Werner Preuß. Reinbek (Rowohlt) c1976 [bes. „1927/31 Piscator und der Krach an den Börsen" (S. 218-226)]
Fetting, Hugo (1987) (Hg.): Von der freien Bühne zum Politischen Theater. Drama und Theater im Spiegel der Kritik. 2 Bde., Bd. 2 (1919-1933). Leipzig (Philipp Reclam)
Gassner, John (1954/63): The Theatre in Our Times. 4th Printing. New York (Crown)
Gastev, Aleksej K.(1978[1923]): Rüstet euch, Monteure! (Anfang 1923) In: *alternative*, 21. Jg. (1978), H. 122/123, S. 236-241.
Gropius, Walter (1927): Vom modernen Theaterbau, unter Berücksichtigung des Piscator-Theaterneubaues in Berlin. In: *Berliner Tageblatt*, Nr. 518, 2.11.1927 [auch in: *Bühnentechnische Rundschau* (1927), Heft 6; auch in: *Die Scene*, Heft 1, Jan. 1928, S. 4ff.; auch in: *Bühnentechnische Rundschau*. Sonderheft 1978. Historische Texte aus der Zeitschrift von 1921-1936, Jg. 72 (Seelze 1978), S. 19-24].
Haas, Willy (1960): Die literarische Welt. Erinnerungen. München (Paul List Verlag).

-- (2005): Die Briefe. Band 1: Berlin – Moskau (1909-1936). Herausgegeben von Peter Diezel. Berlin (Bostelmann & Siebenhaar)

-- (2007): Das politische Theater. Ein Kommentar von Peter Jung. Berlin (Nora)

-- (2009a): Briefe. Band 2.1: Paris (1936-1938/39). Herausgegeben von Peter Diezel. Berlin (Siebenhaar)

-- (2009b): Briefe. Band 2.2: New York (1939-1945). Herausgegeben von Peter Diezel. Berlin (Siebenhaar)

-- (2009c): Briefe. Band 2.3: New York (1945-1951). Herausgegeben von Peter Diezel. Berlin (Siebenhaar)

-- (2011a): Briefe. Band 3.1: Bundesrepublik Deutschland (1951-1954). Herausgegeben von Peter Diezel. Berlin (Siebenhaar)

-- (2011b): Briefe. Band 3.2: Bundesrepublik Deutschland (1955-1959). Herausgegeben von Peter Diezel. Berlin (Siebenhaar)

-- (2011c): Briefe. Band 3.3: Bundesrepublik Deutschland (1960-1966). Herausgegeben von Peter Diezel. Berlin (Siebenhaar)

Boeser, Knut / Vatková, Renata (1986a) (Hg.): Erwin Piscator. Eine Arbeitsbiographie in 2 Bänden. Herausgegeben von Knut Boeser/Renata Vatková. Band 1. Berlin 1916-1931. Berlin (Hentrich)

-- (1986b) (Hg.): Erwin Piscator. Eine Arbeitsbiographie in 2 Bänden. Herausgegeben von Knut Boeser/ Renata Vatková. Band 2. Moskau – Paris – New York – Berlin 1931-1966. Berlin (Hentrich)

Huder, Walter (1971) (Hg.): Erwin Piscator. 1893-1966. Akademie der Künste Berlin, 10. September – 10. Oktober 1971. Ausstellung anläßlich der Eröffnung des Erwin-Piscator-Centers im Archiv der Akademie der Künste (Hrsg.: Walter Huder. Mitarbeit: Ilse Brauer, Hannelore Ritscher, Elfriede Lutter). Berlin (Brüder Hartmann)

Neumann, Alfred / Piscator, Erwin / Prüfer, Guntram / Tolstoj, Lev N. (1955): Krieg und Frieden. Reinbek (Rowohlt)

【一次文献（2）：ピスカートア以外の書き手によるもの】

Bab, Julius (1928): Das Theater der Gegenwart. Geschichte der dramatischen Bühne seit 1870. Leipzig (J.J. Weber)

Bentley, Eric (1964) (Ed.): The Storm over the Deputy: Essays and Articles about Hochhuth's Explosive Drama. New York (Grove Press)

Brecht, Bertolt (1975[1934]): Über mein Theater [Skovbodrand 1934]. In: Brecht im Gespräch. Diskussionen, Dialoge, Interviews. Herausgegeben von Werner Hecht. Frankfurt a. M. (Suhrkamp) 1975, S. 191-196.

-- (1989-2000): Werke. Große kommentierte Berliner und Frankfurter Ausgabe [= BFA]. Herausgegeben

文　献

【アーカイヴ】

Erwin-Piscator-Center (EPC) und Erwin-Piscator-Sammlung (EPS), Akademie der Künste, Berlin

Erwin Piscator Papers, 1930-1971: Morris Library, Southern Illinois University, Carbondale [Collection 31; 195 boxes, 11 packages, 57.6 cu. ft. 162 free standing volumes]

【一次文献（1）：ピスカートアによるもの】

Piscator, Erwin (1929): Das Politische Theater. Berlin (Adalbert Schultz)［エルウイン・ピスカトール (1931)（村山知義訳）『左翼劇場』（中央公論社）；同 (2014)（ゆまに書房）（叢書・近代日本のデザイン　61）：また抄訳として次の邦訳がある。エルヴィン・ピスカートル (1971)（近藤公一訳）「ピスカートル劇場の成立」(Entstehung der Piscator-Bühne. In: ders. (1929), S. 121-145)（所収：『表現主義の演劇・映画』〈ドイツ表現主義　3〉（河出書房新社）、305 ～ 316 頁）

-- (1963): Das Politische Theater. Neubearbeitet von Felix Gasbarra, mit einem Vorwort von Wolfgang Drews. Reinbek (Rowohlt)

-- (1968a): Schriften 1. Das Politische Theater. Faksimiledruck der Erstausgabe 1929. Veröffentlichung der Deutschen Akademie der Künste zu Berlin. Herausgegeben von Ludwig Hoffmann. Berlin (Henschel)

-- (1968b): Schriften 2. Aufsätze Reden Gespräche. Veröffentlichung der Deutschen Akademie der Künste zu Berlin. Herausgegeben von Ludwig Hoffmann. Berlin (Henschel)

-- (1977): Theater der Auseinandersetzung. Ausgewählte Schriften und Reden. Frankfurt am Main (Suhrkamp)

-- (1979) Das Politische Theater. Neubearbeitet von Felix Gasbarra. Mit einem Vorwort von Wolfgang Drews. Reinbek (Rowohlt)

-- (1980): Theater Film Politik. Ausgewählte Schriften. Herausgegeben von Ludwig Hoffmann. Berlin (Henschel)

-- (1983): Briefe aus Deutschland 1951–1966 an Maria Ley-Piscator. Hrsg. Henry Marx unter Mitarbeit von Richard Weber. Köln (Prometh)

-- (1984): Das ABC des Theaters. Herausgegeben von Rudolf Wolff. Berlin (D. Nishen)

-- (1986): Zeittheater. «Das Politische Theater» und weitere Schriften von 1915 bis 1966. Ausgewählt und bearbeitet von Manfred Brauneck und Peter Sterz. Mit einem Nachwort von Hansgünther Heyme. Reinbek bei Hamburg (Rowohlt)

【と】

【な】

【に】

【ね】

【の】

【は】

【ひ】

【ふ】

主要事項索引

主要人名索引

［著者略歴］
萩原 健（はぎわら けん）
1972（昭和47）年　東京生まれ
東京大学大学院総合文化研究科博士課程　単位取得満期退学
専門は現代ドイツ語圏の演劇および関連する日本の演劇
2005（平成17）年より早稲田大学坪内博士記念演劇博物館助手
2008（平成20）年より明治大学国際日本学部専任講師。准教授を経て、現在、同教授
（訳書および分担執筆）
エリカ・フィッシャー＝リヒテ『パフォーマンスの美学』（共訳、論創社）、『オペラ学の地平　総合舞台芸術への学際的アプローチII』（分担執筆、彩流社）、『演劇インタラクティヴ　日本×ドイツ』（分担執筆、早稲田大学出版部）、『村山知義　劇的尖端』『ステージ・ショウの時代』（以上分担執筆、森話社）、『佐野碩　人と仕事』（分担執筆、藤原書店）ほか

演出家ピスカートアの仕事——ドキュメンタリー演劇の源流
［明治大学人文科学研究所叢書］

発行日……………………………2017年3月10日・初版第1刷発行

著者………………………………萩原　健
発行者……………………………大石良則
発行所……………………………株式会社森話社
〒101-0064 東京都千代田区猿楽町1-2-3
Tel 03-3292-2636
Fax 03-3292-2638
振替 00130-2-149068
印刷………………………………株式会社厚徳社
製本………………………………榎本製本株式会社

ISBN 978-4-86405-111-8 C1074

第5巻　**演劇のジャポニスム**　**神山彰編**

［Ⅰ 総論］忘れられたジャポニスム＝神山彰　［Ⅱ 博覧会の世紀］日本人になってみる、日本をやってみる＝川添裕　一九〇〇年パリ万博の川上音二郎・貞奴＝井上さつき　花子の時代＝根岸理子　オペラのジャポニスム＝森佳子　［Ⅲ 変容する日本と西洋の演劇］両大戦間期パリ劇壇のジャポニスム＝茂木秀夫　ポール・クローデルの『女と影』と日本＝根岸徹郎　『鷹の井戸』をめぐる人々＝武石みどり　［Ⅳ ジャポニスムの逆輸入］ロシア演劇のジャポニスム＝中村緑　『ブシドウ』あるいは『マツ』をめぐって＝小笠原愛　『忠義』上演におけるセルフ・オリエンタリズム＝日比野啓　［Ⅴ 往還する「日本」］『タイフーン』の世界主義＝星野高　筒井徳二郎の海外公演と近代演劇の問題＝田中徳一　A5判 368頁／4600円

＊　＊　＊

村山知義 劇的尖端

岩本憲児編　大正後期、熱気と頽廃の前衛ベルリンから帰国後、美術・文学等の多彩な領域で活躍したアヴァンギャルド芸術家・村山知義。本書では主に演劇・映画にかかわる軌跡を中心にたどる。四六判 416頁／3800円

安部公房 メディアの越境者

鳥羽耕史編　小説や戯曲だけでなく、映画、テレビ、ラジオ、写真など多様なメディアに関わった、安部公房の実験的な活動を探究する。四六判 416頁／3600円

幻燈の世紀——映画前夜の視覚文化史

岩本憲児著　近代という「視覚の世紀」において、幻燈をはじめ、写し絵、ファンタスマゴリア、カメラ・オブスクーラなど、さまざまな視覚・光学装置が彩った〈光と影〉の歴史を日本と西洋にさぐる。A5判 272頁＋口絵8頁／3600円

演技術の日本近代

笹山敬輔著　歌舞伎、新劇、プロレタリア演劇などの日本近代演劇史を演技術の視点から再考察し、個々の演技術の形態や変遷を明らかにする。
〈第45回日本演劇学会河竹賞奨励賞受賞〉A5判 304頁／5200円

ムーラン・ルージュ新宿座——軽演劇の昭和小史

中野正昭著　明日待子、森繁久彌、有島一郎、由利徹、三崎千恵子ら多くの俳優や演出家たちを輩出しながら、新しい時代の演劇を模索した小劇団と軽演劇の世界をいきいきと描く。A5判 432頁／3500円